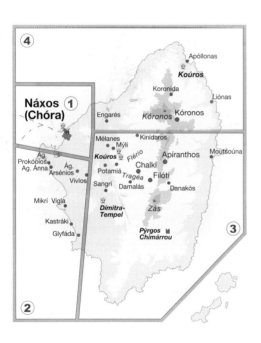

④

Apóllonas

🏛 *Koúros*

Koronída

Liónas

Náxos ①
(Chóra)

Engarés

Kóronos Kóronos

Mélanes • Kinídaros

Ag.
Prokópios •
Ag. Anna

Ág.
Arsénios

Vívlos

Mikrí Vígla

Kastráki

Glyfáda

• Mýli

Koúros 🏛 *Flério*

Potamiá

Sangrí

Chalkí

Tragéa

Damalás

Apíranthos

Moutsoúna

Filóti

Danakós

🏛 *Dimitra-*
Tempel

Zás

Pýrgos
Chimárrou ⛰

③

②

Kleiner Wanderführer

UNTERWEGS MIT DIRK SCHÖNROCK

Als der Autor vor vielen Jahren das erste Mal nach Náxos kam, war die heute mit viel Marmor aufgepflasterte Hafenpromenade noch ein großer Sandplatz, die Zahl der dort geparkten Autos und Esel hielt sich in etwa die Waage und es gab noch

kleine Tante-Emma-Läden an der Paralía. Der Hafen war kleiner und chaotischer als heute und die Bebauung der Westküste endete in Agía Ánna, die Pláka war noch fast unberührt, nur einen Campingplatz gab es dort. Die moderne Zeit hielt auch auf Náxos längst Einzug, doch Stadt und Insel konnten ihren ehrwürdigen, gemütlichen und erholsamen Charakter bis heute bewahren. Wer – wie der Autor – die Abwechslung mag, ist auf Náxos genau richtig: Kilometerlange goldgelbe Sandstrände gibt es hier und allerbeste Wandermöglichkeiten, den höchsten Berg der Kykladen, silbriggrüne Olivenhaine und üppig bunte Gärten ... dazu gute Tavernen sowie zahllose historische und kulturelle Highlights aus antiker, venezianischer und byzantinischer Zeit. All dies lässt den Autor jedes Jahr einen Sommermonat nach Náxos kommen: jene Sehnsucht nach der Wärme, dem Licht, dem Meer, der Landschaft, dem griechischen Essen und all den guten Freunden auf der Insel. Manche, denen es ähnlich geht, nennen es „Náxosfieber". Und das lässt sich eben nur durch eine Reise nach Náxos lindern – jedes Jahr, jeden Sommer ...

Text und Recherche: Dr. Dirk Schönrock **Lektorat:** Rosi Völkner; Horst Christoph (Überarbeitung) **Redaktion:** Annette Melber **Layout:** Steffen Fietze **Karten:** Judit Ladik, Hans-Joachim Bode, Gábor Sztrecska **Fotos:** Dr. Dirk Schönrock **GIS-Consulting:** Rolf Kastner **Grafik S. 10/11:** Johannes Blendinger **Covergestaltung:** Karl Serwotka **Covermotive:** oben: Hafenpromenade und Kâstro-Hügel von Naxos-Stadt unten: Blick auf Bucht und Ort Liônas

6. VOLLSTÄNDIG ÜBERARBEITETE AUFLAGE 2015

NAXOS

DIRK SCHÖNROCK

Náxos – Reiseziele 72

Inselnorden

Kleiner Wanderführer für Náxos 220

Alle Wanderungen sind mittels GPS kartiert. Waypoint-Dateien zum Down-
loaden unter: www.michael-mueller-verlag.de/gps

Kartenverzeichnis

Zeichenerklärung für die Karten und Pläne

Höhenstufen

- 0 - 100 m
- 100 - 200 m
- 200 - 300 m
- 300 - 400 m
- 400 - 500 m
- 500 - 600 m
- 600 - 700 m
- 600 - 700 m
- > 700 m

Hauptstraßen	
Schotterpiste	
Piste	
Wanderung (mit GPS-Punkt)	
Badestrand	
Kirche/Kapelle	
Kloster	
Berggipfel	
Aussichtspunkt	
Höhle	
Kastell	
Wohnturm	

Bushaltestelle	
Information	
Post	
Telefonzentrale	
Parkplatz	
Antike Sehenswürdigkeit	
Campingplatz	
Apotheke	
Tankstelle	
Windmühle	
Flugplatz	
Gatter	

Alles im Kasten

Mit dem grünen Blatt haben unsere Autoren Betriebe hervorgehoben, die sich bemühen, regionalen und nachhaltig erzeugten Produkten den Vorzug zu geben.

Was haben Sie entdeckt?

Haben Sie eine freundliche Taverne weitab vom Trubel gefunden, ein nettes Hotel mit Atmosphäre, einen schönen Wanderweg? Wenn Sie Ergänzungen, Verbesserungen oder neue Tipps zum Buch haben, lassen Sie es uns bitte wissen!

Schreiben Sie an: Dr. Dirk Schönrock, Stichwort „Náxos"
c/o Michael Müller Verlag GmbH | Gerberei 19, D – 91054 Erlangen
dirk.schoenrock@michael-mueller-verlag.de

ISBN 978-3-89953-998-1

© Copyright Michael Müller Verlag GmbH, Erlangen 1999–2015. Alle Rechte vorbehalten. Alle Angaben ohne Gewähr. Druck: Wilhelm & Adam, Heusenstamm.

Aktuelle Infos zu unseren Titeln, Hintergrundgeschichten zu unseren Reisezielen sowie brandneue Tipps erhalten Sie in unserem regelmäßig erscheinenden Newsletter, den Sie im Internet unter **www.michael-mueller-verlag.de** kostenlos abonnieren können.

Wohin auf Náxos?

(1) Náxos-Stadt (Chóra) → S. 74

Die Hauptstadt von Náxos ist eine sympathische Inselmetropole voller Leben und ein Zentrum venezianisch-kykladischer Architektur. Würfelhäuser ziehen
sich einen sanften Hügel hinauf, auf dessen Spitze ein
mittelalterliches Kastell thront. Ein fast unüberschau-
bares Gewirr von Treppengässchen führt durch die
Altstadt mit ihren dämmrig überwölbten Passagen mit
Bogendurchgängen, Dutzenden von kleinen Läden
und jahrhundertealten Fassaden mit marmornen Türstürzen. Auf einer Halbinsel am Hafen steht das berühmte Tempeltor von Náxos – Wahrzeichen der Insel.

(2) Südliche Westküste → S. 108

Die südliche Westküste ist das Badeparadies der Insel. Beste Sandstrände so weit das Auge reicht, teils
sogar mit Dünen und nur gelegentlich unterbrochen
durch felsige Kaps. Die Küste von Náxos-Stadt bis
Pirgáki wird jeden zufrieden stellen, der Sonne, goldgelben Sand, Meer und glasklares Wasser sucht. Der
oft starke Nordwind lässt auch Wind- und Kitesurfer
auf ihre Kosten kommen. Neben den Küstensiedlungen sind auch die hübschen weißen Bauerndörfer im
Hinterland und der Diónysos-Tempel von Íria mehr als
nur einen Blick wert.

(3) Inselzentrum und Süden → S. 140

Die Hochebene Tragéa und die sie umgebenden
Bergketten bis hinunter zur Süd- und Ostküste bieten
Dutzende interessanter Ziele für zahllose Ausflüge: malerische Kykladendörfer, üppig grüne Flusstäler, altes und
modernes Kunsthandwerk, bizarre Marmorsteinbrüche,
Kirchen und Klöster aus byzantinischer Zeit, bestens
erhaltene venezianische Wohn- und Wehrtürme, Ruinen alter Kastelle, ein hellenistischer Rundturm und ein
antiker Tempel aus Marmor und die beiden berühmten
Jünglingsstatuen aus Marmor im Tal von Flerió. Wanderer finden im Inselzentrum ein reiches Betätigungsfeld.

Náxos

④ Inselnorden → S. 198

Der bergige Norden glänzt weniger mit Stränden. Ausflüge in den Norden lohnen vor allem landschaftlich. Im Zentralmassiv dominiert eindrucksvoll-wilde Berglandschaft mit Gipfeln an die 1000 Meter heran. Fast an der Nordspitze liegt das pittoreske Fischerdorf Apóllonas mit der dritten berühmten Jünglingsstatue aus Marmor auf Náxos. Sowohl auf der kurvenreich gewundenen Westküstenstraße als auch auf der Fahrt durchs Inselinnere durchquert man zahlreiche hübsche Kykladendörfer mit besonderem Flair. Rund um Kóronos erinnert ein Freilichtmuseum an frühere Zeiten als in den Bergen des Nordens Schmirgel abgebaut wurde.

Náxos: Die Vorschau

Die größte und vielfältigste Insel der Kykladen

Die größte Insel der Kykladen bietet Highlights für jeden Feriengeschmack: kilometerlange, goldgelbe Sandstrände für Badefans, Sportangebote wie Surfen, Kiten und Biken – und für Kulturinteressierte Konzerte im mittelalterlichen Kástro. Wanderfreunden bieten sich wunderschöne Wege durch die Bergmassive mit dem höchsten Gipfel der Kykladen und durch weite Landschaften mit Ebenen und Tälern. Überall auf Náxos findet man gute Tavernen, pittoreske Kykladenarchitektur, silbriggrüne Olivenhaine und üppige Weingärten, antike Tempel und Statuen, byzantinische Kirchen und Klöster und venezianische Kastelle. Keine andere Kykladeninsel besitzt diese Vielfalt an Natur, Landschaften, Kultur, Geschichte und Architektur. Trotz der stürmischen touristischen Entwicklung der letzten Jahre ist Náxos nicht überlaufen und nach wie vor eine Insel für Individualisten geblieben. Die größte der Kykladen hinkt in der Entwicklung weit hinter den Vorreitern Santoríni und Mýkonos hinterher, was zugleich ihren Charme ausmacht. Und so gelten die Worte des deutschen Altertumswissenschaftlers Ernst Curtius aus dem Jahr 1846 noch in unseren Tagen: „Jede Insel hat einen eigentümlichen Reiz für das menschliche Gemüth. Und auch heute noch ist Náxos ein Paradies im Vergleiche mit den umliegenden Inseln."

Stadt und Dörfer

Eingangstor für Náxos ist die etwa in der Mitte der Westküste gelegene gleichnamige Stadt mit dem Haupthafen der Insel. Ihre Würfelhäuser schmiegen sich an den kleinen Hügel, auf dessen Spitze die gut erhaltenen Überreste eines venezianischen Kas-

tells zu bewundern sind – es ist die größte erhaltene venezianische Burg außerhalb Italiens. Unüberschaubar zeigt sich das Gewirr von Treppengässchen, ineinander geschachtelten Häusern mit bunten Türen, Fensterläden und Erkern sowie halbdunklen Passagen mit Dutzenden von kleinen Läden am Kástrohügel. Die Stadt Náxos ist ein Lehrbeispiel venezianisch-kykladischer Architektur. Doch die ganze Schönheit von Náxos lernt erst kennen, wer sich auf den Weg macht: quer über die Insel zur Ostküste nach Moutsoúna, in den Norden nach Apóllonas oder in den weniger erschlossenen Süden ... Über ein Dutzend beschaulicher Bauerndörfer gibt es im Inselinneren zu entdecken: Höhepunkte sind Chalkí, Filóti, Apíranthos, Damalás, Damariónas, Mýli, Moní, Vívlos, Kóronos, Koronída und wie sie alle heißen. Ihre schmalen Gassen sind immer wieder von Treppenstufen unterbrochen, für Autos oft viel zu eng oder gar nicht befahrbar. Zum gemütlichen Schlendern laden sie dagegen geradezu ein: blaue, grüne, rote und braune Haustüren, die Fensterläden ebenso bunt, dazu grellweißer Marmor, Pflastermalereien und bunte Vorgärten – Kykladenidylle in reinster Form.

Strände

Magischer Anziehungspunkt sind die fantastischen Sandstrände, die direkt in Náxos/Stadt beginnen und sich nach Süden wie an einer Perlenkette die gesamte Westküste entlang aneinanderreihen. Die beiden Küstensiedlungen Ágios Prokópios und Agía Ánna mit ihren schönen Sandstränden haben als Familienstrandgebiete der Stadt Náxos in den Hochsommermonaten teils den Rang abgelaufen. Praktisch alle Küstenorte im Südwesten bieten kindertaugliche Strände und es gibt sogar einen kleinen Aqua-Fun-Park mit Wasserrut-

schen. Auch entlang der kilometerweiten Dünen von Pláka ist die Küste mittlerweile touristisch bestens erschlossen. Über Orkós, Mikrí Vígla und Kastráki setzen sich die endlosen Strände, teils mit Steilküste oder Wacholderwäldchen im Rücken nach Süden hin fort. An den weiter entfernten Buchten der Südküste und der südlichen Ostküste ist der Strand besonders fein. Vom Nordwesten über die Nordspitze bis zum Nordosten dominieren kaum frequentierte Kiesstrände, die auch ihre Reize haben. Und wer die Einsamkeit sucht, findet im Norden und Osten noch immer Buchten, an denen selbst im Hochsommer kaum ein Mensch anzutreffen ist.

Landschaft

Im Vergleich zu den umliegenden Inseln wirkt Náxos fast wie ein Kontinent: Mit 428 Quadratkilometern ragt das Eiland aus dem tiefblauen ägäischen Meer heraus – riesig für den Archipel, doch nur halb so groß wie Berlin. Hinter den feinen Sandstränden an der südlichen Westküste und den Buchten im Süden und Osten liegen teils fruchtbare Uferebenen, wo intensive Landwirtschaft die Versorgung der Insel sichert. Kornkammer von Náxos ist die wasserreiche Tragéa-Hochebene mit Olivenhainen, Obst- und Zitrusbäumen und Weingärten. Weiter im Norden und Osten steigen schroffe, fast alpine Bergmassive aus Marmor an, deren höchster Gipfel – der Zas – bis auf 1001 m aufragt. Und auch Täler, Schluchten, Klippen und Flussläufe gehören selbstverständlich zur üppigen Landschaft von Náxos. Mitte der 1950er Jahre schrieb der deutsche Geografieprofessor Alfred Philippson: „Náxos ist nicht nur die größte, sondern auch die landschaftlich mannigfaltigste und reizvollste der Kykladen-Inseln. Sie enthält die üppigsten Gär-

ten und Fruchtebenen neben rauen zerschluchteten Gebirgen."

Geschichte und Architektur

Auch historisch und architektonisch hat Náxos viel zu bieten: antike Tempel und Marmorstatuen, byzantinische Kirchen und Klöster, venezianische Kastelle und Wohntürme. Die großartige Landschaft mit ihren zahlreichen geschichtlichen Monumenten belohnt den Erkunder der Insel abseits der Badestrände mit unvergesslichen Eindrücken und Panoramen. Das berühmte Tempeltor am Hafen von Náxos steht dort schon seit gut 2500 Jahren. Allabendlich ist es Ziel ganzer Heerscharen von „Sonnenuntergangsanbetern". Zwei Tempel, ein runder Wehrturm und drei Jünglingsskulpturen quer über Náxos verteilt zeugen von der Bedeutung der Insel in der Antike. Sie alle sind aus weißem Marmor gefertigt, der in Náxos besonders hohe Qualität hat und

noch heute in großem Stil abgebaut wird. In Form von Dutzenden blendend weiß gekalkter Kirchen und Kapellen sowie versteckter Bruchsteinklöster im Landesinnern hat sich die byzantinische Epoche auf Náxos verewigt. Vor allem im Inselzentrum finden sich kunsthistorisch weit über die Kykladen hinaus bedeutende byzantinische Kirchen. Die massiven Wehrburgen und Wehrtürme überall auf der Insel stammen von den Venezianern, die Náxos einst zur Hauptstadt eines Herzogtums von 17 Ägäisinseln machten. Von den mittelalterlichen Wehrtürmen aus dem 13. bis 17. Jahrhundert sind noch etwa 30 erhalten, von den Burgen praktisch nur noch Náxos/Stadt. Dort in den oberen Gassen des Kástros ist die erhabene Stimmung noch heute zu spüren.

Inselkultur

Gastfreundschaft und Offenheit gehört zur Kultur der Naxioten. Auf Náxos

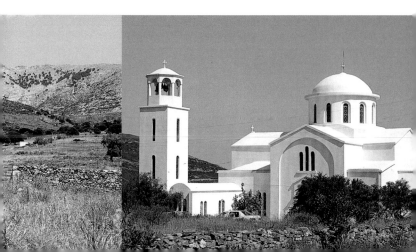

kommt man leicht ins Gespräch und findet rasch Anschluss an die Einheimischen. Land und Leute präsentieren sich auch bei den vielen kulturellen Veranstaltungen. Den ganzen Sommer über findet jeden Abend eine Musikveranstaltung im Rahmen des Domus Festivals auf der Terrasse des venezianischen Museums oder im nur mit Öllampen und Kerzen beleuchteten Gewölbekeller im Kástro statt. Ein Bouzoúki-Abend, Náxos-Musik und Inseltänze geben Einblick in die Traditionen. Natürlich gilt das auch für die zahlreichen Museen, die es mittlerweile auf Náxos gibt und die zumeist privat geführt werden: Es gibt Museen zur Archäologie, Volkskunde, Naturkunde, Mineralogie, zur orthodoxen Kirche, zur Olivenverarbeitung sowie zu Malerei und Kunst. Interessant sind auch die Schauräume, in denen Frauen der Insel traditionelle Handarbeiten ausstellen und verkaufen. Ein spannender Ausflug führt ins Freilicht-Bergbaumuseum in den Norden von Náxos, wo zwischen Kóronos und Liónas einst Schmirgel abgebaut wurde und heute noch die Ruinen einer uralten Transportseilbahn zu sehen sind.

Wandern und Surfen

Ganz am Horizont entdeckt man den Zas. Der höchste Inselberg besteht aus Marmor und ist relativ leicht zu besteigen. Náxos bietet insgesamt hervorragende Wandermöglichkeiten, vor allem im Zentrum. In und rund um die Tragéa-Hochebene wurden viele der alten, in byzantinischer Zeit angelegten Wege neu erschlossen, gesäubert und teils gut markiert. Zahlreiche Maultierpfade und Treppenwege durchqueren Schluchten, Täler, Ebenen, Wälder, Flüsse und Terrassenhänge. Wer wandert, lernt Náxos aus der Perspektive der Inselbewohner kennen und wird belohnt durch herrliche Ausblicke und

die unvergleichliche Stimmung in der wildromantischen Natur. Náxos ist auch ein Wind- und Kitesurferparadies. Die Insel gehört an ihren Nord- und Westküsten zu den windstärksten Zonen im Mittelmeer, vor allem in den Sommermonaten, wenn die Meltémi-Winde aus Norden aktiv sind. Sie werden an der Westküste durch den schmalen Sund von Páros wie in einem Trichter verstärkt. Zwischen April und Oktober weht an durchschnittlich 75 % der Tage Wind der Stärke 4, im Juli und August tagsüber oft 5 bis 6 – beste Voraussetzungen für Wind- und Kitesurfer, die in Scharen nach Náxos kommen.

Küche und Inselspezialitäten

Aufgrund des Wasserreichtums ist Náxos die fruchtbarste Insel des gesamten Archipels. Die hohen Gebirgszüge im Inselinneren bewirken für Kykladen-Verhältnisse häufige Regenfälle im Winter, und so ist Náxos reich gesegnet mit kräftigen Quellen, die selbst im August nicht versiegen. Die naxiotischen Kartoffeln gedeihen auf sonnigen Feldern mit geringer Bewässerung besonders gut und gelten als die wohlschmeckendsten der Ägäis. Gleich mehrere Käsesorten gehören zu den Inselspezialitäten: würziger Hartkäse, weicher Hirten- und Frischkäse, in Salzlake eingelegt oder monatelang gereift aus der Milch von Kühen, Schafen oder Ziegen. Eine in ganz Griechenland bekannte Spezialität von Náxos ist Kítro, ein Likör, der aus den Blättern des Cedratbaums hergestellt wird. Es gibt ihn in drei Farben und Geschmacksrichtungen. Bei Vallindrás in Chalkí kann man die Produktionsmanufaktur besichtigen und Kítro probieren. Originär von Náxos sind auch diverse Fruchtkonfitüren, in Sirup eingelegte Früchte und Bienenhonig.

Windmühlen bei Vívlos im Südwesten der Insel

Hintergründe & Infos

Einsame Sandbucht im Südwesten

Geografie und Geologie

Mit rund 430 Quadratkilometern Fläche und 148 km Küstenlänge ist Náxos die größte und vielfältigste Insel der Kykladen. Náxos bildet die östliche Randzone des Kykladenmassivs, das mit den Inseln der Kleinen Kykladen abschließt. Die Kykladeninsel Amorgós weiter südöstlich gehört geologisch eigentlich nicht mehr zum Archipel.

Die schmale Meerenge zwischen Páros und Náxos ist an der engsten Stelle nur knapp 5 km breit, die Wassertiefe erreicht kaum 40 m. Geologisch werden die beiden Inseln (zusammen mit der kleinen Zwillingsinsel Antíparos) als eine zusammengehörige Landmasse angesehen und fachwissenschaftlich oft „Paronaxiá" genannt. Während Páros eher wie ein Kegel erscheint, stellt sich Náxos als eine Gebirgsmasse mit mehreren Gipfeln dar, die nach Osten steil und nach Westen eher sanft abfallen. Tatsächlich zieht sich ein Gebirgskamm von der Nord- zur Südspitze durch die Insel. An drei Stellen etwa in der Mitte erreicht er Höhen von ungefähr 1000 m. Dazwischen gibt es leichte Senken, die als Pässe für den Übergang dienen (so z. B. bei Ágios Ioánnis und Agía Marína). Auf der Ostseite zeigt sich die Berglandschaft karg, wild und unwegsam. Gegenüber läuft die Westseite Richtung Náxos-Stadt in eher anmutigem Hügelvorland aus. Hier liegen einige wasserreiche Hochebenen und Täler, die von kräftigen Quellen und Flüssen gespeist werden, die selbst im Hochsommer reichlich Wasser führen.

Die Gesteinsarten im westlichen Teil bestehen aus Gneisgranit und kristallinem Schiefer. Unter der Meeresoberfläche zieht sich dieses Gestein bis hinüber nach Páros. Von der naxiotischen Nordspitze bis zum Dorf Sangrí sprechen Geologen von Biotitgneisen, einem Wechsel von Gneisen, Marmorzügen und kristallinen Schiefern. Insbesondere das Kóronos-Gebirge ist so beschaffen. Weißer und rostro-

ter Marmor, grauer Ölschiefer, silbriger Glimmerschiefer, roter Schiefer und allerlei Quarze säumen einige unserer Wanderwege im Inselinnern.

Bereits in der Antike galt der naxiotische *Marmor* als hochwertig und hervorragend geeignet für die Herstellung von Skulpturen (→ Wirtschaft). Besonders guter Marmor findet sich im Zas-Massiv und nordwestlich davon. Hier wird er noch heute abgebaut, und entlang der Inselstraßen sieht man etliche Marmor verarbeitende Betriebe, beispielsweise bei Kinídaros. Von besonderer Bedeutung waren zudem die riesigen Lagerstätten von *Schmirgel* (Korundgestein) an der Ostseite des Hauptgebirges zwischen Kóronos, Apíranthos, Moutsoúna und Liónas. Der Schmirgel von Náxos gilt als der beste Naturschmirgel der Welt, wird allerdings kaum mehr abgebaut, da gleichwertige Produkte mittlerweile industriell billiger hergestellt werden können (→ S. 211).

Klima und Reisezeit

Die Kykladen gehören zur Zone des gemäßigten, subtropischen Mittelmeerklimas. So wechseln sich auf Náxos heiße und trockene Sommer mit meist regenreichen, aber recht milden Wintern ab. Die Übergangsphasen im Frühjahr und Herbst sind dagegen nur kurz.

Ein angenehmes Reiseziel ist Náxos meist von Ende April bis Ende Oktober, doch die *beste Urlaubszeit* ist das späte Frühjahr bis Frühsommer, also ab *Mitte Mai bis Ende Juni*. In dieser Periode gibt es nur relativ selten Regenschauer, der Meltémi (→ Kastentext) bläst nur schwach, die Temperaturen überschreiten noch nicht 30 °C, doch die Wassertemperatur misst schon über 18 °C. Auch von *Mitte September bis Ende Oktober* herrscht auf der Insel ein angenehm warmes Klima und das Wasser hat noch fast Sommertemperaturen. Nachteil im Herbst: Es wird merklich früher dunkel.

Wer Niederschläge scheut und hohe Luft- und Wassertemperaturen sucht, kann sich auf das Sommerwetter verlassen. Es gab auf Náxos schon Jahre, in denen der erste Regen seit der Osterzeit erst wieder Ende Oktober fiel! Üblicherweise regnet es im *Juli und August* an der Küste gar nicht, im Inselinneren gibt es höchstens mal ein kurzes Gewitter. *Juni und September* sind mit durchschnittlich ein bis zwei Tagen mit kurzen, heftigen Regenschauern nicht ganz so stabil. Im Inselinneren regnet es durch die hohen Berge etwas häufiger.

Von *November bis März* ist das Wetter auf den Ägäisinseln unkalkulierbar. Man kann Glück haben und Weihnachten bei 20 °C auf der Veranda verbringen, es kann aber auch bis an den Gefrierpunkt heran kalt werden. Zudem gibt es im Winter fast immer schwere Stürme – dann fahren keine Schiffe – und oft kürzere, aber heftige Regenfälle. An der Küste schneit es selten, im Gebirge (z. B. in Apíranthos) in fast jedem Winter. Wintertouristen sollten unbedingt vorbuchen, da bis auf wenige Ausnahmen dann die Hotels geschlossen sind. Vorteile im Winter: fast keine Touristen, preiswerte Hotelübernachtungen und kaum gestresste Einheimische. Wandertouristen können – mit ein bisschen Wetterglück und einem Zimmer mit Heizung – im Winter eine wunderschöne Zeit haben.

Meltémi – der Wind, der Glocken läuten lässt

Der Meltémi tritt stets zwischen Juni und September auf. Meist setzt er am späten Vormittag ein, steigert sich tagsüber auf 5 bis 6 Beaufort und flaut gegen Abend wieder allmählich ab, wenn er von einem nordwärts gerichteten Landwind aufgehoben wird. Gelegentlich erreicht er Stärke 7 oder 8, wobei er dann meist auch die Nacht über und mehrere Tage lang mit unverminderter Härte weht. Ab 7 Beaufort ist der Fährverkehr zwischen den Inseln beeinträchtigt, bei noch heftigerem Sturm geht in der Ägäis gar nichts mehr. Selbst die großen Autofähren bleiben ab 8–9 Beaufort in den Häfen liegen.

In der Antike machte man Aíolos, den Sohn des Poseidón und Beherrscher der Winde, für den Meltémi verantwortlich. Heute ist das Rätsel um den Wind meteorologisch längst erforscht: Angetrieben wird der Meltémi von der Ausgleichsströmung zwischen dem im Sommer fast konstanten Balkanhoch und dem Tief über der arabischen Wüste. Im Uhrzeigersinn bläst er von Nordosten in die Ägäis hinein, schwenkt dort um und fegt im Gegenuhrzeigersinn über die Kykladen hinweg.

Winde: Wind gehört zu den Kykladen wie Sonne und Meer. Der trockene und kühle Wind aus nördlichen Richtungen wird *Meltémi* genannt und erreicht nicht selten bis zu 8 Beaufort, während die Sonne gleichzeitig weiter erbarmungslos brennt. Die warmen und feuchten Winde aus südlichen Richtungen heißen dagegen *Siróko* oder *Óstria*. Sie bringen oft Wolken und Regen im Gebirge.

Niederschläge: Wegen der relativ großen Landmasse und der hohen Berge regnet es auf Náxos im Winter häufiger als auf anderen Kykladeninseln – die Wolken bleiben an den Bergmassiven im Ostteil der Insel hängen und regnen sich ab. Leichte Bewölkung, Nieselregen oder ein kurzes Gewitter kommen auch im späten Frühjahr und im frühen Herbst gelegentlich vor. An der Westküste von Náxos fällt dagegen im Sommer oft monatelang kein Tropfen vom Himmel. Im jährlichen Mittel werden etwa 68 Regentage gemessen, wobei die Gesamtniederschlagsmenge etwa 40 % des deutschen Mittelwerts erreicht.

Wolkenspiel in den Bergregionen

Temperaturen: In den Bergdörfern ist es immer ein paar Grad kühler als an der Küste. In Apíranthos kann das Quecksilber sogar im Mai nachts noch unter die Marke von 10 °C fallen. Die relative Luftfeuchtigkeit ist in der Ägäis gering und variiert zwischen 35 und 55 % im Sommer sowie 50 und 75 % im Winter. Im Jahresmittel kommt Náxos auf gut 2500 Sonnenstunden, während z. B. Frankfurt mit ca. 1550 vorlieb nehmen muss. Die Wassertemperaturen sind abhängig von Küstenbeschaffenheit, Wassertiefe, Meeresströmungen und Wind.

Náxos-Stadt

	Ø Lufttemperatur (Min./Max. in °C)		Ø Niederschlag (in mm), Ø Tage mit Niederschlag ≥ 1 mm		Ø tägliche Stunden mit Sonnenschein	Ø Wassertemperatur (in °C)
Jan.	9,5	14,3	69	13	4	13
Febr.	9,3	14,5	54	10	6	13
März	10,2	15,6	47	10	7	15
April	12,4	18,6	18	6	8	17
Mai	15,6	22,0	9	3	10	19
Juni	19,5	25,8	2	1	13	22
Juli	21,9	26,9	0	0	13	24
Aug.	22,0	26,7	2	0	12	24
Sept.	19,9	24,8	7	2	10	23
Okt.	16,9	21,8	35	5	8	20
Nov.	13,6	18,7	53	9	5	18
Dez.	10,9	15,8	70	13	3	16
Jahr	**15,1**	**20,5**	**366**	**72**	**8**	**19**

Marmorabbau auf Náxos: Ein ganzer Berg wird abgetragen

Wirtschaft

Die Wirtschaftsstruktur von Náxos ist für eine Kykladeninsel ungewöhnlich vielfältig: Landwirtschaft, Viehzucht, Bergbau und natürlich Tourismus dominieren. Fischfang und Schifffahrt gehören nicht zu den stark vertretenen Branchen.

Landwirtschaft: Náxos ist die fruchtbarste Insel der Kykladen. Es gibt reichlich Ebenen und sanfte Terrassenhänge, also gut kultivierbares Ackerland. Gleichzeitig regnen sich – mit Ausnahme der Sommermonate – durchziehende Wolken für Kykladen-Verhältnisse überdurchschnittlich häufig an den Hängen der Gebirgszüge im Inselinneren ab. Kein Wunder also, dass Náxos seit jeher eine Insel der Landwirtschaft war und ist. Als einzige Kykladeninsel kann Náxos in größerem Maß Agrarüberschüsse aufs Festland und auf andere Inseln exportieren = hauptsächlich Kartoffeln, Getreide, Gemüse aller Art, Obst, Oliven, Nüsse und Käse. Der Kartoffelanbau konzentriert sich auf die *Livádi-Ebene* südlich von Náxos-Stadt, das *Tal von Engarés* und die Ebenen hinter der Westküste bei Ágios Arsénios, Glinádo und Vívlos. Die zentrale *Tragéa-Hochebene* ist das Zentrum der Olivenölproduktion. Etwa 400.000 Ölbäume auf knapp 900 ha Land soll es auf Náxos geben. Ihre Früchte werden in vier Mühlen in der Tragéa und einer in Engarés verarbeitet. Die Fläche der Insel für den Weinanbau umfasst etwa 380 ha. Hinzu kommt ein vielfältiger Obstanbau: Äpfel, Birnen, Kirschen, Aprikosen, Pfirsiche, Pflaumen, Feigen, diverse Zitronensorten, Orangen, Granatäpfel u. a. Vor allem der Cedratbaum ist typisch für Náxos und wird in den Tälern rund um die Dörfer Engarés, Mélanes, Chalkí und Apóllonas kultiviert. Aus seiner Frucht wird der *Kítro*-Likör gewonnen (→ Chalkí).

Viehzucht: Die guten Böden bieten Möglichkeiten für Viehzucht in größerem Maßstab. Kühe und Schweine werden vor allem auf der Livádi-Ebene hinter der Westküste gehalten. Hühner gehören zu jedem Bauernhof. Die Schaf- und Ziegenhaltung ist ebenfalls weit verbreitet, überwiegend im Süden und in den Bergregionen der Inselmitte sowie im Norden. Vor allem die intensive Ziegenhaltung sorgt allerdings für eine starke Überweidung der Flächen. Die Natur kann sich kaum regenerieren, da die Ziegen jeden jungen Grashalm abfressen.

Bergbau: Marmor wurde auf Náxos in großem Maßstab schon seit der Antike abgebaut, und noch heute ist er eines der wichtigsten Ausfuhrprodukte. Die Marmorbrüche liegen hauptsächlich um den Ort Kinídaros (siehe dort). Dort an den Inselstraßen befinden sich auch die meisten Verarbeitungsbetriebe, die man zwar offiziell nicht besichtigen kann, aber die Arbeiter sind Besuchern gegenüber in der Regel freundlich und zeigen stolz ihre Produktion. *Výzes*, der als Erfinder des Marmorziegels gilt, ist ein Sohn der Insel. Sogar auf der Akrópolis in Athen und am Zeus-Tempel in Olympía wurde Marmor aus Náxos für Statuen und Dachplatten verwendet. Dazu kam früher auch Schmirgel, ein extrem hartes Mineral, das zum Schleifen verwendet wurde (→ Kóronos). Naxiotischer Schmirgel war, wie wir aus einigen Quellen wissen, sogar schon im Mittelalter weit verbreitet.

Tourismus: Auch auf Náxos ist der Tourismus zum wichtigsten und trotz aller Schwankungen stabilsten Wirtschaftszweig geworden. Eine gutgehende Tavérna, eine kleine Pension oder ein Souvenirladen sichert vielen Familien das Einkommen. Wer immer die Möglichkeit hat, versucht, Zimmer zu vermieten. Ein gigantischer Bauboom in den 1990er- und 2000er-Jahren war die Folge. Nach den fetten Jahren ist das Wachstum seit Ausbruch der „Griechenlandkrise" 2010 jedoch praktisch zum Erliegen gekommen. Die Saisons von 2010 bis 2012 waren schwach, doch seit 2013 kommen wieder deutlich mehr Gäste. 2014 war für Náxos eines der besten Tourismusjahre überhaupt.

Vor Ausbruch der Krise hatte der griechische Staat versucht, die EU-Fördermittel für die strukturschwachen Mittelmeerregionen differenzierter zu verteilen (beispielsweise für Projekte zur Unterhaltung oder Wiederherstellung alter Pfade, die dem Wandertourismus zugute kommen). Die Dörfer auf Náxos sind zwar nach wie vor stark überaltert, doch da und dort tut sich etwas und junge Menschen kehren zurück. Ein gutes Beispiel dafür ist Chalkí. Seit der Krise wurden aber im Grunde alle Förderungen und Projekte vorläufig gestoppt, Fortsetzung ungewiss. Zudem haben vor der Krise die recht guten Verdienstmöglichkeiten im Tourismus die Jugend auf der Insel gehalten. Doch seit 2010 haben sich die Löhne im Tourismus stark verringert, die Krise hat eine Abwanderungswelle Richtung Ausland ausgelöst.

Die alte Schmirgeltransportseilbahn zum Hafen Moutsoúna

Inselfeste

Die Naxioten lieben ihre Feste, die sie meist mit großem Aufwand feiern. Es gibt in Griechenland nationale, lokale und religiöse Feiertage. Die vor allem bei religiösen Festen oft zweitägigen Feiern mit Essen, Trinken, Tanz und Musik sind Höhepunkte im Alltag. Zuvor findet meist ein Gottesdienst statt. Fremde sind bei den Feierlichkeiten stets willkommen, passende Kleidung vorausgesetzt.

Fast ohne Ausnahme feiert jedes Dorf auf Náxos auch sein eigenes Kirchweihfest, das *Panigýri*. Oft wird mit einer Prozession an den örtlichen Kirchenheiligen erinnert. Auch die bewohnten Klöster feiern fast alle einmal im Jahr ihren Stiftungstag oder sind Veranstaltungsort für bedeutende kirchliche Zeremonien. Schon in alter Zeit versammelte sich die Bevölkerung am Tag zuvor und am Feiertag selbst und feierte „ihre" Heiligen. Zu einer solchen Feier gehörten schon immer die Musik, der Tanz und das gemeinsame Mahl. Es war und ist sozusagen das Dorffest.

Festkalender von Náxos

1. Januar	Fest des Ágios Vassílios (Weihnachtsmann), Tag der Geschenke und Neujahr.
6. Januar	Fest der Theophanie, erinnert an die Taufe Christi im Jordan durch Johannes den Täufer. In allen Orten wird das Wasser feierlich gesegnet. In Náxos-Stadt wird ein Kreuz ins Wasser geworfen, das von jungen Männern im erbitterten Wettkampf wieder heraufgeholt wird. Mit unserem Dreikönigstag hat dieses Fest nichts zu tun.
30. Januar	Fest der Trís Ierarchés (drei Kirchenväter).
1. Februar	Fest des Ágios Tríphonas (Patron der Weinberge).
2. Februar	Fest der Ypapánti (Mariä Lichtmess).
10. Februar	Fest des Ágios Charálambos.
Fastnacht	Apokriés (sieben Wochen vor Ostern), Beginn der Fastenzeit am orthodoxen Rosenmontag.
18. März	Fest des Ágios Theódoros.
25. März	Griechischer Unabhängigkeitstag (Erinnerung an den Aufstand von 1821 gegen die Türken). Zudem Fest der Evangelistría (Mariä Verkündigung).
Palmsamstag	Fest der Faneroméni, im Kloster Faneroméni.
Gründonnerstag	Umzug mit den heiligen Ikonen von der Kirche Panagía Argokiliótissa bis in das Dorf Kóronos.
Karfreitag/Ostern	Größtes Kirchenfest des Jahres. Es wird überall noch immer nach alter, griechisch-orthodoxer Tradition gefeiert – ein unvergessliches Erlebnis! Das Osterfest der orthodoxen Kirche wird nach dem Julianischen Kalender berechnet und meist eine oder zwei Wochen später gefeiert als unser Osterfest. Die Ostersonntage der nächsten Jahre: 12. April 2015, 1. Mai 2016, 16. April 2017, 8. April 2018.
Freitag nach Ostern	Fest der Panagía Zoodóchos Pigí (Heilige Jungfrau als Leben spendender Quell), besonders in der Mitrópolis in Náxos-Stadt. Nach der Liturgie wird die Namensikone durch die Kirche getragen. Außerdem Fest an der Kirche Panagía Argokiliótissa (bei Kóronos).
23. April	Fest des Ágios Geórgios, besonders in Kinídaros und Potamiá.
1. Mai	Frühlingsfest und Tag der Arbeit.
5. Mai	Fest der Agía Iríni.
21. Mai	Fest der Ágios Konstantínos & Elení.

28. Mai	Weihfest der Panagía Parthéna auf der kleinen, Mikrí Vígla vorgelagerten Insel Parthénos.
Himmelfahrt	Fest der Agía Análipsi (40 Tage nach Ostern).
Pfingsten	Fest der Agía Triáda (50 Tage nach Ostern).
Sonntag nach Pfingsten	Ágion Pánton (Orthodoxes Allerheiligen).
Fronleichnam	Fest der Agía Doreá. Wichtiges katholisches Fest im Kástro von Náxos-Stadt.
24. Juni	Fest des Ágios Ioánnis Pródromos (Geburt Johannes des Täufers).
1. Juli	Fest der Agía Anárgiri, Damiános und Kosmás.
7. Juli	Fest der Agía Kyriakí, besonders an der gleichnamigen Kirche in Náxos-Stadt.
14. Juli	Fest des Ágios Nikódimos in Náxos-Stadt. Der Inselheilige und Stadtpatron lebte von 1749 bis 1809 in der Chóra und soll über hundert Bücher geschrieben haben. Am Abend werden ein Epitáphios und Ikonen aus der Kirche Ágios Nikódimos in einem feierlichen Prozessionszug durch die Odós Papavassilíou zum Hafen getragen. Dort findet ein Feuerwerk statt. Volksfest bis zum Sonnenaufgang.
17. Juli	Fest der Agía Marína, besonders in Kóronos.
20. Juli	Fest des Profítis Ilías.
26. Juli	Fest der Agía Paraskeví.
27. Juli	Fest des Ágios Panteleímon.
6. August	Fest der Metamórphosis (Verklärung Christi).
15. August	Panagía (Mariä Entschlafung). So gedenkt man des leiblichen Todes Marias (die eigentliche Himmelfahrt findet für die orthodoxe Kirche erst drei Tage später statt). Fest in vielen Inselorten, vor allem in Filóti.
29. August	Fest des Ágios Ioánnis (Johannes der Täufer), besonders in Apíranthos und Apóllonas.
1. September	Fest des Ágios Mámas.
8. September	Fest der Theoskepástis (Mariä Geburt), besonders in der bedeutenden Kirche Panagía Drosianí (bei Moní) und in Potamiá.
14. September	Fest des Ágios Stavrós (Kreuzerhöhung), besonders an der Kirche bei der großen Straßenkreuzung nördlich von Apíranthos.
24. September	Fest der Panagía Myrtidiótissa. Die Kirchenbesucher werden mit Fischerbooten zur kleinen Kirche im Hafenbecken übergesetzt. Dort findet die Messe zu Ehren der Heiligen statt.
20. Oktober	Fest des Ágios Artémios.
26. Oktober	Fest des Ágios Dimítrios.
28. Oktober	„Ochi-Tag" (Erinnerung an das Ultimatum der italienischen Faschisten im Zweiten Weltkrieg).
9. November	Fest der Eisódia Theotókou.
21. November	Fest der Panagía (Darstellung der Maria im Tempel).
30. November	Fest des Ágios Andréas.
6. Dezember	Fest des Ágios Nikólaos, an vielen Kirchen der Insel.
18. Dezember	Fest des Ágios Módestos (Patron der Bauern).
25./26. Dezember	Christós-Fest, Weihnachten, an vielen Kirchen überall auf der Insel, besonders an der Kirche Christós in Náxos-Stadt.
27. Dezember	Fest des Ágios Stéfanos.

Inselmusik „Nisiótika tragoúdia"

Entgegen anderslautender Gerüchte gibt es sie auf den meisten Inseln noch immer: die traditionellen Kafenía und Tavernen der Kykladen. Wer sie kennt, hat vielleicht auch mit der ureigenen Musik der Inseln schon Bekanntschaft gemacht, der Nisiótika tragoúdia („Insellieder"). Zwar ist Nisiótika in der ganzen Ägäis verbreitet, doch sind die Kykladen (neben dem Dodekanes) ihre Hochburg. Und hier ist insbesondere Náxos die Heimat vieler Musiker.

In der Nisiótika, wie sie heute in Griechenland zu hören ist, finden sich verschiedene Musikelemente aus dem gesamten südöstlichen Mittelmeerraum wieder. Vor allem zwei Instrumente geben den Ton an: *Violí* (Violine aus Maulbeerholz) und *Laóuto* (Laute). Die Violine spielt die Melodie – die Laute gibt den Rhythmus vor. Früher wurde Nisiótika ausschließlich mit akustischen Instrumenten gespielt, heute werden auch Schlagzeug und E-Bass eingesetzt – in der griechischen Inselmusik ist die Zeit nicht stehen geblieben. Während des großen Modernisierungsschubs im Griechenland der 1980er geriet die Nisiótika allmählich in Vergessenheit und wurde von westlicher und griechischer Popmusik abgelöst. Aber auf Náxos ist Nisiótika vor allem in den Dörfern noch zu hören, in alten Kafenía oder traditionellen Tavernen. Bei den zahlreichen Panigíria, den Kirchweihfesten, aber auch bei den weltlichen Dorffesten wird Nisiótika nach wie vor live gespielt.

Traditionell beginnen Live-Konzerte erst in den späten Abendstunden. Dann geht es fast immer bis zum frühen Morgen ununterbrochen durch. Auf solchen Feiern wird natürlich kräftig getanzt, wobei zwei Tänze üblich sind: der *Bálos* und der *Sýrtos*. Beide enden im schnellen Rhythmus und einem Solo *(Taxími)* auf der Violine. Oft werden durch den Tanz die Lieder einige Minuten länger gespielt. Nebeneffekt der schnellen Musik: Die Tänzer werden rasch müde und schaffen Platz auf der oft sehr kleinen Tanzfläche, denn die anderen wollen auch das Tanzbein schwingen. Jüngere Musiker vermischen heute oft die echte Nisiótika mit moderneren Melodien und verlassen zunehmend die Tradition. Allgemein sind sowohl Rhythmus als auch Tanz schneller geworden. Wer sich Nisiótika mit nach Hause nehmen will, findet auf Náxos, Santoríni und in Athen gut bestückte Musikläden.

Musik-Tipps Es gibt viele Dutzend Nisiótika-CDs auf dem Markt, ruhig mal in den Musikläden anhören. Klaus-Dieter Everhartz, ein wahrer Nisiótika-Experte aus dem Rheinland, empfiehlt für Einsteiger folgende Interpreten:

Familie Konitópoulos kommt aus Náxos und ist wohl der Nisiótika-Clan schlechthin. Alle machen Musik, zumeist traditionelle Nisiótika: Iríni, Stélla, Angéliki, Nasiá, Vangélis, Geórgios, Níkos, Ántonis ...

Manólis Barberákis aus Kóronos auf Náxos gilt als einer der besten Violinenspieler und Sänger der Kykladen.

Ioánnis Pariós stammt aus Páros, daher der Künstlername Pariós.

María Nomíkou kommt von der kleinen Nachbarinsel Schinoússa und singt moderne Nisiótika.

Außerdem zu empfehlen: Níkos Oikonomídis, Leftéris Vazaíos/Mathéos Ioannólis, Léta Korré und Vassílis Klouvátos.

Antikes Heiligtum von Flerió aus geometrischer Zeit

Geschichte

In der Antike kam Náxos als der größten Kykladeninsel erhebliche Bedeutung zu. Doch schon in der minoisch-griechischen Mythologie spielte die Insel eine wichtige Rolle.

Aus der Mythologie

Göttervater *Zeus* soll auf Náxos seine Kindheit und Jugend verbracht haben. Von hier aus führte er seinen Eroberungskampf, der ihn am Ende auf den Thron der Götter brachte. Aber auch als Herrscher des Olymps blieb er seiner Jugendinsel Náxos eng verbunden. Nach Zeus ist deshalb auch der höchste Berg der Insel – der Zas – benannt. Später verliebte sich Zeus in *Sémeli,* die Tochter des Königs von Theben. Allerdings starb Sémeli nach einer leidenschaftlichen Liebesnacht mit Zeus, da keine Sterbliche den Anblick eines Gottes überleben konnte. Den so gezeugten Sohn *Diónysos* entnahm Zeus dem sterbendem Leib der *Sémeli* und pflanzte ihn sich in den eigenen Schenkel ein. Schließlich wurde der Weingott von drei Nymphen auf Náxos aufgezogen. Diónysos feierte später auf der fruchtbaren Weininsel Náxos (damals *Día* genannt) seine berühmt-berüchtigten Orgien. Außerdem nimmt Náxos – wie Kreta, Sámos oder Euböa – für sich in Anspruch, Ort der ersten Liebesnacht zwischen Zeus und seiner Schwester Héra gewesen zu sein. Angeblich soll es in späteren Zeiten einen Ritus auf Náxos gegeben haben, der – in Erinnerung an Zeus und Héra – die Defloration der Braut in der Nacht vor der Hochzeit forderte.

Und wieder war es die Insel Náxos, auf der der siegreiche Held *Théseus* bei der Rückkehr von Kreta, wo er zuvor den grausigen Stiermenschen *Minotaúros* getötet hatte, seine Geliebte *Ariádne,* die Tochter des Kreterkönigs *Mínos,* schmählich zurückließ. Warum, dafür gibt es mehrere Versionen: Die älteste Überlieferung in der *Odyssee* spricht davon, dass die Tier- und Todesgöttin Ártemis die Prinzessin Ariádne tötete, weil sie dem Gott Diónysos, mit dem sie bereits verbunden war, die Treue gebrochen hatte. In hellenistischer Zeit wurde die Geschichte jedoch zugunsten von Ariádne umgedeutet: Der Treulose war Théseus, der das arme Mädchen verlassen haben soll, vielleicht weil er sich mit Aégle eine andere Geliebte nahm. In den *Sagen der griechischen Landschaften* wird zu seiner Ehrenrettung jedoch angefügt, dass Théseus nur infolge eines Zaubers Ariádne zurückgelassen hatte.

„Ariádne auf Náxos"

Der mythologische Ariádne-Stoff hat eine lange literarische Tradition. *Homer* und *Hesiod* gelten als die ältesten Überlieferer. Aus der griechischen Ariádne-Dichtung sind nur Fragmente von *Eurípides* erhalten, römischer Herkunft sind einige Verse von *Catull* und ein längeres Stück von *Ovid*. Auch der spätgriechische Dichter *Nónnos von Pánopolis* (5. Jh. n. Chr.) fasste in seinem Epos „Dionysiaká" Teile des Ariádne-Mythos zusammen. Während des Mittelalters geriet Ariádne offenbar gänzlich in Vergessenheit. Erst im Jahr 1608 wurde das Thema durch eine Oper von *Rinuccini* und *Monteverdi* wiederentdeckt. In den folgenden zwei Jahrhunderten wurde der Ariádne-Stoff ungeheuer beliebt, vor allem in der Musik. Über 40 Ariádne-Opern sowie einige Dramen und Balladen sind uns aus dem 17. und 18. Jh. bekannt. Der nächste Meilenstein wurde von *Friedrich Nietzsche* 1884 gesetzt, der die dionysische Beziehung zwischen Frau und Gott neu interpretierte. Théseus erscheint jetzt als der Unwürdige, Ariádne dagegen als Heldin. Auch der berühmteste zeitgenössische griechische Literat *Níkos Kazantzákis* schrieb 1953 eine ironische Tragödie mit dem Titel „Théseus". Darin zeigt er eine kühl berechnende Ariádne und einen Théseus, der absichtlich schwarze Segel vor Athen setzt, um nach dem Freitod seines Vaters selbst König werden zu können. Die in Deutschland bekanntesten Stücke sind jedoch das Schauspiel in drei Aufzügen von *Paul Ernst* (1912) und die Oper von *Hugo von Hofmannsthal* mit der Musik von *Richard Strauss* (Uraufführung 1912).

Die wohl schlüssigste und heute gängigste Theorie besagt allerdings, dass Théseus Ariádne aufgeben musste, weil Diónysos höchstpersönlich sie begehrte. Wie auch immer, der Weingott vermählte sich nach Théseus' Abreise tatsächlich mit Ariádne und errichtete ihr einen gewaltigen Palast an der Stelle des heutigen Tempeltors vor Náxos-Stadt. Théseus aber vergaß in seinem Gram über die Trennung die Vereinbarung mit seinem Vater, bei der Ankunft in Áttika weiße Segel zu setzen – der Rest ist bekannt: Sein Vater Aigéus erblickte die schwarzen Segel, folgerte daraus, sein Sohn sei vom Minotaúros getötet worden und stürzte sich voller Schmerz ins Meer, das seitdem das Ägäische heißt. Die Rolle, die Náxos bei der Namensgebung des Meeres und in der hochpolitischen Affäre um den Minotaúros spielt (der Sieg des Théseus spiegelt den geschichtlichen Fakt der Überwindung der minoischen Kreter durch die mykenischen Griechen wider), zeigt die Bedeutung, die der Insel seit jeher zugemessen wurde.

Die Geschichte mit dem berühmten Ariádne-Faden aber spielt nicht auf Náxos. Sie gehört nach Kreta, wo das Wollknäuel dem Théseus half, unversehrt aus dem Labyrinth des Minotaúros nach dessen Tötung wieder herauszufinden.

Geschichte

Von der Kykladenkultur zur klassischen Antike

Die bisher ältesten Funde auf Náxos datieren ins 4. Jahrtausend v. Chr., die Bronzezeit. Zahlreiche Stücke der sogenannten *Kykladenkultur,* deren bekannteste die „Idole" sind (→ Kastentext „Kykladenidole"), wurden im Küstengebiet von *Grótta* gefunden, heute das nördlichste Viertel von Náxos-Stadt. Ein ganzer Abschnitt der Kykladenkultur wurde nach diesem Fundort (und einem weiteren auf der Insel Mílos) als „Grótta-Pélos-Kultur" benannt. Grótta wird immer wieder von Archäologen durchforstet, jedoch liegen große Teile der ehemaligen Siedlung heute unter dem Wasserspiegel. Noch früher sollen aber bereits *Thraker* vom Festland eingewandert sein und die Weinrebe auf Náxos heimisch gemacht haben. Danach siedelten sich die *Karer* an, deren erster Anführer der Insel seinen Namen gab. Später bewohnten *Phönizier* die Insel, gefolgt von den *Minoern,* die von den *Mykenern* vertrieben bzw. entmachtet wurden (siehe oben).

Ab etwa 1000 v. Chr. sind die Daten gesicherter. Die *Ionier* setzten sich damals auf den meisten Kykladeninseln fest, so auch auf Náxos. Dank seiner Größe und Fruchtbarkeit und wegen der immensen *Marmor- und Schmirgelvorkommen* wurde Náxos die wohlhabendste und mächtigste Insel der Kykladen. Die griechische Bildhauerkunst erhielt hier entscheidende Impulse. So wurden in archaischer Zeit (700–500 v. Chr.) auf Náxos die ersten Monumentalstatuen gemeißelt, sogenannte *Koúroi* (= Jünglinge), gut sechs bis sieben Meter hohe Kolosse. Drei von ihnen liegen noch unvollendet dort, wo sie begonnen wurden. Der Torso eines weiteren Koúros ist im Heiligtum des Apóllo auf Délos zu bewundern. Überhaupt war die *Kultinsel Délos* ein bevorzugtes Ziel der Naxioten: Zahlreiche prachtvolle Marmorbauten errichteten sie dort mit dem Ziel, beherrschenden Einfluss auf das bedeutende Heiligtum zu nehmen – Höhepunkte sind heute die berühmte Löwenterrasse aus Marmor und der Rumpf einer 9 m hohen Apóllo-Statue (Koúros). Aber auch nach Délphi (die geflügelte naxiotische Sphinx gilt als eines der ältesten Weihegeschenke, heute im Museum von Délphi) und Athen (archaische Ártemis-Statue im archäologischen Nationalmuseum) wurden naxiotische Skulpturen geliefert. Der Einfluss des in der Antike dicht bevölkerten Náxos war immens – naxiotische Siedler gründeten während der griechischen Kolonisierung von 750–550 v. Chr. z. B. die Hafenstadt Náxos auf Sizilien (heute *Giardini Naxos* bei Taormina).

Eine der berühmten Marmorstatuen: Koúros von Apóllonas

Kykladenidole: elegante Inselkunst in vorklassischer Zeit

Bekannt wurde die frühkykladische Kultur vor allem durch die sogenannten Idole, die auch immer wieder die Kunst des 20. Jahrhunderts beeinflusst haben. Dass diesen elegant stilisierten Marmorfiguren jedoch ein völlig anderes kulturelles Gedankengut zugrunde liegt, zeigt schon die Tatsache, dass viele der heute in „abstraktem Weiß" erstrahlenden Idole ehemals bemalt waren. Ihre Bedeutung ist noch immer ein Rätsel. Waren es, ähnlich wie die ägyptischen Ushebtis, kleine Dienerfiguren, die für den Toten die im Jenseits anfallenden Arbeiten verrichten sollten? Waren es Abbilder der großen Göttin oder eine Art Talisman, der den Dargestellten unter den besonderen Schutz der Götter stellte? Wir wissen es nicht, aber wir können annehmen, dass sie für die Menschen damals eine große Bedeutung hatten, da ihre Herstellung doch einigen Zeitaufwand erforderte.

Idole entstanden auf den Kykladen vom 3. bis zum 2. Jt. v. Chr., besonders Náxos war wegen seines Reichtums an Marmor ein wichtiges Produktionszentrum. Im Lauf dieser langen Zeitspanne kam es dabei zu unterschiedlichen Ausformungen.

Zu den frühesten Idolen gehören die sogenannten *Violin-Idole*, d. h. abstrakte Figuren mit geigenförmigem Körper und einem extrem langen Hals, bei dem der Kopf nur durch eine kleine Kerbe angedeutet ist. Diese werden später noch weiter abstrahiert, die Einbuchtungen in der Körpermitte verschwinden und es entstehen

die „Spatenidole" mit einem rechteckigen Körper und langem Hals. Danach werden die Idole wieder figürlicher: Die *Plastíras-Idole* überraschen durch ihre Detailfreudigkeit, anatomische Einzelheiten wie Augen, Nase, Mund, Halsansatz, Brüste, Nabel und sogar Kniescheiben sind durch Bohrungen und Ritzungen dargestellt. Die relativ schlanken Figuren mit betonter Taille, kurzen dicken Beinen und eckiger Armpartie haben die Hände unter der Brust zusammengelegt. Der *Loúros-Typ* (benannt nach einer Fundstelle an der Südwestküste von Náxos) ist dagegen wesentlich abstrakter. Auf anatomische Details wird fast völlig verzichtet und die Arme verkümmern zu kleinen Stummeln. Der *Spedós-Typ* (Funde ebenfalls auf Náxos, in der Nähe der Bucht von Panórmos) ist deutlich runder, die Taille wird nur angedeutet.

Mitte des 2. Jt. kommt es im Rahmen der sogenannten Kéros-Sýros-Kultur zum Höhepunkt in der Entwicklung der Kykladenidole. Die Ausformung der Figuren wird jetzt so individuell, dass die Idole einzelnen Künstlern zugeordnet werden können. Mehrere Merkmale kennzeichnen diese Phase: Zum einen bildet sich eine verbindliche Form der Menschendarstellung heraus, die „Folded-Arms-Figurines", aufrecht stehende, weibliche Figuren mit unter der Brust gekreuzten Armen. Plastisch ausgearbeitet oder eingeritzt sind meist nur Nase, Brüste, Arme und Schamdreieck, der Rücken bleibt in der Regel flach, und in der Seitenansicht sind die Figuren extrem dünn. Innerhalb dieses Typs kommt es jedoch zu einer Entwicklung mit großem Formenreichtum, daneben gibt es auch hier Sonderformen und Einzelstücke. Zum anderen trauen die Künstler sich jetzt an immer größere Formate – mit Höhen bis zu 1,50 m erreichen die Figuren manchmal sogar Lebensgröße.

Eine hervorragende Sammlung von kykladischen Idolen findet sich im Kykladenmuseum von Athen, aber auch das Archäologische Museum von Náxos-Stadt besitzt eine große Anzahl davon (→ S. 78).

Wohl wegen dieser konzentrierten Machtfülle war Náxos auch die einzige Insel der Kykladen, auf der sich (mit Hilfe des Athener Tyrannen Peisístratos) 538 v. Chr. eine *Tyrannis* etablieren konnte. Der naxiotische Tyrann *Lygdámis* konnte jedoch nur 15 Jahre herrschen, bis er 506 v. Chr. von politischen Feinden mit Hilfe Spártas gestürzt wurde – das riesige Tempeltor im Hafen von Náxos-Stadt stammt aus dieser Zeit und ist bezeichnendes Symbol für den Gigantismus der Tyrannis. Die engen Beziehungen zu Athen waren für die Inselgeschichte auch weiter prägend: Im Konflikt mit den Persern und in den anschließenden *Perserkriegen* unterwarf sich Náxos, im Gegensatz zu den meisten anderen ionisch besiedelten Inseln, nicht dem Großkönig. 501 v. Chr. konnte es sogar einer langen persischen Belagerung standhalten. Die Quittung kam elf Jahre später: 490 eroberten die Perser die Insel, plünderten sie und machten die Hauptstadt anschließend dem Erdboden gleich. Die Bewohner flohen in die Berge oder wurden versklavt. Damit war die dominante Stellung der Insel auf Dauer geschädigt, und Athen baute nach dem siegreichen Ende der Perserkriege seinen Einfluss auf Náxos ab ca. 471 v. Chr. aus. Im *Attisch-Delischen Seebund* (ab 477 v. Chr.) war Náxos neben Páros und Ándros eines der führenden Mitglieder und stand bis zum endgültigen Sieg Spártas in den Peloponnesischen Kriegen (404 v. Chr.) auf der Seite Athens. 338 v. Chr. wurde die Insel nach der Schlacht von Cheronía dem Mazedonischen Reich angeschlossen. Noch bevor die Römer dann in Griechenland Einzug hielten, wurde Náxos einige Jahre von den ägyptischen Ptolemäern regiert.

Byzantiner und Venezianer

Nach Konstantin dem Großen (280–337 n. Chr.) fielen sämtliche Kykladeninseln an das Byzantinische Reich. Byzanz hat dann, insbesondere in Form von Kirchen und Kapellen, tiefe Spuren auf Náxos hinterlassen. Während dieser Zeit litt die Insel aber vor allem unter den ständigen Piratenüberfällen. Trotz einiger Befestigungsversuche konnte der Kaiser in Konstantinopel keine dauerhafte Sicherheit gewährleisten. So fiel es auch den Venezianern später nicht allzu schwer, Náxos zu erobern. *Márco Sanoúdos* hieß der venezianische Herzog, der 1207 das ausgedehnte venezianisch-kykladische „Herzogtum Náxos" gründete. 17 Inseln verleibte er ihm ein, und bis weit ins 16. Jh. blieb die Dogenrepublik in der Ägäis an der Macht. Wie keine zweite Fremdherrschaft haben die Venezianer die Architektur der Kykladenorte auf Náxos und anderen Inseln geprägt.

Náxos, von den Venezianern *Naxía* genannt, wurde dank seiner großen wirtschaftlichen und strategischen Bedeutung die Kommandozentrale Sanudos: Auf dem heutigen Stadthügel errichtete er eine mächtige Festung mit damals angeblich zwölf Rundtürmen. Eine weitere Festung lag strategisch einmalig auf einem Gipfel im Herzen der Tragéa-Hochebene – zu den Ruinen von Apáno Kástro kann man heute noch hinaufklettern. Die Ländereien der Insel verteilte Sanudo an venezianische Adlige, die sich von einheimischen Handwerkern über die ganze Insel verteilt wehrhafte Wohntürme, sogenannte „Pýrgi" (Einzahl: Pýrgos), errichten ließen. Insgesamt etwa 30 der z. T. gut erhaltenen und restaurierten Ruinen sind heute in vielen Orten und auch abseits der Siedlungen zu finden (→ S. 142). Ebenfalls durch die lange venezianische Besetzung zurückzuführen ist der heutige katholische Bevölkerungsanteil auf der Insel. Ansonsten ist aus den „dunklen Jahren" des Mittelalters nur wenig über Náxos bekannt. Jedoch gibt es noch immer zahlreiche alte Kirchen aus diesen Jahrhunderten auf Náxos – vor allem in der Tragéa-Hochebene und in der Ebene von Sangrí –, viele davon mit wertvollen Fresken, darunter die berühmte *Panagía Drosianí* (→ S. 182).

Absolut einzigartig: Byzantinische Kirchen auf Náxos

Das Ensemble der byzantinischen Kirchen auf Náxos ist in der ganzen Ägäis einzigartig, sowohl was die Zahl der Bauwerke betrifft wie auch die Durchgängigkeit der Stilepochen – von frühchristlich bis spätbyzantinisch ist alles vertreten. In diesem Buch heben wir einzelne, besonders schöne Kirchen hervor, doch gibt es auf Náxos mindestens 154 byzantinische Kirchen, davon 140 mit mehr oder minder gut erhaltenen Wandmalereien. Leider ist der Zustand der Kirchen sehr unterschiedlich. Einige sind baulich stabilisiert und ihre Fresken restauriert. Andere sind Ruinen, zum Teil noch mit Freskenresten, die Wind und Wetter ausgesetzt und dem Verfall preisgegeben sind. Leider sind in den nächsten Jahren weder von der orthodoxen Kirche (die neue Ikonen mehr schätzt als alte Fresken) und schon gar nicht vom griechischen Staat Erhaltungs- und Restaurierungsmaßnahmen in großem Stil zu erwarten.

Türkische Besatzung und Freiheitskampf

1537 eroberte der türkische Korsar und Admiral *Chaireddin Barbarossa* Náxos und die gesamten Kykladen. Die Türken waren jedoch weniger an Machtausübung als hauptsächlich an den Steuern interessiert, die Náxos alljährlich aufzubringen hatte. Faktisch blieben deshalb venezianische Familien an der Macht. Zahlreiche Kirchen und Klöster entstanden, auch Jesuiten, Kapuziner, Ursulinen ließen sich nieder. Vor allem im 18. Jh. unternahmen die Inselbewohner immer wieder Aufstände gegen die Fremdherrscher, an diese Zeit erinnern u. a. der *Turm von Markopolíti* in Akádimi und das *Turmkloster Ypsilí* bei Engarés. Nach dem Russisch-Türkischen Krieg fiel Náxos 1770 kurz unter russische Herrschaft, bevor die Türken 1774 zurückkehrten. Wie fast alle Kykladeninseln nahm auch Náxos ab 1821 am griechischen Unabhängigkeitskampf gegen die Türkenherrschaft teil. Nach dem Sieg der die griechischen Aufständischen unterstützenden europäischen Großmächte 1827 wurde Náxos dann im Jahr 1830 dem neuen griechischen Nationalstaat, dem *Königreich Griechenland* angeschlossen. Der Wittelsbacher Otto I. – Sohn des bayerischen Königs – wurde zum ersten König von Griechenland ausgerufen, konnte sich jedoch nur bis 1862 an der Macht halten. Danach folgte eine dänisch-britische Linie auf dem Thron.

Von der Monarchie zur Republik

Der 1854 in Apíranthos geborene Pétros Protopapadákis wurde berühmt als Architekt und Baumeister des Kanals von Korínth und zahlreicher Bahnlinien auf dem griechischen Festland. 1902 trat er in die Politik ein, war in diversen Regierungen Minister und seit 1922 auch Premierminister. 1922 versuchte Griechenland die alten Besitztümer an der kleinasiatischen Küste zurückzuerobern – Kemal Atatürk schlug das griechische Heer. Neben den Generälen wurde Protopapadákis für die Niederlage verantwortlich gemacht, er musste zurücktreten. Zusammen mit anderen führenden Politikern wurde er wegen „Hochverrats" zum Tode verurteilt und wenig später Ende 1922 erschossen. In Erinnerung an diesen berühmten Sohn von Náxos wird Protopapadákis mit einer Statue auf der Hafenplatía geehrt.

Im Friedensvertrag von Lausanne wurde 1923 ein gewaltiger Bevölkerungsaustausch vereinbart: Etwa eine Million kleinasiatischer Griechen wanderten nach Griechenland ein. 1935 errichtete General *Ioánnis Metaxás* eine Militärdiktatur. Am 28. Oktober 1940 stellte Italiens Diktator Mussolini den Griechen ein Kriegsultimatum. Metaxás antwortete mit „Nein" *(Óchi-Tag)*, worauf Mussolini Griechenland den Krieg erklärte. Im Winter 1940/41 schlugen die Griechen die italienische Offensive zurück, mussten sich jedoch in der Folge deutschen Truppen geschlagen geben, die Italien zu Hilfe kamen. Auch Náxos wurde durch ein kleines Kontingent deutscher Soldaten besetzt.

Nach Kriegsende führte der politische Gegensatz zwischen den royalistischen und kommunistischen Widerstandskämpfern nahezu übergangslos in den griechischen Bürgerkrieg. Schon zwei Monate nach dem Abzug der Deutschen im Oktober 1944 begannen Straßenschlachten in Athen. 1946 wurde Griechenland wieder ein Königreich, 1949 siegten die monarchietreuen Regierungstruppen. Unter der neuen Schutzmacht USA trat Griechenland 1952 in die NATO ein. Als 1967 ein

Panagía Drosianí:
Kirche aus frühchristlicher Zeit

Wahlsieg der Linken erwartet wurde, putschte die Armee – die Obristen unter *Geórgios Papadópoulos* übernahmen die Macht. 1974 stürzte die Junta über ihre Verwicklung in den Putsch und den türkischen Überfall auf Zypern. Im November 1974 errang die konservative Partei Néa Dimokratía (ND) die absolute Mehrheit bei den ersten Parlamentswahlen nach der Militärdiktatur. Im Dezember desselben Jahres fegte eine Volksabstimmung die Monarchie hinweg, seither ist Griechenland eine Republik.

Ministerpräsident *Konstantínos Karamanlís* festigte die Demokratie und führte Griechenland 1981 in die Europäische Gemeinschaft. Ende 1981 übernahm die Panhellenistische Sozialistische Bewegung (PASOK) unter *Andréas Papandréou* die Macht. Die Sozialisten regierten bis 2004 unter *Kóstas Simítis*, unterbrochen nur durch eine dreijährige Periode einer ND-Regierung unter *Konstantínos Mitsotákis* (1990-93). 2002 gehörte auch Griechenland zur ersten Ländergruppe, die den Euro als Landeswährung einführte. Ein bedeutendes Ereignis waren auch die Olympischen Spiele von 2004. Im gleichen Jahr siegte die ND bei Wahlen, und *Konstantínos Karamanlís* (Enkel des ersten Ministerpräsidenten der Republik) wurde Regierungschef. Er konnte sich in den Parlamentswahlen von 2007 knapp behaupten, unterlag dann aber in erneut vorgezogenen Wahlen 2009 dem Sozialisten *Geórgios Papandréou* (Sohn von Andréas Papandréou).

Die Finanzkrise erfasst Griechenland

Anfang 2010 geriet Griechenland in seine schwerste Staatskrise seit Gründung der Republik. An den internationalen Finanzmärkten konnte das Land aufgrund seiner Misswirtschaft und des exorbitanten Haushaltsdefizits Staatsanleihen nur noch mit sehr hohen Zinsen platzieren. Hintergrund waren vor allem ans Tageslicht getretene Fälschungen der griechischen Finanzstatistiken. Die sozialistische Regierung hatte mit Hilfe US-amerikanischer Banken das hohe Staatsdefizit verschleiert, um dem Land durch Betrug den Beitritt zur Euro-Zone zu ermöglichen. Regierungschef Papandréou musste einen politischen Offenbarungseid leisten und zugeben, dass das Land am finanziellen Abgrund steht und er den Staatsbankrott erklären müsse, dem dann das griechische Bankensystem ebenfalls in den unvermeidlichen Bankrott gefolgt wäre. Dadurch geriet das gesamte Währungssystem der Euro-Länder in eine Krise, die zwischen 2010 und 2012 weitere Länder erfasste.

EU und IWF zwangen Griechenland seit dem Frühjahr 2010 zu überaus harten Notmaßnahmen, die Staatsausgaben zu senken und die Steuereinnahmen zu erhöhen. Beamtenbezüge, Renten und Sozialleistungen wurden sofort gekürzt, praktisch alle Steuern erhöht und die Statistikbehörde ausländischen Fachleuten unterstellt. Als Gegenleistung erhielt Griechenland von EU und IWF zunächst auf drei Jahre befristete Notkredite, die den Bankrott des Staates (einstweilen) verhinderten. Die traditionell starken griechischen Gewerkschaften reagierten mit zahllosen Streiks in allen Branchen. Während der Sommermonate 2010 und 2011 beruhigte sich die Situation wieder und die Einbrüche im Tourismus hielten sich in erstaunlich geringen Grenzen. Die sozialistische Regierung führte jedoch die Sparmaßnahmen in allen Bereichen verschärft weiter, was das Land durch die geringere Kaufkraft noch tiefer in die Rezession trieb.

Ende 2011 eskalierte die Krise erneut. Die EU musste ein weiteres Rettungspaket schnüren und die Banken, bei denen Griechenland verschuldet ist, mussten einen 50-Prozent-Schuldenschnitt akzeptieren. Regierungschef Papandréou war dem politischen Druck nicht mehr gewachsen und trat zurück. Eine überparteiliche Regierung unter Führung des ehemaligen EZB-Vizepräsidenten *Loúkas Papadímos* übernahm die Macht. Im Mai 2012 wurden Neuwahlen abgehalten, die mit einem Patt endeten – es konnte keine Regierung gebildet werden. So kam es im Juni 2012 erneut zu einem Wahlgang, den Oppositionsführer *Antónios Samarás* (ND) knapp gewann. Es entstand eine Dreiparteienkoalition, die im Sommer 2013 zu einer Zweiparteienregierung aus ND und PASOK schrumpfte. Samarás' parlamentarische Mehrheit drohte mehrmals zusammenzubrechen, hielt aber bis zum vorzeitigen Ende der Legislaturperiode zum Jahreswechsel 2014/15. Eine gescheiterte Parlamentsabstimmung über einen neuen Staatspräsidenten am 29. Dezember 2014 führte zur Auflösung des Parlaments und Ausschreibung von Neuwahlen, die am 25. Januar 2015 (nach Redaktionsschluss dieses Buchs) stattfinden sollen.

Internationale Finanzexperten diskutieren seit 2010, welche langfristigen Lösungen für Griechenland sinnvoll und gangbar wären. Die Krise hat zu einem Einbruch der Wirtschaft und des Konsums geführt und die Arbeitslosigkeit auf mehr als 30 Prozent getrieben. Die Bevölkerung musste harte Einschränkungen und erhebliche Steuererhöhungen hinnehmen. Eine nachhaltige Lösung ist dies nicht. Trotz erhöhter Staatseinnahmen sinkt aufgrund der exorbitanten Zinsausgaben der Schuldenstand nicht. Dafür wären Haushaltsüberschüsse von mehr als 5 Prozent pro Jahr nötig, die aber völlig unrealistisch sind. Eine Lösung könnte ein „geordneter" Staatsbankrott sein, verbunden mit dem Austritt aus der Euro-Zone.

Die Fähren der Blue Star Ferries fahren die Insel täglich an

Anreise

Griechenland ist von Deutschland, Österreich und der Schweiz fast ein reines Flugziel. Andere Anreisemöglichkeiten wie Auto, Bahn, Bus, Schiff lohnen nur bei längerem Aufenthalt, denn für Hin- und Rückfahrt muss man eine Woche rechnen, und wertvolle Urlaubstage gehen verloren – Straßenmarathon, überfüllte Züge, zeitaufwendige Schiffspassagen.

Mit dem Flugzeug

Der kleine Flughafen von Náxos ist ausschließlich dem innergriechischen Flugverkehr vorbehalten. Größere Düsenclipper können dort nicht landen. Man fliegt also entweder nach Athen und nimmt dort einen Inlandsflug nach Náxos bzw. die Fähre oder das Schnellboot. Oder: Flug nach Santoríni oder Mýkonos, weiter wiederum per Fähre oder Schnellboot. Ebenfalls noch im erträglichen Rahmen liegt die Fluganreise über Iráklion (Kreta) mit anschließender Schifffahrt (nur im Sommer: entweder direkt mit dem Schnellboot oder per Fähre mit Umsteigen in Santoríni).

Flug nach Athen: großes Angebot an Flügen bei *Lufthansa, Germanwings, Air Berlin, Swiss* und *Austrian Airlines* sowie der griechischen *Aegean Airlines*. Auch der Billigflieger *Easyjet* fliegt Athen an. Charterflüge bieten *Condor* oder *TUIfly* an. Preise je nach Saison, Buchungstermin und Gesellschaft hin/zurück ca. 200–500 €. Weiter nach Náxos entweder per innergriechischem Flug, Fähre oder Schnellboot. Details zum Transfer im Kapitel „Innergriechische Verbindungen" ab S. 40.

Flug nach Santoríni oder Mýkonos: Spart einige Stunden auf der Fähre und ist oft nicht viel teurer als ein Flug nach Athen. Zudem ist die Fährüberfahrt nach Náxos deutlich kürzer und billiger. Nachteil: Die Flugfrequenz ist nicht so hoch, während Athen mehrmals täglich angeflogen wird. Von Mýkonos und Santoríni gibt es keine Flugverbindung nach Náxos. Überfahrt mit Fähre oder Schnellboot ab Santoríni im Sommer 1- bis 4-mal tägl., ab Mýkonos 1- bis 2-mal tägl.

Flug nach Iráklion (Kreta): Direktflüge gibt es nur im Sommerhalbjahr, hauptsächlich Charter-, aber auch Linienflüge, etwas teurer als nach Athen. Keine Flugverbindung von Kreta nach Náxos. Weiter direkt nach Náxos per Schnellboot (im Juli/Aug. tägl.) oder per Fähre mit Umsteigen in Santoríni (ganzjährig 1- bis 2-mal tägl.). Fahrzeit mit dem Schnellboot ca. 3 Std.

Buchung im Internet Lufthansa (www.lufthansa.de), **Swiss** (www.swiss.ch), **Austrian Airlines** (www.aua.com), **Aegean Airlines** (www.aegeanair.com), **Air Berlin** (www.airberlin.com), **Germanwings** (www.germanwings.de), **Easyjet** (www.easyjet.com), **Condor** (www.condor.de), **TUIfly** (www.tuifly.com).

Veranstalter mit Náxos-Programm

Für den Urlaub in der Hauptsaison ist – vor allem für Familien mit Kindern – anzuraten, Flug und Unterkunft über Reiseveranstalter oder andere Vermittler pauschal zu buchen. Die Zimmersuche kann in dieser Zeit unter Umständen zu einem langwierigen Unternehmen ausarten, da im Sommer auch griechische Urlauber vermehrt nach Náxos kommen. Informationen sollte man sich bei verschiedenen Reisebüros oder online einholen – nicht alle bieten dieselben Veranstalter an, und oft zahlt man für die gleiche Leistung erheblich unterschiedliche Preise. Langjähriger Griechenland-Spezialist ist Attika-Reisen.

Reiseveranstalter **Ab in den Urlaub,** www.ab-in-den-urlaub.de. **Alltours,** www.alltours.de. **Attika,** www.attika.de. **Dertour,** www.dertour.de. **Springer,** www.springer reisen.at. **TUI,** www.tui.de, www.tui.at, www.tui.ch.

Spezialanbieter **Baumeler Reisen,** Wanderungen auf Náxos, www.baumeler.ch. **Gerhard Körmer** – Wandern in Griechenland, www.wandern-in-griechenland.de. **Na-**tur & Kultur Wanderstudienreisen, www.natur-und-kultur.de. **Inselwanderungen Martin Frank,** www.insel-wanderungen.de. **Lupe Reisen,** Wanderungen auf Náxos, www.lupereisen.com. **Studiosus,** Wanderungen auf Náxos, www.studiosus.com. **Velotrek,** Fahrradtouren auf Náxos, www.velotrek.de. **Wikinger Reisen,** Wanderungen auf Náxos, www.wikinger-reisen.de.

Andere Anreisemöglichkeiten

Mit eigenem Auto/Wohnmobil: Die Anreise mit eigenem Wagen oder Wohnmobil lohnt nur bei längerem Aufenthalt. Die Kraftstoffkosten und die Preise für Schiffstickets sind hoch, dazu kommen Mautgebühren, Zeitaufwand und der Stressfaktor. Insgesamt eher abzuraten.

Dennoch: Die direkte Anreise durch Slowenien, Kroatien, Serbien und Makedonien ist inzwischen wieder problemlos möglich. Man fährt auf der mittlerweile großteils autobahnähnlich ausgebauten, „Autoput" genannten Schnellstraße E 65 über Zagreb, Belgrad, Nis und Skopje bis Griechenland, der kritische Kosovo und Albanien werden dabei nicht berührt. Man sollte jedoch vor Abreise die aktuelle politische Situation verfolgen. Die Strecke ist überall mautpflichtig. Maut und Benzin kann man fast überall mit Euro oder Kreditkarte bezahlen. Geschwindigkeitsbeschränkungen sollten strikt beachtet werden, es gibt sehr viele Radarkontrollen, die teuer werden können. In Griechenland führt die gebührenpflichtige Nationalstraße dann an Thessaloníki vorbei nach Athen, dort über die Leofóros Kifissíou direkt nach Piräus. Tickets für die Fähren nach Náxos bekommt man am Hafen (→ S. 41).

Empfehlenswerter: **Fährpassage von Italien nach Griechenland** (→ Fährverbindungen Italien–Griechenland). Allerdings sind die Griechenlandfähren im Sommer oft schon Monate im Voraus ausgebucht. *Nicht ohne Vorbuchung fahren!* Ankunft in Pátra (Peloponnes), von dort Weiterfahrt über die Autobahn Pátra–Kórinthos–Athína nach Piräus/Piraiás und dort Fähre nach Náxos.

Informationen Erfragen Sie bei einem Automobilclub die neuesten Daten zu Autobahngebühren, Höchstgeschwindigkeiten, speziellen Verkehrsregeln und Benzinpreisen in den Transitländern.

Sinnvoll ist ein Auslandsschutzbrief bzw. eine vorübergehende Vollkaskoversicherung – die griechischen Versicherer zahlen nicht viel.

Kfz-Dokumente Notwendig sind der nationale Führerschein, die grüne Versicherungskarte und der Fahrzeugschein.

Kraftstoffpreise In Griechenland mittlerweile deutlich teurer als in Deutschland. Im Herbst 2014 lagen Super und Diesel jeweils ca. 15–20 Cent über deutschem Niveau.

Mit der Bahn: Nach einer Unterbrechung ist seit 2014 die Bahnanreise über die Balkanroute nach Griechenland mittlerweile wieder möglich. Allerdings ist davon eher abzuraten. Auf der direkten Linie durch das ehemalige Jugoslawien ist man gut 40 Stunden unterwegs. Mit IC/EC fährt man von Frankfurt über Salzburg bis Zagreb, dort umsteigen, weiter über Belgrad, Skopje und Thessaloníki nach Athen. Nötig ist eine Sitzplatzreservierung, außerdem ggf. Liege- oder Schlafwagen für die Nacht. Die Kosten liegen bei über 400 € (hin/zurück), für diesen Preis bekommt man auch ein Flugticket. Außerdem hohes Kriminalitätsrisiko in den Balkanzügen.

Weniger stressig, etwas preiswerter und mit schöner Fährüberfahrt ist die Anreise über Italien. Von den Adriahäfen gehen Fähren nach Igoumenítsa und Pátra. Von *Igouménitsa* fahren häufig Busse nach Athen (Fahrzeit 9 Std., Infos unter www.ktel.gr). Von *Pátra/Patras* fahren mehrmals täglich Züge direkt nach Piräus (Fahrzeit 3:30 Std., Preis ca. 20 € inkl. IC-Zuschlag, Fahrplaninfos unter www.ose.gr), einige Fährlinien, z. B. Anek, Minoan Lines und Superfast Ferries, bieten auch Bustransfer zwischen Pátra und Athen; die Busstation in Pátra liegt ein Stück östlich des Bahnhofs (→ Fährverbindungen Italien–Griechenland).

Reiseauskunft Deutsche Bahn: ✆ 0180-6996633 oder www.bahn.de. Informationen zur Fahrradmitnahme beim Allgemeinen Deutschen Fahrrad-Club ADFC, www.adfc.de.

Fährverbindungen Italien–Griechenland: Die griechischen Reedereien haben ihre Flotten stark modernisiert. So bietet eine Überfahrt trotz ihrer Dauer oft eine schöne Einstimmung auf den Urlaub. Pool, komfortable Kabinen, Restaurants und Bars sind mittlerweile auf fast allen Schiffen Standard und lassen ein wenig Kreuzfahrtfeeling aufkommen. Zu Ferienzeiten und in der Hochsaison herrscht deshalb oft großer Andrang. Vor allem mit Pkw, Wohnmobil usw. möglichst *frühzeitig buchen!* Fährhäfen in Italien sind *Venedig, Ancona, Bari, Brindisi* und *Otranto,* Ankunftshäfen in Griechenland *Pátra/Patras* oder *Igouménitsa.* Wer nach Náxos will, sollte nach Pátra übersetzen und muss anschließend per Auto, Bus oder Bahn nach *Piräus/Piraiás* fahren und sich dort auf einer Kykladenfähre einschiffen (→ Innergriechische Verbindungen). Rechnen Sie ggf. mit Zwischenübernachtungen.

Von welchem Hafen man abfährt, ist eine individuelle Entscheidung. Vergleichen Sie die Fährpreise, kombiniert mit den Anfahrtskosten für Auto oder Bahn. Die Fährlinien staffeln ihre Tarife nach Saisonzeiten. In der Nebensaison liegen die Preise niedriger als in der Hauptreisezeit. Z. T. gibt es erhebliche Schwankungen

zwischen den konkurrierenden Linien, zudem je nach Reederei diverse Sonder-
preise und Ermäßigungen (z. B. Kinder- und Rückfahrtermäßigungen). Generell
dürfte *Ancona* ein günstiger Fährhafen sein.

Fahrpläne, Preise, Konditionen, Online-Buchung: **ANEK** (www.anek.gr), **Blue Star Ferries**
(www.bluestarferries.com), **Minoan Lines** (www.minoan.gr), **Superfast Ferries** (www.
superfast.com), **Ventouris Ferries** (www.ventouris.gr).

Innergriechische Verbindungen von/nach Náxos

Flugzeug: Der kleine Flugplatz von Náxos etwa 3 km südwestlich von Náxos-Stadt
ist dem innergriechischen Flugverkehr und kleinen Privatflugzeugen vorbehalten.
Für internationale Jets ist die Rollbahn viel zu kurz. Nur einmal pro Woche gibt es
in der Saison eine Verbindung mit einer kleinen Maschine von Graz (Österreich)
mit Zwischenlandung auf Límnos (Buchung: www.springerreisen.at). Die immer
mal wieder kursierenden Pläne, einen neuen Flughafen im Süden oder Osten zu
bauen, sind aufgrund der Finanzlage derzeit wohl unrealistisch. Allerdings wurde
beschlossen, die Landebahn in den nächsten Jahren um 250 m zu verlängern (Stand
2014). Flugverbindungen nach Náxos gibt es daher (außer von Graz) gegenwärtig
nur von Athen mit der griechischen Gesellschaft *Aegean Olympic*. Möglichst
frühzeitig buchen, in der Saison ist vor Ort meist kein Platz mehr zu bekommen.

Preise Athen–Náxos ca. 85 € pro Pers,
Náxos–Athen ca. 70 €/Pers. (Stand 2014).

Flugzeiten Im Hochsommer tägl. 1- bis 3-
mal von/nach Athen, ansonsten 1-mal tägl.
(Stand 2014).

Tickets Aegean Olympic-Vertretung in
den Reisebüros *Náxos Tours* und *Zas Travel* an der Paralía in Náxos-Stadt (→
Adressen).

Flughafenauskunft ✆ 22850-23292.

Fähren und High-Speed-Fähren: Für die Hauptverbindung nach Náxos sorgen die
ganzjährig verkehrenden Großfähren der Reederei *Blue Star Ferries* (www.bluestar
ferries.com). Eine Alternative bieten in der Saison die High-Speed- und Katama-
ran-Fähren der Minoan-Tochter *Hellenic Seaways* (www.hsw.gr), *Aegean Speed
Lines* (www.aegeanspeedlines.gr), der *Sea Jets* (www.seajets.gr) und der *NEL-Lines*
(www.nel.gr).

Wichtigster Kykladen-Hafen ist *Piräus/Piraiás* (s. u.). Náxos wird von dort im
Hochsommer bis zu 5-mal täglich angelaufen, außerhalb der Saison 2- bis 3-mal
täglich. Eingesetzt werden meist komfortable Autofähren (*Blue Star*, Fahrzeit ca.
5 Std.) und High-Speed-Fähren (ca. 3½ Std.); in Letzteren sitzt man in bequemen
Flugzeugsesseln und genießt fast Airline-Feeling. Die meisten Schiffe laufen morgens zwischen 7 und 9 Uhr und spätnachmittags zwischen 16 und 18 Uhr aus. Die übliche Route führt von Piraiás via Páros direkt nach Náxos, seltener mit Stopp in Sýros.

High-Speed-Fähren starten auch im kleineren Hafen *Rafína* (→ S. 41) an der
Ostküste Áttikas. Befahren wird hier die Route Rafína–Mýkonos–Páros–Náxos.
Vorteil: Rafína liegt deutlich näher am Athener Flughafen. Nachteil: Die Fähren
fahren weitaus seltener. Auf Náxos wird ausschließlich der Hafen von Náxos-
Stadt angelaufen.

Information, Onlinetickets: www.openseas.gr, www.gtp.gr, www.ferries.gr.

Festlandhäfen

Piräus/Piraiás: Der Riesenhafen ist mit Athen nahtlos zusammengewachsen, fast
alle Inselfähren starten hier. An den Kais erstreckt sich eine graue, bis zu zehn

Stockwerke hohe Betonwüste, davor Autokolonnen, Lärm, Abgase, Menschenmassen, die sich aneinander vorbeischieben, Touristen, die aus der Metro strömen ... Die Ausfahrt per Fähre ist dagegen ein reizvolles Erlebnis: Die große Stadt bleibt hinter einem zurück und man passiert Frachter und Öltanker, die noch kilometerweit vor der Küste vor Anker liegen.

Verbindung Flughafen – Piräus/Piraiás
Vom Flughafen *Elefthérios Venizélos* fährt der **Expressbus E 96** rund um die Uhr, tagsüber etwa alle 15–20 Min., nachts alle 30–40 Min. Fahrzeit je nach Tageszeit und Verkehrslage zwischen 1:15 Std. und 2 Std. Haltestelle direkt am Hauptausgang des Flughafens, in Piraiás an der Platía Karaiskáki, wo man Fährtickets bekommt. Fahrpreis 5 €.

Alternative ist die Vorstadtbahn **Proastiakós** bzw. **Metro M 3**, die tägl. von ca. 6 bis 23 Uhr etwa alle 20 Min. vom Flughafen über Doukíssis Plakentías zur Station Monastiráki und zurück fährt (Fahrzeit ca. 45 Min.). Von Monastiráki hat man Anschluss an die **Metro M 1**, die von Kifissía kommend quer durch Athens Zentrum nach Piraiás fährt (Fahrzeit ca. 15 Min.). Der Fährterminal ist über eine futuristische Überführung zu Fuß zu erreichen (5–8 Min.). Fahrpreis einfach 8 €. Informationen: www.oasa.gr.

Schiffsabfahrten Alle Fähren und High-Speed-Fähren nach Náxos starten im Haupthafen, schräg gegenüber der Metrostation.

Tickets Gibt es in Piräus/Piraiás in den Büros am Karaiskáki-Platz, am Ausgang der Metrostation sowie in der Aktí Kondýli. Die Plätze auf den High-Speed- und Katamaran-

Fähren sind nummeriert. Ansonsten kontingentierte Plätze, die im Hochsommer ausverkauft sein können. Rechtzeitig buchen! Von zu Hause über's Internet möglich.

Fahrpreise Piräus/Piraiás – Náxos
Blue Star, Economy (Deck innen und außen) ca. 35 €/Pers. **High-Speed-Fähre/Katamaran**, Economy-Sitzplatz innen ca. 51 €/Pers. VIP-Plätze und Kabinen deutlich teurer. Preise für Fahrzeugtransport im Internet.

Übernachten Einige Hotels an der Uferfront bzw. in Nebenstraßen.

*** Hotel Tritón, modernes Haus mit 57 Zimmern. Alle mit Bad, AC, Telefon, Sat-TV, Wifi, Safe, Heizung im Winter, teilweise Balkone mit Meerblick. DZ ca. 60–70 €. 8 Tsamadoú, ☎ 210-4173457, www.htriton.gr.

** Ionion Family Hotel, Tákis vermietet gepflegte Zimmer, alle mit Bad, Balkon, AC, Telefon, TV, Wifi, im Winter Zentralheizung. DZ ca. 50–65 €. 10 Kapodistríou, wenige Schritte von der Metrostation, ☎ 210-4177537, www.ionionhotel.com.

** Hotel Delfini, 51 ordentliche Zimmer mit TV, AC, Kühlschrank, Wifi. Kleine, saubere Bäder. DZ ca. 45–65 €. 7 Leochárous, von „Ionion" aus zwei Parallelstraßen südlich. ☎ 210-4173110, www.hotel-delfini.com.

Rafína: Beschauliches Hafenstädtchen an der Ostküste Áttikas. Stimmungsvoller Kykladen-Einstieg, im Halbrund des Hafens drängen sich Fischhändler und zahlreiche Cafés und Tavernen. Da die Fahrt nach Náxos von Rafína aus ein ganzes Stück kürzer ist als von Piraiás, sind die Preise etwas günstiger, zudem liegt der Flughafen deutlich näher bei Rafína als an Piraiás, womit man u. U. Zeit spart. Verbindungen nach Náxos aber nur im Sommerhalbjahr!

Verbindung Linienbusse zwischen Flughafen Elefthérios Venizélos und Rafína verkehren von Mai bis Oktober zwischen 5 und 22 Uhr etwa stündlich. Abfahrt neben der Ankunftshalle, Ausgang 3. Fahrzeit etwa 30 Min., Preis 3 €. In Rafína fährt der Bus bis zum Hafen hinunter.

Tickets In den vielen Büros am Hafen.

Übernachten **** Hotel Ávra, 96 Zimmer mit Bad, AC, Sat-TV, Telefon, Safe und Wifi.

DZ 60–100 €. Paralía, links der Hafenausfahrt, 3 Arafinídon Alón, ☎ 22940-22780, www.hotelavra.gr.

Camping Kókkino Limanáki, 2 km nördlich der Stadt. Ordentlicher, gepflegter Platz. Zelte und Bungalows können gemietet werden. Camping 4–5 €/Person, Bungalow 19–22 €. Ganzjährig geöffnet. Bushaltestelle am Eingang. 100 Dimokratías, ☎ 22940-31604, www.athenscampings.com.

Esel, Mulis und Pferde sind die traditionellen Transportmittel auf Náxos

Unterwegs auf Náxos

Wegen der Weitläufigkeit der Insel würde sich bei längerem Aufenthalt die Mitnahme eines eigenen Fahrzeugs durchaus lohnen, viele Straßen wurden in den letzten Jahren asphaltiert. Doch es gibt auch ein riesiges Angebot an zwei- und vierrädrigen Mietfahrzeugen. Ansonsten kommt man mit den häufig verkehrenden Inselbussen auch recht gut herum, zumindest zu den touristisch bedeutenden Orten. Auch Fahrräder sind eine gute Möglichkeit, zumindest die eher flache Westhälfte sowie die Tragéa-Ebene in der Inselmitte zu erkunden. Doch die schönste Art, Náxos zu entdecken, ist zweifellos zu Fuß. Die Insel bietet das wohl beste Fußwegenetz auf den Kykladen.

Öffentliche Verkehrsmittel

Taxi: Deutlich teurer als die Busse, aber (noch) unter deutschem Preisniveau. Taxistandplatz in Náxos-Stadt direkt vor dem Busbahnhof am Nordende der Paralía, d. h. am Beginn der Hafenmole. Standplätze zudem am Südende der Paralía in Náxos-Stadt sowie im Stadtteil Ágios Geórgios, außerhalb der Stadt an den Stränden Ágios Prokópios und Agía Ánna. Fast immer warten auch Taxis in Chalkí, Filóti und am Parkplatz von Apíranthos auf Kunden. Wer aus abgelegenen Dörfern wieder zurück in die Stadt will, muss die Taxizentrale anrufen (und Hin-/Rückfahrt bezahlen): ☏ 22850-22444.

Preise: Grundsätzlich gibt es zwar Richtlinien, doch besser immer vorher fragen und einen *Festpreis* vereinbaren. Von Náxos-Stadt zum Flughafen ca. 6 €, Gepäckzuschlag ca. 1 € pro Stück. Weitere Taxitarife siehe unter den jeweiligen Orten.

In Griechenland halten bei Überlandfahrten oft bereits besetzte Taxis an, um weitere Fahrgäste mitzunehmen, falls sie in dieselbe Richtung wollen. In diesem Fall (und wenn der Taxameter läuft) den Zählerstand beim Besteigen des Taxis merken – ab dieser Zahl wird später abgerechnet. Wenn zwei voneinander unabhängige Parteien dieselbe Strecke in einem Taxi fahren, müssen sie in der Regel beide den auf dem Taxameter angezeigten bzw. vorher vereinbarten Preis zahlen. Das heißt natürlich nicht, dass bei einer Gruppe, die gemeinsam ein Taxi besteigt, jeder den angezeigten Fahrpreis zahlen muss.

Bus: Für kykladische Verhältnisse verfügt Náxos über ein gutes Bussystem. Grundsätzlich kommt man in fast jedes Dorf, doch die Frequenzen lassen manchmal zu wünschen übrig. Abseits der beliebten Touristenrouten sind die Fahrzeiten der Busse an die Bedürfnisse der Pendler angepasst. Das bedeutet, dass abgelegene Ortschaften oft nur am späten Nachmittag angefahren werden (wenn die Pendler nach Hause wollen) und man von dort erst am nächsten frühen Morgen (eben wenn die Pendler in die Chóra wollen) wieder zurück nach Náxos-Stadt kommt. Also unbedingt vorher die Fahrpläne checken. Absolut unproblematisch sind aber die gängigen Strecken *Náxos–Sangrí–Chalkí–Filóti–Apíranthos–Kóronos–Apóllonas* sowie von *Náxos-Stadt* zu den Stränden von *Agía Ánna, Ágios Prokópios, Máragas* und *Pláka*. Leider gibt es noch immer keine Busverbindung zu dem etwa 3 km von der Stadt entfernten *Flughafen* (s. a. Busverbindungen von Náxos-Stadt).

Busverbindungen von Náxos-Stadt
Stand 2014

Strände im Südwesten Ágios Prokópios/Agía Ánna, im Sommer 7.30 Uhr bis 2 Uhr alle 30 Min., 1,60 €.

Máragas/Pláka, im Sommer 7.30 Uhr alle 30 Min., 1,80 €.

Mikrí Vígla/Kastráki/Pirgáki, 3- bis 5-mal tägl., 2,30 €.

Südwesten Glinádo/Vívlos (Trípodes), 3- bis 5-mal tägl., 1,60 €.

Inselzentrum Galanádo, 4- bis 7-mal tägl., 1,60 €.

Sangrí, 4- bis 7-mal tägl., 1,80 €.

Damariónas/Damalás, 4- bis 7-mal tägl., 1,60 €.

Chalkí, 4- bis 7-mal tägl., 2 €.

Filóti, 4 bis 7 mal tägl., 2,30 €.

Apíranthos, 4- bis 6-mal tägl., 3,10 €.

Danakós, 2-mal wöch., 3,10 €.

Mélanes, 2- bis 3-mal tägl., 1,60 €.

Kourounochóri/Mýli (Koúros), 2- bis 3-mal tägl., 1,80 €.

Kinídaros, 2-mal tägl., 2 €.

Moní, Mo–Fr 1-mal tägl., 2,30 €.

Potamiá, Mo–Fr 1-mal tägl., 1,60 €.

Ostküste Moutsoúna, 1-mal tägl., 5 €.

Nordwestküste/Inselnorden Galíni/Engarés, 1- bis 3-mal wöch., 1,60 €.

Órmos Abrámi, 1- bis 3-mal wöch., 3,20 €.

Stavrós Keramotí/Kóronos/Skadó, 1- bis 2-mal tägl., 4 €.

Koronída (Komiakí), 1- bis 2-mal tägl., 5 €.

Apóllonas, 2- bis 3-mal tägl., 6,20 €.

Mési, 2-mal wöch., 5 €.

Der *Busbahnhof* in Náxos-Stadt liegt am Nordende der Paralía, d. h. am Beginn der langen Hafenmole zu den Fähren. Gegenüber befindet sich das Büro der Busgesellschaft (✆ 22850-22291, www.naxosdestinations.com), wo auch die Abfahrtszeiten angeschlagen sind und man die *Bustickets* kaufen muss, die nicht mehr – wie früher üblich – in den Bussen verkauft werden. Außerhalb der Stadt werden Tickets stets in der Nähe der Haltestellen an Kiosken und in Supermärkten verkauft. Die Tickets müssen im Bus an den entsprechenden Geräten entwertet werden. Kinder ab 5 Jahren zahlen den vollen Preis. Es wird empfohlen, bereits 10 Min. vor Abfahrt der Busse am Busbahnhof zu sein.

Hinweis: Besonders zum Wechsel Nebensaison/Hauptsaison werden die Abfahrtspläne häufig geändert, u. U. täglich! Regelmäßig die Zeiten checken und auch damit rechnen, dass die Busse auch mal 5–10 Min. früher abfahren – das kommt gar nicht so selten vor!

Motorisierte Mietfahrzeuge

Auto: Unbedingt lohnend auf Náxos! Die Insel ist groß und man ist unabhängiger als mit öffentlichen Bussen. Die wichtigsten Straßen sind gut ausgebaut und asphaltiert. Dennoch gibt es viele enge, kurvige und unübersichtliche Abschnitte, deshalb langsam fahren. Ein normaler Pkw reicht aufgrund des guten Asphaltnetzes aus, ein Jeep ist nur notwendig, wenn man abseits der üblichen Routen die Gegend erkunden will (wovon abzuraten ist!).

Quad (4-Wheels): Sie sind seit Jahren im Trend, werden auch auf Náxos überall angeboten und sind relativ leicht zu fahren. Quads gibt es mit Motoren in 50-, 80-, 150-, 200- und 300-ccm. Sie dürfen mit dem Auto-Führerschein Klasse B (früher: Klasse 3) gefahren werden. Allerdings sind Quads technisch noch längst nicht so ausgereift wie Autos und Zweiräder und daher deutlich anfälliger für Pannen, wie Vermieter immer wieder bestätigen.

Roller und Motorrad: Auch mit einem Roller kommt man auf Náxos praktisch überall hin und Parkplatzprobleme hat man mit einem Zweirad selbst in der Hauptsaison nicht. Wer nur ein Fahrzeug benötigt, um an die Strände der Westküste zu fahren, dem reicht ein Roller ohnehin. Wer ausgedehnte Erkundungstouren überall auf der Insel plant, dem sei ein *Motorrad* bzw. eine *Geländemaschine* empfohlen. Roller werden praktisch nur noch mit Vollautomatik angeboten, was sie einfacher zu fahren macht. Ohnehin gilt für motorisierte Zweiräder: Bitte nur mieten, wenn man schon Erfahrung damit hat. Náxos ist bezüglich Straßen und medizinischer Versorgung nicht gerade ein geeigneter Ort, um Motorradfahren zu lernen.

Mietvertrag (Rental contract) Die Verträge entsprechen Standardvordrucken und sind oft so vage abgefasst, dass der Mieter für vieles haftbar gemacht werden kann. Verträge in Deutsch gibt es nur selten, die Vermieter auf Náxos haben meist englische Vordrucke. Fast immer muss man unterschreiben, dass das Fahrzeug bei der Übergabe vollständig in Ordnung war und man es im selben Zustand zurückbringen muss. Treten Schäden auf, für die der Mieter nicht verantwortlich ist, wird das Fahrzeug in der Regel umgehend repariert oder man erhält Ersatz. Allerdings – für von ihm **selbst verursachte Schäden** am Fahrzeug haftet der Fahrer im Allgemeinen voll oder zumindest im Rahmen der Selbstbeteiligung. **Reifenschäden**, größere **Lackschäden** und alle Schäden am **Unterboden** des Fahrzeugs gehen in der Regel zu Lasten des Mieters. Manchmal wird auch verlangt, dass man nur auf Asphaltstraßen fahren soll. Hat man dann auf einer Schotterpiste eine Panne, wird man zur Kasse gebeten. Prüfen Sie daher insbesondere das Profil der Reifen genau und vermerken Sie vor allem bereits bestehende Lackschäden in dem Vertrag.

Mietdauer   Bei tageweiser Anmietung Zeitspanne immer 24 Stunden.

Kaution   Fast alle Vermieter verlangen die Kreditkartendaten oder Zahlung im Voraus.

Versicherung   Haftpflicht ist im Mietpreis inbegriffen. Praktisch alle Autovermieter bieten **Vollkaskoversicherung mit Selbstbeteiligung** an. Bei Zweirädern ist Teilkaskoversicherung üblich.

Führerscheinklassen   Sind mittlerweile in der EU einheitlich geregelt. In Griechenland gelten dieselben Regelungen wie in Deutschland, Österreich, auch die Schweiz hat ihre Fahrausweisklassen der EU angepasst. Das heißt zum Beispiel: Mit dem Führerschein Klasse B (früher: Klasse 3) bekommt man nur einen 50-ccm-Roller und keine schwere Maschine, wie das in Griechenland früher üblich war. Grund ist, dass griechische Vermieter anteilig für Schäden haften, die von Mietern verursacht werden, die keine Fahrerlaubnis für das entsprechende Fahrzeug besitzen. Entsprechend

rigoros werden die Papiere der Mieter verlangt. Also unbedingt daran denken und Führerschein mitnehmen!

Preise   Sie variieren je nach Anbieter, Saison und Art des Fahrzeugs erheblich. Wer für mehrere Tage mietet, zahlt einen erheblich geringeren Tagespreis. Handeln ist vor allem in der Nebensaison möglich.

Tipp für Mietwagenverleih   **iDrive rent a car Naxos**, griechenlandweit tätige Gruppe, die sich auf Vermietung übers Internet spezialisiert hat, inzwischen auch auf Náxos. Kontaktformular online ausfüllen, die Antwort mit persönlichem Angebot kommt binnen 24 Stunden. Kreditkarte oder Anzahlung sind für die Buchung nicht nötig. Mit dem Reservierungsvoucher per E-Mail bekommt man nochmals alle Daten bestätigt. Die Autoübergabe erfolgt durch einen Mitarbeiter von iDrive direkt am Hafen, Flughafen oder am Hotel in Náxos, die Rückgabe ebenfalls. Moderne und zuverlässige Autos aller Kategorien, alle Autos mit Vollkaskoversicherung und Roadservice. Auf Wunsch auch Spezialangebote. Moderates Preisniveau. ✆ 697-4840060, www.iDrive.gr/naxos.

Griechische Verkehrsbußen: Das kann teuer werden ...

Neben der Schweiz hat Griechenland die höchsten Bußen für Straßenverkehrsdelikte in Europa. Radarkontrollen sind (bisher) auf Náxos eher selten. Fahren unter Alkoholeinfluss wird deutlich häufiger kontrolliert. Die Promillegrenze liegt in Griechenland seit 2007 bei 0,2!!! Parkbußen werden vor allem am Hafen und an der Paralía in Náxos-Stadt verhängt, aber auch an den Durchgangsstraßen in den größeren Dörfern im Inselzentrum. Relativ häufig finden Gurt- und Helmpflichtkontrollen sowie Alkoholkontrollen auf den Ein-/Ausfallstraßen von Náxos-Stadt statt.

Bußgelder: bis zu 20 km/h zu schnell: 40 €; 20–30 km/h: 100 €; über 30 km/h: 350 €. Falsch parken: 80 €. Mobil telefonieren am Steuer: 100 € im Auto, 150 € auf dem Zweirad. Fußgängergefährdung: 200 €. Verstoß gegen Gurt-/Helmpflicht: 350 € pro Person. Überfahren eines Stoppschildes oder einer roten Ampel: 700 €. Gefährliches und verbotenes Überholen: 700 €. Bei allen Strafen kann zudem das Kennzeichen für 10 bis 60 Tage eingezogen und damit das Fahrzeug stillgelegt werden. Die Strafen werden jeweils halbiert, wenn man binnen zehn Tagen zahlt.

Fahren unter Alkohol: bis 0,2 ‰: 200 €. 0,21–0,4 ‰: 700 € und 90 Tage Führerscheinentzug. Über 0,4 ‰: 1200 €, 180 Tage Führerscheinentzug und mindestens zwei Monate Haft. Im Wiederholungsfall binnen zwei Jahren: 2000 €, fünf Jahre Führerscheinentzug und mindestens sechs Monate Haft. Die Bußen werden von einem Schnellrichter in Náxos-Stadt festgelegt, dessen Entscheidungsspielraum sehr groß ist. Haftstrafen für Touristen werden praktisch nicht verhängt, allerdings gehört auch bei geringer Überschreitung eine Nacht in der Ausnüchterungszelle immer zur Strafe.

Mountainbikes

Eine beliebte Alternative zu motorisierten Zweirädern. Doch ganz einfach ist Náxos nicht. Die Höhenunterschiede sind auf langen Distanzen beträchtlich, die Hauptstraßen viel befahren, oft eng und kurvenreich.

Zudem verhalten sich Taxi-, Bus- und Lkw-Fahrer keineswegs rücksichtsvoller als in Deutschland. Das nicht asphaltierte Straßennetz ist jedoch recht groß, die Insel insofern ein gutes Radrevier. Viele Vermieter von Motorfahrzeugen haben auch Mountainbikes im Angebot, die Qualität ist dabei meist erstaunlich gut. Es gibt auch einige Spezialanbieter, die sich ausschließlich auf Mountainbikes verlegt haben. Dort bekommt man in der Regel bestens gewartetes und oft nagelneues Material. Meist sind die Vermieter selbst überzeugte Mountainbike-Freaks, die ihre Räder hegen und pflegen. Und natürlich gibt es auch Tipps für Touren.

Entfernungen von Náxos-Stadt

Stelída 4 km, Galanádo 6 km, Glinádo 6 km, Ágios Prokópios 6 km, Agía Ánna 7 km, Engarés 7 km, Vívlos 8 km, Mélanes 8 km, Potamiá 9 km, Sangrí 11 km, Kinídaros 14 km, Kastráki 16 km, Chalkí 17 km, Damariónas 17 km, Mikrí Vígla 18 km, Filóti 20 km, Alikó 20 km, Pirgáki 21 km, Agiassós 22 km, Moní 23 km, Danakós 25 km, Abrámi 25 km, Kóronos 36 km, Skadó 38 km, Moutsoúna 39 km, Liónas 40 km, Koronída 43 km, Apóllonas 54 km, Pánormos 59 km.

Wolkenspiel in der Bergen bei Síphones

Traumhotel an der südlichen Westküste

Übernachten

In keiner touristischen Region Europas kommt man leichter an ein Dach über dem Kopf als auf den griechischen Inseln.

Auch auf Náxos kommen die Zimmeranbieter immer zum Hafen, wenn ein Schiff anlegt, und versuchen, die Aussteigenden in ihre Unterkunft zu lotsen. Sie dürfen allerdings den Kaibereich nicht mehr betreten, sondern nur noch am Parkplatz am Hafenausgang Neuankömmlinge ansprechen. Manchmal läuft diese Prozedur etwas penetrant ab und die Hafenpolizei ist bemüht, das Treiben zu ordnen bzw. zu unterbinden.

In den jeweiligen Ortskapiteln finden Sie genaue Beschreibungen zahlreicher Hotels, Pensionen, Apartments, Studios, Privatzimmer und aller Campingplätze. Die Übernachtungspreise sind stark saisonabhängig, auch die Lage des Quartiers spielt eine große Rolle. Unsere Preisangaben im praktischen Reiseteil beziehen sich immer auf ein Doppelzimmer (DZ): Die genannte Preisspanne umfasst den tiefsten Preis in der Nebensaison (April/Oktober) und den höchsten Preis in der Hauptsaison (August). Abgesehen von der absoluten Hochsaison im August ist es fast immer möglich, um den Preis zu handeln.

Generell gilt: Unterhalb von vier Sternen darf man keinen sehr großen Komfort erwarten. Viele Unterkünfte auf den Kykladen sind stereotyp weiß gekalkt, schlicht und funktional. Die Standardeinrichtung ist Bett, Nachttisch, Stühle, Tisch und Schrank. Gebräuchlichste Materialien: helles Kiefernholz und Fliesenböden, manchmal aus naxiotischem Marmor. Fast alle Zimmer haben jedoch eigene Bäder (Waschbecken/Dusche/WC), oft auch Kühlschrank, Klimaanlage (AC), TV und Wifi. Tägliche Reinigung und Handtuchwechsel sind nicht überall selbstverständlich. Man sollte den Room-Service im Vorfeld bei der Preisvereinbarung absprechen.

Natürlich gibt es positive Ausnahmen vom Durchschnitt – wir waren immer erfreut, wenn wir bei unseren Recherchen auf ein solches Haus gestoßen sind und haben es gebührend erwähnt.

Hotels

Hotels werden von der griechischen Fremdenverkehrsbehörde (EOT) je nach Ausstattung, Lage und Service eingeteilt. Die Kategorisierung entspricht der international üblichen Sterne-Klassifizierung. Fünf Sterne = Luxus-Kategorie, ein Stern = unterste Kategorie. Allerdings sind Einteilungen älterer Häuser heute nicht immer nachzuvollziehen. Grund ist, dass die Klassifizierung nicht jährlich neu, sondern immer nur zur Eröffnung eines Hotels durchgeführt wird und dann so lange erhalten bleibt, bis der Eigentümer eine Neukategorisierung beantragt. Die Einstufung kann im Einzelfall also schon mehrere Dutzend Jahre zurückliegen und wurde natürlich nach den damals gültigen Richtlinien vorgenommen, die heute längst nicht mehr aktuell sind. Der umgekehrte Fall kommt auch vor, da die Höhe der Steuern von der Kategorie des Hauses beeinflusst wird. So kommt es vor, dass hervorragende Hotels aus Steuergründen tiefer kategorisiert werden. Fazit: Fragen Sie nicht nach der Anzahl der Sterne, sondern werfen Sie lieber einen Blick in die Zimmer. Auch die Übernachtungspreise werden von der EOT (allerdings jährlich neu) festgelegt und müssen im Zimmer deutlich sichtbar angeschlagen sein.

***** Luxusherbergen: Auf Náxos gibt es bisher nur ein Fünf-Sterne-Hotel – das 2013 eröffnete „Náxos Island Hotel" in Ágios Prokópios.

**** Für gehobene Ansprüche, auch preislich. Sehr gute und gepflegte Ausstattung, immer mit Sat-TV und Wifi. Oft Halb-/Vollpension möglich.

*** Passable Häuser mit genügend Komfort und Service: Oft alteingeführte Hotels, die neueren Häuser meist recht modern, mit guten sanitären Anlagen und gepflegter Atmosphäre.

** Durchschnittshotels: Zimmer mit Bad, Balkon und schlicht möbliert. Hier gibt es jedoch deutliche Qualitätsunterschiede – von sehr gut bis ungepflegt/vernachlässigt.

* Billighotels: Ausstattung karg bis nicht vorhanden, dafür manchmal mehr persönliches Ambiente als in den besseren Kategorien. Auch hier kann man erfreuliche und unerfreuliche Entdeckungen machen.

Apartmentanlage

Hinweise für Hotel-/Pensionsgäste

- Bei Aufenthalt ab drei Tagen gibt es oft Rabatt.
- Wird ein Bett zusätzlich ins Zimmer gestellt, kann ein Zuschlag von 20 % erhoben werden.
- Einzelzimmer sind äußerst rar, Singles müssen meist ein Doppelzimmer zu nur leicht ermäßigtem Preis nehmen (offiziell: 80 % vom Doppelpreis).
- Nicht im Voraus für mehrere Tage bezahlen, dann hat man keine Möglichkeit mehr, das Zimmer zu wechseln, ohne erneut zu bezahlen.
- Vorsicht, wenn in einem voll besetzten Haus nur noch ein Zimmer frei ist. Dieses ist dann oft wirklich „das Letzte". Immer vorher ansehen.

Pensionen und Privatzimmer

Die preiswertere Alternative zu Hotels. Fast alle Zimmer in Pensionen haben mittlerweile ein eigenes Bad und sind ordentlich, oft sogar stilvoll eingerichtet. Meist herrscht eine lockere, freundliche Atmosphäre, da es sich fast durchweg um Familienbetriebe handelt. Zu erkennen sind Privatquartiere an Schildern wie *rooms to rent, rooms to let* oder einfach *rooms* bzw. *domátia* (griech. „Zimmer") – viele nennen sich auch einfach stolz „Pension", obwohl diese Bezeichnung nach griechischer Lesart abgeschafft wurde (offiziell gibt es nur Hotels oder Privatzimmer). Zu vermieten heißt *enoikiázontai*. Die Preise sind sehr unterschiedlich, beginnen in der Nebensaison bei etwa 20 € fürs DZ und reichen in der Hochsaison bis zu 80 €.

Ferienwohnungen, Apartments und Studios

Ferienwohnungen heißen auf Griechisch *diamerísmata* und ihre Zahl wächst stetig, insbesondere in der Stadt und an der Westküste. Größere Ferienwohnungen werden als *Apartments* bezeichnet und bestehen üblicherweise aus (mindestens) zwei getrennten Räumen (Wohn- und Schlafzimmer). Kleine Ferienwohnungen werden *Studios* genannt und bestehen aus nur einem Raum. Beiden gemein ist, dass es entweder eine vollständig ausgestattete Küche gibt, zumindest eine Küchenzeile mit Geschirr (wie bei einfachen Studios weit verbreitet). Vorteil dabei: Man kann den relativ hohen Frühstückspreisen in Cafés entgehen. Die Apartments kosten in der Nebensaison ab etwa 40 € aufwärts (HS bis zu 180 €), Studios sind ab etwa 30 € (HS bis zu 120 €) zu bekommen.

Camping

Auf Náxos gibt es derzeit drei Campingplätze (Stand: 2014), alle südlich von Náxos-Stadt gelegen und problemlos mit öffentlichen Bussen zu erreichen. Ihre Qualität ist für griechische Verhältnisse überraschend gut. Auch ohne Zelt kann man überall unterkommen, denn es gibt Zelte zu mieten. Die Plätze sind in der Regel von Mai bis September geöffnet. Detaillierte Beschreibungen im inselpraktischen Teil.

Freies Zelten/draußen schlafen: Ist in ganz Griechenland verboten und wird von der Polizei seit 2013 auf Náxos verstärkt überwacht, vor allem die Wohnmobil-Wildcamper-Szene. Die Bußgelder sind drastisch.

Griechische Tavernenatmosphäre bei „Sárris" in Náxos-Stadt

Essen und Trinken

Die Küche der Kykladeninseln ist einfach. Entsprechend der kargen Agrarstruktur waren die Zutaten seit jeher beschränkt. Náxos hat aber eine eigene kulinarische Tradition, die von der guten Wasserversorgung und der vergleichbar üppigen Landwirtschaft herrührt. Fast überall gibt es die leckeren Náxos-Kartoffeln.

Unverfälschte naxiotische Küche gibt es nur noch in sehr wenigen Tavernen (in den Ortskapiteln entsprechend hervorgehoben). Durch den Tourismus hat sich vieles verändert, die Küche ist „internationaler" geworden, vor allem Pizza & Pasta sowie Fast-Food-Lokale haben Einzug gehalten. Wer die ursprüngliche Küche kennenlernen will, müsste im Winter kommen. Nur dann sind ausschließlich die von Einheimischen geführten Tavernen geöffnet. Dennoch findet man sie auch im Sommer, wie unsere Empfehlungen in diesem Buch zeigen ...

Auf Náxos zu essen heißt natürlich auch, die Stimmung auszukosten – ein paar wacklige Tische an der Uferpromenade, Meeresrauschen, ein kräftiges Souvláki vom Grill, eine Karaffe mit offenem Inselwein. Nach einem brütend heißen Tag gibt es wohl kaum etwas Schöneres, als abends unter Tamarisken in der lauen Meeresluft zu sitzen. Preislich ist das Essen allerdings kaum mehr günstiger als in Deutschland.

Die Lokale

Estiatórion (Restaurant) und *Tavérna* (Taverne) unterscheiden sich heute nur noch unwesentlich. Daneben gibt es die *Psárotaverna* (Fischtaverne) und die *Psistariá*

(Grillstube) bzw. das *Pséstopolion* (Gegrilltes zum Mitnehmen). Die *Ouzerí* bietet neben Oúzo und Rakí vor allem die beliebten *Mezédes* (Kurzform: *Mezés*) an – kleine Vorspeisen und Appetithappen (wie z. B. Oliven, Muscheln, Kalamari). Diese Lokale findet man auch unter dem etwas zungenbrecherischen Namen *Mezedopolíon* oder *Ouzomezedopolíon*. Das *Kafeníon* ist ursprünglich das Stammlokal der männlichen Griechen – das Kaffeehaus. Es besteht meist nur aus wenigen Tischen in einem kargen Innenraum und ein paar Tischen auf der Straße. Griechische Frauen verkehren hier höchstens als Bedienung, Touristinnen werden aber natürlich gern akzeptiert. Im *Zacharoplastíon* (Konditorei) gibt es Kuchen, Blätterteiggebäck, manchmal Eis und allerlei leckere Süßigkeiten.

Speisekarten Im Allgemeinen auf **Griechisch** und **Englisch**, oft auch auf **Deutsch**. Falls Standardvordrucke verwendet werden, sind nur die Gerichte zu haben, bei denen ein Preis eingetragen ist. Einige Wirte zählen ihren Gästen auch einfach auf, was gerade frisch zubereitet wurde. Insbesondere bei Fisch und Saisongemüse ist das auch sinnvoll.

Bezahlen To logariasmó parakaló („Die Rechnung bitte!"): Beim Bezahlen sollte man eine gemeinsame Rechnung für den ganzen Tisch verlangen und ggf. später untereinander abrechnen. Erstens ist das für

die oft gestressten Kellner einfacher, zweitens entspricht es der griechischen Sitte.

Trinkgeld Auch griechische Kellner nehmen gerne Trinkgeld. Das Wechselgeld wird bis auf den letzten Cent zurückgezahlt. Wenn man zufrieden war, *lässt man ein paar Münzen auf dem Tisch liegen* (5–10 %), die an das Personal gehen. Diese Variante ist deshalb sinnvoll, weil es als Beleidigung gelten würde, dem Chef das Trinkgeld persönlich zu geben, und als Gast weiß man nicht immer, wann man vom Chef persönlich bedient wurde.

Frühstück (Proinó)

Griechen frühstücken wie alle Bewohner mediterraner Länder sehr wenig oder gar nichts. Meist gibt es nur einen Kaffee. Auch das gebuchte Hotelfrühstück fällt dementsprechend oft karg aus. Allerdings ist auch in Griechenland das Frühstücksbuffet auf dem Vormarsch. Eine nicht sonderlich preisgünstige Alternative sind die Angebote der Kafenía und Tavernen. Zum Standardprogramm gibt es hier auf Wunsch auch ein Ei *(Avgó)* oder Omelett, außerdem kann man Joghurt *(Yaúrti)*, Milch *(Gála)*, Kakao *(Gála schokoláta)* und frisch gepressten Orangensaft bestellen. Sogar Joghurt mit Früchten, Honig und Nüssen etc. wird gelegentlich angeboten, ab und an auch Müsli. Zu den verschiedenen Kaffeevariationen siehe weiter unten (→ Getränke).

Vorspeisen (Orektiká) und Salate (Saláta)

Vor der abendlichen Hauptmahlzeit gehen Griechen gerne in eine Ouzerí. Zum Oúzo werden dort die sogenannten *Mezédes* (Appetithappen) serviert, leckere Kleinigkeiten, je nachdem, was am Markt gerade zu haben war – Pistazien, Mandelkerne, Käsewürfel, Tomaten und Gurkenscheibchen, Scampi (Shrimps), Kalamari, Schnecken, Sprotten, Oliven, kleine Melonenstückchen, Muscheln u. a. m. Diese Vorspeisenteller werden auch als *Pikília* bezeichnet.

Achinosaláta Seeigelsalat, eine selten angebotene Delikatesse. Bei der Zubereitung werden die weiblichen Seeigel (die männlichen sind ungenießbar) mit dicken Lederhandschuhen angefasst und mit Hilfe einer Spezialschere zerteilt. Das

Fleisch ähnelt dem von Muscheln und wird roh gegessen.

Choriátiki salátes Griechischer Bauernsalat. Er besteht aus Tomaten, Gurken, Oliven, Zwiebelringen und vor allem einer großen Scheibe *féta*, dem aromatischen, bröckligen Schafskäse. Kann man als Vorspeise, aber auch als Beilage zum Hauptgericht essen. Mit etwas Brot kann er sogar als Mittagessen ausreichen.

Dolmadákia Gerollte Wein- oder Rebenblätter, mit Reis und Gewürzen gefüllt. Frisch zubereitet eine Delikatesse.

Eliés Oliven.

Gígantes Dicke weiße Bohnen in scharfer Tomaten-Gemüse-Sauce.

Kolokithákia tiganitá Frittierte Zucchini.

Marídes Winzige Fischchen (Sprotten bzw. Sardellen), höchstens kleinfingergroß.

Melitzanosaláta Auberginensalat. Gegrillte Auberginen werden durch ein Sieb gepresst und zu einem Brei verarbeitet.

Oktapodiasaláta Oktopussalat, meist mit essighaltiger Sauce.

Piperjés jemistés Mit Reis, Féta oder Hackfleisch gefüllte Paprika.

Salingkária Kleine, gekochte Schnecken.

Saganáki Frittierte oder gebratene, etwa fingerdicke Käsescheibe, seltener im Tontopf. Wird aus verschiedenen Käsesorten zubereitet.

Skordaliá Knoblauchpüree mit ein wenig Zitronensauce.

Taramosaláta Lachsfarbener Fischrogensalat.

Tirokaftherí Zerdrückter, pikant bis sehr scharf gewürzter Schafskäse.

Tomátes jemistés Mit Reis gefüllte Tomaten.

Tsatsíki Vollfetter Joghurt mit Knoblauch und Gurken.

Tonnosaláta Thunfischsalat.

Fleisch (Kréas)

Auf Náxos werden Hühner, Rinder, Schweine, Schafe und Ziegen gehalten. Insofern stammt das meiste Fleisch von der Insel. Doch während der Hochsaison reicht die einheimische Produktion längst nicht aus und es wird aus Nordgriechenland importiert. Leider sind auf den Speisekarten Schaf und Ziege mittlerweile eine Seltenheit geworden. Wer Gelegenheit dazu hat, sollte *Arnáki* (Lamm) bzw. *Arní* (Hammel) unbedingt mal versuchen. Außerdem: *Chirinó* (Schwein), *Katsíka* (Ziege), *Kotópoulo* (Huhn), *Moschári* (Kalb) und *Vóio* (Rind). Sehr lecker sind die diversen Gerichte im Tontopf (Kasserolle). Spezialität von Náxos sind auch die Wurstwaren *(Loukániko)*, die oft in dicken Ringen vor den Metzgereien hängen.

Biftéki „Meat balls", sprich Frikadellen oder Fleischbällchen. In flachgedrückter Form *Biftéki* genannt, ansonsten *Kefthédes.*

Bekrí Mezé Scharf gewürzte, gebratene Fleischstückchen in Weinsauce.

Gýros Schweinefleisch (seltener Lamm oder Huhn) an großen Spießen, wird durch Drehen vor Heizspiralen gegart, anschließend scheibenweise abgeschnitten. Serviert als Tellergericht oder als Snack mit Zwiebeln und Kräutern in zusammengerollten Fladen, sogenannte *pita.*

Giouvétzi Kleine, spindelförmige Nudeln mit Kalb- oder Lammfleisch, im Tontopf gegart.

Kefthédes Bratlinge, in Griechenland eigentlich mit Fleisch, doch auf den Kykladen traditionell vegetarisch zubereitet. Gibt es in zahlreichen Abwandlungen, z. B. als To-

matokefthédes, Melitzanokefthédes (Auberginen) oder Spanakikefthédes (Spinat).

Kleftikó Das sogenannte Partisanengericht – Rind- oder Hammelfleisch mit Kartoffeln, Gemüse usw. in einer Kasserolle serviert und mit Alufolie abgedeckt. Hat seinen Namen von den „Kléftes" (Diebe und Räuber): Die Partisanen der Befreiungskriege gegen die Türken hausten versteckt in den Bergen und wurden nachts heimlich von ihren Familien versorgt. Damit die Speisen nicht kalt wurden und die delikaten Düfte nicht die Besatzer erreichten, brachte man sie in sorgfältig verschlossenen und umwickelten Töpfen hinauf.

Kokkinistó Geschmortes Rindfleisch mit Tomatensauce aus dem Ofen, meist im Tontopf serviert.

Kokorétsi Innereien vom Lamm im Darm gewickelt und am Spieß gegrillt.

Kontosoúvli Große Scheiben Schweinefleisch mit Tomaten und Paprika, am Spieß einige Stunden gegrillt und dann in kleinen Portionen serviert.

Makarónia me kimá Spaghetti mit Hackfleischsoße.

Moussaká Auflauf aus Auberginen, Hackfleisch und Kartoffeln, mit Béchamelsauce überbacken. Wird auf großen Blechen zubereitet und den Tag über warm gehalten.

Paidákia Mit Oregano gewürzte Lammkoteletts vom Grill, mit etwas Zitronensaft verfeinert.

Pastítsio Nudelauflauf mit Hackfleisch und Tomaten, mit Käse und Béchamelsauce überbacken. Auf Náxos sehr verbreitet.

Souvláki Das Nationalgericht ist jedem Griechenlandreisenden bekannt: Fleischspieße (Schwein, Huhn, Lamm, Hammel, manchmal sogar Schwertfisch), über Holzkohle gegrillt und mit Oregano gewürzt, mit etwas Zitrone verfeinert. Meist preiswert und überall zu haben, jedoch – wichtig ist die Qualität des Fleisches: kann hauchzart sein, aber auch zäh wie Schuhsohlen.

Souzoukákia Ähnlich dem *Biftéki*, aber in länglicher Röllchenform knusprig gebratenes Hackfleisch. Wird in Tomaten-Paprikasoße serviert. Manchmal mit Kreuzkümmel (Cumin) oder Kümmel gewürzt.

Spetsofaí Wursteintopf mit Zwiebeln, Tomaten, Paprika.

Stifádo Zartfasriges Rindfleisch mit gekochten kleinen Zwiebeln. Sauce mit Zimt gewürzt. Gibt es auch mit Lammfleisch, während der Jagdsaison mit Kaninchen. Oft im Tontopf serviert.

Brot: das A und O einer Mahlzeit

Ohne Brot ist kein Essen komplett, es wird immer gereicht, selbst wenn ausreichend stärkehaltige Speisen wie Nudeln oder Kartoffeln bestellt wurden. In vielen Dörfern backen die Familien noch selbst, allerdings wird das dunkle *Choriátiko* (Bauernbrot) in Restaurants üblicherweise nicht serviert, es gibt (fast) ausschließlich das weiße, nährstoffarme Brot namens *Aspró psomí*. Schmeckt frisch sehr lecker, wird aber schnell hart.

Fisch (Psári) und Meeresfrüchte (Thalassiná)

Fisch ist in Griechenland wesentlich teurer als Fleisch. Die ägäischen Fischgründe sind überfischt, vor allem durch illegales Fischen. Zudem sind die Flotten der Fischer von Náxos nicht allzu groß. Für den riesigen Bedarf der Touristenlokale in der Stadt und an der Westküste kommen Fisch und Hummer oft via Athen mittlerweile aus aller Welt – Tiefkühlfracht aus Kanada oder von großen Fangflotten im Atlantik ist keine Seltenheit. Ein Tipp zum Fisch essen sind die Tavernen in Moutsoúna.

Fisch heißt *Psári* und wird nach Gewicht abgerechnet (Ausnahme: Oktopus und Kalamari). In der Speisekarte ist meist der Kilopreis angegeben. Ein bisschen sollte man aufpassen, dass einem nicht zu viel aufgenötigt wird. Seriöse Wirte zeigen den Fisch vor der Zubereitung und nennen das Gewicht (und den Preis) dazu. Gegebenenfalls sollte man einen kleineren Fisch verlangen.

Astakós Hummer *(Lobster)*. Die Qualität hängt sehr von der Frische und den Kochkünsten ab. Wird üblicherweise mit Spaghetti und Tomatensauce serviert. Sehr teuer.

Barboúnia Rotbarben *(Red Mullet)*, verbreiteter und sehr geschätzter Edelfisch, den man in allen Fischtavernen erhält.

Gardía Langusten.

Garídes Garnelen oder Scampi. Werden auch als Vorspeise angeboten.

Gávros Das preiswerteste Fischgericht. In Mehl gewendete winzige Fischchen (Sprotten oder Sardellen), die in Öl gebacken oder frittiert werden. Werden mit Kopf und

Oktopus muss in der Sonne trocknen

Schwanz gegessen. Manchmal auch als Vorspeise angeboten, dann heißen sie *Marídes* und werden kalt serviert.

Glóssa Seezunge.

Kalamarákia (Kalamari) Tintenfisch, der Körper wird in Scheiben geschnitten, paniert und in Öl gesotten. Seltener werden auch die Arme mit verarbeitet.

Kéfalos Meeräsche.

Kochíli/Mídia Muscheln. Werden meist gekocht serviert.

Lithríni Brasse.

Oktapódi (Chtapódi) Der Oktopus muss nach dem Fang viele Dutzend Mal mit Kraft auf einen Stein geschleudert werden, damit das Fleisch weich und genießbar wird. Danach wird er auf langen Leinen zum Trocknen aufgehängt, später gegrillt und mit Zitrone serviert.

Psarósoupa Fischsuppe.

Sárgos/Tsipoúra Meerbrasse.

Tónnos Thunfisch.

Xifías Schwertfisch. Eher selten, er ist ein typischer Hochseefisch, der nur mit großen Schiffen gefangen werden kann.

Vegetarisches (Chortofágos), Beilagen und Gemüse (Lachaniká)

Auf den Kykladen gibt es traditionell eine große Anzahl von vegetarischen Gerichten bzw. Beilagen. Vegetarier können sich auch aus den fleischlosen Vorspeisen interessante Kombinationen zusammenstellen lassen. Im Allgemeinen sind die Kellner Vegetariern gegenüber nicht mehr so überfordert wie früher und wissen genau, was sie anbieten dürfen. *Gewürze* gedeihen auf Náxos in rauen Mengen, weitab von Industrie- und Verkehrsabgasen: *Basilikum, Bohnenkraut, Fenchel, Kamille, Lorbeer, Oregano, Rosmarin, Salbei* und *Thymian*. Gewürze sind auch ein typisches Náxos-Souvenir und werden als Mischungen in den Touristenshops fast überall angeboten.

Angináres Eintopf aus Artischocken und Kartoffeln.

Angoúri Gurke.

Angourotomáta saláta Gurken-/Tomatensalat.

Ánthous Mit Reis gefüllte Zucchiniblüten.

Bouréki Auflauf aus Kartoffeln, Zucchini oder Auberginen, Tomaten und Mizíthra-Käse, gewürzt mit Minze, überbacken mit Semmelbröseln und Olivenöl.

Briám Eine Art Eintopf aus verschiedenen Gemüsen und Kartoffeln.

Chórta Diverses Wildgemüse.

Fassólia/Fassolákia Grüne Bohnen.

Fassoláda Suppe aus weißen Bohnen, Karotten und Sellerie.

Fáva Platterbsen, kleine gelbe Hülsenfrüchte, die zu einem Brei verarbeitet werden. Spezialität von Santoríni.

Imám Baildí Mit Tomaten, Zwiebeln, Knoblauch und Petersilie gefüllte Auberginen. Der Name stammt aus dem Türkischen.

Jemistá Mit Reis und Pfefferminzblättern gefüllte Tomaten und Paprika.

Kolokíthi Zucchini.

Kolokithákia tiganitá Gebratene bzw. frittierte Zucchini, oder Jemistá kolokithákia me yaúrti mit Hackfleischfüllung und Joghurtsauce.

Kolokithokefthédes Bratlinge aus geriebenem Kürbis.

Láchano saláta Krautsalat.

Lathópsomo Mit gehackter Tomate, Fétakäse und Zwiebeln garniertes, doppelt gebackenes Gerstenbrot, angereichert mit Olivenöl und Oregano.

Maroúli Eine Art Kopfsalat.

Melitzánes In Öl angebratene Auberginen.

Mizithrópita Mit Frischkäse gefüllte Blätterteigtaschen.

Ókra Bohnenartige Kapselfrüchte.

Patátes Kartoffeln.

Patatosaláta Kartoffelsalat.

Piperjá Paprika.

Revíthia Gebackene Kichererbsen.

Revithokefthédes (Pseftikefthédes) Vegetarische Bratlinge, hauptsächlich aus kleingehackten Tomaten, Fávaerbsenpüree, Zwiebeln und Kräutern.

Rísi Reis.

Spanakópita Mit Spinat und Käse gefüllte Blätterteigtaschen.

Tirópita Mit Féta gefüllte Blätterteigtaschen.

Tomáta Tomaten.

Tomáta saláta Tomatensalat.

Tomátes jemistés Mit Reis gefüllte Tomaten.

Trachanás/Kritharáki Kleine griechische Nudeln, serviert z. B. mit Tomaten und Oliven oder in der Suppe.

Spezialität auf den Kykladen: Lobster mit Spaghetti

Nachspeisen und Süßes (Gliká)

In Griechenland und auch auf den Kykladen gibt es eine reiche Auswahl an traditionellen Backwaren – meist Blätterteig und oft sehr, sehr süß mit viel Zucker und Honig. Käse als Nachspeise entspricht nicht der griechischen Landessitte. Allenfalls als Vorspeise ist Käse üblich. Details zu den naxiotischen Käsesorten finden Sie im Kasten zu den Náxos-Spezialitäten am Ende dieses Kapitels auf S. 59.

Baklavá Blätterteig, mit Mandeln und Nüssen gefüllt und dann mit Honig übergossen. Ursprünglich aus der Türkei.

Bougátsa Gesüßter, mit Zimt bestreuter Mizíthra-Quark, gedeckt mit Blätterteig. Eine typische Spezialität, die vor allem vormittags als Frühstücksersatz gegessen wird.

Chalvá Knusprig-süßes Gebäck aus Honig und Sesamsamen.

Chalvadópittes Handgroße Oblaten mit weißem Nougat, Spezialität der Insel Sýros.

Galaktoboúreko Blätterteiggebäck mit Grießcremefüllung.

Kataífi Sehr süße Kuchenroulade mit Umhüllung aus dünnen Teigfäden.

Loukoumádes In heißem Öl ausgebackene Hefeteigkugeln, die mit Honig übergossen werden.

Risógalo Mit Zimt gewürzter Milchreis.

Getränke

Wasser (Neró): Traditionell das wichtigste Getränk. Nachdem die alte Sitte, zum Essen und zum Kaffee ungefragt Wasser zu reichen, fast ausgestorben war, lebt diese Tradition im Rahmen der in den letzten Jahren verstärkten Bemühungen um die Urlaubergunst wieder auf. Wer kein Wasser angeboten bekommt, sollte sich nicht scheuen, höflich um „éna karáfaki neró" (eine Karaffe Wasser) zu bitten. Mineralwasser aus PET-Flaschen taucht natürlich als separater Posten auf der Rechnung auf.

Kaffee (Kafé): Filterkaffee, Nescafé, Espresso, Café Latte und Cappuccino mitteleuropäischer Art sind in Touristencafés mittlerweile überall im Angebot, der Landessitte entsprechen sie aber nicht. Wenn man typischen griechischen Kaffee –starker Mokka in winzigen Tassen – trinken möchte, muss man ausdrücklich „Kafé ellinikó" verlangen. Die Griechen haben sich an die Ausländer schon so weit gewöhnt, dass sie ihnen im Zweifelsfall Nescafé servieren, wenn „Kaffee" gewünscht wird. Sehr beliebt im Sommer ist Frappé: Nescafé-Pulver mit kaltem Wasser und Zucker aufgeschäumt sowie mit Milch und Eiswürfeln aufgefüllt.

Kafé ellinikó/Frappé elafrí = leicht; métrio = mittelstark, mit Zucker; varí glikó = sehr süß; skéto = ohne Zucker; varí glikó me polí kafé = sehr süß und sehr stark.

Nescafé sestó = heiß; frappé = kalt; skéto = schwarz; me Sáchari = mit Zucker; me Gála = mit Milch.

Tee (Tsaí): Tee ist auf den Kykladen wenig gebräuchlich und wird – wenn überhaupt – nur im Beutel angeboten. In den Bergorten gibt es aber (vor allem im Winter) den schmackhaften *Tsaí tou Vounoú* (Bergtee).

Bier (Bíra): In Griechenland wurde das Bier während der ersten Hälfte des 19. Jh. eingeführt. Damals regierte der Wittelsbacher Otto I. als König von Griechenland. Und er brachte natürlich sein Bier mit und die Braumeister aus Bayern gleich dazu. Nach dem Braumeister Karl Johann Fuchs hieß die erste griechische Biermarke *Fix*. Diese Marke von 1864 wurde nun wieder reaktiviert und wird vielerorts angeboten. Originäre griechische Markenbiere sind zudem *Mýthos*, *Álpha* und *Vergína* (alle

Der Zitrusfruchtlikör „Kitro" ist eine naxiotische Spezialität

mit 5 % Alkohol). Sie sind (nach jahrelanger Dominanz ausländischer Marken) fest im Markt etabliert und brauchen sich auch geschmacklich nicht hinter der ausländischen Konkurrenz zu verstecken. Gelegentlich sind auch Biermischgetränke zu bekommen. Generell hat das Bier – in Hektolitern gemessen – dem Wein den Rang als führendes alkoholisches Getränk längst abgelaufen.

Wein (Krassí): Zwar befinden sich die größten Weinbaugebiete Griechenlands auf dem Peloponnes, in Attika sowie auf Kreta, doch ist Náxos seit alters her auch berühmt für seine Weine. Bekanntlich feierte der Weingott Diónysos hier seine berühmten Orgien. Die Rebfläche auf Náxos soll etwa 380 Hektar umfassen. Weitgehend wird daraus ein herb-fruchtiger Weißwein mit sehr unterschiedlichen Geschmacksnuancen gekeltert, der üblicherweise in Fässern an die Tavernen geliefert wird. Offenen Fasswein von Náxos sollte man unbedingt probieren. Er schmeckt praktisch in jeder Tavérna ein wenig anders. Eine hoch entwickelte Weinwirtschaft mit Flaschenabfüllung für den Export gibt es nicht. Dennoch kann man von einigen wenigen Winzern Náxos-Weine in Flaschen in den Souvenir- und Spezialitätenläden in Náxos-Stadt kaufen (beispielsweise bei *Promponás*). Ein für Besucher offenes Weingut gibt es bei Chalki *(Ktíma Mamouzélou).* Gute Weißweine anderer Kykladeninseln kommen insbesondere von Santoríni.

Generell sind offene Weine preiswerter als Flaschenweine, da sie vom lokalen Weinberg stammen und keine Abfüllkosten entstehen. Leider werden Flaschenweine von einigen Wirten als Chance zum schnellen Euro angesehen, die Preise wirken nicht selten überhöht. Verlangen Sie Wein *ap to Varéli* (vom Fass) bzw. *Krassí Chimá* (Hauswein); *Kókkino Krassí* = Rotwein, *Áspro Krassí* = Weißwein.

Retsína Der wohl bekannteste griechische Wein stammt vom nordgriechischen Festland – seinen Harzgeschmack hatte er ursprünglich von den hölzernen Weinfässern, die mit Harz der Aleppo-Kiefer abgedichtet waren. Aber auch schon aus der Odyssee ist geharzter Wein bekannt, als er noch ausschließlich in Amphoren gelagert

Delikatesse aus dem Meer: gegrillte kleine Rotbarben

und transportiert wurde. Das Harz wurde damals zum Abdichten des Verschlusses benutzt.

Káva Der bekannteste naxiotische Wein, produziert von der traditionsreichen Kellerei Prómponas (Verkaufsladen an der Paralía von Náxos-Stadt).

Kavárnis, Lágari Die beiden beliebtesten Weißweine der Nachbarinsel Páros.

Santoríni Boutári Weißwein mit kontrolliertem Ursprungszeichen von der Insel Santoríni, aber fast überall zu haben.

Spirituosen: Alltägliches Genussmittel in Griechenland ist der dem italienischen Grappa ähnliche Tresterschnaps *Tsípouro*, der aus den Rückständen gepresster Weintrauben gebrannt wird. Der Schnaps mit zwischen 30 und 40 % Alkohol wird im Herbst nach der Weinlese und -kelterei in Kupferkesseln destilliert. Angeboten wird auch *Tsikoudiá*, die kretische (und etwas stärkere) Variante des Tsípouro, auch bekannt als griechischer *Rakí*. Im Gegensatz zum türkischen Rakí enthält der kretische Rakí keinen Anis. Verbreitet ist auch der *Rakómelo*, der aus Rakí, Honig und diversen Gewürzen hergestellt wird (für Griechen eigentlich ein Wintergetränk). Wie überall in Griechenland trinkt man natürlich auch den bekannten Anisschnaps *Oúzo*, der unter Zugabe von Kräutern, Gewürzen, Anis und/oder Fenchelsamen aus reinem Alkohol hergestellt wird (Mindestalkoholgehalt 37,5 %). Beim Verdünnen mit Wasser verfärbt er sich milchig, er kann aber auch unverdünnt getrunken werden. In den Bars und Clubs beherrschen dagegen internationale Modegetränke und Cocktails aller Art die Szene.

Alkoholfreies: Neben den internationalen Süßgetränke-Multis gibt es leider wenig Authentisches. Frisch gepressten Orangensaft bekommt man überall.
Limonáda: Zitronenlimonade. **Portokaláda:** Orangenlimonade. **Chymós Portokalióu:** Orangensaft.

Kítro, Kartoffeln und Käse: Spezialitäten aus Náxos

Vor dem Essen einen *Kítro*? Dieser Insellikör wird aus den Blättern des Cedratbaums hergestellt. Es gibt ihn in drei Farben und Geschmacksrichtungen: mild (grün), süß (gelb) und herb (farblos). Auf Náxos gibt es zwei große Kítroproduzenten: *Vallíndras* in Chalkí (→ Kasten im Kapitel Chalkí) und *Promponás* in der Chóra.

Die naxiotischen *Kartoffeln* gelten als die besten und wohlschmeckendsten der Ägäis. Dabei handelt es sich um eine spezielle Sorte Saatkartoffeln, die auf sonnigen Äckern mit geringer Bewässerung besonders gut gedeiht. Náxos-Kartoffeln sind klein, festkochend und ausgesprochen schmackhaft.

Gleich mehrere *Käsesorten* gehören zu den Inselspezialitäten: *Graviéra Náxou* ist seit 1996 eine gesetzlich geschützte Marke und wird aus Kuhmilch hergestellt. Er ist von fester Konsistenz, schwach gelblicher Farbe und weist innen kleine, unregelmäßige Löcher auf. Die Käselaibe werden zunächst in Salzlake eingelegt und reifen dann mindestens drei Monate in speziellen Räumen auf Holzregalen. Dabei bildet sich die typische harte Kruste. *Arsenikó* ist ein gelblicher Hartkäse, der sich wie ein Parmesan verwenden lässt. Er wird aus einer Schafs-/Ziegenmilchmischung hergestellt. Am Ende des Reifungsprozesses wird er mit Salz eingerieben und 60 Tage luftgetrocknet. Auch der stark gesalzene Hartkäse *Kefalotíri* gelangt in Laiben in

den Handel. Der *Xinomizíthra* ist ein traditioneller Frischkäse auf Ziegenmilch-Basis, der binnen 24 Stunden nach dem Melken hergestellt wird und nur wenige Tage haltbar ist. *Xinótiro* unterscheidet sich vom Mizíthra nur durch die Dauer des Reifungsprozesses, der mehrere Wochen dauert und zu einem Reibe- und Tafelkäse führt. Darüber hinaus gibt es noch den weichen, kegelförmigen Ziegenkäse *Anthótiro* mit leicht säuerlichem Geschmack und den *Koufópoulos* mit schwarzer Rinde.

Der enge Bezug von Náxos zum Weingott Diónysos kommt nicht von ungefähr. Jedoch sind die produzierten Weinmengen nicht sehr hoch, die Weine werden größtenteils in Fässern an die Tavernen der Insel geliefert. Lediglich Promponás und ein Weingut in Chalkí verkaufen eigenen *Náxos-Wein* in Flaschen. Eigene Traubentresterbrände *(Tsípouro/Rakí)* finden sich hingegen verbreitet in den Verkaufsregalen.

Hinzu kommen *Oliven* aus der Tragéa sowie *Bienenhonig*, der überall auf der Insel hergestellt wird und auf Náxos vornehmlich von Thymianaroma dominiert wird. Eine Besonderheit ist der dickflüssige Honig *Rikómelo*. Man gibt einen Teelöffel voll davon in Rakí und trinkt die dann *Rakómelo* genannte Mischung leicht erwärmt. Besonderheit auf der Insel sind auch diverse *Fruchtkonfitüren*, beispielsweise Kítro-Marmelade, sowie in *Sirup* eingelegte Früchte von Náxos.

Wissenswertes von A bis Z

Wichtige Telefonnummern: Polizei ✆ 22850-22100, 22850-23280 (Náxos-Stadt), ✆ 22850-31224 (Filóti), ✆ 22850-52247 (Koronída), ✆ 22850-41290 (Vívlos); Hafen-polizei ✆ 22850-22300, 22850-23300; Feuerwehr ✆ 22850-32199; Krankenhaus ✆ 22850-23333, 22850-23550; Busgesellschaft ✆ 22850-22291; Taxi ✆ 22850-22444; Flughafen ✆ 22850-23292.
Postleitzahl: GR-84300 NAXOS

Ärzte und Apotheken

Die ärztliche Versorgung in Griechenland und auch auf Náxos hat sich seit der Finanzkrise deutlich verschlechtert, weil der Staat u. a. bei den Gesundheitskosten drastisch sparen muss. Das staatliche *Inselkrankenhaus* (Nosokomío) in Náxos-Stadt ist völlig unterbesetzt und unterfinanziert. Eine Behandlung dort ist nicht mehr zu empfehlen. Empfehlenswerter ist das 2011 gegründete private *Diagnostiki Kéntro* (→ Náxos-Stadt/Adressen). Dort können u. a. Röntgenuntersuchungen, Scans, CT und mikrobiologische Untersuchungen durchgeführt werden. Die Ärzte sind kompetent und sprechen Englisch. Allerdings muss bar bezahlt werden. In schweren Fällen sollte man (so man dazu in der Lage ist) aber besser in die modernen Kliniken von Athen ausweichen – oder man wird per Hubschrauber ausgeflogen.

Behandlungskosten/Versicherung Für EU-Bürger und Schweizer besteht die Möglichkeit, sich mit dem neuen Krankenschein „Europakarte" über die griechische Krankenkasse IKA kostenlos behandeln zu lassen. Die Prozedur für einen Berechtigungs-schein ist allerdings langwierig. Wir raten dazu, im Interesse der eigenen Gesundheit darauf zu verzichten und einen Privatarzt aufzusuchen. Glücklicherweise sind griechische Arzthonorare nicht übermäßig hoch. Gegen eine Quittung *(Apódixi)*, die sowohl Diagnose als auch Art und Kosten der Behandlung beinhalten muss, erhalten Sie Ihre Ausgabe zu Hause je nach Krankenkasse ganz oder anteilig zurückerstattet. Auch Apotheken- und Medizinkosten werden zurückerstattet. Wer es für sinnvoll hält, kann zusätzlich eine **Auslandskrankenversicherung** abschließen, die die meisten Krankenkassen günstig anbieten.

Apotheken Fast ein Dutzend in **Náxos-Stadt** an der Paralía, in der Odós Papavassi-líou und an der Platía Protodikíou sowie jeweils eine in **Ágios Prokópios**, **Vívlos**, **Chalki**, **Filóti** und **Apiranthos**. Medikamente werden zum großen Teil importiert, sind teilweise preiswert, vieles läuft rezeptfrei.

Diplomatische Vertretungen

Auf Náxos gab es ausländische Vertretungen zuletzt in venezianischer Zeit. Heute haben alle Botschaften ihren Sitz in Athen. In Notfällen, z. B. bei Verlust der Reisefinanzen, kann man sich dorthin wenden. In erster Linie erhält man Hilfe zur Selbsthilfe, d. h. die Vermittlung von Kontakten zu Verwandten oder Freunden sowie Informationen über schnelle Überweisungswege (z. B. mit Western Union Money Transfer, S. 66). Nur wenn keine andere Hilfe möglich ist, wird Geld für die Heimreise vorgestreckt, allerdings erfolgt keine Übernahme von Schulden (z. B. Hotelkosten u. Ä.) noch werden Mittel für die Fortsetzung des Urlaubs ausgegeben.

Auch wenn die Ausweisdokumente abhandengekommen sind, sollte man sich an die zuständige Botschaft wenden. Dort erhält man das auch im Zeitalter von Schengen noch nötige Papier, das zur Ausreise berechtigt.

Deutschland Botschaft, Odós Karaolí & Dimitríou 3, GR-10675 Athen-Kolonáki, ℘ 210-7285111 (Notfall-Tel. 693-2338153), www.athen.diplo.de. Mo–Fr 9–12 Uhr.

Auf Sýros gibt es ein **Honorarkonsulat**: Honorarkonsul Nikoláos Gásparis, Odós Heróon Polytechníou 21, GR-84100 Ermoúpolis/Sýros, ℘ 22810-79176, syros@hk-diplo.de.

Österreich Botschaft, Vasilissís Sofías 4, GR-10674 Athen, ℘ 210-7257270, athen-ob@bmeia.gv.at. Mo–Fr 10–12 Uhr.

Schweiz Botschaft, Odós Iassíou 2, GR-11521 Athen, ℘ 210-7230364 (Notfall-Tel. 694-4911919), ath.vertretung@eda.admin.ch. Mo–Fr 10–12 Uhr.

Einkaufen

Náxos ist gewiss kein Einkaufsparadies für verwöhnte Shopper. Trotzdem gibt es eine ganze Menge hübscher und teilweise authentischer Stücke, die sich als Mitbringsel oder Erinnerung eignen. Die original naxiotischen Produkte sind hauptsächlich kulinarischer Art – Kítro (Likör aus den Blättern des Cedratbaumes), Wein, Marmelade, Gewürze, Nüsse, Oliven u. a. (→ Kapitel Essen und Trinken/Spezialitäten aus Náxos). In Boutiquen erhält man Schafwollpullover und Schafwolldecken. Die Bergdörfer Apíranthos und Moní sind bekannt für schöne Stickereien und Häkelarbeiten. Praktisch überall erhält man Keramik, in Damalás, Chalkí und Apíranthos direkt von den Produzenten bzw. Künstlern. Eine Besonderheit sind die sogenannten „Náxos-Augen" (→ Kastentext S. 128), die als Schmuckstücke gefasst in den Juweliergeschäften angeboten werden. Nicht von Náxos, aber aus Griechenland sind Ikonen und Kykladenidole, teils aus Marmor. Ansonsten wird auch viel Kitsch angeboten, überwiegend aus fernöstlicher Produktion.

Waren für den täglichen Bedarf erhält man in den Supermärkten und im *Pantopolíon* (dt. „Alles kaufen"). Eine urgriechische Einrichtung sind auch die Kioske

Einkaufen wie vor 100 Jahren: bei Tziblákis in Náxos-Stadt

(Períptero), die man an der Hafenpromenade von Náxos-Stadt und in jedem größeren Dorf findet – ob Zahnpasta, Zigaretten, Kugelschreiber, Getränke oder Süßigkeiten, das Angebot scheint unerschöpflich und die Kioske sind fast rund um die Uhr geöffnet.

Ein- und Ausreise

Für EU-Bürger und Schweizer genügt bei der Einreise nach Griechenland der *Personalausweis* bzw. die *Identitätskarte*. Kinder müssen einen *Kinderausweis* haben, ab zehn Jahren mit Passbild. Da Griechenland (derzeit) zum Schengen-Raum gehört, werden die Ausweise nur noch stichprobenartig kontrolliert. Sinnvoll ist es, Personalausweis *und* Reisepass mitzunehmen. So hat man Ersatz, wenn ein Ausweis abhandenkommt. Es empfiehlt sich auch, Kopien der Dokumente mitzunehmen (getrennt von Originalen aufbewahren). Im Fall eines Verlustes kommt man so bei der Botschaft schneller zu Ersatzpapieren. Kraftfahrer mit eigenem Fahrzeug benötigen als Nachweis für eine bestehende Haftpflichtversicherung die *grüne Versicherungskarte* (kostenlos bei der eigenen Kfz-Versicherung). Wer sie vergessen hat, kann sie noch an der Grenze erwerben (ca. 40 €). Nationale *Führerscheine* aus der EU bzw. *Fahrausweise* aus der Schweiz werden akzeptiert, ein internationaler Führerschein ist nicht nötig.

FKK

Nacktbaden ist per Gesetz verboten und strafbar. Doch kaum jemand schert sich darum. Oben ohne ist mittlerweile an fast allen Stränden üblich und wird geduldet, auch Griechinnen machen da keine Ausnahme mehr. Gänzlich nackt wird allerdings in der Regel nur an Stränden und in Buchten gebadet, die abseits vom nächsten Dorf liegen. Dies ist auch anzuraten – nicht selten reagieren Griechen (Männer und Frauen) verärgert auf hüllenlose Touristen. Vor allem an Stränden innerhalb von Orten sollte man unbedingt darauf verzichten, sich textilfrei zu sonnen.

Geld und Reisefinanzen

Landeswährung ist der Euro, zumindest war er dies noch zur Drucklegung dieses Buchs Anfang 2015. Nach dem faktischen Staatsbankrott Griechenlands im Frühjahr 2010, mehreren sogenannten Rettungspaketen, einem Schuldenschnitt, Steuererhöhungen und Ausgabenminderungen scheinen sich die Staatsfinanzen 2014 ein wenig stabilisiert zu haben. Doch dies ist nur kosmetisch und oberflächlich, die Staatsschulden haben sich kaum vermindert und sind immer noch untragbar hoch. Daher scheint ein Austritt aus der europäischen Währungsunion nach wie vor durchaus möglich. Für Griechenland dürfte ein sogenannter „geregelter Staatsbankrott", verbunden mit der Rückkehr zur alten Landeswährung Drachme ohnehin die sinnvollere Lösung sein, auch wenn dies von griechischen Regierungspolitikern und den Brüsseler Eurokraten bislang stets dementiert wurde. Sollte Griechenland tatsächlich zur Drachme zurückkehren, dürfte sich das gesamte Preisgefüge im Land drastisch verändern und alle konkreten Preisangaben in diesem Buch hinfällig werden. Zimmerpreise, auswärtiges Essen, Eintrittspreise, Schiffstickets und generell alle inländischen Dienstleistungen dürften sich (in Euro gerechnet) verbilligen, sämtliche Importwaren (z. B. Benzin) allerdings weiter verteuern.

Der Euro wird in Griechenland EYPΩ geschrieben und „Efró" ausgesprochen. Als Unterwährung wurde nicht der Cent eingeführt – wie ansonsten überall im Gebiet der Währungsunion –, sondern die alte griechische Drachmen-Untereinheit Lépta weitergeführt.

Geldautomaten Am bequemsten und sichersten ist das Abheben mit *EC/Maestro-Karte und Geheimnummer*. Geldautomaten gibt es in den größeren Orten. Die maximalen Auszahlungsbeträge sind geringer als zu Hause und variieren von Bank zu Bank. Bei der Verrechnung zu Hause fällt pro Abhebung eine Gebühr an; eine Kommission vor Ort wird nicht fällig.

Reiseschecks Sie werden hauptsächlich von *American Express, Thomas Cook* und *Visa* angeboten. Man muss sie vor der Reise bei einer Bank einkaufen, dabei kassiert das Institut eine Kommission. Bei der Einlösung in Griechenland werden Gebühren von etwa 1–2 % fällig. Bei Verlust oder Diebstahl erhält man vollen Ersatz bei den Büros der Scheckgesellschaft, im Notfall auch per Kurier, jedoch muss die Kaufquittung vorgewiesen werden.

Kreditkarten Mit den gängigen Karten wie *Mastercard, Eurocard, Visa, American Express* kann man in größeren Geschäften, Hotels, Restaurants, Fahrzeugvermietungen u. Ä. bargeldlos zahlen. Bei den meisten Banken kann man mit Kreditkarten auch Geld abheben, allerdings mit hohen Gebühren.

Bargeldtransfer Über „Western Union Money Transfer". Im Notfall die schnellste Art, sich von zu Hause Geld kommen zu lassen. Alles Wichtige dazu unter dem Stichwort „Post".

Informationen

Die *Griechische Zentrale für Fremdenverkehr* (G.Z.F.), in Griechenland unter dem Namen *Ellenikós Organismós Tourismoú* (E.O.T.) zu finden, hat in Deutschland und Österreich jeweils ein Büro eingerichtet. Das Büro in der Schweiz wurde 2011 geschlossen. Für die Schweiz ist jetzt das Büro in Wien mit zuständig. Man erhält dort Broschüren und Kartenmaterial. Da einige Veranstalter ihre Prospekte über die G.Z.F. verteilen lassen, ist auch einiges an speziellem Material zu haben (z. B. Ferienhäuser, Wanderferien, Segeln u. a.).

Deutschland Neue Mainzer Str. 22, D-60311 Frankfurt, ✆ 069-2578270, www.gzf-eot.de.

Österreich Opernring 8, A-1010 Wien, ✆ 01-5125317, grect@vienna.at.

Griechenland *Zentrale*: Odós Tsóha 7, GR-11521 Athen, ✆ 210-8707000, www.visit greece.gr. Mo–Fr 8–15 Uhr. *Informationsbüro*: Odós Dionýsiou Areopagítou 18–20, Athen, ✆ 210-3310392, info@gnto.gr. Mo–Fr 9–19, Sa/So 10–16 Uhr.

Im Internet Die Flut an Internet-Seiten ist kaum mehr überschaubar. Wir empfehlen hier nur wenige brauchbare Seiten:
www.naxos-online.de,
www.naxos-info.de,
www.naxosbest.com,
www.ucke.de/christian/naxos/index.html,
www.in-greece.de/naxos,
www.kykladen-treff.de/naxos.

Kartenmaterial

Die beste Karte ist das Blatt *Náxos & Mikrés Kykládes* (ISBN 978-960-8195-54-7) im Maßstab 1:40.000 (Náxos) und 1:25.000 (Mikrés Kykládes) des Athener Verlags *Anavasi* (34 Odós Níkis, GR-10557 Athen, ✆ 210-3210152, www.anavasi.gr, info@mountains.gr). Die Karte wurde auf GPS-Basis (WGS84 grid) erstellt, d. h. alle Straßen-, Pisten- und Wegführungen wurden mit Hilfe satellitengesteuerter Daten ermittelt und bieten so höchstmögliche Genauigkeit. Hervorzuheben sind vor allem die vielen Wanderwege, zudem ist die Karte auf reiß- und wasserfestem Material gedruckt. Außerdem bietet Anavasi eine digitale Karte an, die als Download auf der Anavasi-Website gekauft werden kann (ISBN D-978-960-8195-54-7). Damit kann man sich die komplette Inselkarte auf dem eigenen PC installieren und von jedem Punkt die GPS- und Höhenkoordinaten abrufen und in ein Topo-Programm importieren.

Gut ist auch die Karte *Náxos* im Maßstab 1:40.000 (ISBN 978-960-6845-94-9) des Athener Verlags *Terrain Maps/Skai Maps*. Sehr akkurat und übersichtlich ist das Straßen- und Pistennetz der Insel dargestellt. www.terrainmaps.gr, www.skai.gr.

Kirchen und Klöster

Der Besuch eines Klosters *(Moní)* ist in Griechenland immer etwas Besonderes. Die Stimmung in den oft einsam liegenden Klöstern ist Welten entfernt vom Touristenrummel an der Küste. Ganz wichtig jedoch beim Besuch: Sie müssen angemessene Kleidung tragen und wenig Haut zeigen. Keine nackten Beine und Schultern, stattdessen lange Hosen bzw. knielange Röcke. Vor allem aus „Personalmangel" (nicht wegen mangelnder Freundlichkeit) sieht man aber immer öfter Schilder an den Klosterpforten, dass Besucher nicht erwünscht sind oder der Besuch des Klosters nicht möglich ist. Der Grund ist meist, dass schlichtweg niemand verfügbar ist, der Besucher durch die Anlage oder die Klosterkirche führen könnte.

Kirchen und Kapellen hingegen können fast alle besichtigt werden, sofern sie in Ortschaften liegen. Sie sind meist vor und nach den Messen noch einige Zeit geöffnet. Freistehende Kirchen und Kapellen im Gelände außerhalb der Ortschaften sind längst nicht alle frei zugänglich. Entweder gibt es dann bestimmte Öffnungszeiten oder man muss in der Umgebung nach dem Schlüssel fragen.

Kirche Taxiárchis bei Sangrí

Lesetipps

Brigitte Münch: *Die blaue Tür – Ägäische Geschichten*, Größenwahn Verlag, Frankfurt/M. 2011. Ein griechisches Idyll: Eine Kaimauer, vor der Boote schaukeln, hinter dem Hafen ein uraltes Kapellchen, in einer schmalen Gasse ein Haus mit blinden Fenstern, davor ein knorriger Feigenbaum – und über das tiefblaue Meer ein Blick bis zum Horizont … In dieser scheinbar heilen Welt auf Náxos lebt die Autorin, sie kennt die Schicksale der Einheimischen, schaut in die Gesichter der Reisenden, spürt ihre Sehnsüchte. In ihren Geschichten erzählt sie von ihnen und führt den Leser durch jene verwitterte blaue Tür: „Éla méssa! Kalós órisses! Komm hinein! Sei willkommen!"

Die Griechenland-Krimis des auch in Deutschland bekannten Athener Autors **Pétros Márkaris** spielen zwar in der griechischen Hauptstadt und nicht auf Náxos, doch geben sie tiefgründige Einblicke in die griechische Gesellschaft. Kommissar Kóstas Cháritos' Fälle sind nicht nur spannend bis zur letzten Seite, sondern zeigen in einer Art soziologischem Roman Aktuelles, Historisches und Politisches im heutigen Griechenland auf. Márkaris' Werke stehen in Griechenland immer ganz oben auf den Bestsellerlisten. Auf Deutsch erschienen die Krimis *Hellas Channel* (2000), *Nachtfalter* (2001), *Live!* (2004), *Der Großaktionär* (2007), *Die Kinderfrau* (2009), *Faule Kredite* (2011), *Abrechnung* (2013), *Finstere Zeiten* (2013), *Zahltag* (2014), *Zurück auf Start* (2015). Alle Titel erschienen im Diogenes Verlag in Zürich.

Medien

An den Zeitungskiosken in den touristischen Orten gibt es auch deutschsprachige Printmedien zu kaufen, allerdings nur während der Saison von Mai bis Oktober.

Griechenland-News auf Deutsch

Aktuelle und gut aufbereitete Informationen über Griechenland bietet die **Griechenland Zeitung (GZ)**. Ihre lesenswerten Nachrichten und Beiträge umfassen Politik, Wirtschaft, Tourismus und Kultur. Die einzige deutschsprachige Zeitung Griechenlands erscheint ganzjährig jeden Mittwoch neu und wird an allen Kiosken verkauft, die fremdsprachige Presse anbieten. Es gibt auch die Möglichkeit eines Auslandsabonnements nach Deutschland, Österreich oder in die Schweiz sowie eine Online-Version als PDF. www.griechenland.net.

Übers moderne Mobiltelefon lassen sich viele deutsche Radioprogramme und auch TV-Livestreams empfangen. Die *Deutsche Welle* sendet stündlich Nachrichten, Wetterberichte, Reisenotrufe oder Bundesliganachrichten. Gesendet wird auf diversen Kurzwellen-Frequenzen oder per Web-TV (www.dw.de).

Auf Náxos gibt es eine eigene Radiostation: Der Sender **Mesójeios** wird von der Greco-Kanadierin Roúla Brown geleitet. Gesendet wird auf UKW 105,4 kHz und übers Internet. ℅ 22850-26009, www.mesogiosfm.gr.

Sehr informativ, aber nur auf Griechisch verfügbar, ist die Webseite **Naxos News**. Aktuelle Infos über Geschehnisse auf der Insel. www.naxos-news.gr.

Öffnungszeiten

Weitgehend auf das Geschäft mit Touristen ausgerichtete Läden in den Tourismuszentren der Insel haben den ganzen Tag durchgehend bis spät abends geöffnet. Alle anderen Läden haben sich mit einer langen Siestapause dem mediterranen Klima angepasst. Dafür haben die Geschäfte lange offen, wenn die Hitze nachgelassen hat. Nur staatliche Einrichtungen und Banken haben feste Zeiten, die auch eingehalten werden. Ansonsten gilt als Faustregel: vormittags ab 8 oder 9 Uhr bis ca. 13 oder 14 Uhr, nachmittags etwa 17 bis 21 Uhr. Vor allem Souvenir- und Lebensmittelläden sind selbst in der Nebensaison abends oft bis 22 oder 23 Uhr geöffnet.

Post (Tachidromíon)

Postämter gibt es auf Náxos in Náxos-Stadt, Chalkí, Filóti und Koronída sowie Agenturen in Apíranthos und Apóllonas. Briefe werden in etwa drei bis fünf Tagen via Athen nach Mitteleuropa befördert, Karten dauern oft Wochen. Der Vermerk „Luftpost" bringt nichts, da die Post ab Athen generell per Flugzeug befördert wird.

Briefmarken Gibt es außer bei der Post in den meisten Läden und Kiosken, die Postkarten verkaufen. Tarife kann man dort erfragen.

Bargeldtransfer mit Western Union Wenn die Mittel ausgehen, kann man sich von einer Vertrauensperson zu Hause innerhalb weniger Stunden Geld überweisen lassen. Dazu zahlt die Kontaktperson das Geld bei einer Filiale der Postbank (oder einer anderen Western Union-Agentur) ein und gibt dazu den Empfängernamen und die entsprechende Agentur im Ausland an. Der Maximalbetrag für Überweisungen liegt derzeit bei 5000 €. Die Gebühren für kleine Beträge sind hoch und sinken bei steigenden Beträgen. www.westernunion.de.

Religion

Die griechisch-orthodoxe Kirche war eine prägende Kraft bei der Bildung der griechischen Nation und im Freiheitskampf gegen die türkische Besatzung. Daher

genießt die orthodoxe Geistlichkeit allgemein ein hohes Ansehen in der Bevölkerung. Allerdings ließ dies in den letzten Jahrzehnten – wie in vielen westlichen Demokratien – spürbar nach. 1982 wurde die obligatorische kirchliche Trauung aufgehoben und die Zivilehe als gleichwertig anerkannt. Der Religionseintrag in Personalausweisen wurde Mitte der 1990er abgeschafft, 2008 wurde die Pflichtteilnahme am orthodoxen Religionsunterricht in staatlichen Schulen aufgehoben.

Liturgie und Architektur der griechisch-orthodoxen Kirche unterscheiden sich deutlich von katholischen und erst recht von evangelischen Regeln. Die Predigt spielt nur eine untergeordnete Rolle; dominiert wird die orthodoxe Messe, bei der Besucher willkommen sind, von altertümlichen, fremdartig klingenden Wechselgesängen. Die Kuppel der Kirchen symbolisiert das Firmament, das Gebäude selbst wird Teil des Himmels, als dessen Eingang empfunden, Sichtbares und Unsichtbares, Glaube und Architektur verschmelzen zu einer Einheit.

Griechenland ist in orthodoxe Bistümer aufgeteilt. Der Sitz des *Bistums Páros-Náxos,* im griechischen *Paronaxiá* genannt, liegt auf Náxos und befindet sich im Kástro-Areal von Náxos-Stadt. Neben der orthodoxen Mehrheit leben auf den Kykladen, speziell auf Náxos, relativ viele *Katholiken.* Dies geht auf die venezianische Eroberung im 13. Jh. zurück, denn die fremden Herrscher brachten natürlich ihren Glauben mit und verbreiteten ihn. Noch heute ziert eine katholische Kathedrale das Kástro von Náxos-Stadt.

Sport

Auf Náxos kommen Wassersportfans, Bergwanderer, Mountainbiker und Beachvolleyballer auf ihre Kosten. Zudem gibt es *Fußballstadien* in Náxos-Stadt, Filóti und Apíranthos sowie zwei neue *Kunstrasen-Tennisplätze* in Náxos-Stadt. Hinzu kommen mehr oder minder gut gepflegte *Basketballplätze* in fast allen größeren Orten, da Basketball in Griechenland gleich hinter dem Fußball rangiert. Für alle anderen Sportarten fehlt – wie auf vielen griechischen Inseln – auch auf Náxos die entsprechende Infrastruktur. Auch eine Sporthalle sucht man vergebens. Dafür gibt es in Náxos-Stadt mehrere *Fitnesszentren.* Ansonsten bleibt sportliche Betätigung weitgehend der Eigeninitiative überlassen. Wer Sportferien bzw. Aktivurlaub plant, dem sei der *Flísvos Sport Club* (S. 107) empfohlen. Dort gibt es auch gute Tipps für sportliche Betätigung in eigener Regie.

Surfen und Segeln: Náxos gehört – vor allem an seinen Nord- und Westküsten – zu den windstärksten Zonen im Mittelmeer, insbesondere während der Sommermonate, wenn die Meltémi-Winde aktiv sind. Sie treffen aus Norden auf die Insel und werden an der Westküste durch die Nähe zu Páros zusätzlich verstärkt. Der

An der windstarken Südwestküste kommen Surfer und Kiter auf ihre Kosten

zwischen beiden Inseln liegende schmale Sund wirkt dabei in Nord-Süd-Richtung wie eine Art Trichter und verstärkt die Nordwinde nochmals. Zwischen April und Oktober weht an durchschnittlich 75 % der Tage Wind der Stärke 4, im Juli und August tagsüber oft 5–6. Gegen Abend flaut der Wind meist ab. Zum *Segeln* sind die Kykladen ein fantastisches, im Hochsommer durch die oft zu starken Winde aber auch sehr anspruchsvolles Revier. Der Meltémi kann das Segeln oft für Tage unmöglich machen.

Tauchen/Schnorcheln: Schnorcheln ist überall erlaubt, das Tauchen mit Pressluftflaschen und Tauchanzügen dagegen rund um Náxos verboten, sofern es in Eigenregie durchgeführt wird. Für die Tauchschulen an den Stränden der Westküste (zwischen Ágios Prokópios und Mikrí Vigli) wurden aber Tauchgenehmigungen für bestimmte Meeresgebiete erteilt, in denen unter Aufsicht der Tauchlehrer getaucht werden darf.

Bootssport/Wasserski: Kleine Motorboote, Tretboote und Kanus werden an den Stränden der südlichen Westküste (zwischen Ágios Prokópios und Kastráki) verliehen. Dort auch Wasserskiangebote.

Wandern → Wanderungen ab S. 222.

Tennis: Zwei neue *Kunstrasen-Tennisplätze* gibt es im Náxos Tennis Club in Náxos-Stadt (www.naxostennisclub.gr) sowie Felder in einigen Anlagen gehobener Hotels. Siehe Detailbeschreibungen der Hotels im inselpraktischen Teil.

Sprache (Glóssa)

Neugriechisch ist nicht die einfachste Sprache und zeigt zudem etliche andere Buchstaben als das Deutsche. Auf Náxos spricht mittlerweile jeder Inselbewohner, der irgendwie mit Touristen zu tun hat, wenigstens ein paar Brocken Englisch, oftmals auch Deutsch. In abgelegenen Regionen darf man das allerdings nicht erwarten. Dort muss man sich zur Not mit Händen und Füßen verständlich machen. Man sollte gelegentlich versuchen, etwas Griechisch zu sprechen, meist wird das dankbar honoriert. Sehr wichtig ist die richtige Betonung der Worte. Am Ende des Buchs befindet sich ein kleiner Sprachführer.

Telefon (Tiléfono), Mobiltelefon (Kinitó)

In Griechenland muss immer die vollständige Nummer inklusive der naxiotischen Inselvorwahl 22850 für Festnetznummern gewählt werden. Griechische Mobilfunknummern erkennt man daran, dass sie mit 69 beginnen. Wer von Náxos zu Hause anrufen will, darf die Auslandsvorwahl nicht vergessen: Deutschland 0049, Österreich 0043, Schweiz 0041. Dann die Ortsvorwahl ohne die Null und schließlich die Nummer des gewünschten Teilnehmers wählen.

Festnetz: Telefonieren ist von den öffentlichen Kartentelefonen der griechischen Festnetzgesellschaft OTE problemlos in alle Welt möglich. Vor allem abends sind die Leitungen aber oft überlastet. Es gibt auch diverse Konkurrenzanbieter, mit deren Karten man sich zunächst in eine (kostenlose) Hotline einwählen muss. Nach Eingabe des Codes (auf der Karte) bekommt man dann eine Leitung, über die man weiter wählen kann. Telefonkarten *(Tilékarta)* mit verschiedenen Nennwerten erhält man in vielen Läden und Kiosken, die OTE-Karten auch in Postämtern und OTE-Büros.

Mobiltelefon: Handys funktionieren im GSM-Roaming mit den entsprechenden Zusatzgebühren, die im Ausland immer anfallen. Sie wurden mittlerweile von der EU europaweit mit einer Höchstgrenze gedeckelt (gilt nicht für Schweizer Handys). Dennoch sollte man vorher bei seiner Telefongesellschaft die Tarife erfragen, um teure Überraschungen zu vermeiden. In Griechenland gibt es derzeit drei Mobilfunkanbieter: *Cosmoté*, *Vodafone* und *Wind*. Für alle, die länger in Griechenland bleiben, lohnt eine griechische Mobilnummer mit Prepaid-Karte (ab 5 €), dann entfallen die Roaming-Gebühren. Die Netzabdeckung ist in Griechenland sehr gut. Auch auf Náxos gibt es kaum noch Funklöcher, selbst in den Bergen ist der Empfang problemlos. Bei der letzten Recherche 2014 war nur im Südosten zwischen dem Pýrgos Chimárrou und dem Órmos Kalandoú an einigen Stellen kein Netz verfügbar.

Toiletten (Toualétes)

Allgemein gilt für griechische Toiletten: Papier darf nicht mit hinuntergespült werden, dafür steht immer ein Eimer bereit (ansonsten wären die engen Abflussrohre dauernd verstopft). Beschilderung: Herren – *Ándron*, Frauen – *Ginaíkon*.

Uhrzeit

In Griechenland gilt die osteuropäische Zeit (OEZ). Sie ist der mitteleuropäischen Zeit um eine Stunde voraus. Von April bis Oktober ist wie bei uns zusätzlich die Sommerzeit gültig. Bei der Einreise nach Griechenland die Uhr eine Stunde vorstellen, bei der Ausreise eine Stunde zurückstellen.

Umweltprobleme

2008 wurden auf der Insel Container aufgestellt, in denen Glas, Papier, Kunststoff und Metall getrennt gesammelt werden. Dahinter steckt ein Unternehmen aus

Strandidylle ohne Umweltsünden

Athen, das dem Umweltministerium unterstellt ist. In der Praxis funktioniert die Trennung jedoch kaum, weil die Einheimischen zu wenig aufgeklärt wurden und auch Restmüll in die Wertstoffcontainer werfen. Da die bisher einzige Inseldeponie (zwischen Náxos-Stadt und Galíni) mittlerweile voll ist und nicht mehr erweitert werden kann, wird derzeit eine neue Deponie südwestlich von Filóti errichtet – begleitet von erbitterten politischen Auseinandersetzungen. Auch diese offene Deponie ist laut EU-Recht eigentlich unzulässig, Griechenland muss jedes Jahr dafür Strafzahlungen leisten. Ein Ausweg (z. B. ein Müllkraftwerk) ist nicht in Sicht. Positiv zu vermerken ist, dass man mittels *Windrotoren* (bei Galíni und Kóronos) und Solarenergie durch *Photovoltaik-Kraftwerke* (bei Sífones und Richtung Agiassós) mit dieser Form der Energieerzeugung zumindest experimentiert. Wind gäbe es zweifellos genug an Náxos' Nordküste. Doch derzeit kommt fast die gesamte elektrische Energie mittels Unterwasserkabel vom E-Werk auf der Nachbarinsel Páros. Nicht verschweigen sollte man, dass auch der Tourismus zur Umweltschädigung beiträgt. Für den Tourismus werden Flächen versiegelt, die Natur in den strandnahen Zonen zerstört, der Motorverkehr steigt an, Versorgungsgüter müssen herangeschafft, die Verpackungen entsorgt werden, Energie- und Wasserbrauch steigen exorbitant ...

NAWS – Náxos Animal Welfare Society

Der lokale Tierschutzverein NAWS kümmert sich um streunende Hunde und Katzen, insbesondere durch umfangreiche Kastrationsaktionen sowie mit Impfungen und Notbehandlungen verletzter Tiere. Immer gesucht werden Flugpaten für Hunde und Katzen. Die untersuchten und geimpften Tiere sind mit allen nötigen Reisepapieren ausgestattet. Die Organisation und die Kosten für den Boxentransport werden vom Tierschutzverein übernommen.

Informationen: NAWS ✆ 695-6133929, www.naws.on-naxos.com, Kontakt in Deutschland: Tierhilfe Naxos e.V., www.tierhilfe-naxos.de.

Wasser

Die Wasserversorgung war früher eines der größten Probleme der Insel, das durch den Bau des riesigen *Stausees* oberhalb von Engarés und des *Staudamms* oberhalb vom Kloster Faneroméni weitgehend entschärft wurde. Zumindest wenn im Winter genügend Regen fällt, reicht die Versorgung für den trockenen Sommer aus. Insofern ist Náxos relativ autark und von den Wasserversorgungsschiffen aus Athen (die

andere Kykladeninseln in extrem heißen Sommern nach regenarmen Wintern teils versorgen müssen) weitgehend unabhängig. Ohnehin ist Náxos im Kreise der Kykladen eine Ausnahme, denn die Insel verfügt über kräftige Quellen, die auch im Sommer sprudeln – wenn auch weniger stark. Trotzdem sollte jeder Besucher achtsam und sparsam mit Wasser umgehen.

An vielen Stellen auf der Insel und besonders in Náxos-Stadt gibt es gefasste Brunnen mit Zapfhähnen. Hier kann man bedenkenlos und gratis **Trinkwasser** abzapfen. Es handelt sich um ungechlortes Quellwasser aus den Bergen und ist für normale Mägen problemlos verträglich. Wer sehr empfindlich reagiert, sollte jedoch besser auf Mineralwasser in Flaschen zurückgreifen.

Zoll (Teloneíon)

Innerhalb der EU dürfen *Waren zum eigenen Verbrauch* unbegrenzt ein- und ausgeführt werden. Es wurde allerdings ein Katalog über Richtmengen erstellt. Überschreitet man diese, muss man im Fall einer Kontrolle glaubhaft machen, dass diese Mengen nicht gewerblich genutzt werden, sondern nur für den persönlichen Gebrauch bestimmt sind. Die Ausfuhr von *Antiquitäten* aus Griechenland ist verboten, die Bußgelder bei Verstößen sind hoch. Ausgenommen sind Kopien, die in verschiedenen Shops und Museen erworben werden können (mit „Falschheits-Zertifikat" oder Kaufquittung). Bargeld darf in einer Höhe von unter 10.000 Euro ohne Deklaration ein- und ausgeführt werden.

EU-Richtmengenkatalog (Warenmenge pro Person ab 17 Jahre): 800 Zigaretten, 400 Zigarillos, 200 Zigarren, 1 kg Rauchtabak, 10 l Spirituosen, 20 l Zwischenerzeugnisse, 90 l Wein (davon höchstens 60 l Schaumwein) und 110 l Bier. Informationen unter www.zoll.de und www.bmf.gv.at.

Schweiz: Für die Eidgenossen gelten niedrigere Quoten: 250 Stück/Gramm Zigaretten oder andere Tabakarten. 1 l Spirituosen (über 18 % Vol.). 5 l alkoholische Getränke (unter 18 % Vol.). Für alle eingekauften Waren gilt eine Gesamtwertfreigrenze von 300 CHF. Informationen unter www.zoll.admin.ch.

Traumhafter Sonnenuntergang am Tempeltor in Náxos-Stadt

Náxos – Reiseziele

Blick vom Tempeltor auf die venezianisch-kykladische Architektur am Kástrohügel

Náxos-Stadt (Chóra)

Ein Lehrbeispiel venezianisch-kykladischer Architektur – und zugleich eine sympathische Inselmetropole voller Leben. Der historische Kern der Stadt bleibt unbeeindruckt von allem. Weiße, graue, pastellfarbene Würfelhäuser drängen einen sanften Hügel hinauf.

Unüberschaubar das Gewirr von Treppengässschen in der Altstadt – mittelalterliche Häuser, in- und übereinandergeschachtelt, dämmrig überwölbte Passagen mit Bogendurchgängen, Dutzenden von Läden und Lädchen, wuchernde Blumenpracht hinter verfallenden Mauern, jahrhundertealte Fassaden mit marmornen Türstürzen. Alle paar Meter ein neues Postkartenmotiv ...

Die verwinkelten Gassen und Treppen der Altstadt ziehen sich von der Hafenfront zum *Kástro* hinauf, einer aus Wehrhäusern gebildeten venezianischen Burg. Sogar eine katholische Kathedrale ist aus dieser Zeit noch erhalten. Alle paar Meter zweigen schmale Gässchen von den Pfaden zur und durch die Wehrburg ab, allesamt wunderschön zum Schlendern. Unterhalb klammern sich die griechischen Viertel an den Burghügel und heben sich heute kaum noch von ihm ab. Weiße Häuser mit ihren bunten Türen, Fensterläden und Erkern finden sich an allen Seiten des Kástrohangs. Typisch für die *Chóra*, wie der Hauptort der Insel genannt wird, sind auch die versteckten Kirchen zwischen den Häusereingängen der Altstadt.

Vor der Altstadt verläuft die *Paralía*, die lange, elegant geschwungene und mit echtem Náxos-Marmor gepflasterte Hafenpromenade. Von Anfang Juni bis Mitte Sep-

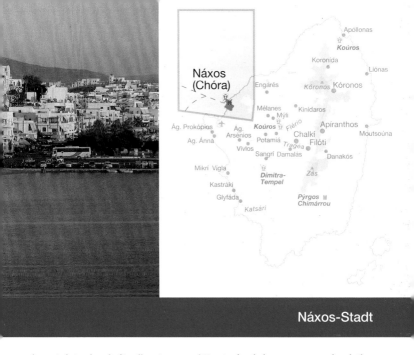

tember wird sie abends für allen Auto- und Zweiradverkehr gesperrt, wodurch ihre fröhlich-quirlige Atmosphäre erst richtig zur Geltung kommt: moderne Open-Air-Tavernen und traditionelle Ouzerien, schicke Cafés und Lounge-Bars, Shops, spielende Kinder, flanierende Touristen, flippige und tanzende Jugendliche … In Náxos-Stadt finden sich auch zahlreiche interessante Museen für archäologische, byzantinische, religiöse und volkskundliche Kulturgüter.

Glücklicherweise sind die üblichen Begleiterscheinungen des modernen Tourismus auf Náxos bisher noch immer deutlich geringer dosiert als auf den Nachbarinseln Santoríni, Mýkonos oder Páros. Sinnigerweise bezeichnen die Naxioten das kleine Areal mit den Schickimicki-Lounge-Bars am Südende der Paralía als „Mýkonos-Ecke". Dennoch ist in der Stadt noch viel Ursprüngliches und auch Authentisches zu entdecken, vom Krämerladen über alte Bäckereien mit Holzöfen, traditionell gebliebene Cafés bis hin zu Tavernen, die noch immer echte, unverfälschte Inselküche anbieten.

Im krassen Gegensatz zum mittelalterlichen Zentrum steht das seit den 1980er-Jahren errichtete Viertel *Ágios Geórgios* südlich des Stadtzentrums. Die Straßen dort sind breit in Quadraten angelegt, „ideal" also für Autos und Mofas, die im Hochsommer rund um die Uhr durch das Areal zum dortigen langen Sandstrand knattern. Trotzdem: Náxos hat einen Kern, der von all dem unbeeindruckt bleibt. Man spürt förmlich Geschichte, wenn man durch die stillen Gässchen zum Kástro hinaufsteigt. Und man sieht die Geschichte auf der Halbinsel nördlich vom Hafen – das gewaltige Marmortor *Portára*, das dort seit gut 2500 Jahren steht!

Náxos-Stadt liegt an derselben Stelle wie schon der antike Hafen, von dessen Molen noch Reste erhalten sind. Allerdings galt der Hafen von Náxos-Stadt schon seinerzeit als unsicher, und erst nach der 2004 abgeschlossenen Erweiterung – die Mole wurde in Richtung Portára verlängert, verstärkt und die Kaianlagen vergrößert – hat sich die Situation verbessert. Die vor den heftigen Meltémi-Winden relativ ungeschützte Lage, durch den schmalen Sund zu Páros zusätzlich wie in einem Windkanal verstärkt, macht den heutigen Fährschiffen keine Probleme mehr. Eine neuerliche Hafenerweiterung wird seit Jahren diskutiert, ihre Umsetzung bleibt fraglich.

Sehenswertes

Rasch weg vom Trubel am Hafen! Den Hauch großer Zeiten spürt, wer die Gässchen zum Kástro, dem Burgviertel, hinaufsteigt. Viele der prächtigen venezianischen Häuser sind restauriert, fein ziselierte Reliefs über den Türen und eingemeißelte Wappen künden vom einstigen Reichtum der Bewohner. Die zahllosen Passagen der steilen Treppenwege sind oft noch mit uralten Holzbalkendecken überdacht.

Kástro   → Karte S. 79

Der obere, innere Burgbereich. Nur noch wenige Menschen wohnen in den Häusern, in denen einst mächtige venezianische Familien ihr Domizil hatten. In den letzten Jahren sind neben Museen auch Souvenir- und Kunsthandwerksläden eingezogen und beleben die erhabene Stimmung. Während der Siesta stille, fast menschenleere Gassen.

Das Kástro von Náxos ist die einzige venezianische Burg außerhalb Italiens, die bis heute unzerstört geblieben ist – es gilt als eines der wenigen vollständig erhaltenen Siedlungsensembles einer mittelalterlichen Stadt in Griechenland. Die Venezianer errichteten hier im 12. Jh. einen fünfeckigen Festungsbezirk mit starker Mauer, zwölf Türmen und drei Toren. Die vermutlich vorhandene altgriechische Akrópolis und ein späteres byzantinisches Kastell wurden dabei zerstört. Auf die Spitze des Hügels setzten die Eroberer die Symbole der weltlichen und kirchlichen Macht – den zentralen Turm der Anlage (Palast des Sanoúdo), eine katholische Kathedrale sowie Kirchen, Klöster und den Sitz des Erzbischofs (Katholikí Archiepiscopí) nebst katholischem Gemeindehaus (Pnevmatikó Kéntro). Hier zeigt sich das Bestreben der Venezianer, ihre Religion und damit die westliche Kultur auf den Kykladen durchzusetzen.

Ins Innere des Kástros gelangt man durch die beiden Burgtore mit ihren charakteristischen Spitzbögen: das *Traní Pórta*, das Nordtor **23** mit alter Holzbalkendecke, war ein Geheimtor, das einst nur vom Adel benutzt werden durfte. An dem nach außen gerichteten Torpfosten findet sich eine rund ein Meter lange Einkerbung, die im Mittelalter von den Händlern als naxiotisches Norm-Längenmaß verwendet wurde. Die Händler benutzten diese Maßeinkerbung, durften aber nicht durch das Tor eintreten. Als Normmaß für Gewichte wurden übrigens die relativ einheitlichen Samen der Frucht des Johannisbrotbaums verwendet: Ein Samenkorn entspricht etwa einem Karat (rund 0,2 Gramm). Neben dem Nordtor steht der *Críspi*- oder *Glézos-Turm* **26**, der einzige erhaltene Rundturm der Festung. Das Südtor *Parapórti* **24** steht oberhalb der Platía Pradoúna mit ihrer phantastischen Aussichtslage. Im Jahr 1694 wurde das gesamte Areal renoviert und in seinem Wehrcharakter ausgebaut, wie ein marmornes Siegel im Hauptsaal beweist. Daneben ist das Kástro auch durchs Osttor *Písso Parapórti* **25** zu erreichen.

Der einstige Hauptsitz der Adelsfamilie Della-Rocca-Barózzi befindet sich rechts des Nordtors, wo heute folgerichtig das *Domus Della-Rocca-Barózzi Museum* **2**

Blick vom Kástro auf Tempeltor und Palatía-Hügel

untergebracht ist. Im Críspi-Turm gegenüber befindet sich eine *Sammlung byzantinischer Altertümer* . Messungen ergaben, dass die Außenmauern des Kástros an ihrer Basis bis zu sechs Meter dick sind und sich nach oben auf bis zu 1,65 m verjüngen. Als Baumaterial dienten Granit und Marmor. Fast die gesamte Kástroanlage wurde dreistöckig angelegt. Überall in den Gassen des Kástros sind venezianische Wappen in die Mauern der Häuser graviert. Dieselben Wappen findet sich auch in etlichen Kirchen des Kástros. Einstmals wohnten rund 400 Menschen im inneren Kástrobezirk.

Naxiotischer Hochadel: die Familie Della-Rocca-Barózzi

Das Kástro von Náxos wird noch heute von den Nachfahren der Adelsfamilie bewohnt, allerdings nicht in der direkten Linie des Marco Sanoúdo. Die Familie ist französischen Ursprungs („de la Roche") und stammt von einem Zweig der Grafen von Burgund ab. Marco Sanoúdo, der Gründer des venezianischen Herzogtums Náxos, wurde 1153 geboren und kam mit 53 Jahren 1207 während des vierten Kreuzzugs (1203–1207) nach Náxos. 1220 starb er mit 67 Jahren. Der letzte Nachkomme der Sanoúdos, Nikólas, wurde 1380 von der Familie der Crispis ermordet. Er liegt in der Klosterkirche Ágios Stéfanos Fráro in Angídia begraben. Später kam in Náxos die französischstämmige Familie de la Roche an die Macht, deren Namen sich von de la Roche zu Della-Rocca und heute in Dellaróka wandelte.

Paláti Sanoúdos **5**: Der Palast des Sanoúdo, Rest des einstigen zentralen Wohn- und Fluchtturms der Burg, steht am höchsten Punkt des Kástros. Benannt ist er nach Marco Sanudo, im 13. Jh. Gründer des venezianischen Herzogtums Náxos (→ Kapitel Geschichte). Damals war das Bollwerk noch wesentlich höher. Eine Besichtigung ist leider nicht möglich.

Katholikí Mitrópoli Ypapantí 🔳: Gleich benachbart zum Sanoúdos-Palast findet man die römisch-katholische Kathedrale Ypapantí (Mariä Lichtmess), eine Barockkirche mit Marmorfassade. Sie wurde Anfang des 13. Jh. mit drei Seitenschiffen und einer Kuppel errichtet. Bis 1536 wurden zwei weitere Seitenschiffe angebaut, so bekam sie ihr heutiges Aussehen mit fünf Seitenschiffen und drei Kuppeln. Im säulengetragenen Innenraum sind Grabplatten venezianischer Familien in den Boden eingelassen. Früher waren es deutlich mehr – ein Wassereinbruch 1915 zerstörte viele Grüfte und Gräber. Die Gestaltung des Innenraums folgt den römisch-katholischen Regeln, nicht den orthodoxen. Am Altar zeigt ein Bildnis aus dem 14. Jh. Maria in ganzer Gestalt; in der orthodoxen Ikonenkunst findet man solche Darstellungen nur sehr selten, Einflüsse italienischer Tafelmalerei werden hier sichtbar. Hinter dem Altar hohe, goldverzierte Marmorsäulen und Engelsdarstellungen. **Messe:** Mo–Sa 18.30 Uhr, So 10 Uhr. Der 2014 neu ins Amt eingesetzte Priester heißt Geórgios Palamáris, ✆ 22850-22470. **Besichtigung:** Mo–Sa 9.30–14.30 und 17.30–19 Uhr.

Privatkapelle des Marco Sanoúdo, neben dem Eingang zum Archäologischen Museum 🔳: Die Kapelle des Gründers des venezianischen Herzogtums Náxos, die spätere Handelsschule, kann besichtigt werden; in seinen Ursprüngen ist es ein römisch-katholisches, gotisches Gotteshaus aus dem 13. Jh., wie man es in Griechenland nur selten findet. Die Kapelle ist der heiligen Maria geweiht und zeigt einige der schönsten Mariendarstellungen auf Náxos. Ganz vorne ein goldverzierter, prächtiger Marmoraltar mit einem großen Mariengemälde und einem Kuppeldach. In den Bögen rechts und links finden sich weitere prächtige Altäre. Links die große Kanzel, rechterhand ein marmornes Weihwasserbecken. Es gibt einen Zugang nach links zu Seitenräumen, in denen eine kleine Sammlung persönlicher Gegenstände und Gemälde des Herzogs sowie einige neuere Fotos zu sehen sind. Die Kapelle mit ihrem schönen Marmorboden wurde im Zweiten Weltkrieg am Dach beschädigt. Restaurierungsarbeiten legten die gotische Decke frei, die ein geripptes, in Weiß und Purpur gestrichenes Gewölbe zeigte. Das Kirchweihfest findet alljährlich am 8. Dezember statt. Im Sommer Mo, Mi, Fr 10–12 Uhr. Eintritt frei.

Archäologisches Museum Náxos 🔟 *(Archaiologikó Museío Náxou):* In dem Museumsgebäude im südöstlichen Teil des Kástros war früher die Schule eines Jesuitenklosters untergebracht, bevor es Ende des 19. und zu Beginn des 20. Jh. als französische Handelsschule genutzt wurde. Die Jesuiten unterhielten hier eine Internatsschule, in der 1869 auch der berühmte kretische Schriftsteller Níkos Kazantzákis Schüler war, bevor ihn sein Vater aus Angst vor kirchlicher Indoktrination aus Náxos zurückholte: „Die Frankenmönche, hol' sie der Teufel, könnten dich zum Katholizismus bekehren", soll Vater Kazantzákis ausgerufen haben ...

Erd- und Untergeschoss: Hier ist in zehn Ausstellungsräumen das Archäologische Museum der Stadt und Insel Náxos untergebracht. Ausgestellt sind Kunstobjekte und Alltagsgegenstände aus der späten Jungsteinzeit bis in frühbyzantinische Zeit (ca. 5300 v. Chr. bis 5. Jh. n. Chr.). Nach dem Archäologischen Nationalmuseum in Athen verfügt das Museum in Náxos über die bedeutendste Sammlungen von Kykladenkunst von 3200 bis 2300 v. Chr., darunter eine große Anzahl von *Idolen* (auch seltene sitzende Exemplare), mykenische Bügelhenkelkannen, Grabbeigaben aus Gold und verschiedenartiger Schmuck. Die meisten Funde stammen aus dem antiken Stadtteil *Grótta*, aus den ungeplünderten Kammergräbern der Friedhöfe *Aplómata* (am Hügel östlich von Grótta) und *Kamíni*. Die Keramiksammlung umfasst die Zeit vom späten 2. Jahrtausend v. Chr. bis in die geometrische Zeit im 9. bis

Náxos-Stadt → Karte hintere Umschlagklappe

1 Katholische Kathedrale
2 Domus Della-Rocca-Barózzi Museum
3 Antico Veneziano Antiqueshop
4 Kirche und Kloster Ágios Antónios
5 Palast des Sanoúdos
6 Kanzlei und Palast des katholischen Erzbischofs
7 Kirche Panagía Theosképasti
8 Haus der Familie Mertroúd
9 Privatkapelle des Marco Sanoúdo (Kapelle Doukikí)
10 Archäologisches Museum
11 Alte Sektion der Ursulinenschule
12 Neue Sektion der Ursulinenschule
13 Katholisches Gemeindehaus
14 Haus der Familie Loredáno
15 Haus der Familie Grýllos
16 Haus der Familie De Lastic
17 Haus der Familie Frangópoulos
18 Haus der Familie Giustiniáni

19 Haus der Familie Sommarípa
20 Haus der Familie Grimáldi
21 Haus des katholischen Priesters
22 Haus von Mathíldis Marangoú
23 Traní Pórta / Nordtor
24 Parapórti / Südtor
25 Písso Parapórti / Osttor
26 Turm der Críspi
27 Sammlung byzantinischer Altertümer
28 Museum der Ursulinenschule
29 Sitz des orthodoxen Bischofs (Episkopat)

Náxos-Chóra
Kástro
20 m

8. Jh. v. Chr. Die meisten Stücke stammen von Ausgrabungen, die erst nach dem Zweiten Weltkrieg auf Náxos, Epáno Koufoníssi und Kéros durchgeführt wurden.

Eingangsbereich: Hier findet sich links ein Raum u. a. mit Grabstelen, Urnen und Statuen-Torsi, Fragmenten von zwei Koúroi aus dem 6. Jh. v. Chr., Friesbänder und Reliefs. Hinter dem Eingangsbereich führen einige Stufen in den prächtigen *Innenhof.* Hier sind größere Fundstücke zu sehen: Säulenteile, Kapitelle, Statuenfragmente, Grabplatten und Friesteile usw., die meisten aus Marmor. Highlight ist ein rund fünf mal fünf Meter großer farbenprächtiger *Mosaikboden* aus hellenistischer Zeit, der die Entführung Europas durch Zeus in Gestalt eines Stieres zeigt.

In den *Haupträumen des Museums* ein Stock tiefer befindet sich eine große lange Halle mit zahlreichen weiteren Exponaten aus Marmor. Zuordnen lassen sich eine sehr gut erhaltene Statue des Antonius (gefunden in Íria) und Statuen von zwei Frauen aus römischer Zeit. Am Ende der Halle führt eine *kleine Treppe* hinauf. Im nur durch eine Glasscheibe zu sehenden kleinen Innenhof steht ein Monster-Pithoi aus Ton. In einem Nebenraum sind Funde aus archaischer Zeit zu sehen, weitere Nebenräume zeigen Statuenfragmente und Tonteile aus der klassischen Antike und aus hellenistischer Zeit. Einer der Räume zeigt Ton-Pithoi, Glasgefäße aus römischer Zeit, weitere Tongefäße und Tonkunst bis zurück ins 4. Jh. v. Chr. Die *Räume mit den Vitrinen* zweigen seitlich von der Halle ab.

Di–So 8–15 Uhr. Eintritt 3 €, erm. 2 €. Fotografieren erlaubt. www.odysseus.culture.gr/h/1/eh151.jsp?obj_id=3302.

Domus Della-Rocca-Barózzi Museum **:** Privatmuseum am Nordtor *Traní Pórta* des Kástro-Bezirks. Das Haus ist Teil der Wehrburg, seine Grundmauern stammen etwa von 1215. Zunächst war hier die Wache des Kástros untergebracht, später das venezianische Konsulat und schließlich das Haupthaus der Familie Della-Rocca, die sich später durch Heirat mit der Barózzi-Familie verband. Noch heute befindet sich der gesamte Komplex im Besitz der Adelsfamilie. Alle Exponate des Museums sind Familieneigentum. Die ältesten Stücke reichen bis ins 13. Jh. zurück. Gezeigt werden u. a. Ikonen und Bilder, Juwelen, Münzen, Kleidungsstücke, Bücher, Möbel, Instrumente, Geschirr, Glas und Kristallglas, Kupferschalen, Skulpturen, Schnitzereien aus Olivenholz und anderen Edelhölzern ... Auf dem großen Piano im Eingangsbereich hat schon Leonard Bernstein gespielt. Die reichhaltige Sammlung ist ein buntes Sammelsurium und wird ständig vergrößert. Ziel der Museumsleitung ist es, die Geschichte der Familie darzustellen und dem Besucher ein Gefühl für das Leben von Adeligen zu vermitteln. Wer einmal vom Balkon des Hauses einen Blick auf Stadt und Hafen geworfen hat, spürt, was damit gemeint ist.

In der Nebensaison tägl. 10–15 Uhr, im Hochsommer tägl. 10–22 Uhr. Eintritt 5 €, erm. 3 €. ℘ 22850-22387, www.naxosfestival.com.

Wertvolle Exponate im Domus Della-Rocca Museum

Tanzgruppe auf der Terrasse (beim Domus Festival)

Domus Festival – Venezianische Nächte

Das Domus Festival bietet von Anfang April bis Ende Oktober Musikveranstaltungen, verteilt über die gesamte Saison. Meist sind dies klassische Piano-Konzerte, teils mit Gesang, zu hören sind aber auch Folk, Jazz, Blues, Gitarren- und Violinenmusik oder traditionelle griechische Musik. Jeweils einmal pro Woche finden ein Bouzoúki-Abend und ein Abend mit Naxos-Musik und Inseltänzen statt. Die teils bekannten Künstler kommen aus Griechenland und aus aller Welt. Seit 2014 gibt es einmal pro Woche einen Abend, an dem historische Filme über Griechenland gezeigt werden (in englischer Sprache).

Je nach Wetterlage finden die Veranstaltungen auf der Terrasse des Museums statt (Eingang am Nordtor der Festung, neben der Museumspforte) oder im Gewölbekeller des Hauses (Eingang links neben dem Domus Della-Rocca-Barózzi Museum). Der Keller wird dann wie vor Hunderten von Jahren nur mit Öllampen und Kerzenlicht beleuchtet. Gleich links am Eingang zum Gewölbekeller sind zudem antike Fundstücke zu bewundern: Säulenreste, Fragmente von der minoischen bis zur römischen Periode und vollständig erhaltene Marmorgefäße. Einige der Steine stammen von einer ehemaligen Römerstraße.

Informationen und Tickets im Museum oder unter ℡ 22850-22387, www.naxos festival.com. Eintritt zwischen 15 und 23 €, je nach Programm, Platzkategorie und Künstler. Es gibt Festivalpässe mit Rabatten, Ermäßigungen für Studenten und Rentner. Inklusive sind naxiotischer Wein und Kítro zum Probieren. Beginn je nach Saison zwischen 19 und 21 Uhr. Von Nov. bis März keine Veranstaltungen.

Sammlung byzantinischer Altertümer 27 *(Syllogí Vyzantinón Archaiotíton):* Die kleine, feine Sammlung mittelbyzantinischer Marmor-Relikte ist im Críspi-Turm des Kástros zu sehen. In einem wunderbar restaurierten Saal werden hier Säulenkapitelle, Skulpturen und Reliefs aus Marmor sowie Vasen und Amphoren mit byzantinisch-sakraler Bedeutung präsentiert. Meist sind es Fragmente und Spolien aus mittelbyzantinischer Zeit (10.–11. Jh.), teils aus den bedeutenden byzantinischen Kirchen der Insel. Besonders interessant sind Teile eines Sarkophags aus einem Fund in der Kirche Agía Triáda von Kalóxylos. Zu sehen sind aber auch Exponate aus byzantinischen Kirchen aus der Zeit des Bildersturms.

Absolut lohnenswert – für viele Besucher das Schönste am Museum – ist jedoch der Blick vom Balkon, der weit über die Stadt, die Portára und das Meer schweift. Nebenan gibt es einen Zugang zu einer Hochterrasse mit weiteren Marmorexponaten, ebenfalls mit wunderschönem Blick über Stadt und Meer.

Di–So 9.30–17.30 Uhr. Eintritt frei. Fotografieren erlaubt.

Museum der Ursulinen-Schule 28: Die 1670 erbaute Mädchenschule des Ursulinen-Ordens wurde bis 1976 betrieben, 2014 wurde das Gebäude als Museum eröffnet. Zugänglich ist jedoch nur die Etage mit der großen Küche. Die obere Etage gehörte der Ursulinen-Äbtissin und ist nicht zugänglich. Zu sehen ist die alte Küchenzeile von 1885. Hier wurden täglich um die 600 Mahlzeiten für die Schülerinnen zubereitet. Nebenan an der Wand eine Rakí-Brennanlage nebst einer Originalflasche aus der Zeit um 1938. Gezeigt werden auch Ton- und Glasgefäße, eine alte Schalenwaage und eine Balkenwaage. Im Kellergeschoss zahlreiche Exponate aus Marmor aus der früheren Ursulinen-Schule.

Juni–Sept. tägl. 10–13.30 und 19–21 Uhr. Eintritt 1 €. Fotografieren erlaubt.

Antico Veneziano Antiqueshop 3: In einem 800 Jahre alten Haus, geführt von Élena Dellaróka und ihrem Sohn Ioánnis, Nachkommen der prominenten Adelsfamilie von Náxos. Die ionischen Säulen direkt links vom Eingang sind über 2000 Jahre alt und waren Teil der antiken Akrópolis, die hier früher auf dem Kástrohügel stand. Viele Teile des antiken Tempels wurden von den Venezianern in die Mauern ihrer Burg integriert. Im Ausstellungsraum befindet sich auch ein alter Türsturz mit dem ersten auf Náxos benutzten Wappen der Familie. Der Verkaufsraum ist im selben Stil eingerichtet, wie die Häuser im Kástro früher aussahen; alle Verkaufsstücke sind Nachbildungen von Gegenständen, die sich früher im Besitz der Herzöge von Náxos befanden und aus aller Herren Länder zusammengetragen bzw. erbeutet wurden. Verkauft werden u. a. Vasen, Spiegel, Silbergegenstände, Schalen, Keramik, Gläser, Uhren, Statuen, Kerzenständer, Truhen, Lampen, Bilder, Deckchen, Webereien usw.

Tägl. 10–15 und 18–22 Uhr. ✆ 22850-22702, www.anticoveneziano.gr.

Weitere Sakralbauten im Kástro: Im Südosten des Kástros steht das Kapuzinerkloster, das von 1676 bis 1956 bewohnt war; zu ihm gehört die Kirche des *Ágios Antónios* (heiliger Antonius von Padua) 4 aus dem 14. Jh. in der Nähe des östlichen Tors. Gegenüber des

In den schmalen Gassen des Kástros

Paláti Sanoúdos liegt die ehemalige *Kanzlei* (Kanghellaría) und der *Palast des katholischen Erzbischofs* **6**. In der kleinen, der einzigen orthodoxen Kirche des Kástros, *Panagía Theosképasti* **7**/**29**, neben der Kathedrale werden wertvolle Ikonen des kretischen Künstlers Ángelos aus dem 14. Jh. aufbewahrt. Die Kirche Theosképasti stammt aus dem 9. oder 10. Jh. und ist damit die älteste Kirche des Kástros. Das benachbarte ehemalige *Ursulinenkloster* **11** gehört heute dem Staat und wird gelegentlich als Versammlungs- und Konzertsaal genutzt. Es gibt eine alte **11** und eine neue *Sektion der Ursulinenschule* **12**. Westlich des Paláti Sanoúdos befindet sich das *katholische Gemeindehaus* **13**.

Das wichtigste Fest im Kástro findet am katholischen Fronleichnamsfest (gr. *Agía Doreá*) statt. Dabei werden die Gassen des Kástros mit Oleanderzweigen bedeckt. Sie gelten als Zeichen der Ehrerbietung für das Heilige Sakrament. Die Familie Dellaróka-Barózzi errichtet aus alter Tradition stets einen geschmückten Altar in den Gassen neben ihrem Haus. Während der Feierlichkeiten und dem Prozessionszug segnet der katholische Erzbischof am Altar die Nachkommen der ehemaligen Fürsten von Náxos.

Weitere Häuser im Kástro: Im heutigen Haus der Familie Mertroúd **8**, einst Eigentum des Coronelli-Sommarípa, waren zu Zeiten des Herzogtums das *französische* und das *holländische Konsulat* untergebracht. Das ehemalige *Haus der Adelsfamilie Loredáno* **14** gehört heute Michaíl Marangós. Im südlichen Teil des Kástros stehen die *Häuser der Familien Grýllos* **15** und *De Lastic* **16**, deren italienischer bzw. französischer Ursprung unverkennbar ist. Gleiches gilt für das ehemalige *Haus der Frangopoulos* **17**, das heute von Élena Dellaróka – Eigentümerin des Antico Veneziano Antiqueshop – bewohnt wird. Das alte *Haus der Familie Giustiniáni* **18** gehört nun Margaríta Barózzi. An der Gasse zwischen Süd- und Nordtor liegt das *Haus der Familie Sommarípa* **19**, zu venezianischen Zeiten *Konsulat des Dritten Königreichs von Sizilien*. Direkt nebenan *Grimáldi's Haus* **20**, einst *schwedisches Konsulat* und heute in Besitz von S. Róta. In einem der kleineren Haus unweit der Mitrópolis wohnt noch heute der *katholische Priester* **21**. Nördlich davon grenzt das *Haus von Mathíldis Marangoú* **22** an die Außenmauern des Kástros an. Eine Besichtigung der privaten Häuser ist nicht möglich.

Altstadt und Stadtbezirk Grótta

Volkskunde-/Folkloremuseum *(Laografikó Museío):* Die private Sammlung von Vassílis und Katarína Kouteliéris befindet sich in einem restaurierten Gebäude im Boúrgos-Viertel in der Altstadt. Die freundlichen, gut Englisch sprechenden Eigentümer (Vassílis stammt aus Mélanes, Katarína ist gebürtige Australierin) führen selbst durch die Sammlung historischer Gegenstände aus dem 19. und 20. Jh., die aus Náxos und ganz Griechenland stammen.

Gleich am Eingang sind Musikinstrumente wie Toubáki, Róka, Laute und Trommel sowie Alltagsgegenstände und Tonvasen zu sehen. Daneben befinden sich traditionelle Kleidungsstücke und Trachten von Männern und Frauen aus Apíranthos und Filóti. Im Eingangsraum wurde auch eine kleine Rakí-Destillerie nachgebaut. Zu sehen sind Truhen, Uhren, Schmuckstücke, Gewehre, Kombolói, Tabakdosen, Nähmaschinen, Bügeleisen, Kämme und kostbar bestickte Unterwäsche sowie gut hundert Jahre alte Fotografien. Teils wesentlich älter sind die sakralen Gegenstände

sowie die Arbeitsutensilien zur Wollverarbeitung und die Arbeitsgeräte der Bergarbeiter in den Minen rund um Kóronos. Im hinteren Raum ist ein buntes Sammelsurium zu sehen: Schalenwaagen, große Siebe, Prägestempel, eine traditionelle Feuerstelle mit Topf, ein traditioneller Ofen, ein von Ochsen gezogener Pflug, Ziegenglocken und -hörner, Vasen und Amphoren aus dem frühen 20. Jh. und vieles mehr.
Im Sommer tägl. 10–15 und 19–23 Uhr. Eintritt 3 €, erm. 2 €. Fotografieren verboten.

Byzantinisch-christliches Museum Náxos *(Ekklisiastikó Museío Náxou):* Das 2011
eröffnete Kirchenmuseum des Bistums Paronaxiá residiert in einem restaurierten
Gebäude direkt rechts neben der orthodoxen Mitrópolis der Stadt im Viertel Grótta. Die religiösen Monumente der Christenheit reichen auf Náxos bis in die Zeit
vor dem Ikonoklasmus zurück (6. und 7. Jh.). Von den derzeit etwa 600 zugängli-
chen Kirchen der Insel (es gibt noch zahlreiche weitere zerfallene und unrestaurier-
te Kirchenbauten) stammen mindestens 146 aus byzantinischer Zeit. In der Ausstellung sind Exponate vom 16. bis zur Mitte des 20. Jh. zu sehen. Die Ikonen aus
dem 16. und 17. Jh. folgen weitgehend der kretischen Kunstrichtung, auch wenn
ihre Maler unbekannt sind. Erklärungstafeln in englischer Sprache.

Zu sehen sind u. a. ein marmorner Thron, Marmorfragmente mit Reliefs, Ikonen,
sakrale Gegenstände, Weihrauchgefäße, Votivtafeln, gestickte Decken, ein Epitaph
aus dem 18. Jh., ein Bischofsstab aus dem 17. Jh., ein aufklappbarer Holzaltar, alte,
teils handgeschriebene und handkolorierte Bücher (bis ins 16. Jh.), Manuskripte
und handschriftliche Codices, eine Silberikone und ein Silberkelch von 1776.
Nur Juni/Aug. Di–Sa 10–14 Uhr. So/Mo geschlossen. Eintritt 1,50 €. Fotografieren verboten.

Antikes Grótta: Das Stadtviertel zwischen der Nordwand des Kástros und der
Küste ist nach den nahen Grotten benannt. Hier liegt der eigentliche Ursprung von
Náxos-Stadt, hier entdeckte man Spuren einer großen Siedlung aus frühkykladi-
scher Zeit, und auch in spätmykenischer Zeit (12. Jh. v. Chr.) befand sich hier der

Blick auf den Stadtteil Grótta und die kargen Hügel hinter der Stadt

Hauptort der Insel. Weil das Viertel seitdem durchgehend bebaut war, konnte man nur punktuell Grabungen durchführen. Ein großer Teil der antiken Stadt liegt zudem unter Wasser, da sich der Meeresspiegel gehoben hat. Zwischen der heutigen orthodoxen Kathedrale und der kleinen Kirche der *Panagía Chrissopolítissa* wurden Reste der antiken *Agorá* entdeckt, die Ausgrabungen befinden sich im Untergrund hinter Glas (seit vielen Jahren geschlossen). Weitere eingezäunte Grabungsgelände finden sich beim Hotel Sávvas auf dem *Aplómata*-Hügel sowie auch unterhalb der Pension Kastell an der hinteren Zufahrtsstraße zum Kástro. Zahlreiche Funde kann man im Archäologischen Museum betrachten. Heute ist von der historischen Bedeutung des antiken Stadtteils kaum noch etwas zu erkennen. Das Neubauviertel auf dem Hügel dehnt sich weiter aus, davor erstreckt sich niedrige Klippenküste. Der Strand wurde von Archäologen befestigt, damit keine etwaigen Funde weggeschwemmt werden. Schöner Blick aufs Tempeltor.

Weitere Stadtteile

Rund um den Burgbereich gruppieren sich die alten Stadtteile der Chóra. Im Gegensatz zum venezianischen Kástro wohnten hier seit dem späten Mittelalter die orthodoxen und katholischen Griechen. In der Stadt lebten früher auch größere Minderheiten von Juden, Armeniern und Türken. Die Ausdehnung der Stadt nach Südwesten und Südosten hin erfolgte erst in den 1960er- und 1970er-Jahren. In diesen Vierteln wächst Náxos-Stadt weiterhin.

Agorá und **Boúrgos:** Die ältesten Viertel der mittelalterlichen Stadt liegen gleich hinter der nördlichen Hafenfront. Das labyrinthische Netzwerk ist einen ausgedehnten Bummel wert – überwölbte Passagen, weiß gewaschene Winkel und Treppen, Häuser über die Gassen gebaut … An der schönen, alten *Marktgasse* („Old Market Street") trifft man auf kleine urige Läden, Marktstände, eine alte Backstube, einige hübsche Kunsthandwerksläden und Tavernen. Diese lange Handelsachse zieht sich bis in die benachbarten Viertel Evriakí und Foundána, die mit Agorá und Boúrgos nahtlos zusammengewachsen sind.

Evriakí und **Foundána:** In Erweiterung der mittelalterlichen Viertel Agorá und Boúrgos ließen sich hier seit dem 16. Jh. hauptsächlich Juden nieder. Die jüdischen Siedler waren meist wohlhabend, besaßen Läden und gründeten sogar ein florierendes Gerbereigewerbe. Der Name Foundána bezieht sich auf einen wichtigen Brunnen, der hier einst stand.

Néo Chorió (Neustadt): Südlich des Kástro siedelten sich seit dem 17. Jh. hauptsächlich Kreter an, die vor den Türken von ihrer Heimatinsel geflohen waren. Auch spätere Flüchtlinge aus Kleinasien kamen hier problemlos unter, da nach Süden hin genügend Siedlungsraum vorhanden war.

Ágios Geórgios: Südlich von Néo Chorió ist seit den 1970er-Jahren ein modernes Viertel in monotonem Schachbrettmuster entstanden. Es zieht sich bis zum gleichnamigen Sandstrand hinunter und hat sich zum größten Hotelbezirk der Stadt entwickelt.

Die wichtigsten Kirchen

Mehr als vierzig Kirchen gibt es in der Chóra, die meisten sind allerdings wegen Diebstahlgefahr verschlossen und oft nur am Sonntag geöffnet. Besichtigungen sind in der Regel nach den vormittäglichen oder abendlichen Messen möglich. Die

Die Mitrópolis: orthodoxe Kathedrale in Náxos-Stadt

drei *Titelkirchen* der Stadt sind die Mitrópolis, die Panagía Pantánassa und die Kirche Ágios Nikódimos.

Mitrópolis: Die orthodoxe Kathedrale von Náxos-Stadt steht im Stadtteil Grótta, etwas zurückversetzt vom Hafen rechts der Straße Richtung Engarés. Sie wurde in den Jahren 1780–1787 erbaut und ist der *Panagía Zoodóchos Pigí* („Muttergottes als lebenspendender Quell") geweiht. Wer genau auf die Außenfassade blickt, kann antike Spolien erkennen, die in die Hauptkirche der Stadt einbezogen wurden. Im Innenraum Säulen aus Granit, die aus Délos stammen, sowie viele Marmorverzierungen. Prunkstück der Mitrópolis ist eine uralte Bibel. Die russische Zarin Katherina die Große soll sie der griechisch-orthodoxen Kirche im 18. Jh. geschenkt haben.

Panagía Pantánassa: Etwas zurückversetzt von der südlichen Paralía. Schöner Blick von der Terrasse über den Hafen. Die dreischiffige Kirche der „Allheiligen Gottesmutter" stammt aus dem 10. Jh., im Mittelschiff ruht die silbergefasste Ikone der Pantánassa.

Ágios Nikódimos, neben dem Krankenhaus, an der Odós Papavassilíou. 2007 geweihte, große dreischiffige Kirche, benannt nach dem Inselheiligen von Náxos. Reich ausgestattet mit sakralen Kunstgegenständen und viel naxiotischem Marmor: große Ikonostase über die gesamte Front, Kanzel und Fußboden. Die Darstellung des heiligen Nikódimos ist die vierte Ikone von links auf der Ikonostase. Imposanter Kronleuchter mit eingearbeiteten Ikonen. Das Kirchweihfest wird am 14. Juli gefeiert. In einem großen Prozessionszug von der Kirche hinunter zur Paralía versammelt sich dann der Klerus der Insel. Matrosen tragen den Epitáphios durch die Papavassilíou zur Hafenplatía. Höhepunkt ist ein Feuerwerk an der Paralía.

Imposantes Wahrzeichen: das Tempeltor Portára

Unübersehbar steht das über sieben Meter hohe und gut fünf Meter breite Tor aus drei mächtigen Marmormonolithen auf einer Felsinsel vor der Stadt. Heute ist die Insel durch einen Damm mit dem Hafen verbunden. Das Tor ist Überrest eines riesigen archaischen Tempels im ionischen Stil, der wahrscheinlich dem Gott *Apóllon* geweiht war. Er wurde im 6. Jh. v. Chr. unter dem Tyrannen *Lygdámis* begonnen (um 530) und sollte wohl Symbol seiner unvergleichlichen Macht werden (außer auf der heiligen Insel Délos gab es damals keine derartigen Monumentalbauten in der Ägäis). Noch heute nennt man die Stelle *sto Paláti*, „beim Palast". Doch Lygdámis blieb nur knapp 15 Jahre an der Macht (538–24), dann wurde er nach einem Krieg gegen Sámos gestürzt, das Mach(t)werk blieb unvollendet. Unfertig wie der Tempel war, ließ man ihn zunächst einfach stehen.

Wahrzeichen von Stadt und Insel – die Portára

Der Tempeleingang ist nach Nordwesten gerichtet, was ungewöhnlich war, denn die meisten griechischen Tempel sind nach Osten ausgerichtet. Das gesamte Gebäude war knapp 37 m lang und 15,5 m breit, bestand aus Vorhalle, Haupthalle mit Doppelsäulen und dreischiffiger Cella. Das Dach wurde von zwei Reihen mit je vier Säulen gestützt. Im 5. oder 6. Jh. wurde der Bau zu einer christlichen Kirche umgewidmet, der *Panagía Palatianí*. Noch viel später diente er den Venezianern, die Baumaterial für ihr Kástro benötigten, wie so viele antike Tempel als Steinbruch. Die überdimensionalen Türstöcke des früheren Westeingangs (etwa 1,5 m x 1 m dick, rund 6 m hoch) waren mit einem Gewicht von jeweils rund 20 Tonnen offenbar für den Transport zu schwer – allein diesem Umstand verdankt Náxos heute sein einzigartiges Wahrzeichen! Vor allem abends bei Sonnenuntergang ist es ein beliebter romantischer Ort mit herrlichem Blick auf Stadt und Hafen.

Panagía Myrtidiótissa: Blickfang für alle Fährankömmlinge ist die weiße, tonnengewölbte Kapelle der „Myrtengekrönten Muttergottes" auf einem kleinen Inselchen im Hafenbecken. Die Verehrung der Panagía Myrtidiótissa fällt auf den 24. September.

Ágios Nikólaos: Versteckt im Gassengewirr der Altstadt, durch einen schmalen Gang zu erreichen, der wie ein Hausflur aussieht. Bedeutend ist die uralte hölzerne Ikonostase mit vier großen Bildnissen, ganz rechts der heilige Nikolaus.

Ágios Ioánnis Pródromos/Profítis Ilías: Doppelkirche mitten in der Altstadt, Eingang von der Old Market Street. Der rechte Teil ist Ágios Ioánnis Pródromos (Johannes der Täufer) geweiht und zeigt eine große und reich verzierte Ikonostase. Der linke Teil der Kirche ist dem Propheten Elías geweiht. In der handgeschnitzten, dunklen und goldverzierten Ikonostase sieht man mehrere große Bildnisse, darunter die reich behangene Ikone der *Panagía Vlacherniótissa*, nach der die Kirche von den Naxioten benannt wird.

Christós: Vor der Weihe der Ágios Nikódimos war sie einst eine der drei Titelkirchen der Stadt und namensgebend für das Viertel zwischen der Platía Protodikíou und der Papavassilíou. Die Kirche wirkt eher unscheinbar, da sie weder besonders groß noch sehr alt ist. In der Tat wurde der Innenraum mehrfach umgebaut und erweitert, so dass die ehemalige Ursprungskirche kaum noch zu erkennen ist.

Agía Kyriakí: An der Ostseite des Kástrohügels. Die Inselkirche aus byzantinischer Zeit wurde später zu einer kleinen Klosteranlage erweitert, die bis heute dem Kloster Faneroméni unterstellt ist. Zu bewundern ist eine hölzerne Ikonostase mit vergoldeten Ziselierungen und Ikonen aus dem 13. und 16. Jh. Die Fresken wurden teilweise bei einem Brand zerstört, in der Kuppel und am hinteren Fenster sind sie noch am besten erhalten. Während der türkischen Besetzung war in dieser Klosteranlage – wie in vielen anderen Klöstern Griechenlands – eine geheime Schule untergebracht, in der Mönche die Kinder in griechischer Sprache und Kultur unterrichteten. Das Kirchweihfest der Agía Kyriakí ist am 7. Juli.
Im Sommer tägl. 10–12 und 18–20 Uhr.

Basis-Infos   → Karte hintere Umschlagklappe

Verbindungen   Busstation an der Hafenplatía. Abfahrtszeiten am dortigen Büro der Busgesellschaft KTEL angeschrieben. Tickets müssen im Büro gekauft werden, kein Verkauf im Bus. Ziele und Frequenzen siehe unter „Unterwegs auf Náxos", S. 43. ✆ 22850-22291.

Taxistandplatz an der Hafenplatía und nebenan bei der Grünanlage an der Hafenfront, ✆ 22850-22444.

Ärztliche Versorgung   Náxos hat seit 2008 ein neues staatliches **Krankenhaus (Nosokomío)**, doch aufgrund von Geldmangel ist es chronisch mit Ärzten unterbesetzt, Operationen werden nicht durchgeführt. Im Notfall wird man nach Sýros oder Athen transportiert. Das Krankenhaus liegt im oberen Teil der Papavassilíou-Straße, rechts neben der neuen Kirche Ágios Nikódimos. 24-Std.-Dienst. ✆ 22850-23333, 22850-23550.

Empfehlenswerter ist das 2011 gegründete private **Diagnostiki Kéntro** **57** an einer Querstraße der Ausfallstraße Richtung Glinádo, direkt nach der zweiten Tankstelle links. Dort können u. a. Röntgenuntersuchungen, Scans, CT und mikrobiologische

Tests durchgeführt werden. Die Ärzte sind kompetent und sprechen Englisch. Allerdings muss bar bezahlt werden. ✆ 22850-27599, 22850-27699, www.diagnostiki-naxou.gr

Weiterhin gibt es eine ganze Reihe niedergelassener Ärzte in Náxos-Stadt: Fachärzte für Allgemein- und innere Medizin, Kindermedizin, Augenmedizin, Chirurgie, Hautkrankheiten, Kardiologie, Gynäkologie. Außerdem mehrere Zahnärzte, Physiotherapeuten und Tiermediziner.

Apotheken   Insgesamt sehr gute Versorgung in der Stadt. Einige an der Paralía, weitere in der Papavassilíou-Straße und an der Platía Protodikíou. Wechselnder Apothekennotdienst. Standorte im Stadtplan in der hinteren Umschlagklappe.

Ausflüge   Die Agenturen an der Hafenfront bieten Inselrundfahrten und Ausflüge zu allen bedeutenden Zielen der Insel – nach **Filóti**, **Apíranthos** und **Apóllonas**, in die **Tragéa**, zum **Koúros** u. v. m., inkl. deutschsprachiger Führung. Preise je nach Ziel ab 25 €.

Tagesexkursionen auf die umliegenden Inseln werden mit den Schiffen *Náxos Star*

(✆ 22850-25573) und *Alexander* (✆ 22850-24131) durchgeführt. Angeboten werden Touren nach **Mýkonos/Délos**, **Santoríni**, **Amorgós** und **Iráklia/Koufoníssi**. Preise ab 40 €. Tagessegeltouren an die Strände der Südküste sind mit *Iason* (✆ 22850-24131) und *Annabella* (✆ 694-4355717) möglich. Fragen Sie in den Reisebüros.

Hidden Naxos (photo) Tour, der auch deutsch sprechende Engländer Stuart Thorpe bietet private Fotografier-Ausflüge an. Die eintägige Kleinbus-Tour mit Lunch in einer kleinen Taverne wird nach Wunsch der Gäste flexibel organisiert. Stuart war Reisefotograf und kennt die Insel seit vielen Jahren. Pro Pers. 45 € (Kleingruppen bis 8 Pers.), ✆ 694-0215429, www.hiddennaxos.com.

Private Touren: Einige deutsche Auswanderer, die teils schon über 20 Jahre auf Náxos leben, haben sich zusammengetan und bieten private Führungen über die Insel an. Dazu gehören beispielsweise Ausflüge zu versteckten Sehenswürdigkeiten, zu einsamen Buchten, zu guten Tavernen im Inselinnern, Lagerfeuer am Strand, Kochen in einem typischen Inselhaushalt und Wanderungen. Dauer, Aktivitäten und Ziele je nach Interesse der Gäste, Preise nach Vereinbarung. Kontakt über ✆ 694-8744644 und www.naxos-private-tours.de.

Banken Zahlreiche Banken mit Geldautomaten an der Paralía und in der unteren Odós Papavassilíou. Standorte im Stadtplan in der Umschlagklappe.

Computer Enter, Computer-Shop in der oberen Odós Papavassilíou, Nähe Krankenhaus. Computer, Zubehör und Ersatzteile sowie einfache Reparaturen. ✆ 22850-29228, enternax@otenet.gr.

Laptop , Computer-Shop in einer Seitengasse der oberen Odós Papavassilíou. Computer, Zubehör, Ersatzteile sowie einfache Reparaturen. ✆ 22850-26556, laptopna @otenet.gr.

Einkaufen Einkaufsmeilen in Náxos sind die „Old Market Street" in der Altstadt, die Paralía, die Odós Papavassilíou und rund um die Platía Protodikíou. Hier finden sich auch mehrere kleinere Einkaufsmärkte für Lebensmittel. Größere **Supermärkte** sind die Läden der Kette *Kouteliéris* (gegenüber Hotel Pórto Náxos, an der Straße Richtung Engarés und Nähe Kreisel am Krankenhaus) sowie die Kette *Bidális* (2-mal an der Stadtumgehungsstraße).

Fitness Marsoúlas Fitness Studio, an der Ausfallstraße Richtung Süden etwa 2 km außerhalb. Yoga, Pilates, Aerobic usw. Viele neue Geräte und gute Anleitung. Günstige Tarife, auch Tagespauschalen.

Náxos Massage, Thai-Massage, Reflexzonenmassage und Lymphdrainagen von dem ausgebildeten, deutschsprachigen Masseur Andréas Saraiótis. Massageräume in der Kickboxing-Schule (am Beginn der

Náxos-Stadt → Karte hinten Umschlagklappe

Eine Auswahl naxiotischer Spezialitäten

Angídia-Straße rechts) oder Hotelbesuche mit tragbarer Massageliege. ✆ 694-5708074.

Náxos Gym, im Viertel Grótta. Große Auswahl an Trainingsgeräten. ✆ 22850-23143.

Fotoservice ZOOM, an der Paralía. Prints von Digitalfotos. **Photorama**, an der Straße vom Hafen Richtung Engarés. Gleicher Service, außerdem Hilfe bei kleineren Problemen mit Kameras.

Fun Fun Park, etwa in der Mitte der Paralía. Spielhölle mit Billard, Tischfußball, Air Hockey, Mini-Basket, Taco ball und Internet-Arbeitsplätzen.

Go-Kart-Bahn Heart Rock, wenige Kilometer außerhalb der Stadt in Richtung Galanádo. 1 km langer Rundkurs mit Flutlicht. Mehr als 20 Karts, darunter auch spezielle Maschinen für Kinder. In der Spitze fahren die Geräte bis zu 60 km/h schnell. Tägl. ab 10 Uhr bis spät am Abend.

Gepäckaufbewahrung   In den Agenturen direkt gegenüber der Hafenmole. Etwa 3 € je Gepäckstück.

Post   Die südliche Verlängerung der Hafenfront, über die Papavassilíou-Straße hinweg weiter geradeaus, dann nach etwa 250 m auf der linken Seite. Mo–Fr 8–14 Uhr. ✆ 22850-22211.

Rechtsanwalt   Falls es einmal Probleme geben sollte (z. B. Mietfahrzeugunfall): Ein guter englischsprachiger Rechtsanwalt ist Asimákis Asimakópoulos, ✆ 22850-22518 und 693-6994434, ashmak75@otenet.gr.

Reisebüros   Zu den größten Agenturen zählt **Náxos Tours**, am Südende der Hafenfront, ✆ 22850-24000, www.naxostours.net. Dort vermittelt man alles, was es in Reisebüros zu vermitteln gibt (insbesondere Hotels, Zimmer, Mietfahrzeuge, Ausflüge usw.). Außerdem Ticketverkauf und Infos für alle Fährlinien und Flugtickets für *Aegean-Olympic Airlines*.

Langjährig tätig in diesem Geschäft ist auch **Zas Travel**, das gleich zwei Büros an

der Paralía besitzt. ✆ 22850-23330, www.zastravel.com.

Reiten   **Náxos Horse Riding**, Linda aus England bietet ganzjährig Reitmöglichkeiten mit Pferden unterschiedlicher Rassen und Größen an, sowohl für Anfänger als auch für Profis (Dressur und Springen). Die Reitausflüge finden im Sommer meist 2-mal täglich statt (10 und 16 Uhr) und dauern zwei oder drei Stunden (inkl. Transfer und Pause). Preis: 40–50 €/Pers. ✆ 694-8809142, www.naxoshorseriding.com.

Sport   **Surfen** und **Mountainbiking** im Flísvos Sportclub am Südende vom Ágios-Geórgios-Strand (✆ 22850-22935). Tennis im **Náxos Tennis Club** mit zwei neuen Feldern (ITF 4) im südlichen Stadtbereich (✆ 22850-627677, www.naxostennisclub.gr).

Tankstelle   Zwei Tankstellen an der Ausfallstraße Richtung Süden, eine Tankstelle an der Ortsumgehungsstraße.

Telefon   **OTE-Zentrale** am Südende der Hafenfront. Mo–Fr 7.30–15.30 Uhr. Vertretungen der drei griechischen **Mobilfunkanbieter** alle in der unteren Papavassilíou-Straße *(Cosmote, Vodafone, Wind)*. Dort gibt es auch Mobilfunkgeräte zu kaufen.

Wäscherei   Mehrere in der Nähe der Platía Protodikíou, im Ágios-Geórgios-Viertel (hinter dem Rathaus) und an der Ausfallstraße vom Hafen Richtung Engarés, z. B. **Laundry Captain**, ca. 9–10 € für 7–8 kg — waschen, trocknen, bügeln, zusammenlegen.

Wellness   **Naxian Fish Spa** 50, in der unteren Verbindungsstraße von der Ódos Papavassilíou zur Platía Protodikíou. Man taucht Füße oder Hände in die gläsernen Aquarien und die Fische der Gattung *Garra Rufa* „beißen" in die Haut, was sich etwa wie der Stich einer Stecknadel anfühlt und als „Massage, Reinigung und Stimulation" angepriesen wird. Preise: 10 Min. 5 €, 15 Min. 8 €, 30 Min. 12 €, 1 Std. 20 €. ✆ 22850-22469, www.naxianfishspa.com.

Zeitungen   Große Auswahl an internationaler Presse bei **ZOOM** an der südlichen Paralía.

Auto- und Zweiradvermietung

Zahllose Anbieter in der Stadt — einige am Beginn der Ausfallstraße Richtung Engarés, die meisten südlich vom Hafen, in den Straßen von der Platía Protodikíou zum Ágios-Geórgios-Strand → Stadtplan.

Autos   **Náxos Way**, an der oberen Straße von der Platía Protodikíou Richtung Ágios

Geórgios-Viertel. Evangelía Touloúpi vermietet zuverlässige Autos vom Kleinstwagen bis zum Jeep und Minibus. Unlimitierte Km, Kindersitze frei. Faire Vertragspraxis, Online-Buchungssystem. Ioánnis Aivaliotis spricht hervorragend deutsch. Wer mit diesem Buch kommt, erhält 5 % Rabatt. ✆ 22850-23514, www.naxosway.gr.

carNET, an der Odós Andréa Papandréou (Ausfallstraße Richtung Ágios Prokópios). Chef Chrístos ist höflich, zuvorkommend und bietet gut gepflegte Autos an. Unlimitierte Km, Kindersitze frei. Faire Vertragspraxis. Deutschsprachige Assistentin. Preise liegen zwischen 25 und 50 € je nach Auto und Saison. ✆ 22850-24390, www.car-net.gr.

Zweiräder, Mountainbikes **Náxos Moto Rent Sousoúnis**, an der Platía Protodikíou, hinter dem Supermarkt Dallas. Der freundli-che Níkos Sousoúnis und seine Frau Pópi vermieten alle Zweiradklassen, die auf der Insel zugelassen sind (50–660 ccm); Scooter, Straßenmaschinen, Cross und Quads; außerdem Mountainbikes der führenden Marken, mit Shimano-Schaltung und jähr-lich neuen Modellen. Helme und Kinder-fahrradsitze in verschiedenen Größen vor-handen, auch für Mountainbikes. Service auf ganz Náxos rund um die Uhr. Gute Prei-se: Mountainbikes 5–7 €, Carbon/Renn-bikes 12–15 €, Scooter 50–80 ccm 10–15 €, Enduros 250 ccm 20–30 € und 660-ccm-Maschine 30–40 €. Quads 80 ccm 15–25 €, 150 ccm 20–30 €, 300 ccm 25–40 €, jeweils inkl. Teilkasko. Mit diesem Buch 5 % Ra-batt. ✆ 22850-24704; Roadservice ✆ 697-4093930, nsou37@otenet.gr.

(Einkaufen → Karte hintere Umschlagklappe

Organic Islands – Bioprodukte von Náxos

Níkos Hatziandreou und Érrica Dardágou haben 2010 mit *Organic Island* den ersten zertifizierten Bio-Hersteller auf Náxos gegründet. Auf eigenen Planta-gen werden Kräuter und Teepflanzen für den Konsum oder die Weiterverar-beitung (z. B. in Loukoúmi) kultiviert, von Hand gepflückt, verarbeitet und ver-packt. Alle Herstellungsschritte finden auf Náxos statt. Die Produkte werden in Gläsern, Metallbehältern und Papiertüten in derzeit rund 50 Geschäften in Náxos und ganz Griechenland sowie in Internet-Shops angeboten. ✆ 22850-23110, www.organicislands.gr.

Die berühmten Leckereien von Náxos – Kítrolikör, Marmelade, in Sirup eingelegte Früchte und Käse – werden überall auffällig vermarktet. Die meisten Shops findet man an der Hafenfront, an der Odós Papavassi-líou und in der Altstadt.

Mídas-Margarítis, Juwelier ein paar Schrit-te von der Hafenfront an der Old Market Street. Hier gibt es, u. a. in Silber und Gold gefasst, die sogenannten „Náxos-Augen" – ovale Verschlussdeckel von Seeschnecken-muscheln. Gelten als Glücksbringer.

≫ Mein Tipp: **Naós Silver Gallery** 🔟, Inhaber Panagiótis Kyriakópoulos spricht sehr gut Deutsch und ist seit mehr als 30 Jahren bekannt für die fantasievollen Kreati-onen und außergewöhnlichen Steine, die er eigenhändig in seiner Werkstatt in 925er Sterling-Silber fasst. Im Winter reist Pános in die Herkunftsländer der Steine und kauft die edlen Stücke selbst ein. Tipp für echte Unikate, denn auch Maßanfertigungen auf Anfrage sind möglich (Armbänder, Ohr-ringe, Colliers). Generell sehr hübsche Stü-cke und gute Qualität zu fairen Preisen. An-geboten werden auch die echten „Náxos-Augen" in Anhängern, Finger- und Ohrrin-gen sowie als Armbänder mit Lederband. An der Platía Pigadákia, neben dem Waffle-House. ≪

Tákis' Shop, große Goldschmiede in einer Parallelgasse zur Paralía. Spezialität auch hier die „Augen von Náxos", außerdem nachgebildete Schmuckstücke aus der minoischen, byzantinischen und kykladi-schen Periode.

Octopus ist eine naxiotische Marke für hochwertige Sommerkleidung. Sie wurde 1988 von den gut deutsch sprechenden Françoise und Thierry aus Frankreich ge-gründet. Es gibt T-Shirts und Sweat-Shirts aus echter Baumwolle in bunten Farben für

Naós Silver Gallery: bester handgefertigter Schmuck in Náxos

Erwachsene und Kinder ab 2 Jahre. Die Motive für die jährlich neuen Kollektionen, die besonders bei Surfern beliebt sind, werden selbst entworfen. Der Laden befindet sich in den Gassen der Altstadt, bei Promponás (s. u.) hinein und dann rechts halten.

Promponás, an der kleinen Platía an der Hafenfront. Seit 1915 einer der Wein- und Kítroproduzenten der Insel (rund 12.000 Liter Kitro pro Jahr), sehr gute Qualität. Eigene Inselweine mit den Namen „Ariádne" und „Bacchus". Zudem verschiedene Oúzo von Náxos, Tsipourómelo (Rakí mit Honig und Zimt), Limoncello aus Náxos-Zitronen, Gewürze aus Sangrí, Honig aus Skadó, Náxos-Kirschen, Náxos-Kapern, Náxos-Marmelade, Náxos-Käse (Graviéra und Kefalotíri) sowie Spezialitäten von anderen Kykladen-Inseln, wie weißer Nougat aus Sýros oder Loukoúmia.

»» Mein Tipp: Tziblákis 46, große Käserei und ein wahrer Tante-Emma-Laden in bester griechischer Tradition an der Papavassilíou-Straße, Schild kaum kenntlich: „K.A. Tziblákis, Émporos, Tyrokomiká Ídi". Ein wirkliches Erlebnis: In mehreren hallenartigen Räumen reifen hier die runden Käselaibe dicht gedrängt auf Regalen. Auch der angeschlossene Laden ist sehenswert: Säcke voller Nüsse, Wein in großen Fässern, Olivenöl, Thymianhonig, Gewürze, Kítro und andere Inselprodukte sowie Küchen-

utensilien in rauen Mengen – eine lohnende Adresse für Mitbringsel. **«««**

Union of Agricultural Co-Operatives 37, der Landwirtschaftsverband von Náxos betreibt einen großen Verkaufsladen an der Paralía. Angeboten werden vor allem Fleisch und Käse von Kühen und Schafen der Insel, sowie weitere landwirtschaftliche Produkte, Wein, Honig und Süßigkeiten. Filialen in Filóti und Vívlos.

Tirokomía Náxou 49, Ecke Papavassilíou-Straße zur Platía Protodikíou. Hübscher, in einem imposanten Natursteinhaus errichteter Laden für Náxos-Spezialitäten, vor allem Käse, Kítro, Süßigkeiten und Marmelade. Schon allein der Innenraum ist sehenswert und gibt einen guten Überblick, was man von Náxos an inseltypischen Produkten mit nach Hause nehmen könnte … www.tyrokomia-naxou.gr. **■**

Pópi's Grill, an der Uferfront, fungiert neben einer Grilltaverne auch als Verkaufsladen – alle Inselrenner auf einen Streich: Kítro, Bananenlikör und Oúzo von Náxos, eigener Hauswein in Flaschen („Kyra Popi's Wine"), bunte Dosen mit Marmelade aus verschiedenen Früchten, Butter und Käse.

Naxia, im oberen Bereich der Altstadtgassen. Von der Eigentümerin Kallí selbst gemachte Zuckerbonbons, man kann im Laden einen Blick in die Küche werfen. Die Rohstoffe stammen von einem Bio-Hersteller auf der Insel. Derzeit gibt es rund 20 Sorten. Die Zuckerbonbons werden in Beuteln und Gläsern angeboten.

Élena, in der zweiten Reihe hinter der Paralía, in der Nähe der Kirche Ágios Nikólaos. Ellen aus Düsseldorf verkauft Keramik und Glas aus Náxos und von anderen griechischen Inseln. Auch deutsche Bücher, Schreibwaren und Postkarten sowie Ankauf, Verkauf und Tausch gebrauchter Bücher.

Techni, in der Old Market Street. Im schönen Laden von Eléni Hatziandréou findet man ausgesuchte Handarbeitsstücke naxiotischer Tradition, Schmuck und Ikonen.

Theófilos, unterhalb der Platía Pradoúna. Hier gibt es mit traditionellen Motiven bemalte Gläser und Vasen aus Griechenland, außerdem ethnische Kunst aus Indonesien, indianischen Schmuck aus Südamerika und Holzkunst.

Loukás, in einer Seitengasse der Platía Pigadákia. Keramik, Souvenirs, Schwämme, echtes Kunsthandwerk und jede Menge Kitsch.

Dorodótis, in der Straße von der Odós Papavassilíou zur Platía Protodikíou. Werkstatt traditioneller griechischer Volksmalerei.

Pagónis Leather Center, die Familie Pagónis fertigt seit 1940 Lederwaren, ihr Laden liegt am Beginn der Straße von der Odós Papavassilíou zur Platía Protodikíou.

Music Center, an der Odós Papavassilíou. Gute Auswahl griechischer und internationaler CDs, außerdem DVDs und Videospiele.

ZOOM 35, einer der größten Läden an der südlichen Paralía. Gigantische Auswahl an Büchern, Zeitungen und Zeitschriften. Vieles auch in deutscher Sprache. Breites Sortiment an Náxos-Literatur. Auch dieses Buch ist im Sortiment. Zudem Postkarten und Schreibbedarf aller Art.

To Palió Vivliopoleío 13, „die alte Buchhandlung". Links hinter dem Café Captain's in die Gasse. Mários verkauft Bücher, Reiseführer (auch dieses Buch), Landkarten, Drucke, Kalender, Notizbücher, Schreibwaren, Stifte, Papier, Klebstoff, Stempel, Geschenke, Spielwaren und auch kleine Kunstgegenstände.

Papyrus, das ehemalige *Vrákas* hat einen neuen Namen und ist 2013 umgezogen. Über 10.000 gebrauchte Bücher in mehr als 10 Sprachen, ein Viertel davon in deutsch: Belletristik, Sachbücher, Reise, Philosophie, Esoterik, Science-Fiction und Kinderbücher. Ankauf gegen Wertbon, der hier wieder eingelöst werden kann. Auch große Auswahl an Silber- und Edelstahlschmuck verschiedener Stilrichtungen. Geführt vom deutschsprachigen Team Vangélis, Nikola und Joy. Zwei Eingänge: neben *Nótos* die Stufen hinunter oder neben *Mezé Mezé* die Stufen hinauf.

In den schmalen Gassen der Chóra findet man zahlreiche Läden

Náxos-Stadt → Karte hinterer Umschlagklappe

Viel Griechenland-Atmosphäre in den Hotels am Festungshügel und in der Altstadt

Übernachten

An Hotels und Pensionen herrscht kein Mangel. Schöne Häuser – mit Atmosphäre und herrlichem Blick – findet man auf dem *Festungshügel*. Weitere interessante Unterkünfte gibt es im Stadtteil *Grótta* nördlich vom Hafen. Die meisten Hotels liegen aber in Strandnähe, im Viertel hinter dem *Ágios-Geórgios-Strand* (südlich des Hafens). Einige Privatzimmer werden noch in den Altstadtgassen angeboten.

Altstadt/Festungshügel, Boúrgos und Paralía → Karte Umschlagsklappe

Mehrere Hotels liegen sehr ruhig an der Nordseite des Festungshügels. Von der Platía mit den Cafés an der Hafenfront führen Schilder durch die verschlungenen Gässchen hinauf. Unterkünfte auch auf der „Rückseite" des Kástros.

** Hotel Chateau Zevgóli 🔟, falls man etwas exquisiter wohnen will! Geschmackvoll gestaltetes Hotel unterhalb der Festung, begrünter Vorgarten (hat schon als Postkartenmotiv gedient), heimelige Lobby mit Kunsthandwerk, Kamin und TV, vom ebenfalls begrünten Atrium-ähnlichen Innenhof sind die zehn Zimmer auf mehreren Galerien über Marmortreppen zu erreichen, dunkle Stilmöbel, moderne Bäder, Marmorböden. Dachterrasse mit herrlicher Aussicht über die Stadt. DZ mit Frühstück 60–140 €. Ganzjährig geöffnet. ✆ 22850-26123, www.naxostownhotels.com.

*** Hotel Coronís 🔢, einziges Hotel direkt an der Paralía. Alle 30 Zimmer mit Bad, Kühlschrank, Telefon, Sat-TV und AC, prächtiger Meerblick von den Balkonen. Gewissen Lärmpegel von den umliegenden Bars muss man in der HS in Kauf nehmen. DZ 45–80 € inkl. Frühstück. Ganzjährig geöffnet. Am Südende der Paralía, ✆ 22850-22297, www.hotel-coronis.gr.

** Hotel Panórama 🔟, vermietet werden 16 Einheiten: EZ, DZ und eine kleine Suite. Einfache, rustikale Einrichtung, freundliche Vermieterin. Von der gemeinschaftlich genutzten Hochterrasse herrlicher Blick weit über die Stadt. DZ 45–65 €, Suite 70–100 €. Geöffnet Juni–Okt. Neben Chateau Zefgóli, ✆ 22850-24404, www.panoramanaxos.com.

* Hotel Ánixis 🟦, 18 marmorgeflieste Zimmer mit ordentlichem Kiefernholzmobiliar, kleinen Bädern, Meerblickbalkon, Telefon, Sat-TV, Kühlschrank und Heizung. Geführt von der freundlichen Familie Siderís. Wunderschöner Blick von der Dachterrasse. DZ 40–70 €. 50 m vom Panórama entfernt, ☎ 22850-22112, www.hotel-anixis.gr.

≫ Mein Tipp: Venetikó Apartments 🟦, in diesem 1566 erbauten venezianischen Haus im mittelalterlichen Kastell vermietet der freundliche Vangélis vier saubere, gepflegte Studios und ein kleines DZ auf zwei Etagen. Alle Studios mit Wohnbereich, Küche, Bad, AC, Safe, Wifi, Radio und TV. Teile antiker bis mittelalterlicher Fragmente wurden in verschiedene Wände und Fußböden integriert und sind durch begehbare Panzerglasscheiben wie in einem modernen Museum einzusehen. Ausgestattet mit teils antiken Möbeln aus venezianischer Zeit. Erhabene Atmosphäre und ruhige Umgebung in zentraler Lage. Studio 35–76 €, DZ 30–45 €. ☎ 22850-62100 und 697-7998034, www.venetiko.com. ≪

Studios Boúrgos 🟦, Katerína und Nektários vermieten zwölf Studios in zwei fast nebeneinander liegenden Gebäuden direkt neben dem venezianischen Kástro. Die Studios im oberen Haus sind besser. Dort auch ein separates Studio mit Holzdecke und Tageslichtbad durch Dach aus Plexiglas. Dachgarten mit herrlichem Blick über die Stadt und aufs Meer. Studio 25–50 €. ☎ 22850-25979, www.studiosbourgos.com.

≫ Mein Tipp: ** Pension Kastell 🟦, Nicole aus Deutschland und ihr griechischer Ehemann Níkos vermieten Zimmer und zwei Studios in ruhiger, aber zentraler Lage hinter dem Kástro (5 Min. zum Hafen). Freundliche und familiäre Atmosphäre. Hübsch eingerichtet mit hellen Kiefernholzmöbeln und Böden aus naxiotischem Marmor, saubere Bäder, tägliche Reinigung. Alle Zimmer mit Balkon und Kühlschrank; z. T. schöner Blick aufs Kástro und hinunter zum Meer. Ausgebauter Dachgarten mit Sitzecken und Hollywood-Schaukel. Frühstück in der schattigen Laube vor dem Haus auf Anfrage möglich; Bücherecke. Bei Vorbuchung gratis Abholung vom Hafen oder Flughafen. Preise 23–55 €. Mitte März bis Ende Okt. In der Nähe der Kirche Agía Kyriakí, ☎ 22850-23082, www.kastell.gr. ≪

Studios Níkos Veríkokos 🟦, der freundliche Mános vermietet 10 Studios und 2 DZ, alle mit Balkon/Veranda. Studios mit kleiner Küche, alle mit AC, Kühlschrank, TV (deutsche Programme) und Wifi. Meeresblick im 1. und 2. Stock, im EG Gartenblick. geräumige saubere Zimmer. zentrale ruhige Lage. DZ 30–55 €. In der Nähe der Panagía Pantánassa, ☎ 22850-22025, www.nikos-verikokos.com.

Náxos-Stadt → Karte hintere Umschlagklappe

Stadtteile Grótta und Foundána → Karte hintere Umschlagklappe

Unmittelbar nordöstlich vom Hafen liegende Stadtteile. Vom Anleger geradeaus gehen, die Straße Richtung Engarés. Grótta umfasst das gesamte Gebiet entlang dieser Straße und das Areal rund um die Mitrópolis. Auch die fast wie ein eigenes Dorf wirkende Siedlung an dem kleinen Hügel links der Straße gehört zu Grótta. Der Stadtteil Foundána beginnt hinter der Kathedrale.

*** Hotel Apóllon 🟦, geschmackvoll eingerichtetes Haus. 13 Zimmer im rustikalen Stil fürs gehobene Ambiente. Alle mit Bad, Kühlschrank, Telefon, TV, AC, Wifi. Eingangshalle mit viel Holz und Pflanzen. DZ 78 110 €. Ganzjährig offen. Im Stadtteil Grótta, ☎ 22850-26801, www.naxostownhotels.com.

≫ Mein Tipp: ** Hotel Grótta 🟦, in wunderbarer Lage am steilen Kliff von Grótta. Herrlicher Blick aufs Meer und das Tempeltor. 40 geschmackvoll ausgestattete, 2014/15 renovierte Zimmer in unterschiedlichen Farben, die meisten mit Meeresblick, einige auch zum großen Innenhof. Alle Zimmer mit Bad und Balkon, AC, Telefon, Sat-TV, Wifi und Safe. Indoor-Pool und Whirlpool im Keller, großer Frühstücksraum mit Terrasse. Herzliche Besitzerfamilie Lianós, Nikolétta spricht sehr gut deutsch. Reichhaltigstes Frühstücksbuffet der Insel, viele selbstgebackene Kuchen von Nikoléttas Mutter und hausgemachte Konfitüre. DZ 50–100 €. Ganzjährig geöffnet. ☎ 22850-22215, www.hotelgrotta.gr. ≪

* Hotel Adrianí 🟦, Micháil Kritikós vermietet 16 Zimmer mit Bad, Balkon und Telefon. Guter Service, familiäre Atmosphäre nett

eingerichtete Zimmer mit Balkon, Bad, AC, Telefon und Wifi. Gemütliches Frühstückszimmer. DZ 40–110 €. Ganzjährig geöffnet. An der Hauptstraße in Grótta, ☎ 22850-23079, www.hoteladriani.com.

* Hotel Ánna **6**, Ánna vermietet sechs Zimmer, alle mit Bad, Balkon, Kochgelegenheit, Kühlschrank und TV. Winziger Innenhof. Ein gewisser Geräuschpegel von der Straße muss in Kauf genommen werden. DZ 24–50 €. In Grótta, ☎ 22850-22475, hotelanna naxos@yahoo.gr.

Pension Ocean View 1, 14 Zimmer im rustikalen Stil in einer kleinen Anlage am Hang mit Superblick auf Hafen und Tempeltor. Alle Zimmer mit Bad, Balkon, Telefon, Sat-TV, Safe und Wifi. Freundliche Besitzerfamilie Siderís, die stets für ein sau-beres Haus sorgt. DZ 35–70 €. Juni bis Sept. Im Stadtteil Grótta, ☎ 22850-25256, ☎ 22850-22112.

Pension Sofi 8, Zimmer und Studios unterschiedlicher Größe, dunkles Holzmobiliar, mit oder ohne Küchenzeile. Alle mit Bad, Balkon, AC, Sat-TV und Safe. Frühstück auf Anfrage. Freundliche Eigentümerfamilie. DZ 30–65 €. Im Stadtteil Foundána, ☎ 22850-23077, www.pensionsofi.gr.

Iliáda Studios 2, vermietet hübsch eingerichtete und relativ geräumige Studios und Apartments mit Balkon, Küchenzeile, AC, Sat-TV und Safe. Schöner Blick aufs Tempeltor. Preise 50–85 €. Im Stadtteil Grótta, gegenüber von Hotel Grótta, ☎ 22850-27070, www.iliadastudios.gr.

Östliche Stadtbezirke

→ Karte hintere Umschlagklappe

Etwas abseits vom Hafentrubel wohnt man in den östlichen und südöstlichen Stadtbezirken eher unter Einheimischen. Dafür ist der Blick wenig spektakulär.

** Hotel Anatolí **56**, Manólis Karamanís vermietet 30 Zimmer und Studios, alle mit großzügigen Bädern, Balkon/Veranda, AC und Safe. Studios für bis zu 4 Pers. auch mit Küche und TV. Busservice zum Hafen. Tochter Katerína spricht gut Englisch. DZ 26–92 €. An der Straße nach Angídia, ☎ 22850-24426, www.hotelanatoli.com.

Pension Irene I 52, Stávros vermietet Studios und Apartments mit Bad, Balkon/Veranda, AC, Küchenzeile, TV und Safe. Dachloggia zur gemeinsamen Nutzung. 2012 renoviert. Transfer zum Hafen mit Kleinbus. DZ 25–65 €. Ganzjährig geöffnet. Im höher gelegenen Teil der südöstlichen Stadt, gegenüber der Kirche Christós, ☎ 22850-23169, www.irenenaxos.com.

Stadtteil Ágios Geórgios

→ Karte hintere Umschlagklappe

Das pulsierende Strandviertel der Stadt. Es gibt eine reiche Auswahl an Hotels, Apartments und Studios aller Kategorien, teils top-modern, teils alt und abgewohnt. Klarer Vorteil ist die unmittelbare Strandnähe, ein Nachteil sind die breiten Straßen durch das gesamte Viertel mit Motorverkehr praktisch rund um die Uhr.

**** Hotel Pórto Náxos **79**, hübsche Anlage mit Marmor, Naturstein und viel Grün. Geräumige, luxuriös ausgestattete und geschmackvoll eingerichtete Zimmer mit großen Balkonen, Bädern, AC, TV, Telefon und Wifi. Pool, Pool-Bar, Tennisplatz und Sauna in der Anlage. DZ 95–220 €. Geöffnet Mai–Sept. Ca. 200 m zum Strand, ☎ 22850-23970, www.porto-naxos.gr.

**** Hotel Nissáki Beach **62**, große Anlage im kykladischen Stil direkt am Strand. Familie Papadópoulos bietet 26 geräumige Zimmer und Suiten mit Mosaikböden aus Marmor, großzügigen Bädern, Balkon/Terrasse (meist mit Meerblick), AC, Sat-TV, CD, Telefon und Wifi. Pool und Bar im Garten, gute hauseigene Taverne mit Terrasse. Reichhaltiges Frühstücksbuffet. DZ 155–250 €, Suite 200–320 €. ☎ 22850-25710, www.nissaki-beach.com.

**** Hotel Astir of Náxos **80**, 35 unterschiedliche Zimmer der höheren Kategorie in einer schönen Anlage im kykladischen Stil. Alle Zimmer mit Bad, Balkon/Veranda, AC, Sat-TV, Telefon und Wifi. Auch Suiten mit zwei Zimmern. Pool, Kinderpool und Bar im Garten. DZ 93–170 €. Ca. 2 Min. zum Strand, ☎ 22850-29320, www.astirofnaxos.com.

Náxos-Stadt → Karte hintere Umschlagklappe

Typisch kykladisch-naxiotisches Stadthaus

*** Hotel Astéria 71, Anlage mit 38 Zimmern, alle mit Bad, Balkon/Veranda (teils Meerblick), AC, TV und Safe. Bar und Cafeteria im Garten. DZ 60–150 €. Direkt am Strand. ✆ 22850-23002, www.hotelasteria.com.

*** Hotel Galaxy 77, zweistöckige, verschachtelte Anlage mit 54 Zimmern und Studios. Alle mit Bad, Balkon oder Terrasse (teilw. Meerblick), AC und Telefon, die Studios mit Küchenzeile. Pool und Kinderspielplatz im Garten. DZ 80–220 €. Geöffnet Mai–Okt. Direkt am Strand, ✆ 22850-22422, www.hotel-galaxy.com.

*** Hotel Náxos Beach 1 81, 69 geschmackvoll eingerichtete, etwa 12–16 m² große Zimmer für 1–3 Pers., verteilt auf drei Gebäude. Verschiedene Kategorien je nach Ausstattung, Blick und Lage. Alle mit Balkon/Terrasse, AC, Kühlschrank, TV, Safe und Moskitonetz. Pool im Garten, 100 m zum Meer. Sehr gutes Frühstücksbuffet. Wifi auf der Terrasse. Wird vom Flísvos Sport Club für die eigenen Gäste betrieben, Zimmer können jedoch auch frei gebucht werden. DZ 34–128 € je nach Gebäude und Saison. am südlichen Stadtrand, 100 m vom Flisvos Sport Club, ✆ 22850-22935, www.naxosbeach1.com.

** Hotel Alkyóni 82, Zimmer mit Bad, Balkon/Veranda, AC, Sat-TV in einem zweistöckigen Gebäude mit Pool und Blick aufs Meer. Pool und Bar im Garten. Freundliche Eigentümerfamilie. Gutes Frühstück. DZ 62–120 €. Am Südende des Strandes gelegen, Zufahrt von der Straße Richtung Flughafen, ✆ 22850-26136, www.alkyoni beachhotel.gr.

** Hotel Galini/Hotel Sofía Latína 59, liegen direkt nebeneinander und beide unter dem Management der freundlichen Familie Latínas. Insgesamt 25 DZ, alle mit Bad, Balkon/Veranda (fast alle mit Meerblick), AC, Sat-TV und Telefon. DZ 47–80 €. 30 m zum Strand, ✆ 22850-22114, www.hotelgalini.com.

** Hotel Kýmata 57, Zimmer und Apartments mit Bad, rundum laufenden Balkonen (teils Meerblick), AC, Sat-TV angenehme Atmosphäre und mit Freude am Detail eingerichtet. Bar und Taverne. DZ 55–95 €. Gegenüber vom Nissáki, 30 m vom Strand, ✆ 22850-22438, www.hotelkymata.com.

** Hotel Akrogiáli 61, 15 Zimmer und Apartments mit Bad, Balkon, AC und Sat-TV. Kleiner Garten. Die Hauswirtin Frau Kastelános stammt aus Deutschland. DZ 45–120 €. Nähe Nissáki, wenige Meter vom Strand, ✆ 22850-22552, www.naxos-hotel.com/akrogiali.

** Hotel Aegéon/Hotel Iliovasílema 64, direkt nebeneinander und beide unter demselben Management. 17 Zimmer und vier Suiten im Iliovasílema, alle mit Bad, Balkon, Sat-TV, Telefon und Safe. Pool, Gymnastikraum und Sauna in der Anlage. Im Aegéon sieben Studios und zwei Apartments, Einrichtung ähnlich, aber mit Küche. DZ 50–150 €. Etwa 50 m zum Strand, ☎ 22850-23478, www.hotelaegeon.com.

** Hotel Princess of Naxos/Seaside Studios **84**, guter Tipp. Die Familie Katsarás vermietet Zimmer und Studios, alle mit Bad, Balkon/Veranda, AC, Sat-TV und Wifi. Netter, kleiner Garten mit Kinderspielplatz. Ideal für Surfer, da die Surfschule direkt gegenüber liegt. Interessante Sonderangebote. DZ 50–150 €, Studio 70–180 €. Ca. 100 m vom Strand entfernt, an der Straße Richtung Flughafen auf der linken Seite, ☎ 22850-22165, www.princessofnaxos.com.

* Hotel & Hostel A1 Soúla **74**, kleines Low-Budget-Hotel des gut Deutsch sprechenden Níkos Polikrétis. Zimmer und Studios mit Bad, Balkon, Kühlschrank, die Studios auch mit Küche. Hafentransfer, und Wifi. AC, TV und Frühstück kosten extra. Bett im Gemeinschaftsschlafsaal 15–22 €, DZ 24–62 €, Studio 54–66 €. Etwa 50 m zum Strand, ☎ 693-9089289, www.soulahotel.com.

➤➤➤ Zwei Tipps: Óniro Studios **70**, die überaus freundlichen Pétros und Georgía sowie ihre beiden Töchter Jakovína und Ríta vermieten elf liebevoll und modern renovierte „Traum"-Studios (óniro = Traum) mit schönen, neuen Bädern, individuellen Marmorreliefs an den Wänden, Doppelglasfenstern, modernen Betten, Balkon/Veranda (teils Meerblick), Küche, AC, Sat-TV, Telefon und Safe. Mit Liebe zum Detail gestaltet, helle, freundliche Räume in unterschiedlichen Farben, ein Zimmer sogar mit LED-Sternenhimmel. Zwei Hohlenzimmer im Souterrain für bis zu 4 Pers. Schöner Dachgarten mit Blick aufs Meer für alle

Gäste. 2012 wurde ein kleines Spa auf der Dachterrasse errichtet. Trinkwasser aus dem Spender gratis. Frühstück auf Anfrage. Leser berichteten von sehr freundlichem Service. 150 m zum Strand. Kleines Studio 30–78 €, großes Studio 36–85 €. Ganzjährig geöffnet. Zwischen Platía Protodikíou und Polizeistation links. ☎ 22850-24934 und 6944-155571, www.studios-oniro.eu.

Óniro Apartments **72**, drei 2014/15 neu renovierte und möblierte große Apartments in einer Gasse ein wenig östlich der Polizeistation. Alle mit Balkon, Küche, AC und Wifi. Gleiches Management wie *Óniro Studios.* Preis 36–85 €. ☎ 22850-24934 und 6944-155571, www.studios-oniro.eu. ◀◀◀

➤➤➤ Mein Tipp: Santa Katerina Studios Apartments **75**, der freundliche Vangélis vermietet 5 Apartments und 3 Studios, alle individuell und geschmackvoll eingerichtet. Moderne und hochwertige Möbel. In jedem Winter wird modernisiert und optimiert. Im Grunde verwirklicht Vangélis hier seine kreativen Ideen. Alle Einheiten mit Balkon/Terrasse, voll ausgestatteter Küche, AC, Sat-TV, Wifi, Safe. Apartments im Dachgeschoss teils mit Meeresblick. Sehr freundlicher Umgang mit den Gästen. Bei Vorbuchung gratis Abholung vom Hafen oder Flughafen. Studio oder 2er-App. 40–70 €, 4er-App. 80–130 €. Ecke Odós Agíou Arséniou/Kinídarou. ☎ 22850-25431 und 697-2204684, www.santakaterina.eu.

Studios Ánemos **54**, sechs Studios und zwei Apartments mit Bad, Küche und Balkon, geräumig und gut ausgestattet. Schöner Meerblick von fast allen Balkonen. DZ 40–70 €. Mai bis Okt. Hinter dem Bushalt ballplatz am Beginn des Stadtviertels. ☎ 22850-25098, www.studiosanemos.gr.

Camping
→ Karte hintere Umschlagklappe

In Náxos-Stadt gibt es keinen Campingplatz. Alle drei Plätze der Insel liegen südwestlich der Stadt an den Stränden. Verbindung mit den KTEL-Linienbussen und privaten Kleinbussen. Zu Fuß vom Hafen aus zu erreichen ist nur *Camping Náxos* in ca. 45 Min.

Camping Náxos **83**, stadtnächster Platz, etwa 3 km südlich vom Hafen, hinter dem Ágios-Geórgios-Strand, an der sogenannten „Lagune". Größeres, flaches Gelände mit viel Grün, Bäume und Sträucher spenden ausreichend Schatten, außerdem Schilfdächer und Bambushecken. Bar, kleines Self-Service-Restaurant, Minimarket,

Räume für Selbstkocher, Waschmaschine, Safe-Box, Pool und Poolbar. Sanitäre Anlagen okay. Es gibt auch Zelte, Schlafsäcke und Iso-Matten zu mieten, außerdem einige Caravans. Linienbus zwischen Stadt und Ágios Prokópios hält am Camping, zu Fuß vom Hafen etwa 45 Min. am Südende der Hafenfront die Papavassilíou-Straße links hinauf, die nächste gleich wieder rechts zur Platía Protodikíou und immer geradeaus, am Strand Ágios Geórgios vorbei Richtung Flughafen. Preise: Pers. 6–7 €, Zelt 2 €, Auto 2 €, Motorrad frei, Caravan/ Wohnmobil 3–4 €, Stromanschluss frei, Mietzelt 4 € im Juli/Aug. Wer dieses Buch vorzeigt, bekommt 10 % Rabatt. Geöffnet Juni–Sept. ✆ 22850-23500, www.naxos camping.gr.

(Essen & Trinken → Karte hintere Umschlagklappe

Die meisten Tavernen liegen an der Paralía, im Umkreis der Platía Protodikíou sowie am Ágios-Geórgios-Strand. Schön sitzt man auch in den engen Gassen der Altstadt. Teils recht touristisch, teils stilvoll aufgebauschtes Ambiente, doch es gibt noch eine ganze Reihe durchaus authentischer Tavernen.

Paralía, zweite Reihe und Grótta
Boulamátsis 21, freundlicher Familienbetrieb an der Paralía, Eingang von der Rückseite, muss man suchen. Schöner Balkon mit Hafenblick. Deftige griechische Bauernküche mit großen Portionen zu normalen Preisen. Spezialitäten der Familie Polikrétes sind Rósto (Schweinebraten), Kokkinistó (Rindfleisch in Tomatensauce), gegrillte Kalamari, gefüllte Weinblätter, viele vegetarische Gerichte mit Zucchini, Moussaká, aber auch Fisch und Fleisch vom Grill. Vorspeisen und vorgekochte Hauptgerichte werden teils in den Auslagen präsentiert und warm gehalten. Schlichte, einfache Einrichtung. Ganzjährig geöffnet.

Irini 28, ganz am Anfang der Hafenpromenade. Große Speisekarte, täglich ein bis zwei empfehlenswerte Tagesgerichte. Als besonders gut wurden die *Chortokeftédes* (Gemüsebällchen) für Vegetarier befunden. Tipp: nach dem örtlichen Wein fragen, aus Miríssis oder Komiáki. Freundlicher Service und leckeres Essen.

≫ Mein Tipp: Sárris 42, schnelle, gute und preisgünstige Gerichte vom Grill, vom Herd und aus dem Ofen. Große Portionen. Chef Níkos Argyríou Sárris ist in der Stadt bekannt als Spezialist für Hühnchen vom Grill. Empfehlenswert sind vor allem *Chicken-Soufláki* und *Chicken-Special*. Zudem leckeres Kokkinistó (Rindfleisch in Tomatensauce). Vorspeisen-Tipps sind Tirokaftherí und Náxos-Graviéra-Saganáki. Sárris bietet typische einheimische Inselküche mit viel griechischem Flair, durchwegs lecker, preiswert, freundlicher Service, lockerer Umgang und griechische Musik. Inseleigener Wein und Bier vom Fass. An der Platía Pigadákia (Fußgängerzone hinter Náxos-Tours, schräg gegenüber vom Waffle-House). Gute Alternative zu den teils überteuerten Tavernen an der Paralía. **≪**

Su e Giù 30, 2014 eröffnete Pizzeria und Ristorante, professionell geführt von der freundlichen und gut deutsch sprechenden Susanna aus Italien. Plätze auf der Paralía und oben im ersten Stock mit Balkon und geschmackvollem Interieur. Spezialitäten sind Miesmuscheln mit Knoblauch in Weinsauce, Penne mit Hühnerbrust und karamellisierten Zwiebeln, Spaghetti mit Speck und Pinienkernen oder mit Shrimps und Ingwersauce sowie natürlich Pizza aus dem Holzofen. Schneller, zuvorkommender Service, gutes Preis-Leistungs-Verhältnis. Behinderten-WC, Baby-Wickelplatz. Reservierung im Hochsommer anzuraten: ✆ 22850-29029. www.suegiu.gr.

Läden und Verkauf
in den Altstadtgassen

Mezé Mezé 27, Ouzerí und Vorspeisenlokal an der Paralía. Jeden Abend, selbst in der Nebensaison voll besetzt – auch viele Einheimische. Chef Panagiótis ist selbst im größten Stress zuvorkommend, berät gut und serviert hervorragende Qualität. Ganzjährig geöffnet.

To Stéki tou Valétta 21, Ouzomezedopolíon der alten Sorte an der Paralía, gegenüber vom kleinen Fähranleger. An dem blauen Vordach wird Oktopus zum Trocknen aufgehängt. Man sitzt auf den alten, unbequemen Stühlen im Trubel der Hafenpromenade und genießt das typische Oúzo mit Mezé. Nicht gerade günstig, dennoch zweifellos die „griechischste" Art, seinen Abend zu verbringen.

Kalí Kardiá 24, direkt gegenüber vom kleinen Hafen, am Abend immer gut besucht. 1960 von der Familie Gerontákis eröffnet, heute von Nikólas geführt. Traditionelle Kykladenküche, vor allem gekochte Gerichte mit vielen Zutaten von der Insel, größtenteils vom eigenen Bauernhof. Spezialitäten sind Moussaká, Jemistá, gefüllte Tomaten und Paprika, Lamm und Schweinefilet, Gýros und Souvláki sowie Fischgerichte. Bekannt auch für seine leckeren Pizzen – 24 verschiedene Varianten werden angeboten. Spezielle vegetarische Platte und Menues.

To Káti Állo 18, „Das etwas andere". Ouzerí in der zweiten Reihe hinter der Paralía. Kleineres Lokal mit gutem Essen. Spezialitäten sind Moussaká, gefüllte Tomaten, Zucchinibällchen und Kaninchenragout. Gilt auch unter den Einheimischen als Tipp.

》》 Mein Tipp: Kózi 5, bekannt für seine Fleischgerichte vom Grill und sein leckeres Kebab mit großen Portionen. Reichliche Vorspeisenauswahl, z. B. Náxos-Käse, Kózi-Salat, Portára-Salat und gegrillte Vorspeisen. Offener Inselwein. Plätze innen (weil ganzjährig geöffnet) und auf der Super-Aussichtsterrasse aufs Meer und die Portára. Geschmackvoll eingerichtet und freundlich geführt von Vangélis und Antónis. Auch Take away und Auslieferung in Náxos/Stadt sowie bis Ágios Prokópios. Reservierung möglich, auch für Feierlichkeiten bis 200 Pers. Im Stadtteil Grótta, an der Straße nach Engarés, ✆ 22850-24571. 《《

The Old Inn 10, etwas versteckt in einer Gasse seitlich der Straße Richtung Engarés, nur wenige Meter vom Hafen. Großer, gemütlicher Innenhof, Speiseräume mit An-

tiquitäten eingerichtet. Dieter aus Berlin, ein Náxos-Pionier der ersten Stunde, führt das Restaurant schon viele Jahre. Spezialität sind Fleischgerichte.

Altstadt Metaxý mas 9, das „Unter uns" ist ein typisches Mezédes-Lokal im alten, sympathischen Stil. Tische innen und auf der Gasse. Familienbetrieb, Mutter kocht, die Söhne kümmern sich um den Service. Abwechslungsreiche Karte mit vielen traditionellen Gerichten. Weitgehend Produkte von Náxos. Gutes Ziegenfleisch, Fischgerichte, Spetsofaí, leckere Vorspeisen. Ganzjährig geöffnet und auch von Einheimischen immer gut besucht. Vom Captain's Café links in die Old Market Street hinein, im Stadtviertel Boúrgos.

》》 Mein Tipp: Labýrinthos 17, wahrlich im Gassengewirr der Altstadt versteckt. Romantisches, ruhiges Plätzchen mit heimeliger, gediegener Atmosphäre in einem kykladischen, liebevoll dekorierten Innenhof – klein, aber fein. Chefin Stavroúla bietet kreative mediterrane Küche. Tipp sind die Gemüsevorspeisen mit Auberginen, Penne mit Spinat-Rahmsauce, Lamm aus dem Ofen. Kalbfleisch mit Féta und Kapern, Hühnchen mit Krabben in sahniger Weinsauce, Schweinefilet in Fenchelsauce, Lachsfilet mit frischem Gemüse auf Orangensauce, Meeresfrüchterisotto. Viele Weine aus ganz Griechenland. Geöffnet Ostern bis Okt. Juli–Sept. mittags und abends ab 18.30 Uhr, in der Nebensaison nur am Abend. Reservierung im Sommer angeraten. Aufmerksame Bedienung. Im Stadtviertel Boúrgos, beschildert. 《《

Lucullus 15, 1908 eröffnet und damit laut Eigenwerbung die älteste Taverne der Insel. Gute naxiotische Inselküche, auch etwas seltenere Spezialitäten auf der Karte, z. B. Magirítsa (Suppe aus Lamminnereien und Gemüse), Spetsofaí (Wurstgericht) und einige selbst kreierte Burger wie den sogenannten Oúzoburger oder den Pandoraburger (mit Krabben und Champignons).

Apostólis 11, im nördlichen Bereich der Old Market Street unter weinüberranktem Dach an einer kleinen Platía. Griechische Küche mit vielen Gerichten aus dem Tontopf. Gute Moussaká, Stifádo, Kleftikó, Giouvétsi und dicke Bohnen. Ruhige Lage, guter Service, übliche Preise.

》》 Mein Tipp: Óniro 33, in den oberen Gassen der Altstadt, nahe beim Südtor der

Allegro 📻, im Ágios-Geórgios-Viertel. Cafeteria; Video-Spiele und Billard bis tief in die Nacht hinein.

Kino Cine Náxos 📻, das 2014 eröffnete Open-Air-Kino liegt an der Ausfallstraße Richtung Ágios Prokópios, schräg gegen-

über von *Kouteliéris*. Juni bis Sept. täglich zwei Vorführungen eines englischen Originalfilms mit griechischen Untertiteln. Beginn: Juni/Sept. 20/22 Uhr, Juli/Aug. 21/23 Uhr. www.cinenaxos.com.

Island Events – Heiraten, Feste und individuelle Veranstaltungen

Debbie aus Kanada, Mitinhaberin des Restaurants Picasso in der Pláka und langjährig auf Náxos wohnhaft, hat vor einigen Jahren die Agentur Island Events auf Náxos gegründet. Sie organisiert private und familiäre Feste in ausgewählten Lokalitäten, Hochzeitsfeierlichkeiten an besonderen Orten der Insel sowie sportliche und kulturelle Events. Infos unter www.islandevents.gr.

Umgebung von Náxos-Stadt

Kirche Ágios Ioánnis Theológos: Wunderschön in den Fels hineingeschlagene Höhlenkirche, gut 1 km vom nordöstlichen Stadtrand entfernt. Schon von Weitem als blendend weißer Fleck in der Felswand zu erkennen und auch im Innenraum stets frisch geweißelt. Die dunkelblau und grün bemalte Ikonostase ist mit farbenprächtigen Ikonen ausgestattet, welche die Heiligen Michael und Gabriel sowie die Muttergottes zeigen. Die vielen Blumenkränze zeugen von der tiefen Religiosität der Naxioten. Der kleine Kirchenvorplatz bietet aus 130 m Höhe einen fantastischen Blick hinunter auf die Stadt, den erhöhten Kástrofelsen und das Tempeltor sowie auf die Schwesterinsel Páros. Bei klarer Sicht ist in westlicher Richtung auch Mýkonos zu sehen.

Die Zugangsstraße zum Kloster Ágios Chrysóstomos nehmen; ca. 300 m vor dem Kloster zweigt in einer Rechtskurve links ein breiter Erdweg ab. Hier die Straße verlassen und einige Meter direkt über den Hang, dann noch 25 weiß gekalkte Stufen zur Kirche hinaufsteigen.

Kloster Ágios Ioánnis Chrysóstomos: Weißes, festungsartiges Gebäude aus dem 17. Jh., seitdem ständig bewohnt, markanter Blickpunkt am Hang oberhalb von Náxos-Stadt. Von der Straße Richtung Engarés kann man einen serpentinenreichen Abzweig hinauffahren oder mit Abkürzungen zu Fuß gehen. Eine Inschrift gibt das Jahr der Grundsteinlegung mit 1606 an, doch wurden noch viele ältere Reste eines Gebäudes verwendet, das vorher an derselben Stelle stand. Wie *Tímios Stavrós* (bei Sangrí) oder *Ypsilís* (bei Galíni) ist auch Chrysóstomos ein ehemaliger venezianischer *Pýrgos*, der zu einem Kloster umfunktioniert wurde. Durch eine niedrige Tür gelangt man in den dämmrigen, blätterüberdachten Innenhof, hier herrscht klösterliche Ruhe. Heiligtum der düsteren kleinen Kirche ist die Namensikone Ioánnis Chrysóstomos von 1818. Noch vier Nonnen leben heute im Kloster – angeblich ist es das einzige Chrysóstomos-Kloster Griechenlands.
Nur Juli/Aug. tägl. 8–12 und 18–20.30 Uhr. Zutritt nur zum Klosterhof und in die Klosterkirche.

Klosterkirche Ágios Stéfanos Fráro: An der Straße nach Angídia. Die ehemals katholische Klosterkirche, ein tonnengewölbtes Gebäude mit mächtiger Kuppel und hübsch geschwungenem Glockenturm, zeigt einen interessanten Türsturz an der Pforte: ein etwa 1 m breiter Marmorblock mit antiken Verzierungen und venezianischem Löwenkopf. Die Blöcke stammen von dem antiken *Heiligtum* auf dem kleinen Hügel gegenüber und wurden als Spolien in die Kirche integriert. Die Kirche wurde im 11. oder 12. Jh. an der Stelle einer frühchristlichen Kirche errichtet. Der 1380 ermordete letzte Nachkomme der Sanoúdos-Familie, Nikólas, wurde in dieser Kirche bestattet.

Heiligtum von Angídia: Die auf dem kleinen Areal gegenüber der Kirche Ágios Stéfanos Fráro schön präsentierten Überreste des Heiligtums sind über einen Feldweg zu erreichen und durch ein unverschlossenes Metallgatter zugänglich. Zu sehen sind neun kleine, aufrecht stehende Säulen, ein Marmoraltar und ein kleines Becken an der Ostseite, das wohl zu einem antiken Aquädukt gehörte.

Baden in und um Náxos-Stadt

Das Baden im Hafenbecken vor der Stadt ist nicht zu empfehlen und ohnehin verboten. Die Wasserqualität ist schlecht, die Fähren und kleineren Schiffe wühlen den Schmutz vom Meeresboden immer wieder neu auf. Griechen aus der Stadt baden aber durchaus gerne am Damm, der zum Tempeltor führt. Dort führen auch einige Stufen ins Wasser. Ob die Wasserqualität dort zum Baden taugt, lässt sich nicht mit Sicherheit sagen. Das gilt sinngemäß auch für die dem Grótta-Viertel zugewandte Seite des Damms. Hier sind es allerdings die scharfkantigen Felsen im Wasser, die vom Baden eher abhalten. Weiter östlich, unterhalb von Grótta, liegt ein kleiner Sand-/Kiesstreifen, dort ist Baden möglich. Konkurrenzlos in der Chóra ist allerdings der Strand *Ágios Geórgios*, direkt südlich der Paralía. Er ist Anfangspunkt einer Reihe endloser Sandstrände, die sich wie Perlen einer Kette die Küste gen Süden entlangziehen (→ Kapitel „Südliche Westküste").

Ágios-Geórgios-Strand: Gleich südlich des alten Stadtkerns, ca. 10 Min. vom Hafen, über die Paralía und durch die Stadt leicht zu Fuß zu erreichen. Der Paradestrand von Náxos-Stadt zieht sich halbrund nach Südwesten – ein schier endloses Sandband. Die Hauptbadezone für alle, die in Náxos-Stadt wohnen, liegt gleich vor dem mit Abstand größten Hotelviertel der Insel (→ Übernachten). Liegestühle und

An der Flísvos-Surfstation

Sonnenschirme in langen Reihen, Tavernen und Cafés, deren Tische oft direkt im Sand stehen, Tretboot-/Surfbrettverleih und allerlei Wasser-Fun. Die Wasserqualität ist bei den meist vorherrschenden Nord- und Nordwestwinden bestens, oft gibt es auch erhebliche Brandungswellen. Weiter nach Südwesten Richtung Stelída-Hügel wird der Strand hinter dem *Flísvos Sport Club* mal breiter, mal handtuchschmal, teils mit bewachsenen Dünen, aber immer mit dem wunderschönen Blick auf den Kástrohügel und die Nachbarinsel Páros.

Südlich vom *Flísvos Sport Club* schließt sich die sogenannte *Lagune* an. Sie hat ihren Namen von einem Riff, das diesen Küstenabschnitt vom offenen Meer trennt und für ruhiges Wasser sorgt.

Der Verlauf der Unterwasserklippen, die fast bis an die Oberfläche reichen, ist anhand der Wellenbrechung gut zu erkennen. Vorsicht beim Schwimmen, am Riff besteht erhebliche Verletzungsgefahr! Nur etwa in der Mitte befindet sich eine ca. 4 m breite Öffnung, die mit Bojen markiert wurde (auf Wellen achten). Die ansässige Surfschule des *Flísvos Sport Clubs* hat sich diesen natürlichen Schutz zunutze gemacht und erteilt ihre Unterrichtsstunden in dem ruhigen Wasser der Lagune.

Náxos ganz sportlich – Flísvos Sport Club

Jan aus Deutschland gründete den professionell arbeitenden Sport Club vor vielen Jahren. Die Clubzentrale liegt direkt am Südende des Hauptstrands von Ágios Geórgios, zu erkennen an der wehenden Fahne und dem abgesteckten Bootsareal im Wasser. Zum Club gehören das **Hotel Náxos Beach I** sowie das **Flísvos Beach Café** mit viel südländischem Flair. Dort gibt es Frühstücksbuffet ab 8.30 Uhr (9 € pro Pers.), gute Drinks und Cocktails und abends wechselndes Buffet (auch für Nicht-Flísvos-Gäste zugänglich). Besonders beliebt sind die Abende mit Fisch- und Fleisch-Barbecue und anschließender Beach-Party. Lockerer Umgang, gute Stimmung.

Sportlicher Schwerpunkt ist **Windsurfen**. Zur Verfügung stehen etwa 200 Boards (RRD) und etwa 300 Segel (Neil Pryde) für Anfänger und Profis. Die *Windsurfstation* befindet sich in der Lagune etwa 200 m südwestlich des Cafés. Dort herrschen durch ein natürliches Riff (das die Wellen bricht und das Meer relativ ruhig hält) optimale Surfbedingungen. Die angeschlossene Surfschule wird von ausgebildeten VDWS-Surflehrern geleitet. Preise: 1 Std. 23–25 €, ½ Tag 54–60 €, 1 Tag 77–85 €, 1 Woche 200–250 €. Surfkurs Anfänger: 180–225 € (6 Std. inkl. Material) (Stand 2014).

Kitesurfen gehört auch zum Programm, wird aber nur in der Flísvos-Station in Mikrí Vígla angeboten (Kitesurfen ist in dem Areal vor dem Flughafen verboten). Verleih nur mit IKO-Level 3 (RRD-Boards). Preise: 2 Std. 60 €, 1 Tag 90 €, 1 Woche 260 €. Unterricht nach IKO: Grundkurs Level 1 (6 Std.) 240 €, Level 2 (4 Std.) 160 €, Level 3 ab 40 €/Std. (Gruppenunterricht) (Stand 2014).

Auch Verleih von **Mountainbikes** (Marke Ghost) 13–16 €/Tag (für Hotelgäste günstiger). Im Angebot sind zehn geführte Touren mit bis zu 1500 m Höhendifferenz für 15–40 € je nach Tour und Bike. Verleih von **Katamaranen** (Hobie Cat) ab 1 Std. 32–35 €, 5 Std. 140–175 €. Katamaran-Anfängerkurs 240–300 € (10 Std.). Für Gäste des Hotels Náxos Beach I gibt es eine „Flísvos-Clubkarte", mit der man diverse Angebote mit Ermäßigung nutzen kann.

Der Club vermittelt auch Angebote externer Dienstleister: **Wandern** mit Stélla (siehe auch S. 275), **Reiten** bei Linda (siehe auch S. 90), **Schnorcheln**, **Tauchen** und **Physiotherapie**.

Buchung: ℰ 22850-22935, Rezeption: ℰ 22850-22928, www.flisvos-sportclub.com, www.flisvos-kitecentre.com, www.naxosbeach1.com. Auch Sun and Fun Sportreisen in München bietet das Programm an: www.sportreisen.de. Der Club ist geöffnet von Ende April bis Ende Oktober.

Die Küste hinter der Lagune reizt zu Spaziergängen. Es ist möglich, vor dem Campingplatz (→ Übernachten) und dem Flughafen bis zur *Halbinsel Stelída* am Strand entlang zu wandern. Die Landschaft zwischen Flughafen und dem Fuß des Stelída-Hügels wirkt ein bisschen wie die niedersächsische Heide – topfeben, niedrige Sträucherbüschel, windgepeitschte Tamarisken und Salzwasserteiche, die selbst im Sommer nicht austrocknen.

Náxos-Stadt → Karte hintere Umschlagklappe

Orkós ist einer der vielen Traumstände an der südlichen Westküste

Südliche Westküste

Das absolute Strandparadies der Insel wird jeden beglücken, der Sonne und Sommertrubel sucht: feiner, goldgelber Sand, so weit das Auge reicht, im Süden auch Dünen; dazu sauberes Wasser, oft starker Nordwind und beste Surfbedingungen. Von Náxos-Stadt bis Pirgáki reiht sich auf gut 20 km ein Strand an den nächsten, nur gelegentlich unterbrochen von felsigen Kaps. Kurz: Die südliche Westküste bietet die besten Strände der Kykladen.

Von Náxos-Stadt führt eine asphaltierte Küstenstraße am *Flughafen* vorbei hinüber an die Strände *Ágios Prokópios* und *Agía Ánna*. Südlich von Agía Ánna endet der Asphalt und es geht weiter auf breiter Sandpiste über *Máragas* nach *Pláka*. Über deren Asphaltierung wird seit vielen Jahren gestritten, irgendwann wird sich die Betonfraktion wohl durchsetzen. Hinter dem Flughafen ist Agía Ánna auch über eine neue Asphaltstraße schneller zu erreichen, die weiter fortgesetzt im Hinterland der Pláka bis an deren Südende verläuft. Ab Mikrí Vígla geht es dann wieder über Asphalt bis ans Südwestende der naxiotischen Welt. Nach Mikrí Vígla und weiter Richtung Süden kann man von Náxos-Stadt auch (zeitsparend und bequemer) durchs reizvolle Landesinnere mit seinen hübschen weißen Bergdörfern fahren (→ Abschnitt am Ende dieses Kapitels).

Ágios Prokópios

Einer der beliebtesten Strände der Insel mit exzellentem goldgelben Sand. So gut wie schattenlos und im Sommer sehr gut besucht. Er zieht sich in weitem Bogen bis zum markanten, kegelförmigen Stelída-Hügel, dessen Bebauung zu Ágios Prokópios zählt. Hinter dem Strand liegen drei große Lagunenseen.

Die touristische Entwicklung von Ágios Prokópios gestaltete sich seit Anfang des neuen Jahrtausends in rasender Geschwindigkeit. Mittlerweile gibt es Dutzende Hotels, Pensionen und Tavernen. Die Häuser ziehen sich hinter der Paralía in mehreren Reihen sowie rechts und links der Straße von Náxos-Stadt entlang – mittlerweile fast rund um den kegelförmigen Stelída-Hügel. Leider scheint die Krise seit 2008 die Bebauungswut nur kurz ausgebremst zu haben; weitere neue Anlagen wurden und werden errichtet oder sind in Planung.

Wer etwas nobler wohnen will, wählt eines der Hotels oberhalb des Dorfs am Hang des Stelída-Hügels. Ein echter Ortskern ist in Ágios Prokópios nicht vorhanden. Alles ist entlang der Durchgangsstraße und der Strandpiste auf den Tourismus ausgerichtet. Doch das fehlende Dorfambiente gleicht Ágios Prokópios mit seinem wunderschönen Sandstrand aus, gut einen Kilometer lang, im Ortsbereich ein paar Bäume, ansonsten aber schattenlos. Das Wasser ist glasklar, im Ortsbereich in

Ufernähe flach. Oft gibt es Wellen und gute Winde für Surfer. Sonnenschirm- und Bootsverleih finden sich am Strand, der einen phantastischen Blick auf die Nachbarinsel Páros bietet. Tipp für Tauchfans: Etwa 80 m vor dem zentralen Strand ist vor Jahren ein Schiff gesunken. Mittig im Wasser befinden sich die schweren Teile, während die Reste des Rumpfes, völlig mit Algen bewachsen, am rechten felsigen Strandende liegen.

Nördlich der Paralía erstrecken sich drei große Seen, die im Hochsommer in manchen Jahren vollständig austrocknen. In der Sonne glänzt das Salz dann herrlich violett, was gut von oben, von den Hängen des Stelída aus, zu beobachten ist. In diesem Bereich besteht der Strand nicht aus Sand, sondern aus feinen, stecknadelkopfgroßen Kieseln. Und das Meer schimmert hier in kaum zu übertreffenden Blau- und Türkistönen. Dieser Strandabschnitt ist bei den Bewohnern von Náxos-Stadt sehr beliebt und im Hochsommer stark frequentiert.

Werden die drei Salzseen von Ágios Prokópios verkauft?

Griechenland braucht dringend Geld. Der Staat ist pleite und lebt von den zweifelhaften Rettungsschirmen der EU. Mit der sogenannten Troika wurde vereinbart, dass Griechenland hohe Summen aus Privatisierungen von Staatsbesitz erlösen muss. Auf der staatlichen Verkaufsliste stehen auch die drei Salzseen von Ágios Prokópios. Obwohl es unter Naturschutz steht, soll das Gelände an private Investoren verkauft werden. Außerdem soll der Strand vor den drei Salzseen mitverkauft werden, obwohl in Griechenland laut Gesetz Strände kein Privateigentum sein können. In Náxos hat sich daher 2014 eine Bürgerinitiative gebildet, um den Verkauf der Salzseen von Ágios Prokópios zu verhindern. Es wurden diverse Events durchgeführt und eine Online-Unterschriftenaktion gestartet. Der Erfolg scheint ungewiss. Bis zum Redaktionsschluss des Buchs wurde keine weiteren Details in Sachen Verkauf oder Nichtverkauf bekannt.

Basis Infos

Bus Von und nach Náxos-Stadt im Halbstundentakt von 7.30 bis 1 Uhr nachts, in der Hauptsaison teils viertelstündlich und bis 2 Uhr. Haltestellen im oberen Dorfbereich und an der Ecke zur Paralía.

Taxi Von/nach Náxos-Stadt ca. 10 €.

Apotheke An der Durchgangsstraße neben der Autovermietung Karabátsis.

Arzt Privatpraxis des Allgemeinarztes Stylianós Vitzilaíos an der oberen Durchgangsstraße neben Kouteliéris-Supermarkt und Wäscherei. 24-Std.-Dienst. ✆ 22850-31100 und 697-0168858.

Einkaufen An der Durchgangsstraße am Ortseingang großer **Supermarkt** der Kouteliéris-Kette, schräg gegenüber eine **Bäcke**rei. Zwei **Mini-Märkte** in Strandnähe sowie **Buchhandlung**.

Chárisma, Boutique mit femininer Mode und leichter Sommerkleidung, geführt von der freundlichen Sissel aus Norwegen. Es gibt Kleider, Blusen, Röcke, Schuhe, Hüte, Schmuck und Taschen des griechischen Unternehmens *Avocado*.

Freizeitpark Aqua Fun Water Park Náxos, auf dem Stelída an der Straße Richtung Náxos-Stadt. Gutes Alternativprogramm zum Strandtag: drei Wasserrutschen, Pool und Kinderpool, Kinderspielplatz, Tischfußball, Volleyballfeld mit Rasen, Snackbar, Sonnenschirme und Liegestühle auf gepflegtem Rasenuntergrund. Eintritt 7 € für Pool und Rutschen (für Er-

Im Aqua Fun Water Park

wachsene als Begleitperson ohne Zutritt zu den Rutschen und zum Pool gratis). Wifi gratis. Tägl. 11–19 Uhr. ✆ 22850-25050, www.aquafun.gr.

Geld Geldautomat an der Durchgangsstraße neben Autovermietung Karabátsis sowie neben der Bäckerei am Ortseingang.

Mietfahrzeuge Karabátsis Rent a Car, an der Hauptstraße, unweit vom Strand. Zuverlässiger Verleiher vom Kleinstwagen (ab 30 €/Tag) bis zum Jeep (ab 50 €/Tag). Auch Minibus für bis zu 7 Pers. ✆ 22850-41655, www.karabatsistours.gr.

Moto Power, direkt an der Straße von Náxos-Stadt im oberen Ortsteil. Mountainbikes, Mofas, Roller, Enduros und Motorrä-

der.   ✆ 22850-42046,   www.motopower-naxos.gr.

Reisebüro Náxos Sun, an der Straße zum Strand. Ticketverkauf, Ausflüge, Zimmervermittlung und die üblichen Dienstleistungen. ✆ 22850-41955, www.naxossun.gr.

Tankstelle Im oberen Ortsbereich an der Straße nach Náxos-Stadt.

Tauchen Blue Fin Divers, an der Straße zum Strand. Tauchschule und Station für Scuba-Diving. ✆ 22850-42629, www.bluefindivers.gr.

Wäscherei Laundry the snow white, im oberen Ortsbereich neben dem *Kouteliéris*-Supermarkt. Self-Service. Weitere **Wäscherei** in Strandnähe.

Übernachten

→ Karte S. 112/113

Viele der gehobenen Hotels liegen oben am Hang des Stelída, ansonsten gibt es Häuser direkt an der Straße sowie in unmittelbarer Meeresnähe. 2013 wurde das einzige Fünf-Sterne-Hotel der Insel in Ágios Prokópios eröffnet. Nachts plagen manchmal Stechmücken. Moskitonetze sind empfehlenswert, vor allem bei Südwind.

***** **Náxos Island Hotel** **17**, direkt im Ort (Eingang von der Durchgangsstraße) und das einzige Fünf-Sterne-Hotel der Insel. 2013 eröffnet und im traditionellen Stil der Kykladen errichtet, jedes Zimmer mit Infor-

mationen und Fotos eines Dorfs der Insel gestaltet. Zimmer mit Meerblick-Balkonen oder zum kleinen Garten, einige mit privatem Jacuzzi. Meerwasser-Aquarium im Frühstücksbereich, Dachpool, Dach-Bar,

Restaurant, Kiosk, Fitnessraum, Spa, Fisch-Spa, Beautyräume, Massage, Friseur, private Parkplätze, Konferenzraum und 24 Stunden Rezeption. DZ 145–230 €, Suite 270–420 €. ℡ 22850-44100, www.naxos islandhotel.com.

**** **Hotel Náxos Palace** , an der landeinwärts gerichteten Seite des Stelída-Hügels. Luxuriös gestaltetes Resort mit 77 hochwertig ausgestatteten Zimmern und Suiten. Außenanlage mit zwei Pools (mit Hydromassage) und großem Garten. Restaurant, Fitnessraum, Sauna. DZ 67–120 €. ℡ 22850-29133, www.naxospalacehotel.com.

*** **Hotel Kávos** 1, angenehm ruhig gelegene Anlage etwa 400 m oberhalb des Strandes am Stelída-Hügel. Vier Villen (mit zwei Schlafzimmern und zwei Bädern) und zehn Studios, errichtet wie ein griechisches Theater am Hang. Architektonisch reizvoll und geschmackvoll eingerichtet, Bäder aus Náxos-Marmor, deutsches Sat-TV. Meerblick von den Balkonen und vom Pool in der großen Gartenanlage. Fitnessraum und Restaurant (auch für fremde Gäste möglich) im Hotel. Studio 80–180 €, Villa 180–375 €, Frühstück extra. ℡ 22850-23355, www.kavos-naxos.com.

*** **Hotel Kávuras Village** 2, vergleichbar schöne Lage am Stelída. Vermietet werden 50 DZ, 15 Apartments und fünf Villen in einer ziemlich großen Ferienanlage. Alle Zimmer mit Meerblick-Balkon und Sat-TV. Außerdem Restaurant (Leser lobten die Küche), Bar und Pool vorhanden. DZ 90–140 €, Apartment 140–200 €. ℡ 22850-23023, www.kavurasvillage.gr.

** **Hotel Lianós Village** 5, größere Anlage mit 39 Zimmern, Pool, Bar und Frühstücksraum. Alle Zimmer mit Blick aufs Meer, Sat-TV, AC, Safe, Kühlschrank und Telefon. Insgesamt gehobene Ausstattung. Viele deutsche Gäste. DZ 45–125 €. Am Südwesthang des Stelída-Hügels, ℡ 22850-26366, www.lianosvillage.com.

*** **Hotel Villa Adriána** 10, hübsche, gepflegte Anlage in frischem Kykladenblau. 20 Zimmer und Studios unterschiedlicher Größe und Ausstattung. Alle mit Balkon, zur Hälfte mit Meerblick, andere Hälfte mit Blick auf den Stelída-Hügel oder Zugang zur riesigen Terrasse. Pool im Garten. Ruhige Lage. DZ 30–75 €. Frühstück extra. Oberhalb von Ágios Prokópios am Hang, ℡ 22850-42804, www.adrianahotel.com.

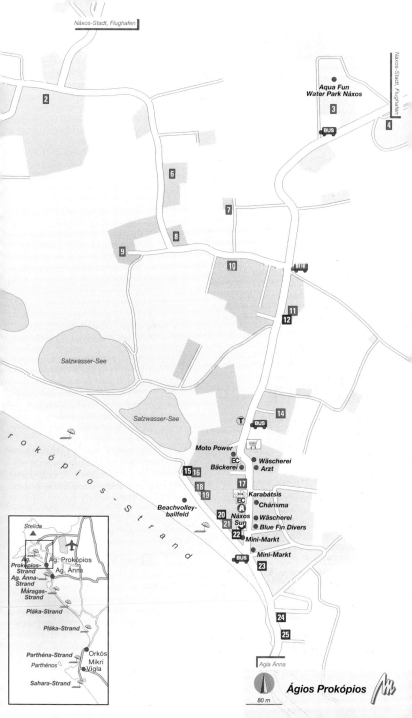

*** Hotel Protéas 6, 28 geräumige Studios, DZ und Viererzimmer in einer hübsch verschachtelten Anlage. Alle mit Balkon/Terrasse (Meerblick), AC, Internet, Telefon, Radio, Sat-TV, Safe und Küchenzeile. Pool im Garten. DZ 50–89 €. Oberhalb des Ortes an der Straße von Náxos-Stadt links, ℡ 22850-26134, www.hotelproteas.com.

Birikos Studios & Apartments 14, an der Stichstraße gegenüber der Tankstelle, nach hinten gezogene, ruhige Lage. Vermietet werden 35 Einheiten: DZ, Studios und Apartments, verteilt auf mehrere Gebäude in einem großen Gartengrundstück mit Pool und Snack-Bar. Jede Einheit mit kleiner Küche, AC, Sat-TV und Wifi. DZ 25–55 €, Studio 30–75 €, App. 40–100 €, 2-Zi-App. 50–140 €. Frühstück 5 €. Geöffnet April–Okt. ℡ 22850-41654, www.birikos.com.

Koúlas Pension Red Lake 9, großer Bau im traditionellen kykladischen Würfelstil. Zimmer relativ geräumig, sauber, alle mit Bad und teilweise mit Meerblick-Balkonen. DZ 35–85 €. Nördlich am Hang oberhalb von Ágios Prokópios, zu erreichen über die Straße am Hotel Seméli vorbei, ℡ 22850-23219, www.redlake.gr.

Apartments Water Park 3, Dimítris, Inhaber des Aqua Fun, vermietet direkt nebenan zwei neue 2-Zimmer-Apartments in ruhiger Lage (Water Park schließt um 19 Uhr). Jeweils ein Zimmer mit Doppelbett und zwei Einzelbetten, voll ausgestattete Küche mit Backofen, AC in beiden Räumen, alles sehr sauber, gepflegt und modern. Große Terrasse und große Bäder. Der Zutritt zum Water Park ist für Gäste gratis. Dort auch WifI gratis. Tochter Evangelía spricht Englisch. 40–65 €. Geöffnet Juni–Sept. An der Straße von Náxos/Stadt nach Ágios Prokópios direkt neben dem Aqua Fun, ℡ 22850-25050, www.aquafun.gr.

Studios Vangélis 7, Vangélis von der Taverne Ánesi und seine deutsche Frau Gab-

riele vermieten Studios in ihrem ruhig gelegenen Haus im oberen Teil des Ortes. Alles geräumig, gut ausgestattet, mit Bad, Küche und Balkon/Terrasse. Kleine Anlage in einem hübschen Garten mit Palmen, Meerblick und einer kleinen Windmühle am Haus. Außerdem wird noch ein Ferienhaus gleich nebenan vermietet. Fragen Sie in der Taverne Ánesi Spíros. Preis je nach Einheit 25–80 €. Auch im Winter geöffnet, weil einige Studios mit Heizung ausgestattet sind. ℡ 22850-24392, www.studiosvangelis.com.

Vangélis Studios II 16, nur 20 m vom Strand, schräg hinter der Tavérna Ánesi Spíros. Der gut deutsch sprechende Spýros und seine Frau Nikolétta vermieten zwei Studios für 2 Pers. und zwei Studios für 4 Pers., alle großzügig geschnitten, mit Balkon/Terrasse, AC, TV, Küche und Wifi. 2er-Studio 30–60 €, 4er-Studio 40–80 €. ℡ 22850-42296, www.studiosvangelis.com.

Studios Pérama 11, Níkos Katerínis und seine herzliche deutsche Frau Anna vermieten zwölf sehr geräumige Studios mit großen Bädern, Küche, AC und Balkon/Terrasse (nicht alle mit Meerblick) für 2–6 Pers. Außerdem werden auf dem Grundstück noch zwei Bungalows für jeweils 4 Pers. vermietet. Zum Haus gehört auch die auf demselben Areal gelegene Taverne „Pérama", wo Níkos selbst hinter dem Grill steht. Freundlicher Service. Studio 22–35 €, Bungalow 30–55 € je nach Saison. An der Straße im oberen Ortsbereich, ℡ 22850-41970, www.taverna-perama.net.

Studios Tásia 8, Tásia und Dionýsis Vasiláki vermieten vier Studios und vier DZ mit gemeinsamer Küche. Zimmer relativ groß, Meerblick von allen Balkonen. 250 m zum Strand. DZ 40–65 €. Links der Straße von Náxos-Stadt nach Ágios Prokópios oberhalb des Orts, ℡ 22850-22130, www.studiostasia.com.

Essen & Trinken/Cafés & Nachtleben → Karte S. 112/113

Das Angebot an Tavernen direkt am Strand und auch entlang der Straße im Ort ist reichlich und wächst mit dem Dorf weiter – hungrige Touristen wollen auch gut essen. Die Qualität ist im Allgemeinen gut, die Preise sind moderat und vergleichbar, es gibt kaum Ausreißer nach oben oder unten.

⟫⟫ Mein Tipp: Pérama 12, direkt an der Straße im oberen Ortsteil. Terrasse mit Meerblick. Wird von Níkos Katerínis und seiner deutschen Frau Anna geführt. Herzli-

che Atmosphäre, viele Stammgäste. Leckere Grillgerichte, Stifádo, gefüllte Bifteki, Lammkeule, Hähnchen, gefüllte Kalamari, manchmal auch Gýros. Selbst gemachtes

Sommertrubel am Strand von Ágios Prokópios

Tzatzíki und Moussakás, Zucchinikefthedes. Jeden Sonntag gefüllter Schweinebauch nach Chef Níkos' eigener Kreation. Gerichte der griech. Küche, echte naxiotische Hausmannskost. Gemüse und Kartoffeln sind größtenteils Bioprodukte aus eigenem Anbau, sofern Saison ist. Auch eigene Schafe, Ziegen, Schweine und Olivenöl. Faire Preise, deutschsprachiger Service. Mai–Okt. tägl. ab 19 Uhr. ≪

Barboúnis 22, am Ende der Straße hinunter zum Strand, gleich auf der rechten Seite, direkt am Bus-Stopp. Grillspezialitäten, Fisch und Fleisch. Meerblick inklusive. Immer gut besucht.

Pizzeria Colosseo 20, beliebt nicht nur bei den italienischen Sommergästen. Spezialitäten natürlich Pizza und Spaghetti, aber auch griechische Gerichte. Tische direkt an der Straße hinter dem Strand.

≫≫ Mein Tipp: Ánesis Spíros Karabátsis 15, ganz am Ende des nördlichen Strandabschnitts in Ágios Prokópios. Angenehme, windgeschützte Lage, dennoch direkt am Meer. Direkt anschließend die drei Salzseen. Die Taverne wird von den Brüdern Mákis und Vangélis geführt. Zahlreiche Spezialitäten, im Sommer riesige Auswahl an Vorspeisen und vor allem Gerichten vom Grill. Fisch- und Fleischspezialitäten, Mous-

sakás, sehr gutes Lamm- und Ziegenfleisch von eigenen Tieren. Samstags und mittwochs gibt es Spanferkel vom Grill, eine besondere Empfehlung. Vangélis und sein Sohn Spýros sprechen deutsch. ≪

Fótis 24, südlich der Bushaltestelle an der Straße. Überdachte Strandtaverne mit Meerblick und drei Tischen unter den Tamarisken an der Uferpromenade, alles in Blau-Weiß gehalten. Große Auswahl. Essen und Preise haben gute Leserkritiken bekommen.

Sun-Set 25, noch ein Stück weiter als Fótis auf der Straße Richtung Agía Ánna. Ebenfalls eine überdachte Strandtaverne mit traumhaftem Meerblick und Fisch- und Grillgerichten.

Níkos 23, an der Paralía. Freundliche Bedienung und gutes Essen. Der Chef steht selbst am Grill und insbesondere die Grillgerichte sind auch zu empfehlen, da wirklich alles frisch zubereitet wird. Gelegentlich gibt es ein Getränk oder eine Nachspeise aufs Haus.

Aváli 13, außerhalb vom Ort gelegen, am Nordende des Strandes von Ágios Prokópios, noch jenseits der drei Seen. Begrünte, windgeschützte Hochterrasse am Hang mit fantastischem Meerblick. Tagsüber Café und Taverne (ab 11 Uhr). Gute griechische Grillküche von Chef Kóstas. Breite Auswahl an Salaten, Mezés, Käse, Omelettes, Fisch und Fleisch.

Cafés & Nachtleben Mehrere Cafés und Strandbars an der Paralía. Echtes Nachtleben findet nur in den Hauptsaisonmonaten Juli und August statt.

Odyssía 21, Café/Snackbar am Strand, 1982 von Anna und Heike aus Berlin eröffnet. Gemütliches Plätzchen unter Schilfmatten und Weinrebendach. Frühstück, selbst gemachte Hamburger, Salate, Sandwichs, Spaghetti, griechisches Fassbier. Am Abend mixen die Ehemänner Stélios und Tákis leckere Cocktails. Tipp: einziges Café an der Paralía, vor dem keine Sonnenschirme den Meerblick verstellen.

Kahlua 18, Café und Lounge-Bar an der Paralía. Hübsch aufgemacht mit gemütlichen Sitzgruppen und Bar.

Mojito 19, Café und Lounge-Bar am Strand, im Karibikstil mit Palmen und Korbstühlen. Kleine mexikanische Gerichte, Cocktails und Bier vom Fass.

Diónysos-Tempel von Íria

Ruinen einer ehemals imposanten Tempelanlage, deren Erbauung bis in die frühe geometrische Zeit (8. Jahrhundert) zurückreicht. Schön gestaltete Anlage im Hinterland der Strandmeile. Ein Besuch lohnt sich.

Wenige Kilometer südöstlich vom Flugplatz bei der aus dem 11. Jh. stammenden *Kirche Ágios Geórgios Íria* wurde der Tempel von 1987 bis 1991 von Archäologen der Uni Athen und der TU München ausgegraben. Mithilfe dieses Fundes konnte erstmals die Theorie erhärtet werden, dass kykladische Tempel schon sehr früh vollständig aus Marmor erbaut wurden. Zwar sind am ursprünglichen Ort nur die Grundmauern erhalten, doch konnte der Rest dank zahlreich gefundener Teilstücke rekonstruiert werden. Zwei Reihen ionischer Marmorsäulen trugen den Dachstuhl, der ebenfalls ganz aus Marmor bestand.

Historisch belegt ist, dass an dieser Stelle zunächst in früher geometrischer Zeit (8. Jh. v. Chr.) ein Tempel gebaut wurde. Dieser Ursprungstempel hatte einen etwa

Ionischer Monumentaltempel im Gebiet von Íria

10 x 5 Meter großen, rechteckigen Grundriss. Er war nach Süden hin ausgerichtet und von einer ovalen Steinmauer umgeben. Um 730 v. Chr. wurde der durch eine Überschwemmung zerstörte Tempel wieder aufgebaut, allerdings nun gut viermal so groß. Er bestand aus einem vierschiffigen Raum mit Säulen aus Holz, die auf marmornen Säulenstümpfen standen. In früharchaischer Zeit (um 670 v. Chr.) wurde der Tempel dann erneut vergrößert, wahrscheinlich wieder aufgrund von Beschädigungen durch Überschwemmungen. Es entstand nun ein dreischiffiger Tempel mit Säulen aus Holz.

Der eigentliche *Monumentaltempel* stammt aus archaischer Zeit und wurde von 575 bis 550 v. Chr. errichtet. Der ionische Bau wurde allerdings nie ganz vollendet. Es entstand ein dreischiffiger Tempel mit vier Marmorsäulen an jeder Seite. Die Marmorsäulen waren fast ein Meter dick und rund acht Meter hoch. Auch der Türrahmen und die Dachkonstruktion bestanden nun aus Marmor. Die Grundfläche des Tempels wurde bei dem Neubau auf 24 mal 13 Meter erweitert.

Das Tempelareal präsentiert sich heute als hübsch angelegte Gartenanlage mit gepflasterten Wegen, Bäumen und Oleanderbüschen, die rund um die Ausgrabungsstatte hebevoll und gelungen angelegt wurde. Neben dem Tempel sind auch ein Altar, die Fundamente der Speisehalle und des Propylons sowie ein Brunnen zu sehen. Auf dem Areal werden auch weitere Fundstücke aus der Umgebung präsentiert: Säulen, Kapitelle, antike Marmorwannen usw. Vieles ist informativ mit Erklärungstafeln (auf Englisch) versehen. Gleich hinter dem Eingang wurde ein kleines *Museum* errichtet, in dem die kleineren Fundstücke wie Inschriften, Vasenfragmente, Statuettenteile, Fragmente von Kapitellen, Dachziegel und Teile des Altars gezeigt werden, zudem ein kleines Modell vom Aussehen der Anlage.

Di–So 9–16 Uhr, Mo geschl. Eintritt frei. Anfahrt: Von der Straße Richtung Flughafen, von Agía Ánna und von Ágios Arsénios aus gut beschildert.
www.odysseus.culture.gr/h/3/eh355.jsp?obj_id=2614.

Agía Ánna

Unmittelbar südlich des Ágios-Prokópios-Strands, nur um eine kleine Landspitze herum erstreckt sich die Feriensiedlung Agía Ánna. Ihr Strand ist nicht ganz so breit, aber genauso belebt. Ein malerisches Bild bietet das am südlichen Ende vorspringende Kap mit der Kapelle Ágios Nikólaos, unterhalb davon ein kleiner Fischer- und Seglerhafen.

Agía Ánna hat eine ähnliche Entwicklung genommen wie Ágios Prokópios: In den letzten Jahren wurden viele Hotels, Pensionen und Tavernen direkt am Strand oder an der Straße von Náxos-Stadt hochgezogen. Während es in der Nebensaison dennoch eher ruhig zugeht, ist Agía Ánna im Hochsommer ein boomendes Touristendorf. Kern des Orts ist die Platía am kleinen Hafen und der Strandabschnitt nördlich davon. In der Nähe der Platía steht die *Kirche Agía Ánna,* die dem Dorf den Namen gab, versteckt zwischen den touristisch genutzten Häusern hinter dem Strand und ganz in der Nähe des Hotels Agía Ánna. Normalerweise ist die Kirche verschlossen, für Interessierte wurden Glasfenster in die Kirchentür eingebaut. Zu sehen ist eine reich ausgestattete dunkle, hölzerne Ikonostase.

Ein malerisches Bild bieten die Segeljachten und Fischerboote, die am Kai vor Anker liegen. Agía Ánna ist bei den Crews beliebt, denn der Hafen ist ruhiger und sicherer als der von Náxos-Stadt. Nördlich dieser Anlegestelle erstreckt sich ein wunderbarer *Sandstrand*, an dem auch Sonnenschirme verliehen werden. Südlich des Hafens schließt sich ein kleines Felskap an, auf dessen Spitze die bedeutende *Kirche Ágios Nikólaos* steht. Noch ein Stück weiter beginnt wieder herrlichster und fast schattenloser Sandstrand, der sich – teils in Dünen – weiter nach Süden fortsetzt, mit schönem Blick auf die Nachbarinsel Páros.

Basis-Infos

Bus Von/nach Náxos-Stadt im Halbstundentakt von 7.30 bis 1 Uhr nachts, in der Hauptsaison teils viertelstündlich und bis 2 Uhr. Mehrere Haltestellen im Ortsbereich.

Taxi Von/nach Náxos-Stadt ca. 12 €.

Einkaufen Mehrere **Mini-Märkte** an der Straße von Ágios Prokópios und an der Platía, dort auch internationale Presse. **Supermarkt** an der Straße Richtung Ágios Arsénios.

Geld Geldautomaten neben dem Supermarkt an der Straße von Ágios Prokópios und an der Platía.

Internet Agia ann@net, Internetcafé an der Platía (gehört zum Hotel Angelíki). 30 Min. 2 €, 1 Std. 3 €. ✆ 22850-41743.

Mietfahrzeuge Motonaxos an der Platía. MTBs, Mofas, Roller, Enduros, Motorräder, Kleinwagen, Mittelklasse und Jeeps. ✆ 22850-41404, www.naxosrentcar.com.

Tankstelle Außerhalb des Ortsbereichs an der Straße Richtung Ágios Arsénios, ca. 600 m ab der Platía.

Übernachten

Auch hier ein kaum noch zu überblickendes Angebot. Vom einfachen Zimmer bis zum besseren Hotel gibt es alles und in jeder Preisklasse. Die meisten Häuser liegen in Strandnähe, im Hinterland sind die Preise naturgemäß etwas günstiger.

**** Íria Beach Art Hotel 🔢, größere, renovierte Anlage, 25 Zimmer und Suiten mit teils geräumigen Balkonen/Terrassen. Luxuriöse Bäder, AC, LCD-TV, CD, Telefon, Wifi, Kühlschrank und Safe. Zwei behindertengerechte Zimmer. Hoteleigenes Restaurant, Spa und Fitnessraum. Die Anlage gehört zum Reisebüro Zas Travel. DZ 90–190 €,

Strandleben am schmalen Sandbeach von Agía Ánna

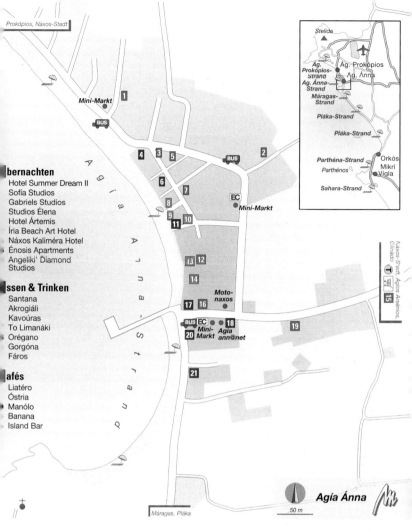

Prokópios, Náxos-Stadt

Mini-Markt

BUS

Agia Anna-Strand

bernachten
Hotel Summer Dream II
Sofía Studios
Gabriels Studios
Studios Élena
Hotel Ártemis
Íria Beach Art Hotel
Náxos Kaliméra Hotel
Énosis Apartments
Angelikí Diamond
Studios

ssen & Trinken
Santana
Akrogiáli
Kavoúras
To Limanáki
Orégano
Gorgóna
Fáros

afés
Liatéro
Óstria
Manólo
Banana
Island Bar

Moto-
naxos

BUS EC
Mini-
Markt
Agia
ann@net

Stelida

Ag.
Prokópios-
Strand
Ag. Prokópios

Ag. Ánna-
Strand
Ag. Ánna

Máragas-
Strand

Pláka-Strand

Pláka-Strand

Parthéna-Strand
Parthénos

Orkós
Mikrí
Vígla

Sahara-Strand

Náxos-Stadt, Ágios Arsénios, Glinádo

Máragas, Pláka

Agía Ánna

50 m

Suite 150–350 €. Direkt am Strand, ℅ 22850-42600, www.iriabeach-naxos.com.

***Hotel Summer Dream II** 1, neuere Anlage am Ortseingang, fast direkt am Strand. Geräumige Studios und Apartments, alle mit Balkon, Küche, AC, Sat-TV, CD und Wifi. Geschmackvoll modern eingerichtet. Großer Pool im Innenhof. Studio 45–60 €, App. 50–80 €, ℅ 22850-41330, www.naxos-summer-dream.gr.

** Náxos Kaliméra Hotel** 15, neues Familienhotel etwa 400 m vom Strand entfernt in ruhiger Lage mit Pool am Haus. Vermietet werden Zweiraum-Apartments mit Doppelbett und zwei Einzelbetten sowie Einraum-Studios. Alle mit AC, Küche, Kühlschrank, Sat-TV und Terrasse/Balkon mit Meerblick. Studio 45–90 €, Apartments 50–100 €. ℅ 22850-42770, www.naxos-colosseo.com/naxos-kalimera.html.

** Hotel Ártemis** 7, zweistöckiges Haus fast direkt am Strand. 19 Zimmer mit Balkon/Terrasse, nicht alle mit Meerblick. Ausstattung mit AC, TV, CD, Wifi, Safe, Telefon, Kühlschrank und Heizung. DZ 45–90 €. ℅ 22850-41150, www.artemishotel.gr.

Énosis Apartments , Fast direkt am Strand. María Anagnostopoúlou vermietet luxuriös ausgestattete Apartments mit Küche und Wohnraum für 2–6 Pers. im Obergeschoss. Alle mit Veranda und teilweise Meerblick, Telefon, Internetanschluss, Sat-TV, DVD und Safe. Nur 15 m zum Strand, daher kein Pool. Täglicher Service. Preis 90–180 €. ☎ 22850-41404, www.apartments enosis.com.

Angeliki' Diamond Studios , fast direkt am Strand vermietet Angelíki acht Studios und sechs Apartments in einer Gartenanlage mit Pool. Funktionell und geräumige Zimmer, alle mit Bad, Balkon, AC, Sat-TV, Telefon, Küche und Kühlschrank. DZ 30–65 €, 4er-Apartment 45–95 €. Im Ort, ☎ 22850-41870, www.aggelikistudios.com.

Gabriels Studios , Herr Xenákis vermietet Studios für 2–4 Pers. Alle recht geräumig, mit hellen Möbeln eingerichtet, Küche, Bäder, herrlicher Meerblick von den großen Balkonen. Studio 45–95 €. Direkt am Meer bei der Zufahrtsstraße von Ágios Prokópios, ☎ 22850-24145, www.studios gabriel.gr.

Studios Élena , Dimítrios Bárdis vermietet in einer größeren, dreistöckigen Anlage zahlreiche gut ausgestattete Studios. Alle mit Bad, Balkon und Küche. Grill auf der Terrasse steht allen Gästen zur Verfügung. Frühstück auf Anfrage. Studio 45–90 €. Im Ort gelegen, ☎ 22850-41924, www.pension-elena.gr.

Sofía Studios , elf einfache Studios mit Balkon, AC, Küchenzeile mit Kühlschrank, Mikrowelle, Wifi und TV. Etwa 400 m vom Strand. Preis 25–35 €. ☎ 22850-25139, www.sofianaxos.com.

Essen & Trinken/Cafés & Nachtleben → Karte S. 119

Mehrere Tavernen direkt am Strand, an der Straße von Ágios Prokópios und weiter an der Strandpiste Richtung Süden. Qualität und Preise bewegen sich weitgehend im Üblichen.

Gorgóna , am kleinen Hafen. Großtaverne, mit vielen Pflanzen etwas aufgelockert. Plätze vorne am Wasser praktisch immer belegt. Schöner Blick auf den kleinen Hafen und die Kapelle auf der Landzunge. Essen ganztags zur Auswahl in zwei großen Vitrinen, Qualität wurde von Gästen gelobt. Außergewöhnliche Vorspeisen, z. B. hausgemachter Taramosaláta, Fisch und Fleisch sehr gut. Auch viele einheimische Gäste.

To Limanáki , Fischtaverne am kleinen Hafen, Plätze auf einer Terrasse mit Blick aufs Meer und im Innenraum, ein paar Tische direkt auf dem Hafenkai. Gute gemischte Fisch-Grillplatte für 2 Pers. Or-

Sonnenuntergang in Agía Ánna

dentliche Auswahl aus der typisch griechischen Landküche.

Akrogiáli 6, hinter dem breiten Sandstrand gelegen. Zwei Tamarisken spenden etwas Schatten. Innenraum locker gestaltet, tagsüber Strandbar, abends Restaurant, geführt von der herzlichen Wirtin Katerína. Leckere Grillgerichte. Guter offener Wein, reichhaltiges Frühstück, Preise im Rahmen.

Kavoúras 11, auf einer Terrasse direkt am Strand. Täglich wechselnde Spezialitäten vom Grill, Hühnchen und Lamm sehr zu empfehlen. Bietet auch Gýros-Píta zum Mitnehmen an.

Fáros 21, einige Meter südlich des Hafens entlang der Sandpiste. Níkos und sein in Berlin aufgewachsener Sohn Geórgios haben in den letzten Jahren ihre Taverne auf Bioprodukte umgestellt. Verwendet wird ausschließlich Bio-Olivenöl. Níkos baut das Gemüse auf seinem eigenen Feld hinter der Tavérna an. Wer mag, kann den Garten ansehen. Angeboten wird griechische und neuerdings auch italienische Küche. Große Auswahl an Salaten. Tipp ist nach wie vor die spezielle Fischsuppe, die aber vorbestellt werden muss.

Orégano 18, Píta-Souvláki-Laden etwas oberhalb der Platía. Gut ein Dutzend Tische, nebenan Internet-Café unter gleicher Leitung. Serviert werden auch Mezés, Oktopus, Kalamari, Shrimps, Bratwürste, Lamm und Huhn. Alles auch als Take-away.

Santana 4, Restaurant und Beach-Club direkt am Strandbeginn unter weinüberranktem Dach. Wird von zwei Brüdern geführt. Das Restaurant bietet typisch griechische Küche, vor allem gute Fleischgerichte und Spaghetti Santana. Spezialität der Beach-Bar sind Cocktails und die Öffnungszeiten bis 6 Uhr am Morgen (in der HS).

Cafés & Nachtleben   Gutes Angebot an Strandbars. Ein wirkliches Nachtleben findet allerdings nur in der Hauptsaison im Juli und August statt.

Island Bar 14, 1987 als eine der ersten Strandbars der Insel mit viel Phantasie, „positiver Energie" und Liebe zum Detail von María und Panagiótis errichtet. Hochwertige Cocktails mit frischen Zutaten aus dem Garten. Am Abend mystische Beleuchtung für eine „märchenhafte" Atmosphäre. Man kann die ganze Nacht durchtanzen oder es sich auf den weißen Kissen bequem machen.

Óstria 9, am Sandstrand. Überdachte Plätze, Strandbar-Charakter. Es gibt zahlreiche Kleinigkeiten und Pizza. Moderne griechische Popmusik.

Liatéro 8, Cafébar am Strand. Bequeme Sessel mit Blick aufs Meer. Frühstück und Snacks den ganzen Tag. Abends Bar.

Banana 13, mit Palmen dekorierte, ansprechend konstruierte Beach-Bar im karibischen Stil auf einer Hochterrasse aus Holz direkt am Strand.

Manólo 10, Cafébar direkt gegenüber dem Hotel Íria an der Ecke. Griechische und internationale Musik. Geöffnet nur am Abend.

Südliche Westküste

Pláka und Máragas

Südlich des kleinen, felsigen Kaps mit der Kapelle Ágios Nikólaos setzen sich die kilometerlangen Sandstrände der Westküste nach Süden hin fort. Der erste kurze Abschnitt nach Agía Ánna wird Máragas genannt, dann folgt der lange Strand von Pláka, teils mit grasbewachsenen Dünen à la Nordsee. An Tavernen und Unterkunftsmöglichkeiten mangelt es nicht. Dazu kommen die einzigen beiden Campingplätze der Insel.

Gleich am Anfang beim Kap mit der Nikólaos-Kirche findet man prächtige, hoch gewachsene Wacholderbäume, ein kleines Wäldchen mitten im Sand. Südlich von Agía Ánna setzt sich die gut befahrbare Sandpiste fort, die hinter dem gesamten Máragas- und Pláka-Strand entlang nach Süden verläuft. Dank der fantastischen Strände wurde das Areal in den vergangenen Jahren in unglaublichem Tempo touristisch entwickelt. Tavernen und Unterkünfte schossen wie Pilze aus dem Boden, und die gesamte Küstenstrecke ist mittlerweile mit allem gut erschlossen, was zum touristischen Angebot gehört. Weiter im Hinterland werden die fruchtbaren

Flächen nach wie vor intensiv landwirtschaftlich genutzt.

2012/13 wurde die von Náxos-Stadt über den Flughafen verlaufende Asphaltstraße über die Zufahrt von Ágios Arsénios nach Agía Ánna hinaus rund 1,6 km weiter nach Süden asphaltiert. Vorbei an den Kirchen Ágios Panteleímon und Ágios Pétros verläuft diese Straße hinter der Küstenbebauung entlang bis zur Abzweigung, die über den Paleópyrgos hinauf nach Vívlos führt. Mehrere (nicht asphaltierte) Stichstraßen zweigen jeweils nach rechts zum Pláka-Strand ab. Somit kann man die südliche Pláka mittlerweile schneller und bequemer erreichen als über die Sandpiste von Agía Ánna. Mittelfristig ist vorgesehen, die Asphaltierung über Orkós bis an die derzeit in Mikrí Vígla endende Asphaltstraße voranzutreiben.

Agía Ánna (Sandpiste)

Máragas

Máragas-Strand

Pláka Watersports

Mike's Bik

Pláka-Stran

Basis-Infos

Bus Von/nach Náxos-Stadt im Halbstundentakt von 7.30 bis 1 Uhr nachts, in der Hauptsaison teils viertelstündlich und bis 2 Uhr. Bushaltestellen ca. alle 200 m. Der Bus wendet südlich des *Hotels Plaza Beach* und fährt die gleiche Straße wieder zurück.

Taxi Von/nach Náxos-Stadt 15–18 €.

Einkaufen Supermärkte an den Campingplätzen Máragas und Pláka, hinter *Mikes Bikes* und bei *Níkos & María*.

Mietfahrzeuge Mike's Bikes, in Pláka an der Strandstraße. Fahrräder, MTBs, Roller, Enduros und Motorräder. ☎ 22850-24975, www.naxos-bikes.com.

Wassersport Pláka Watersports, am Pláka-Strand. Windsurfing, Wakeboarding, Wasserski, Segeln, Kanu, Schlauch und Crazy Banana. www.plaka-watersports.com.

Ü bernachten

1 Studios Paradísos
3 Apartments Stélla
4 Camping Máragas
6 Villa Romantica
12 Hotel Pláka I und II
14 Pláka Camping
17 Níkos & María Studios
19 Hotel Plaza Beach
21 Médusa Resort & Suites

E ssen & Trinken

2 Paradísos
5 Manólis
7 Picasso
13 Ambeláki
15 Dolphin
16 María & Níkos
18 Pétrino
20 Maistráli

C afés

8 Café Cedar
9 Plakafe
10 Aegean Pool Bar
11 Pláka Watersports Café

Übernachten

Auch an den Strandabschnitten Máragas und Pláka finden sich zahlreiche Übernachtungsmöglichkeiten unterschiedlicher Kategorie, teils mit Pool – und auch die bestgelegenen Campingplätze der Insel.

⋙ Mein Tipp: **** **Médusa Resort & Suites** **21**, die drei Geschwister María Ángela, Ákis und Totis führen dieses elegante und gut ausgestattete Hotel im Kykladenstil mit 17

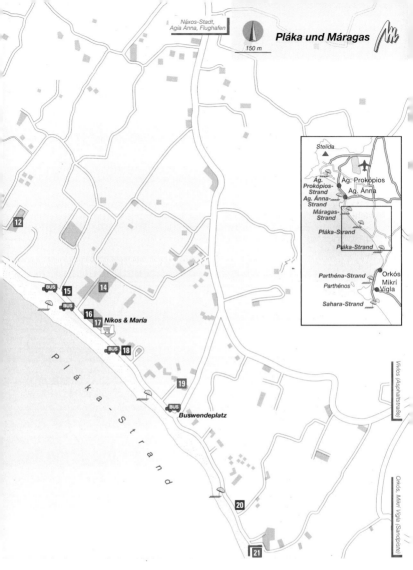

Stelida

Ag.
Prokópios-
Strand
Ag. Ánna-
Strand

Ag. Prokópios

Ag. Ánna

Máragas-
Strand

Pláka-Strand

Pláka-Strand

Parthéna-Strand

Orkós
Mikrí
Vígla

Parthénos

Sahara-Strand

12

15

14

16

17 *Nikos & María*

18

P l á k a - S t r a n d

19

BUS *Buswendeplatz*

20

21

Vívlos (Asphaltstraße)

Orkós, Mikrí Vígla (Sandpiste)

Zimmern und vier Suiten. Jede Einheit hat ihren Stil, farblich aufeinander abgestimmt, teils Designermöbel, teils rustikale oder antike Stücke. Meerblick von allen Balkonen. Hübsche Außenanlage mit Palmen, Pool und einer wunderschönen Beach-Bar. Das Essen aus der hoteleigenen griechisch-mediterranen Küche wird auch im Garten serviert. Direkter Zugang zum Meer, eigene Sonnenschirme. Sehr ruhige Lage: Erho-

lung pur! DZ 90–155 €, Suite 225–330 €. Geöffnet Mai–Okt. Am Südende der Pláka, durch die Felder ausgeschildert, ☎ 22850-75555, www.medusaresort.gr. ≪

**** Hotel Plaza Beach 19, große, moderne Anlage mit 82 komfortablen Zimmern und Suiten. Alle mit Balkon, AC, Sat-TV, Wifi und Heizung. Großer Fitnessraum und großer Pool mit Bar im Garten. Eigenes Restaurant. DZ 55–140 €. Am Südende der

Pláka-Strandstraße, ☎ 22850-29400, www.plazabeachhotel.gr.

*** Hotel Pláka I und II 🔢, in der aus zwei Häusern bestehenden Anlage werden geräumige Zimmer für bis zu 4 Pers. vermietet. Mit Balkon, Küche, AC, TV, Safe, Telefon und Wifi. 300 m zum Strand. DZ 35–100 €, 4er-Zimmer 50–110 € (Hotel II etwas teurer). Geöffnet Mai–Okt. Direkt südlich des Camping Pláka, ☎ 22850-42700, www.plakahotel.com.

Villa Romantica 🔢, Anlage mit acht Studios und fünf Apartments mit Küche, TV, Wifi. Veranda in einem Natursteingebäude am Strand südlich des Campingplatzes. Pool mit Hydromassage am Haus in einer Außenanlage mit kleinem Kinderspielplatz. Studio 45–90 €, Apartment 50–120 €. ☎ 22850-42068, www.villaromantica-naxos.gr.

Apartments Stélla 🔢, größere Anlage in einem gepflegten Anwesen etwa 200 m nördlich des Camping Máragas. 30 DZ und Apartments für 2–5 Pers., jeweils mit Bad, Küche, Sat-TV, Wifi, Heizung und Veranda. Bunter Garten mit Palmen. DZ 40–75 €, Apartment 60–125 €. ☎ 22850-42526, www.stella-apartments-naxos.gr.

Studios Paradísos 🔢, die Wirtsleute der gleichnamigen Strandtaverne vermieten auch Studios und Apartments nebenan. Alle Zimmer mit Bad, Küche, TV und Balkon/Veranda. Gartenanlage mit Palmen, ruhige Lage. DZ 40–80 €. Gleich am Beginn des Strands von Máragas, ☎ 22850-42026, www.paradiso-naxos.gr.

Níkos & María Studios 🔢, María und Níkos vermieten direkt neben ihrer gleichnamigen Taverne in der Pláka 16 Studios und Apartments für bis zu 5 Pers. Alle mit Balkon/Veranda, AC, Sat-TV, Wifi, Kühlschrank und Safe. Herzliche Wirtsleute. Studio 25–60 €, Apartment 55–100 €. ☎ 22850-42670, www.nikos-maria.com.

Wild campen und FKK

Beides ist in Griechenland gesetzlich verboten und die Bußgelder sind hoch. Wild campen wurde ab der Pláka nach Süden hin praktiziert und bisher von den Behörden weitgehend toleriert. Damit ist nun Schluss. 2013 und 2014 wurden verstärkt Kontrollen durchgeführt und Bußen verteilt, an Camper und betroffene Grundeigentümer. Wir raten daher vom wilden Campen ab. Offiziell verboten ist auch FKK, doch ab der südlichen Pláka und weiter nach Süden wird das hüllenlose Sonnen am Strand immer üblicher. Ein offiziell ausgewiesenes FKK-Gelände gibt es auf Náxos nicht.

⌒ Camping

→ Karte S. 122/123

Auf Náxos gibt es nur zwei Campingplätze, die fast direkt am Strand liegen, beide im Bereich Máragas und Pláka. Anfahrt mit den platzeigenen Kleinbussen direkt vom Hafen oder mit dem Linienbus ab Náxos-Stadt.

Camping Máragas 🔢, schöner Platz auf ebenem Gelände mit kleinen Steinchen, teils mit Schilfmatten überdacht, vorne wenig Schatten, im hinteren Teil viele große Bäume und sogar Palmen. Sanitäre Anlagen modern (Waschbecken teils in Marmor!), 24 Std. warmes Wasser. Kinderspielplatz im Gelände. Frühstücksbar und Self-Service-Restaurant (gute Preise). An der Rezeption Internet-Arbeitsplätze, Mietsafes und Bustickets. Supermarkt neben dem Platz. Es gibt Zelte, Iso-Matten und Schlafsäcke zu mieten. Vermietet werden auch 38 Zimmer und Apartments (mit Küche) auf dem Platz oder nebenan. Eigener Bustransfer zum Hafen, der Linienbus hält auch direkt am Camping. 1. Mai bis 15. Okt. geöffnet. Preise: pro Pers. 7–9 €, Kinder unter 6 J. frei, über 6 J. 50 %, Zelt 1 € (in der NS frei), Motorrad 0,5 €, Auto 2 €, Caravan/Wohnmobil 3–5 €, Mietzelt 2–4 €, Strom 2,50–3,50 €. DZ 20–50 €, Apartment 30–80 €. Direkt am Máragas-Strand, ca. 7 km von Náxos-Stadt, ☎ 22850-42552, www.maragascamping.gr.

Viel Platz, Sand, Dünen und blaues Meer am Pláka-Strand

Pláka Camping , guter Platz auf absolut ebenem Gelände, aber harter Boden. Bäume und Schilfmattendächer bieten ausreichend Schatten. Begrüntes und sauberes Areal, Sanitäre Anlagen in großer Zahl, warmes Wasser 24 Std., sogar Toiletten und Duschen für Rollstuhlfahrer vorhanden. Einrichtungen: Mini-Markt, Restaurant, Bar, Pool, Telefon, Internet-Arbeitsplatz, Mietsafe und Wäscherei-Service. Vermietet werden Zelte, Iso-Matten und Schlafsäcke. Transfer zum Hafen mit dem platzeigenen Kleinbus, Linienbus hält auch ca. 100 m vor der kurzen Stichpiste zum Platz. April bis Okt. Preise: pro Pers. 6–8 €, Zelt 2 €, Caravan/Wohnmobil 2 €, Stromanschluss 1 €. Im mittleren Bereich des Pláka-Strands, ca. 8 km von Náxos-Stadt entfernt, ✆ 22850-42700, www.plakacamping.gr.

⌒ Essen & Trinken/Cafés

→ Karte S. 122/123

Zusammen mit dem Ausbau der Übernachtungsinfrastruktur haben sich auch zahlreiche Tavernen entlang der Strandstraße angesiedelt. Sie bieten durchwegs gute Qualität und dazu oft auch romantisches Ambiente mit Meeresrauschen.

Manólis , Großraumtaverne direkt neben dem Campingplatz Máragas. Besonderer Blickfang – die Tische, die auf der anderen Seite der Straße direkt auf dem Strand unter den Tamarisken stehen. Griechische Musik, gelegentlich live, daher viel Griechenland Atmosphäre. Wirt Manólis bietet Fisch- und Fleischgerichte sowie Vegetarisches aus der Auslage. Leckere Lammgerichte und Souvláki. Preise okay.

》 Mein Tipp: Pétrino , im südlichen Dünenbereich der Pláka. Familientaverne, geführt von Anastasía & Konstantínos. Unter weinüberranktem Schilfmattendach eines Natursteinhauses inmitten eines hübsch begrünten Vorgartens. Leckere Fisch- und Fleischgerichte, Gekochtes und Gegrilltes, viele Vorspeisen und reichhaltige Portionen. Zum Auswählen der Gerichte wird man hineingebeten, wo fast alles in der Auslage zu sehen ist. Es gibt klassische griechische Küche und speziell auf der Karte ausgewiesene Gerichte der „modernen naxiotischen Küche". Dazu gehören karamellisierte Karotten, Náxos-Cake oder Fleisch vom Black-hog-Schwein. Empfehlenswert ist Lamm aus dem Ofen, Huhn mit Kräuterfüllung und Kefthédes in Auberginensoße aus dem Tontopf. Weitgehend wird mit Produkten und Kräutern der Insel gekocht. Sehr gute Qualität, blitzblank saubere Küche und aufmerksamer Service. 《

Paradísos 🔢, gleich am Beginn des Máragas-Strands. Unter einem Sonnendach an der Straße, aber mehrere Tische auch direkt am Sandstrand unter zwei uralten Tamarisken an der Piste. Ganztägig Fleischgerichte und Vegetarisches aus der Auslage. Preise okay.

Dolphin 🔢, direkt am Busstopp, Nähe Pláka Camping. Auf einer Hochterrasse unter Schilfrohrdach serviert María Fleischgerichte mit Gemüse aus eigenem Garten. Blick über die Dünenlandschaft aufs Meer. Gäste äußerten sich zufrieden.

》》 Mein Tipp: Picasso 🔢, 2012 von der Stadt nach Pláka direkt an den Strand gezogen, chillig-athmosphärisch mit Liebe zum Detail eingerichtet. Freundlich und aufmerksam geführt von der Kanadierin Debbie und ihrem griechischen Mann Strátos. Mexikanische Spezialitäten mit Produkten aus Náxos: Tacos, Nachos, Burritos, exzellente Steaks und auf dem heißen Stein servierte Fajitas. Gute Salate, dazu Margaritas und Sangría. Frühstück ab 9 Uhr mit US-Sandwiches. Frische Obstsäfte und gute Cocktails. Kinderspielplatz und Duschen auf dem Gelände. Für Gäste sind Sonnenschirme am Strand frei. Geöffnet Mai–Sept., im Juli/Aug. Reservierung: ☎ 28850-41188, www.picassoismexican.com. 《《

María & Níkos 🔢, am Pláka-Strand, direkt neben dem Campingplatz. Hübsche Strandtaverne mit Atmosphäre. Griechische Küche vom Grill und aus dem Ofen, Fisch und Fleisch. Spezialitäten von Chef Michális sind Moussakás, Souvláki und Imám. Am Abend werden einige Tische direkt am Strand auf dem Sand platziert. Alles auch als Take-away zum Strand möglich. Zimmervermietung angeschlossen.

Ambeláki 🔢, Plätze direkt an der Strandstraße unter Schilfmattendach und auch etwas zurückversetzt, nebenan den Traubengarten. Spezialitäten sind Hühnchen vom Grill, Ziegenfleisch und mit Käse gefüllte Auberginen. Die Familie kocht selbst nach eigenen Rezepten. Preise okay.

Maistráli 🔢, fast am Ende der befahrbaren Piste am Pláka-Strand. Überdachte Terrasse, etwas nach hinten gezogen und zwei Palmen davor. Griechische Küche. Nebenan werden Zimmer vermietet.

Cafés Café Cedar 🔢, chilliges Strandcafé unter einem kleinen Zedernwäldchen, Palmen und Schilfmattendächern am Pláka-Strand. Hier kann man locker den ganzen Tag verträumen. 1999 von den beiden Brüdern Tákis und Ioánnis eröffnet, heute zusammen mit ihren Partnerinnen geführt. Frühstück ab 9 Uhr, bekannt ist das Cedar aber eher für seine riesigen Salate mit eigener Saucenkreation. Freundlicher, unaufdringlicher Service.

Plakafe 🔢, neben dem Aegean Palace Hotel. Terrasse an der Strandpiste. Plätze unter Strohschirmen und Zeltdach. Tagsüber Strandcafé, abends Bar-Charakter.

Aegean Pool Bar 🔢, gehört zum Aegean Palace Hotel. Großer Pool in einem Gartengrundstück mit grünem Rasen und nur 20 m vom Meer. Liegstühle gratis bei Konsumation an der Bar.

Pláka Watersports Café 🔢, 2014 vom deutschsprachigen Eigentümer Stephan eröffnet. Frühstück ab 9.30 Uhr, Drinks, Snacks, Salate, Sandwiches, abends Cocktail-Bar. Locker bestuhlt, chillige Musik.

Mikrí Vígla und Orkós

Zwei weitere Paradestrände von Náxos mit traumhaftem Sand, klarem und sauberem Wasser. Mittlerweile touristisch gut erschlossen mit zahlreichen Hotels, Pensionen und Tavernen. In der Nebensaison noch relativ ruhig, im Hochsommer durchaus lebhaft.

Die Bucht von Mikrí Vígla ist bei Wind- und Kitesurfern ausgesprochen beliebt. In den letzten Jahren wuchs die Siedlung boomartig den Hang hinauf und entlang der Zufahrtsstraße, dennoch herrscht auch im Hochsommer kein Riesentrubel. Wunderschönes Ambiente mit Blick auf die vorgelagerte *Insel Parthénos* mit der *Kirche Panagía Parthéna* und auf die Ostküste von Páros, am Abend hell mit bunten Lichtern beleuchtet. Jedes Jahr am 28. Mai wird auf dem kleinen Eiland das Kirchweihfest gefeiert.

Direkt am Nordende des Sahara-Strandes liegt an der Zufahrt zum Beach ein kleiner *Salzwasser-Binnensee*, der im Hochsommer oft völlig austrocknet. Vorsicht in der Nebensaison! Nicht zu nahe treten oder fahren: das Ufer ist reinster Morast. Die obere, dünne Schicht sieht aus wie trockener Sand, darunter aber liegt tiefer Schlamm. Man wird zwar nicht wie der „Hund von Baskerville" im Moor versinken, doch knöcheltiefes Einsinken ist allemal möglich, und das eventuell eingesunkene Mietfahrzeug per Traktor herausziehen zu lassen ist ein teurer Spaß.

Zwei Strandabschnitte gibt es: nördlich vom Kap der ca. 400 m lange *Strand von Parthéna*, der hervorragend geeignet ist für Surfer, weil es stets Wind und Wellen gibt, meist anlandig von Norden. Feiner, weißer Sand, schattenlos, sauberes und klares Wasser, seicht und gut für Kinder geeignet. Anschließend Richtung Norden mehrere abgeschiedene, kleine Sandstrände oder Buchten, dort ist auch FKK üblich. Südlich des Kaps schließt sich der 3,2 km lange *Sahara-Beach* an – etwas geschütztere Tage, aber auch viel Wassersport, ebenfalls absolut schattenlos, in der Nebensaison einsam. Wer will, kann auf dem Sahara-Beach bis *Kastráki* wandern.

An der Zufahrtsstraße nach Mikrí Vígla steht an der Weggabelung nach Kastráki die *Pilgerkirche Agía Paraskeví*. Um die Kirche erstreckt sich ein Platz für das Kirchweihfest (am 25. Juli abends sowie am 26. Juli vormittags und abends) mit Wasserstelle und Sitzen unter einem Baum. Innen befindet sich eine hölzerne Ikonostase, ganz rechts die wertvolle Darstellung der Agía Paraskeví.

Der nördlich von Mikrí Vígla liegende *Weiler Orkós* besteht im Grunde nur aus einem Strandabschnitt mit mehreren kleinen Buchten, die immer wieder durch felsige Küste unterbrochen werden. In den letzten Jahren wurden viele Neubauten errichtet, teils Mietobjekte, teils imposante private Ferienvillen. Dahinter steigen die Hügel wieder stärker an. Am Meer beginnt hier ein langer, durchgängiger, aber oft nur schmaler Sandstrand mit kleinen Dünen, der sich nach Norden bis *Pláka* fortsetzt. Über die küstennahe Piste an Orkós vorbei gelangt man ebenfalls bis

Kite-Surfer am Strand von Mikrí Vígla

Pláka (ca. 2,5 km Sandpiste), dort Anschluss an das Asphaltstraßennetz nach Agía Ánna oder Vívlos.

Náxos-Augen – Glücksbringer aus dem Meer

An der Westküste von Náxos findet man gelegentlich eigenartige, runde oder oval geformte flache Muscheln, die von der Brandung angespült werden. Ihre Oberseite ist weiß, beige, rosa oder rotbraun und ähnelt einem Ohr, die flache Unterseite ist mit einem Spiralmuster versehen und weiß poliert. Direkt aus dem Wasser entnommen ist die Oberseite tiefrot, wenn sie schon länger in der Sonne am Strand liegen, verfärbt sie sich weiß-beige.

Dabei handelt es sich um ein sogenanntes *Operculum,* ein mehrschichtiger horniger oder kalkiger Deckel der spiralförmigen *Seeschnecke,* meist von der *Turbanschnecke.* Den Deckel bildet sie, um bei Gefahr ihr Gehäuse verschließen zu können. Nach dem Tod der Schnecke löst sich das Operculum vom Schneckenhaus und wird teils an den Küsten angespült. Mineralogisch handelt es sich bei dem Kalk um *Aragonit,* eine – wie bei echten Perlen – auskristallisierte Form des Kalziumkarbonats. Die unterschiedlichen Farbverläufe entstehen durch unregelmäßige Nahrungsaufnahme der Schnecken oder durch Änderung der Algenart, die sie verspeisen.

Die Turbanschnecke lebt in den Gewässern Südostasiens, Südafrikas und in der Ägäis. Man findet sie hauptsächlich um Náxos, daher wird sie in Griechenland „Auge von Náxos" genannt. Die Opercula werden oft zu Schmucksteinen für Ohr- und Fingerringe sowie Halsketten in Silber gefasst und von den Juwelieren in Náxos-Stadt verkauft. Sie gelten als Glücksbringer. Nach hinduistischer Überzeugung repräsentieren sie die Weisheit des „dritten Auges" von Frauen und Männern und sollen vor bösen Kräften schützen. Ihre Spirale auf der Unterseite symbolisiert Wachstum, Entwicklung und Bewegung.

Basis-Infos

Zufahrt nach Mikrí Vígla Breite, asphaltierte Inselstraße von Náxos-Stadt über Glinádo und Vívlos nach Mikrí Vígla. Vom Abzweig nach Mikrí Vígla sind es noch knapp 3 km bis zur Bucht. Am *Hotel Mikrí Vígla* teilt sich die Straße, links geht es über Schotter und Sand auf das Kap Mikrí Víglas zu, rechts oberhalb des Hauptstrandes weiter über eine Sandpiste nach Orkós.

Zufahrt von Pláka nach Orkós Abenteuerliche Fahrt über Sandpisten im Hinterland der Küste und entlang der Felder zurück an die Küste bei Orkós und dann weiter nach Mikrí Vígla. Die Küstenpiste biegt in der südlichen Pláka hinter dem *Plaza Beach Hotel* recht abrupt nach links ab und trifft dort auf die Asphaltstraße von Agía Ánna. Hier rechts bis zum Ende der Asphaltstraße. Dann der Beschilderung Mikrí Vígla/Orkós folgen und über Sandpisten durch einen Dschungel aus Feldern, die mit hohen Bambushecken und Steinmäuerchen abgegrenzt sind. Nach etwa 2 km erreicht man zuerst Orkós, weitere 500 m später trifft man auf die Asphaltstraße in Mikrí Vígla.

Bus von Náxos-Stadt je nach Saison etwa 3- bis 5-mal tägl. über Glinádo und Vívlos. Haltestelle in Mikrí Vígla direkt am Strand, danach Weiterfahrt über Kastráki nach Pirgáki und zurück nach Náxos-Stadt.

Taxi von Náxos-Stadt ca. 22–25 €.

Einkaufen Zwei **Supermärkte:** Kolóna genüber von *Flisvos Kite Center* und Stratoúris an der Zufahrtsstraße nach Mikrí Vígla.

Geldautomat Neben dem *Hotel Orkós Beach.*

Übernachten

1 Villa Moúsa Apartments
2 Studios Vrettós
3 Studios Orkós View
5 Hotel Orkós Beach
8 Studios Oásis
9 Hotel Mikrí Vígla
10 Studios Apartments Victoria
12 Corálli Apartments
14 Apartments Hippókampus Club

Essen & Trinken

4 Flísvos Kite Center
6 Kontós
7 Stélios
11 Panagía Parthéna
13 Tavérna Mikrí Vígla
14 Tavérna Hippókampus Club

Mietfahrzeuge Apollon, Auto- und Zweiradvermietung an der Zufahrtsstraße nach Mikrí Vígla. ☎ 22850-75091 und 697-3185591.

Sport Flísvos Kite Center, an der Straße am Parthéna-Strand. Kitesurfstation des Flísvos Sport Club (→ Kapitel Náxos-Stadt). Materialverleih, Shop und Schule für Windsurfen und Kiten, unabhängig, ob man Gast des Flísvos-Sportclubs ist. Geöffnet Mai–Okt. ☎ 22850 75400, www.flisvos-kitecentre.com.

Übernachten

Hotels, Apartments, Studios und Zimmer am Strand und an der Zufahrtsstraße in Mikrí Vígla und Orkós. Einige Häuser sind nur im Hochsommer geöffnet.

*** **Hotel Mikrí Vígla 9**, größere, gepflegte Anlage, weiße Bungalows mit leuchtend blauen Fenstern und Türen inmitten grüner Rasenflächen, sehr ruhig. Elegante Bar, Empfangshalle mit viel Marmor, Wifi. Insgesamt 82 Zimmer, teils mit schönem Rattanmobiliar, Bäder mit Wannen, AC, TV, Telefon und Safe. Pool im Garten, Surfschule am Meer. DZ 45–70 €. Geöffnet Juni–Sept. Am Parthéna-Strand, ✆ 22850-75241, www.mikriviglahotel.gr.

** Hotel Orkós Beach 5, in einem gut gepflegten Areal an der Straße werden 14 DZ, 23 Studios und sieben Apartments im kykladischen Stil vermietet, alle mit Bad, Balkon, AC, TV, Safe und Wifi. 30 m zum Strand. Freundlicher englischsprachiger Vermieter. DZ 50–105 €, Apartment 80–166 €. Geöffnet Ende April–Okt. In Míkri Vígla am Strand, ✆ 22850-75194, www.orkosbeach.gr.

Villa Moúsa Apartments 1, oben am Berg von Orkós. Michális vermietet drei Wohnungen in einer neuen, luxuriösen Anlage: 50-m^2-Apartment „Angelikí" für bis zu 4 Pers., 60-m^2-Apartment „Ifigénia" für bis zu 4 Pers. und 75-m^2-Apartment „Ángelos" mit 2 Schlafzimmern für bis zu 6 Pers. Alle Wohnungen mit zwei Balkonen und Panoramablick, Küche, Wohnzimmer, Dining-Balkon im Erdgeschoss, Schlafzimmer und Bad im Obergeschoss. TV, DVD, AC, Wifi und Waschmaschine. Minimalaufenthalt 3 Tage, 40–250 € für 2 Pers., über den Winter monatsweise Vermietung. ✆ 697-7386489, www.villamousa.gr.

Corálli Apartments 12, elf Apartments nur 100 m vom Strand. Alle mit Bad, Küche, AC, TV und Wifi, die meisten auch mit Meerblick-Balkonen. Einrichtung schlicht und funktional. Sonnenschirm und Strandliegen kostenlos für Hausgäste. Sehr freundlicher englischsprachiger Vermieter. 2er-Apartment 35–75 €, 4er-Apartment 50–100 €. Am Sahara-Beach, ✆ 22850-75229, www.coralli-naxos.gr.

Studios Oásis 8, acht geräumige, freund-

lich eingerichtete Studios für bis zu 4 Pers. Alle mit Bad, AC, Safe, Telefon und Sat-TV und Meerblick-Balkon. Hübsch gestaltete Außenanlage mit Pool und Bar. 2er-Studio 63–95 €, 4er-Studio 80–140 €. Geöffnet Mai–Okt. Am Parthéna-Strand, ✆ 22850-75494, www.oasisnaxos.gr.

Studios Apartments Victória 10, Anlage mit 26 DZ und Apartments, verteilt auf drei Häuser. Alle mit Bad, Küche, Meerblick-Balkon, Sat-TV und Wifi. Relativ großzügig gehalten und nur wenige Meter zum Strand. DZ 41–78 €, Apartment 51–100 €. Geöffnet Mai–Okt. Am Parthéna-Strand, ✆ 22850-75232, www.victoria-studios.com.

Studios Vrettós 2, hübsche, bunte Gartenanlage mit komfortabel eingerichteten Studios und Apartments in ruhiger Lage. Alle mit Bad, Küche, TV, Telefon und Meerblick-Balkon. Studios 40–75 €, Apartment 55–100 €. Am Orkós-Strand, ✆ 22850-24633, www.apartmentsvrettos.gr.

Apartments Hippókampus Club 14, die Eigentümer der gleichnamigen Taverne vermieten in der Nachbarschaft acht geräumige Apartments mit Bad, Kühlschrank, AC und Meerblick-Balkon. Einfache, funktionale Zimmer in ruhiger, fast abgeschiedener Lage. Haustiere erlaubt. DZ 40–55 €. Am südl. Strandende von Míkri Vígla, ✆ 22850-75477, www.hippocampusnaxos.com.

Studios Orkós View 3, Familie Salterís, Eigentümerin der Taverne Stélios, vermietet sechs Studios in ruhiger Lage für 2–4 Pers. Schönes Gebäude im Kykladenstil, kleiner, begrünter Garten. Alle Studios mit Bad, Küche, TV, AC und Meerblick. Studio 35–60 €. Geöffnet April–Okt. Oberhalb der Strandstraße von Orkós am Hang, ✆ 22850-75274, www.orkosview.gr.

Essen & Trinken

→ Karte S. 129

Die Tavernen sind nur von Mai bis Oktober geöffnet. Zumeist wunderschönes Ambiente mit Meerblick, in der Nebensaison wohltuend ruhig.

Panagía Parthéna 11, am Parthéna-Strand, gegenüber der kleinen Insel mit der gleichnamigen Kirche Panagía Parthéna. Man sitzt windgeschützt auf einer schönen Hochterrasse mit Meerblick. Fisch- und Fleischgerichte.

»» Mein Tipp: Stélios 7, am Parthéna-Strand. Sympathische Familientaverne von Geórgios und María. Wunderbare Aus-

sichtsterrasse auf die Bucht und die vorgelagerte Insel. Leckere Vorspeisen wie z. B. Auberginen im Tontopf mit Féta überbacken, Tomatokefthédes oder Dolmadákia. Hauptgerichte mit Huhn, Schwein und Lamm aus eigener Haltung. Dazu Gemüse aus dem eigenen Garten, Wein vom Fass und Käse von Náxos. Empfehlenswerte gefüllte Tintenfische und Huhn Choriatikós (nach Art des Hauses). Geöffnet April–Okt. **««**

O Kontós **6**, am Parthéna-Strand. Píta-Souvláki-Laden direkt an der Straße schräg gegenüber vom *Flísvos Kite Center*. Es gibt Píta Gýros, Píta Souvláki, Píta Kebab und Píta Veggie. Eine Handvoll Tische im Innenhof und Take-away.

Flísvos Kite Center 4, an der Straße am Parthéna-Strand. Michele und Luciana aus Italien führen neben der Surfstation ein gemütliches Beach-Café mit kleinem italienischen Restaurant. Einmal pro Woche Pizza-Buffet und Barbecue, gute Fischgerichte. Im Hochsommer fast täglich Beachparty oder Party im Café. Wifi frei. Geöffnet Mai–Okt.

Tavérna Mikrí Vígla 13, am Nordende des Sahara-Strands. Traditionelle Familientaverne von 1966 auf einer Terrasse unter Schilfmattendach, vorne eine Self-Service-Theke. Griechische Inselküche, schlicht und einfach.

Hippókampus 14, am Sahara-Strand, hinter dem Salzsee Alikí. Familientaverne mit griechischer und europäischer Küche. Gekocht wird weitgehend mit naxiotischen Produkten. Spezialitäten sind Ziegenfleischsuppe (auf Vorbestellung), gegartes Lamm aus dem Ofen und vegetarische Gerichte. Geöffnet Juni–Sept.

Kastráki

Zersiedelte Ortschaft in der Küstenebene gut 2 km südlich von Mikrí Vígla mit einigen wenigen Fischerhäusern, vielen Neubauten und dazwischen immer wieder leeren Flächen, teils Ziegenweiden. Im Hochsommer durchaus größerer Trubel. Gute Strände nördlich und südlich.

Auch in Kastráki wurde und wird leider noch immer kräftig gebaut, überwiegend private Ferienhäuser und stattliche Villen. Doch mittlerweile hat man sich auf der Tour in den Inselsüden schon gut 17 km von Náxos-Stadt entfernt. Kein Wunder, dass es hier – mit Ausnahme der Monate Juli und August – eher ruhig bleibt. Kastráki präsentiert sich recht hübsch: viele bunte Gärten, dazwischen Kornfelder und Gemüseanbau sowie einige Kirchlein und Kapellen, z. B. die schlichte *Panagía Grigoroúsa* am Weg zum Meer. Der Strand von Kastráki ist im Ortsbereich ziemlich schmal, am Buswendeplatz eher felsig. Wesentlich bessere Badestellen finden

Typisch kykladische Einraumkapelle bei Kastráki

Südliche Westküste

sich wenige Minuten südlich und nördlich des Ortes, allerdings meist völlig schattenlos. Der nördliche Strand wird *Sahara-Beach* genannt und zieht sich hinauf bis Mikrí Vígla (zu Fuß gut 30 Min.). Es ist ein sehr schöner Strand mit vielen bis an die Wasseroberfläche heranreichenden Unterwasserfelsen. An Tavernen und Unterkünften gibt es an der Inselstraße und am nördlichen Strandabschnitt eine gute Auswahl. Hinter dem Strand führt eine breite Sandpiste Richtung Norden, mittlerweile bis Mikrí Vígla durchgehend befahrbar.

Pýrgos Óskelos: Ruine eines venezianischen Wehrturms aus dem 17. Jh., etwa 500 m östlich der Straße und gut am Hang zu sehen, erreichbar über eine Schotterstraße zwischen Mikrí Vígla und Glyfáda. Die hölzerne Eingangstür des mehrstöckigen Pýrgos ist offen, das Gebäude ist daher grundsätzlich zugänglich. Innen ist die Etagendecke aus Holz notdürftig mit Bauträgern abgestützt. Eine Steintreppe führt ins Obergeschoss. Erhaltungsmaßnahmen wurden vor Jahren nur an der Außenanlage getätigt, aber nicht zu Ende geführt. Heute dient der Pýrgos als Taubenschlag. Ein freundlicher älterer Herr bewohnt das Haus gegenüber vom Eingang und begrüßt die Besucher.

Verbindungen Bus von Náxos-Stadt je nach Saison etwa 3- bis 5-mal tägl. Haltestellen in Kastráki direkt am Meer sowie an der Inselstraße (an der Tavérna Apólafsi), anschließend Weiterfahrt nach Pirgáki und zurück nach Náxos-Stadt.

Taxi von Náxos-Stadt ca. 25–30 €.

Übernachten Viele private Anbieter vermieten nur im Hochsommer. In der Nebensaison gegebenenfalls in den Zimmervermittlungen von Náxos-Stadt erkundigen.

**** Summerland Holiday's Resort, stilvolle, gepflegte Anlage, nur ein paar Meter zum Strand. Gut ausgestattete, helle Studios mit Bad, Küche, moderner Einrichtung. Ebenfalls sehr schöne Apartments mit riesigen Bädern, Küche, AC, Telefon, TV und Wifi. Zwei Pools mit Hydromassage und Bar, Restaurant auf dem Dachgarten. Zudem Tennisplatz, Kinderspielplatz, Mini-Markt; eigene Reitanlage außerhalb. DZ 60–105 €, Apartment 130–215 €. ✆ 22850-75461, www.summerland-naxos.com.

*** Aktí Kastráki Aretí Bungalows, ummauerte Bungalowanlage direkt am Nordende des Strands. Chefin Athína vermietet sieben Studios und fünf Apartments mit Balkon, Küche, AC und Safe. Restaurant angeschlossen. Juni bis Sept. Studio 45–90 €. Am Nordende des Strandes, ✆ 22850-75292, www.aktikastraki.gr.

Skála Apartments, vermietet werden zehn mit dunklen Holzmöbeln eingerichtete Apartments mit Bad, Küche, Telefon, TV. Meerblick von der Veranda, Restaurant in der Anlage. Preis 50–100 €. An der Inselstraße, neben der Taverne Apólafsi, ✆ 22850-75311, www.scala-hotel.gr.

Villa-Studios Kastráki, Geórgios vermietet 20 Studios in zwei Häusern. Geräumige Zimmer und Bäder, Meerblick von den meisten Balkonen. Begrünter Innenhof. Preis 40–85 €. Gut 200 m oberhalb des Kastráki-Strandes, ✆ 22850-75201.

Studios Dímitra, vermietet werden zwölf freundlich eingerichtete Studios und Apartments, alle mit Bad, Balkon, AC, TV. Täglicher Service. Preis 25–90 €. Im Ort, ✆ 22850-22086, www.dimitrastudios.com.

Rooms Theóni, hübsche Anlage, bestehend aus mehreren Häusern in einem bunten Garten mit Weinreben und Feigenbäumen. Theóni vermietet gut ausgestattete Zimmer mit Bad, AC, Küche und TV. Juni bis Sept. DZ 40–75 €. In der Nähe der Dorfkirche Panagía, etwa 200 m zum Strand, ✆ 22850-75432.

Essen & Trinken Mehrere Tavernen direkt an der Strandpiste, weitere an der Inselstraße.

Apólafsi, an der Straße direkt am südlichen Abzweig nach Kastráki. Tische unter einem Sonnendach mit Blick aufs Meer. Umgebung mit Bäumen und Sträuchern begrünt. Voúla kocht gute einheimische Küche, umfangreiche Speisekarte und wechselnde Tagesgerichte.

✎ **Axiótissa**, an der Straße bei Kastráki. Terrasse mit schönem Blick über die Felder aufs Meer und in die Berge. Sophía und Ioánnis, die in der Ökobewegung tätig sind, bieten Gerichte der alten griechischen Küche mit Produkten der Insel, insbesondere Fleisch, Féta und Öl von Náxos. Spezialitäten sind z. B. gegrillter Féta mit Chili und Knoblauch, Tomátokefthédes, frittierte grüne Tomaten und eine orientalische Fleischspezialität mit Tomaten und Auberginenpüree. Außerdem gibt es die naxiotischen Käse Xinomizíthra und Xinótyra. Hausgemachte Desserts, eigener Safran-Rakí. Etwas teurer. Ostern bis Okt. tägl. ab 13 Uhr, im Winter nur an den Wochenenden, gelegentlich Livemusik. ☎ 22850-75107. ∎

Kastráki Paradise, am Ende der Zufahrtsstraße direkt am Meer. Kykladentypische Strandtaverne von Wirt Ilías auf einer Terrasse unter schattenspendenden Tamarisken am Meer. Gute griechische Küche, angenehmer Service, lockere Atmosphäre. Spezialität sind Moussaká, gefüllte Tomaten, grüne Bohnen mit sonnengetrockneten Tomaten, Auberginen mit Féta, Fleisch aus der Kasserolle und frittierte Gávros.

Aretí, am Nordende der Strandstraße. Tische auf einer Hochterrasse mit Meerblick zwischen den Tamarisken hindurch. Spezialität sind Kefthédes. Ab 9 Uhr vormittags zum Frühstück geöffnet. Mai bis Okt.

Glyfáda

Sanft auslaufendes Hügelland im Südwesten von Náxos. Strand, so weit das Auge reicht, bei Glyfáda auch ein kleiner Binnensee. Viele Tavernen und Übernachtungsmöglichkeiten auf beiden Seiten der Straße.

Vor der Strandsiedlung Glyfáda liegt ein knapp 2 km langer, kurviger, weit ausgedehnter Sandstrand. Der Südteil in Richtung des *Kaps Angáli* wird auch *Angáli-Beach* genannt. Leider gibt es keine Bäume oder Sträucher, die etwas Schatten spenden würden. In der Nebensaison ist der Strand fast menschenleer, das Wasser ist klar und sauber, trotz des manchmal heftigen Windes, der auch Surfer in dieses Gebiet lockt. Blickfang ist der *Binnensee* nur wenige Meter hinter dem Strand, der auch im Hochsommer nicht austrocknet, doch zum Baden eher nicht geeignet ist. Das Areal rund um den See war früher bei Wohnmobilisten beliebt, die regelmäßigen Polizeikontrollen und hohen Bußen haben die Campszene aber einstweilen vertrieben. Die kleine *Hirtenkapelle Agía Paraskeví* aus dem 13. Jh. steht unterhalb der Straße weiter südlich: Sie ist von außen unscheinbar, doch innen findet sich in der Apsis ein altes, leider nicht mehr allzu gut erhaltenes Fresko.

Den kleinen Weiler *Kamári*, der in manchen Karten südlich des Binnensees verzeichnet ist, gibt es nicht wirklich. Die ganze Gegend heißt offiziell Glyfáda. Nur die Taverne trägt den Namen Kamári.

Verbindungen Bus von Náxos-Stadt je nach Saison tägl. etwa 3- bis 5-mal. **Taxi** von Náxos-Stadt ca. 25–30 €.

Einkaufen Supermarkt bei Glyfáda links der Inselstraße. Nur im Sommer geöffnet.

Übernachten Glyfáda Beach Hotel, María von der *Taverna Glyfáda* vermietet acht Apartments für 2 bis 5 Personen; alle mit Bad, Balkon, Küche, AC, TV, Wifi. 50–120 € je nach Einheit. Geöffnet Ende Mai bis Ende Aug. ☎ 22850-75467, www.glyfada-naxos.com.

Glyfáda View Studios, Iríni vermietet schöne, geräumige Zimmer mit Bad, Balkon, Küche, Telefon und Wifi in einer kleineren Anlage. Herrlicher Blick von der Veranda über den See aufs Meer. DZ 40–80 €. Geöffnet Juni–Sept. Am Hang oberhalb der Straße, ca. 300 m zum Meer, ☎ 22850-75288, www.glyfadaviewnaxos.com.

Glyfáda Beach Studios, zweistöckige Anlage mit kleinem Vorgarten, Terrassen und Balkone mit Meerblick. Váso vermietet DZ und Apartments mit Bad, Küche, Ventilator, TV und Wifi. DZ 40–70 €. Apartment 70–100 €. Geöffnet Juni–Sept. Etwas zurückversetzt unten am See, ☎ 22850-75221, www.glyfadabeachstudios.com.

Panórama Studios, schöne Architektur, typisch kykladische Würfelhäuser mit blauen Fensterläden. Große Zimmer mit Bad, Küche, Terrasse oder Balkon. Fantastischer

Südliche Westküste

Blick auf den See von Glyfáda und das Meer. Studio 45–80 €. Auf der Ostseite der Straße den Hang ein Stück hinauf (beschildert), ℡ 22850-75484, panor_st@otenet.gr.

Studios Filoxenía, Vassílis und María von der *Taverne Kamári* vermieten sieben Studios, etwa 100 m entfernt in ruhiger Lage. Alle mit Bad, Küchenzeile, Veranda/Balkon und TV. Studio 30–60 €. ℡ 22850-75435, www.filoxenianaxos.com.

Essen & Trinken　Glyfáda, Estiatório nördlich des Binnensees. Schattige, teils windgeschützte Hochterrasse in einem hübsch begrünten Areal mit Parkplatz am Haus. Gute Fischgerichte je nach Tagesfang, leckere Souvláki.

To Kamári, an der Straße, oberhalb des Sees, geführt von Vassílis und María. Plätze auf der Hochterrasse und im Innenraum. Schöner Blick aufs Meer und über den See. Rustikale griechische Küche, überwiegend Fleischgerichte aus eigener Tierhaltung, eigener Käse, Gemüse und Salat.

Alikó

Herrliche Dünenlandschaft, die weit ins Land reicht, unglaublich dicht mit seltenem Zedernwacholder bewachsen. Davor ein langer Strandabschnitt und viele kleine Buchten weiter südlich vor dem Zedernwacholder-Waldgebiet.

Die Südwestspitze von Náxos ist in Alikó erreicht, auf Amtsgriechisch *Kávos Kouroúpia* genannt. Hier endet die Asphaltstraße bei einigen geheimnisvoll anmutenden Ruinen. Das „Geheimnis" ist jedoch ziemlich profan: Ende der 1970er wollte man hier ohne Genehmigung ein Hotel errichten. Normalerweise war das in Griechenland früher kein Problem, doch dieser Schwarzbau fiel offenbar den seltenen Kontrollen zum Opfer. Die Ruinen musste der gescheiterte Bauherr allerdings nicht entsorgen.

Steilküste zwischen Alikó und Kap Kouoúpia

Die Steilküste in der Nachbarschaft ist felsig, dennoch gibt es rechts und links gute Sandstrände, nördlich hohe Dünen. Es bietet sich ein Traumblick. Unterhalb der Hotelruine wurde ein kleiner Anlegekai für Ausflugs- und Segelboote betoniert, daneben steht die *Kapelle Ágios Geórgios* mit rußgeschwärzten Wänden und Decke, jedoch ohne Ikonostase.

Verbindungen　Bus von Náxos-Stadt je nach Saison tägl. etwa 3- bis 5-mal. **Taxi** von Náxos-Stadt ca. 28–30 €.

Übernachten　Fáros, Elías vermietet drei DZ und fünf Studios. Zimmer mit Bad, Balkon/Veranda, AC, TV, Wifi, Safe und Kühlschrank. Studios für 5 Pers. mit Küche und Balkon. Pool neben der angeschlossenen Taverne. DZ 50–125 €, Studio 85–190 € inkl. Frühstück. Geöffnet April–Okt. Fast am Ende der Asphaltstraße, ℡ 22850-75244, www.faros-studios-naxos.gr.

Essen & Trinken　Fáros, gute Taverne hinter einem nett begrünten Vorgarten, in dem einige Tische stehen, der Rest unterm

Sonnendach. Plätze auch innen. Morgens Frühstück, tagsüber Kleinigkeiten und Erfrischungen und vollständige Gerichte zum

Lunch und Dinner, gekocht von Mutter Iríni. Preise im Rahmen. Gäste waren zufrieden. Nebenan toller Pool mit Poolbar.

An der Südwestküste von Kastráki bis Pirgáki und in den Dünen von Alikó wächst eine in Griechenland seltene Wacholderart in der Bewaldung an der Küste, der sogenannte **Zedernwacholder** (griech. *Kédro*, lat. *Juniperus oxycedrus*). Er ist nur an acht Orten in ganz Griechenland nachgewiesen, auf Náxos ist eines seiner größten Vorkommen. Die Art wird sehr alt und wächst jedes Jahr nur etwa einen Zentimeter. Schon seit Jahren wird diskutiert, das gesamte Zedernwacholder-Waldgebiet hinter Alikó unter Naturschutz zu stellen. Informationen unter www.junicoast.gr.

Pirgáki und Psilí Ámmos

Badeparadies und beliebtes Ziel für einen Tagesausflug. Mehrere breite und nach Süden offene Sandbuchten. Zwei weitere Traumstrände von Náxos!

Fast am Ende der Asphaltstraße bei Alikó zweigt eine breite Fahrpiste nach links ab. Sie führt dicht an der Küste entlang, zunächst an weit ins Wasser auslaufenden Felsen vorbei in die *Region Pirgáki*. So nennt man das Gebiet hinter dem breiten Strandabschnitt aus mehreren riesigen, oft über 100 m breiten Buchten aus feinstem, goldgelbem Sand, die eigentlich schon zur Südküste gehören. Die östlichste der Buchten trägt ihren Namen *Psilí Ámmos* („Feiner Sand") völlig zu Recht. Kein Baum und kein Strauch geben Schatten, dafür jenseits der Straße kleine Zedernwacholderwäldchen. Kristallklares, sauberes Wasser und wenige Felsen machen den Strand, der ziemlich flach abfällt, auch für Kinder gut geeignet. Bei Nordwind gibt es außerdem kaum Brandung. Während der Nebensaison ist es hier oft menschenleer, im Juli und August brechen aber auch in Pirgáki Horden von Tagesausflüglern ein. Außerdem ist die Bucht bei Windsurfern beliebt. Etwa in der Mitte des Strandabschnitts mündet ein kleiner Flusslauf ins Meer. Mehrere Tavernen und ein Mini-Markt liegen an der Sandpiste hinter der Bucht. Die Weiterfahrt nach Osten zum Órmos Agiassós ist über eine etwa 3,5 km lange Schotter-/Sandpiste durchs Landesinnere möglich.

Verbindungen Bus von Náxos-Stadt je nach Saison tägl. etwa 3- bis 5-mal. **Taxi** von Náxos-Stadt ca. 30 €.

Einkaufen Mini-Markt an der Sandpiste hinter der Bucht am Hotel Fínikas.

Übernachten **** **Hotel Fínikas**, elegante und sympathisch geführte Anlage In Strandnähe. Geschmackvoll und luxuriös eingerichtete, helle Zimmer mit Bad, Meerblickbalkon, AC, Wifi, Safe, Telefon und Sat-TV. Außenanlage mit hübschem Palmengarten, Pool, Bar und Restaurant. Fitness-raum und Mini-Markt vorhanden. DZ 130–250 €, Suite 290–390 €. Geöffnet Mai–Sept. An der Angáli-Bucht, an der Straße nach Pirgáki, ✆ 22850-75230, www.finikashotel.gr.

Psilí Ámmos, Familie Moustákis vermietet Studios & Apartments im Obergeschoss und hinter ihrer Taverne. Alle Einheiten mit Bad, Balkon/Terrasse, Küche, TV, Wifi und AC. Studio 20–40 €, App. 30–50 €. ✆ 22850-75351, www.pirgaki.gr.

Essen & Trinken **Psilí Ámmos**, am Strand, mit überdachter Hochterrasse zum Beach hin. Es gibt Erfrischungen, Kleinigkeiten und vollständige Gerichte, Fleisch und Fisch, morgens auch Frühstück.

Nótos, Café und Lounge neben dem Hotel Fínikas. Gemütliches Plätzchen mit Korbsesseln unter Zedern auf grünem Rasen und Polstersofas auf der Terrasse.

Kirche in Vívlos

Hinterland der südlichen Westküste

Die Straße durchs Landesinnere führt von Náxos-Stadt über Glinádo und Vívlos Richtung Süden und trifft bei Mikrí Vígla wieder mit der Küstenpiste zusammen. Im Hinterland teils intensive Landwirtschaft.

Etwa 3 km außerhalb der Chóra teilt sich die Inselhauptstraße: nach links über Galanádo in die Tragéa, geradeaus durchs Landesinnere in Serpentinen über Hügelkämme und durch einige hübsche, weiße Dörfer Richtung Süden. Die Straße steigt an und führt zunächst mitten durch den Ort *Glinádo*. Danach bleibt das Bauerndorf *Ágios Arsénios* rechts unterhalb liegen, von hier gibt es eine Verbindung an die Küste nach Agía Ánna. Weiter schraubt sich die Straße die Hänge hinauf nach *Vívlos*. Dort geht es ebenfalls mitten durch das Dorf, auch dort gibt es eine asphaltierte Verbindungsstraße am *Paleópyrgos* vorbei hinunter an den Pláka-Strand. Hinter Vívlos folgt weiterhin sanft gewelltes Hügelland bergab Richtung Küste bei Mikrí Vígla und von dort weiter in den äußersten Südwesten. Zwischen Glinádo und Mikrí Vígla gibt es zahlreiche Viehweiden und Ackerbau, auf den Straßen begegnet man Traktoren – und immer noch Bauern, die auf ihren Eseln zu den Feldern reiten: Seit der Krise ist Benzin teuer geworden, die Kfz-Steuern sind gestiegen – da hat man sich an die guten alten Esel erinnert ...

Glinádo

Kleines Dorf an der Straße zur südlichen Westküste, wunderschöne Hanglage mit Blick auf die Westküste und hinüber nach Páros.

Ansonsten ist der 600-Einwohner-Ort unspektakulär, mit einigen fotogenen Häusern, Kafeníon, Tavérna an der Platía, Supermarkt, Bäcker, Metzger – aber keine

Hotels oder Pensionen. An der Platía residiert das kleine **Volkskundemuseum** *(Laografikó Muscío)*, das nur unregelmäßig geöffnet ist. Zu sehen sind u. a. Möbel aus Bauernhäusern, Lampen, Keramik, Kochgeschirr, Amphoren, Kannen, Waagen, Handwerksutensilien und Geräte aus der Landwirtschaft.

Bedeutend ist die **Klosterkirche Agía Saránda** aus dem Jahr 1638 mit einigen Ikonen aus nachbyzantinischer Zeit. Die eigentliche Klosteranlage wurde in der Endphase der türkischen Besatzung zerstört, erhalten blieb nur die Kirche. Sie steht an einem kleinen Innenhof mit zwei Zypressen und einer Kiefer, ist aber meist verschlossen. Rechts neben der Tür wurde ein interessantes Relief in eine der Marmorstufen eingearbeitet. Leider fehlt der linke Teil, sodass die Jahreszahl (...36) nicht vollständig zu erkennen ist. Die Kirche gehört heute zum Áthos-Kloster Xiropotámos. Zur Kirche gelangt man etwa 50 m unterhalb der *Taverne Vláchos* rechts hinab, dann rechts und wieder links.

Hálaros – Kafeníon, Restaurant und Museum

In einem venezianischen Pýrgos aus dem 15. Jahrhundert hat Geórgios Virvílis 2010 ein Kafeníon-Restaurant mit integriertem Museum errichtet. Dabei ist der Turm nicht sonderlich hoch gebaut, da er fast an der höchsten Stelle von Glinádo steht. Wahrscheinlich diente er einst als Feuermeldeturm zwischen der Chóra und der Westküste. In den Räumlichkeiten sind Exponate von den Befreiungskriegen gegen die Türken (ab 1821) bis in die 1950er Jahre zu sehen: Möbel, eine Tracht von 1881, eine Damenweste von 1825, Uhren, Pistolen, Schwerter, ein deutscher Dolch aus dem Dritten Reich usw.

Im Restaurant mit offener Dachterrasse (wunderschöner Rundblick) und Innenraum stehen Gerichte mit lokalen Zutaten auf der Karte. Große Vielfalt an Weinen aus ganz Griechenland, sogar einige deutsche Tropfen (Pfälzer Riesling). Im Museumsshop werden Wein, Honig und Teigwaren aus griechischer Produktion sowie Bücher über die Insel verkauft.

Ganzjährig geöffnet: im Winter ab 17 Uhr im Innenraum mit Kamin, im Sommer ab 10 Uhr. Gehobene Qualität und Preise. Von der Platía in Glinádo aus beschildert, ganz oben im Dorf. ✆ 6942-704912, www.halaros.gr.

Verbindungen Bus von Náxos-Stadt je nach Saison tägl. etwa 3- bis 5-mal. **Taxi** von Náxos-Stadt ca. 10 €.

Essen & Trinken O Vláchos, große Taverne mit wunderschöner Aussichtsterrasse hinter dem Haus. Dort windgeschützte Plätze hinter Glas, außerdem Plätze vor dem Haus an der Straße. Gute griechische Landküche mit dem Schwerpunkt auf Grillgerichten. Vorzügliches Lamm. Normale Preise, gute Portionen. Am Ortsausgang Richtung Chóra.

Einkaufen Tolákis Lianikí, etwa 1 km vor Glinádo, schräg gegenüber der Tankstelle in der Rechtskurve der Straße. Fabrik für traditionelle Inselprodukte: Marmelade, eingelegte Früchte und Loukoúmia. Im angeschlossenen Verkaufsladen (Lianikí) nebenan werden die Produkte verkauft: z. B. Konfitüren von Orange, Bergamotte (Zitrusfrucht), Pomeranze und Pomeranzenschale (Wildorange), Feige, Kítro usw. Tägl. 8–21 Uhr. ✆ 22850-41822. ∎

Ágios Arsénios: Bäuerlich geprägter Ort mit rund 700 Einwohnern, etwa auf halber Höhe zwischen Strand und Vívlos. Die Zufahrtsstraße führt in einigen Kurven bergab mitten durch das langgezogene Ágios Arsénios, gelegentlich auch *Agersaní* genannt. Seinen Namen hat der Ort nicht von der großen *Dorfkirche Ágios Spirídon*, sondern von der *Kirche Ágios Arsénios,* die etwa 800 m westlich des Ortes in den Feldern steht. Die Dorfbewohner sind meist Bauern oder wohlhabendere Naxioten, die in der Stadt oder an den Stränden zwischen Agía Ánna und Pláka ein Geschäft betreiben. Dorthin führt vom Dorf eine asphaltierte Straße entlang der Felder.

Vívlos
(Trípodes)

Hübsches, größeres Bauerndorf oberhalb der landwirtschaftlich intensiv genutzten Fläche hinter den Stränden von Máragas und Pláka. Besonderer Blickfang von Vívlos sind drei Windmühlen auf dem Bergkamm über dem Ort (eine vierte steht im Unterdorf).

Wer mag, kann durch das Gassengewirr bis zu den Mühlen hinaufklettern (ausgeschildert), doch keine ist zugänglich. 2013 begannen zaghafte Restaurierungsarbeiten. Den schönsten Blick auf das 700-Einwohner-Dorf hat man von der südlich gelegenen Kirche. Die meisten Touristen halten oft nur an der Straße, um die Windmühlen zu fotografieren. Dabei ist Vívlos (auch *Trípodes* genannt) ein typisch kykladisches Bergdorf, die meisten Gassen sind von Treppenstufen unterbrochen und für Autos viel zu eng. Männer reiten noch teils auf Maultieren durch die Gassen. Der Ort lädt mit seinen bunten Türen und Fensterläden und weißen Pflastermalereien zum Schlendern geradezu ein. Fremde im Dorf sind selten und werden oft herzlich begrüßt. Die imposante Hauptkirche heißt *Panagía Tripodiótissa.*

Volkskundemuseum *(Laografikó Paradosiakó Museío):* Das mit großen Tafeln ausgeschilderte Museum in einer alten Ölmühle unweit der Windmühlen zeigt ein buntes Sammelsurium: Trachten für Männer und Frauen, Stickereien, Webereien, bäuerliches und bürgerliches Mobiliar, Teppiche, Truhen, Lampen, Koch- und Essgeschirr, Spiegel, Werkzeuge, Nähmaschinen, Waffen, Wasserbeutel aus Ziegenhaut, Sättel für Esel und Pferde und vieles mehr. Auch einige größere Objekte sind zu sehen, z. B. ein Olivenpresse, ein Mahlstein, ein Webstuhl und eine alte Telefonzentrale.

In der Hauptsaison tägl. 10–14 und 18–20 Uhr. Eintritt frei. Beschriftung der Exponate in Griechisch und Englisch.

Paleópyrgos: Hinunter in Richtung Küste liegen die spärlichen Mauerreste eines Wachturms aus hellenistischer Zeit, der leider fast vollständig abgetragen wurde. Er steht direkt rechts der Verbindungsstraße, die von Vívlos hinunter nach Pláka führt, etwa 2 km nach dem Abzweig von der Hauptstraße. Nochmals ca. 500 m weiter steht die frühchristliche *Basiliká Ágios Matthéos* links an der gleichen Piste.

Verbindungen Bus von Náxos-Stadt je nach Saison tägl. etwa 3- bis 4-mal. **Taxi** von Náxos-Stadt 12–14 €.

Adressen **Erste-Hilfe-Station** (☎ 22850-41221) und **Apotheke** im Ort, mehrere Kafenía, **Supermarkt, Bäcker** und **Metzger** – alle an der Durchgangsstraße. Am Dorfeingang von Náxos-Stadt kommend steht eine gute **Orientierungstafel** mit einem Plan des Dorfs und der Umgebung.

Essen & Trinken **Antónis**, gutes Grillrestaurant direkt an der Hauptstraße. Breites Angebot an Fisch und Fleisch. Morgens Frühstück, nachmittags Kaffee und typisch naxiotische Süßigkeiten. Empfehlenswerter Hauswein. Abends oft griechische Live-Musik.

Mílos, an der Durchgangsstraße, von der Chóra kommend auf der linken Seite. Der Name kommt von dem schönen Blick auf die gegenüber am Hang liegenden Windmühlen. Im Innenraum ein riesiges Aquarium. Essen und Preise im Rahmen.

Felsenkirche Ágios Ioánnis Theológos
bei Náxos-Stadt

Beeindruckende wild-romantische Berglandschaft im Inselinnern von Náxos

Inselzentrum und der Süden

Die mit Oliven- und Obstbäumen, Wein und Kornfeldern bedeckte Tragéa-Hochebene im Herzen der Insel ist eingeschlossen von hohen Bergketten, die an das gebirgige Kreta erinnern. Wanderer finden hier ein reiches Betätigungsfeld. Malerische Orte, Marmorsteinbrüche, zahllose alte Kirchen, rund ein Dutzend Türme aus venezianischer Zeit – und natürlich der berühmte Koúros von Flerió.

Man kann die Tragéa auf diversen Routen durchfahren und verschiedene Wege kombinieren. Die Hauptroute von Náxos-Stadt führt über *Galanádo* und *Sangrí* nach *Chalkí* und *Filóti*. Wer will, fährt von dort über *Apíranthos* weiter in den Norden nach *Apóllonas* (→ Kapitel Inselnorden). Diese Strecke ist so etwas wie das Rückgrat der Insel. Wer direkt zum berühmten *Koúros von Flerió* will, nimmt die Straße über *Ágios Thaléleos* nach *Kourounochóri*, kurz hinter *Mýli* zweigt eine Stichpiste zum *Koúros* ab. Über *Kinídaros* und *Moní* gelangt man wieder zur Hauptstrecke Chalkí–Filóti. Diese Rundtour führt im Grunde einmal um die Tragéa-Hochebene herum. Eine Alternative führt mitten durch die Tragéa, nämlich durch das grüne *Tal von Potamiá* – eine interessante Strecke, vorbei an hübschen Dörfern und dem bedeutenden *Apáno Kástro* aus venezianischer Zeit. Auch der Süden von Náxos ist längst keine Terra incognita mehr. Seit die Straßen asphaltiert wurden, ist es vorbei mit der menschenleeren Ruhe. Die Rahmenbedingungen sind gut: Es gibt quellenreiche Täler, üppige Ölbaumhaine und viel zu entdecken.

Von Náxos-Stadt nach Apíranthos

Die vielbefahrene Hauptstraße ins Inselzentrum bis hinauf nach Apíranthos ist kurvenreich, mit mächtigen Serpentinen bei Galanádo und hinter Filóti. Außerhalb der Stadt führt sie zunächst durch die flache Livádi-Ebene, dann ansteigend ins Bergland. An der Strecke liegen mehrere kleine, allesamt sehr fotogene Dörfer.

Von dem großen Kreisel beim Krankenhaus in Náxos-Stadt ist die Hauptstraße nach Chalkí gut ausgeschildert. Es geht in südlicher Richtung stadtauswärts, vorbei an Lagerhallen und kleinen Betrieben. Hier befinden sich auch etliche Tankstellen, doch an Zapfsäulen herrscht auch entlang der Straße bis Chalkí kein Mangel. Zunächst durchquert man die weite Küstenebene *Livádi* mit weitflächigem Gemüse- und Kartoffelanbau, mit Obstplantagen und Weideflächen. An den Flussläufen sieht man die obligaten Schilfhecken. Kurz vor *Galanádo* beginnt die Bergstrecke. In Serpentinen geht es den Hang hinauf, man genießt herrliche Blicke zurück über die Ebene hinweg auf Stadt und Meer. Hinter Galanádo findet sich einer der schönsten Pýrgi der Insel: der *Pýrgos Belónia*. Dahinter steigt die Straße weiter an, führt um einen Hügel herum und gibt dann den Blick auf die Hochebene *Tragéa* frei. Es folgen die Dörfer *Sangrí, Damalás* und *Damariónas,* bevor das erste Etappenziel *Chalkí,* der Hauptort der Tragéa, erreicht ist. Hinter Sangrí führt rechter Hand ein beschilderter Abzweig zum *Apalírou Kástro* und weiter zum Strand von *Agiassós* an die Südküste. In Sichtweite der Hauptstraße liegt der *Pýrgos Bazéos* aus dem 16. Jh.

Náxos – Insel der Pýrgi

Náxos ist bekannt für seine Wehrgebäude aus venezianischer Zeit, *Pýrgos* oder *Pýrgi* (Plural) genannt. Sie stammen aus dem 13.–17. Jahrhundert und sind meist große, frei stehende, mächtige Häuser mit meterdicken Mauern, Schießscharten und Zinnen (die Adelskronen symbolisieren). Die Mehrzahl steht auf verteidigungstaktisch günstigen und wichtigen Positionen frei im Land, in der Nähe landwirtschaftlich bedeutender Flächen oder inmitten der Dörfer. Ihre Besitzer waren Feudalherren, die das jeweilige Gebiet als Lehen erhalten hatten und von den Bauern der Umgebung bewirtschaften ließen. Gut verschanzt, thronten sie in ihren massiven Festungen über der schutzlosen Inselbevölkerung und waren im Fall eines Piratenangriffs meist sicher. Aber auch wirtschaftlich einflussreiche Einheimische bauten sich Wehrtürme dieser Art, um ihre Rechte gegen die Venezianer zu vertreten.

Der heutige Zustand der etwa dreißig erhaltenen Türme auf Náxos ist unterschiedlich: Von zerfallenen Ruinen bis zu komplett restaurierten und privat genutzten Wohnhäusern ist alles vertreten. Fast alle sind nach einem ähnlichen Schema errichtet: annähernd quadratische Grundfläche, zwei oder drei Stockwerke, Flachdach und eine höher als der Boden gelegene Eingangspforte mit Verteidigungserker, die nur mit einer Leiter erreicht werden konnte. Das Erdgeschoss ist absolut fensterlos, die oberen Geschosse sind mit Mini-Fenstern versehen und bestehen meist nur aus einem großen Raum und wenigen kleinen Zimmern. Die Außenwände schließen nach oben mit Schießscharten und Zinnen ab.

Eine naxiotische Besonderheit: Nach dem Abzug der Venezianer wurden in einigen der Pýrgi griechisch-orthodoxe Kirchen eingerichtet oder gleich der gesamte Bau zu einem Kloster umfunktioniert. Beispiele hierfür sind der *Pýrgos Bazéos* bei Sangrí (S. 145), der *Pýrgos Ypsilís* bei Galíni (S. 201) und der *Pýrgos Chrysóstomos* oberhalb der Chóra (S. 105). Weitere bedeutende Pýrgi aus venezianischer Zeit sind Pýrgos Agiá bei Agiá an der Nordwestküste, Pýrgos Belónia bei Galanádo, Pýrgos Pradoúna bei Engarés, Pýrgos Paleológos bei Sangrí, Pýrgos Gratsía in Chalkí, Pýrgos Markopolíti im Weiler Akádimi (bei Chalkí), Pýrgos Mavrogéni in Kourounochóri, Pýrgos Kókkos im Tal von Potamiá, Pýrgos Zefgólis in Apíranthos und Pýrgos Óskelos bei Glyfáda im Inselsüdwesten.

Neben den imposanten Wehrbauten aus venezianischer Zeit gibt es auch zwei Pýrgi aus der griechischen Antike, nämlich den *Pýrgos Chimárrou* (im Südwesten) und den *Paleópyrgos* bei Vívlos. Diese Türme unterscheiden sich deutlich von den mittelalterlichen: Sie sind nicht rechteckig angelegt, sondern rund, ohne Mörtel und vollständig aus Marmor gebaut. Weitere Details zu dieser Art von Pýrgi siehe unter *Pýrgos Chimárrou* (S. 188).

Galanádo: Das 450-Einwohner-Dorf an einem Hang der Straße nach Sangrí zeigt einige fotogene Häuser mit riesigen Bougainvilleen, ansonsten nichts Überwältigendes. Zwei Kafenía liegen sich in der Ortsmitte fast gegenüber, ein kleiner Einkaufsladen, Bäcker und Metzger sind vorhanden. Die *Hauptkirche* des Orts, *Ágios*

Pnévma (Heiliger Geist), stammt von 1780, wie eine Inschrift über dem Türsturz vermerkt. Hinter Galanádo stehen auffällig viele Kapellen an der Straße: die *Doppelkapelle Ágios Geórgios/Ágios Ioánnis* im Zentrum einer Spitzkehre rechts oberhalb der Straße, *Ágios Ephraím* etwa 100 m weiter links oberhalb und nochmals etwa 300 m weiter rechts unterhalb (wo die Mauer beginnt) die byzantinische *Kapelle Agía Iríni*, deren Fresken im Jahr 2000 restauriert wurden.

Pýrgos Belónia: Um 1600 errichteter, mächtiger venezianischer Wohnturm, kurz hinter Galanádo rechts an der Straße und nicht zu übersehen. Es ist sicherlich einer der am besten restaurierten und am schönsten gelegenen Pýrgi der Insel. Der Wohnturm ist allerdings in Privatbesitz und nicht zu besichtigen. Direkt neben dem Pýrgos steht die um 1250 errichtete eigentümliche Doppelkapelle *Ágios Ioánnis* aus rohem Bruchstein: Ihr rechtes Schiff ist griechisch-orthodox (Ikonostase), das linke katholisch (Kreuz). Die Kirchenfront zieren ein venezianischer Löwen und das Wappen der *Crispi*-Familie (Hinweis: Die Kirche steht auf Privatgelände und ist offiziell nicht zugänglich).

Sangrí: Eigentlich zwei Dörfer – *Epáno Sangrí* und *Káto Sangrí*. Beide liegen etwa 5 km hinter Galanádo rechts der Hauptstraße. Eine gut 400 m lange

Wanderweg in der Tragéa

Stichpiste von der Straße führt durch ein Pinienwäldchen nach Epáno Sangrí und dort mitten auf den Dorfplatz mit der Schule. Nach Káto Sangrí gelangt man über die am Dorfplatz in nördlicher Richtung abzweigende Straße. Der rund 550 Einwohner zählende Bauernort zeigt sich mit einigen schönen Ecken zum Fotografieren, wirkt ansonsten aber verschlafen. Blickfang sind die Windmühlen südlich des Ortskerns inmitten einer Weide. Rund um Sangrí finden sich zahlreiche bedeutende Kirchen aus byzantinischer Zeit, teils mit gut erhaltenen Wandmalereien.

Verbindungen Bus je nach Saison 4- bis 7-mal tägl. von/nach Náxos-Stadt. Abfahrt am Hafen, Haltestelle in Epáno Sangrí an der Platía mit dem kleinen Wäldchen.

Essen & Trinken *Tzónnis*, am Ortseingang von Epáno Sangrí links, dann auf der rechten Seite in einem Innenhof. Es gibt hervorragend zubereitete Gerichte der griechischen Landküche und Pizza. Wer nur ein Erfrischungsgetränk oder einen Kaffee mag, ist auch willkommen.

Teilweise wieder aufgebaut – der Tempel der Dímitra bei Sangrí

Tempel der Dímitra

Die antike Tempelruine auf einem niedrigen Hügel in den fruchtbaren Tälern südwestlich von Sangrí zählt zu den bedeutendsten antiken Sehenswürdigkeiten der Insel. 1949 wiederentdeckt, ab 1954 von griechischen Archäologen ausgegraben, nun teilweise wieder aufgebaut und in einem sehr ansprechenden Areal eindrucksvoll präsentiert.

Der Tempel im inselionischen (d. h. auf den Inseln der Kykladen entwickelten) Stil wurde um 530 v. Chr. auf einer Grundfläche von etwa 13 x 8 Metern errichtet. Er steht auf etwa 140 m Meereshöhe im sanft gewellten Hügelland südwestlich des Dorfs Sangrí. Vermutlich war die Stelle schon in geometrischer Zeit (8. Jh. v. Chr.) ein heiliger Ort. Der Grundriss des Tempels war für die damalige Zeit ungewöhnlich: Es gab zwei Eingänge an der Südseite, und der Innenraum zeigt eine quer verlaufende Reihe mit fünf Säulen. Zudem gibt es eine Vorhalle, die ebenfalls von fünf Säulen getragen wird. Die Besonderheit der Säulen ist ihre schlanke und glatte Form – auf die damals übliche Längsrillung (Kanellierung) wurde verzichtet. Die Wände des Tempels bestanden aus zwei Lagen von Marmorquadern. Der Tempel überstand anscheinend unversehrt fast ein ganzes Jahrtausend, bis man ihn im 5. und 6. Jh. n. Chr. in eine christliche Basilika umwandelte. Diese wurde irgendwann im Mittelalter von Piraten zerstört, später baute man aus den Trümmern die kleine *Kapelle Ágios Ioánnis Giroulás,* die noch heute inmitten des Tempelareals steht, aber verschlossen ist.

Bei Ausgrabungen wurden schließlich fast sämtliche Teile des ehemaligen Tempels gefunden und sorgfältig katalogisiert. Es gibt sehr wenige antike Bauten, von denen noch so viel erhalten ist – man könnte den Dímitra-Tempel fast vollständig wieder aufbauen, doch leider wurden viele Fragmente in die umliegenden Bauernhäuser integriert. Nach Abschluss der archäologischen Forschungen hat man den Tempel teilweise wieder aufgebaut, allerdings mit einigen rekonstruierten Marmorblöcken. Das Ganze ist sowohl vom Anblick als auch von der wissenschaftlichen Bedeutung her für Náxos spektakulär. Rund um den Tempel wurde das Areal aufgeräumt, ansehnlich eingefriedet, mit Natursteinwegen versehen und mit viel Oleander liebevoll begrünt. Sogar (englischsprachige) Informationstafeln wurden aufgestellt. Weitere antike Fundstücke aus der Umgebung wurden auf das Areal verbracht und werden neben dem Tempel gezeigt.

Museum: In einem Natursteinhaus westlich unterhalb des Tempels (auf einem der Wege in 2 Min. zu erreichen) sind die nicht in den Tempelaufbau integrierten Fundstücke sowie die Originale der im Tempel kopierten Marmorblöcke ausgestellt. Das Einraummuseum hat einen Preis der EU für eine harmonisch an den Stil der Umgebung angepasste Museumsarchitektur gewonnen und besteht aus zwei Bereichen:

Rechts des Eingangs befinden sich die Fragmente des archaischen Tempels aus dem 6. und frühen 5. Jh. v. Chr.: Säulenteile, Statuen, Teile von Koúroi, Kapitelle, Säulenbasen und -stümpfe, Verzierungen und Teile des Dachs. In einer Vitrine sieht man ein Modell des Tempels und nebenan eine rekonstruierte Dachkonstruktion. Sehr anschaulich lässt sich die Konstruktionsmethode nachvollziehen. Gefunden wurden auch Tonscherben aus dem 8.–6. Jh. v. Chr. und eine weitere Vitrine zeigt Tonscherben und Münzen aus byzantinischer Zeit.

Im *Außenbereich des Museums* (Hinterausgang) befindet sich eine weitere Nachbildung der Dachkonstruktion, die im Maßstab 1:50 ein gutes Bild vom antiken Bau vermittelt.

Links vom Eingang befindet sich die Sektion zur Zeit der Christianisierung. Die über dem Tempel gebaute und später abgetragene christliche Kirche wurde hier in Teilen wieder aufgebaut, soweit die Fragmente erhalten geblieben sind: weitgehend die Säulen, Teile der Dachkonstruktion und der Außenmauern. Eine Zeichnung des ursprünglichen Aussehens befindet sich links an der Wand.

Museum Di–So 8.30–15 Uhr. Eintritt frei. Fotografieren verboten. Das Tempelgelände ist ummauert, aber frei zugänglich. Anfahrt: Straßen von Epáno Sangrí und von der Westküstenstraße südlich von Vívlos. Schöner Fußweg von Epáno Sangrí (→ Wanderung 1).

 Wer der **Wanderung 1** folgt, passiert den Tempel der Dímitra etwa auf der Hälfte der Wegstrecke (→ S. 224).

Pýrgos Bazéos, Kloster Tímios Stavrós

Eindrucksvoller Wehrbau an der Straßenkreuzung kurz hinter dem Abzweig nach Sangrí. Vollständig restauriert und in den Sommermonaten zugänglich – dann als Kunstgalerie und für Theateraufführungen geöffnet.

Der Bau des Pýrgos Bazéos wurde im 16. Jh. begonnen und 1671 fertiggestellt. Bis zum Beginn des 19. Jh. diente das Bauwerk als *Nonnenkloster Tímios Stavrós*. Zur Zeit der türkischen Besatzung wurde hier eine orthodoxe Geheimschule für Kinder unterhalten. Nachdem die Nonnen das Kloster verlassen hatten, wurde es 1834

Pýrgos Bazéos: Imposanter Wehrbau aus dem 16. Jahrhundert

Eigentum des griechischen Staates. Ende des 19. Jh. erwarb die Familie Basaíos das Gebäude und restaurierte es teilweise. Seit der Vollendung des Umbaus im Jahr 2001 wird der Turm als Galerie für Ausstellungen zeitgenössischer griechischer Kunst genutzt, die nur von Juni bis August geöffnet ist. Auch wenn man sich nicht für Kunst interessiert, bietet der Pýrgos beste Möglichkeiten, die Architektur dieser Wehrtürme von innen zu sehen. Im *Innenhof* finden ebenfalls im Hochsommer Theateraufführungen vor der herrlichen Kulisse der Natursteinwand des alten Pýrgos statt. Eindrucksvoll die abgetretenen Marmorstufen am Eingang. Mitte Juni bis Ende Aug. tägl. 10–17 Uhr, Eintritt 4 €, erm. 2 €. Kleine Cafeteria und Buchladen angeschlossen (www.bazeostower.gr).

Erdgeschoss: Türstürze aus Marmor mit Inschriften. Im Raum rechts vom Eingang befindet sich die uralte hölzerne und mit Goldornamenten beeindruckend prachtvoll verzierte Ikonostase des alten Klosters. Marmorböden mit Reliefs. In einer Vitrine ein handgeschnitztes Artophoríon.

1. Stock: Über eine Marmortreppe geht es hinauf. Dort wieder mehrere Räume mit marmornen, niedrigen Türstürzen und In-schriften, die das Jahr 1679 angeben. Refektorium mit Marmortisch, gegenüber Nonnenzellen.

2. Stock: Erneut über eine Marmortreppe zu erreichen. Langer Flur und großer, in Wischtechnik angelegter Ausstellungsraum mit Fenstern. Durch eine Glastür (verschlossen) ist ein Blick auf die Dachterrasse möglich. Dort ein gemauerter Rundbogen und alte Mühlsteine.

 Unsere **Wanderung 2** führt in einem Rundkurs vom Pýrgos Bazéos aus um den Berg Ai Liás. Unterwegs passiert sie eine byzantinische Kirchenruine und eine bedeutende Höhlenkirche (→ S. 227).

Panagía Kalorítsa: Höhlenkirche südöstlich des Pýrgos Bazéos, gut 500 m den *Berg Ai Liás* hinauf. Hier soll schon im 4. Jh. ein frühbyzantinisches Kloster existiert haben. Die Kirche in einer 30 m breiten und rund 10 m tiefen Höhle stammt aus dem

11.–13. Jh. (einige alte Wandmalereien sind erhalten) und soll den Gläubigen Glück bringen, ist aber leider verschlossen. Den Hügel hinaufzuwandern bis zum Eingang (ca. 20 Min.) lohnt aber allein schon wegen des fantastischen Blicks über den Pýrgos auf die Tragéa-Ebene.

Damalás: Ein Kykladendorf wie aus dem Bilderbuch – enge Gässchen, Treppenwege, bunt bemalte Türen und Fensterläden, gekrönt von der *Kirche Agía Iríni* aus der Zeit um 1800. Der pittoreske Ort liegt am Rande der Tragéa-Ebene, bevor die Hügel Richtung Filóti wieder stärker ansteigen. Dank seiner exponierten Hanglage mit vielen steilen Treppengassen ist fast der gesamte Ort autofrei. Am Dorfeingang befindet sich der Parkplatz für die Fahrzeuge.

Verbindungen Bus je nach Saison 4- bis 7-mal tägl. von/nach Náxos-Stadt. Haltestelle an der Inselstraße, nicht im Dorf.

Einkaufen Sowohl an der Inselhauptstraße kurz vor Damalás als auch direkt am Ortseingang liegt jeweils ein **Pottery Work Shop.** Beide gehören Manólia Limpertás. Dem Töpfer bei der Arbeit zusehen, kann man gelegentlich in Damalás.

Museum Paradosiakó Liotrívi, etwa 50 m nach dem Dorfeingang rechts ein paar Stufen hinab an einer kleinen Platía: Die alte Ölmühle des Orts wurde im Jahr 2000 als eine Art Schauraum zugänglich gemacht. Sie soll noch vor 1850 errichtet worden sein, bis 1961 war sie in Betrieb. Zeichnungen, Pläne und Erläuterungen auf Griechisch und Englisch informieren über das Pressen und Verarbeiten der Oliven. Zu sehen gibt es den großen Mahlstein, der von zwei Männern rund um das Pressbecken gedreht wurde, eine gusseiserne Olivenpresse mit Abflüssen in zwei Becken, eine weitere kleine Olivenpresse, Tragekörbe, Pressmatten und eine Feuerstelle. Einst arbeiteten fünf Leute während der Ernte in der Mühle. In der Saison tägl. 9–20 Uhr, Eintritt frei.

Damariónas: Ebenfalls ein Schmuckstück unter den Dörfern von Náxos. Damariónas gleicht Damalás in vielerlei Hinsicht, nur die Kirche *Christós-Kirche* steht hier mitten im Ort zwischen den Häusern versteckt; das Kirchweihfest wird am 6. August gefeiert. Gut zwei Drittel der Gassen des 500-Einwohner-Dorfs sind mit dem Auto nicht zu befahren, auch die Mofas knattern nur durch den unteren Dorfbereich. Einkaufsladen und Kafeníon im Ort.

Wanderung 3 führt durch die beiden Dörfer Damalás und Damariónas nach Chalkí (S. 230). **Wanderung 6** beginnt in Chalkí und führt westwärts durch die Tragéa zur alten verlassenen Kirchenruine Ágios Mámas (S. 241). Auch die **Wanderung 7** (S. 246) beginnt in Chalkí. Highlight dieses Rundwegs ist die Kirche Panagía Drossianí.

Chalkí

Fein herausgeputztes Dorf mit etlichen gut erhaltenen neoklassizistischen Wohnhäusern und zwei venezianischen Pýrgi. Wunderschöne Platía inmitten des Ortes und hübsche Marmorgassen. Früher das Handelszentrum und bis nach dem Zweiten Weltkrieg der Hauptort von Náxos. Heute Hauptort des Inselbezirks Tragéa.

Die kleinen Gassen mit einigen neoklassizistischen Wohnhäusern verströmen den Charme des alten Griechenlands. Vielleicht kommen deshalb von Jahr zu Jahr mehr

In der Kítro-Brennerei Vallindrás

Nur auf Náxos möglich: Besuch in einer Kítro-Destillerie

Die Kítro-Brennanlage der Familie Vallindrás aus dem Jahr 1862 ist bis heute in Betrieb. Firmengründer Márkos G. Vallindrás übernahm die Gerätschaften von einem Vorgänger, als er 1896 seine eigene Brennerei gründete. Heute wird die Destillerie in vierter und fünfter Generation betrieben – und noch immer wird nach der ursprünglichen Rezeptur destilliert. Als einziger naxiotischer Kítro-Produzent verkauft Vallindrás sogar nach Übersee.

Der *Verkaufsraum* in einem alten Haus mit Holzdecke ist fast wie ein *Museum* gestaltet: Zu sehen gibt es eine uralte Maschine, die Flaschen im Handbetrieb verkorkt, sowie alte Gefäße, in denen die Blätter des Kítro-Baumes zerstampft wurden. Außerdem alte Krüge, Schüsseln, Lampen usw. An den Wänden hängen historische Pläne vom Haus und den früheren Anlagen. Interessant ist die Sammlung von Fotografien und Originalen alter Kítro-Etiketten. Über der Tür und neben der Theke mit der Flaschenkollektion hängt das erste Etikett, das die Familie seit 1900 benutzte. Die Diplome reichen zurück bis 1914. Hübsch anzusehen sind auch die Flaschen und Gläser in verschiedenen Farben und Größen – ein nettes und authentisches Souvenir von Náxos. In einem Raum im Hinterhof kann die alte *Kítro-Brennanlage* bestaunt werden. Allerdings wird nur zwischen Oktober und Dezember gebrannt, den Rest des Jahres steht die Anlage still.

Der immergrune, dornige *Kítro-Baum* (lat. *Citrus medica*, dt. *Zitronatzitrone*) wird 2–4 Meter hoch, stammt wohl ursprünglich aus Ostindien und gelangte unter Alexander dem Großen nach Griechenland. Der Baum hat violette Blüten, große, fleischige, 10–15 cm lange Blätter, die in antiker Zeit wegen ihres intensiven Dufts zur Parfümherstellung verwendet wurden. Systematisch kultiviert wird Kítro auf Náxos erst seit etwa 1915. Die ganzjährige Kítro-Frucht gibt es in süßer und saurer Variante. Sie sieht aus wie eine überdimensionierte und stark verformte Zitrone und ihre Größe variiert beträchtlich bis hin zu Kürbis-Ausmaßen. Dabei besitzt sie eine extrem dicke Schale, die etwa 60 % des Fruchtvolumens ausmacht. Die Blätter werden im Oktober gepflückt, die Früchte meist etwas später. Kítro wird aber nur aus dem Saft der gepressten Blätter gebrannt. Es gibt ihn in drei Sorten bzw. Farben. Die Farben dienen zum Auseinanderhalten der Alkoholstärken, beeinflussen den Geschmack aber nur unmerklich. Kítro trinkt man stilvoll aus kleinen Likörgläsern.

Farbloser Kítro ist die Naturvariante. Er wird bei der Gärung der Blätter mit etwas Zucker versetzt. Das ergibt bei einfacher Destillation eine mittlere Stärke von etwa 33 % Alkohol *(Kítro Náxou)*. Weißen Kítro gibt es aber auch in doppelt gebrannter Ausführung mit bis zu 40 % Alkohol *(Kítro Náxou Special)*.

Grüner Kítro enthält keine künstlichen Farbstoffe und keine Eukalyptus-Essenz, sondern wird bei der Gärung zusätzlich zum Zucker auch mit dem Chlorophyll der Blätter versetzt. Grüner Kítro wird in einfacher Destillation gebrannt und ist die leichteste Variante mit etwa 30 % Alkohol.

Gelber Kítro enthält ebenfalls keinerlei künstliche Farbstoffe, sondern bekommt seine Farbe durch den Zusatz von Zucker und Safran. Durch das doppelte Brennen entsteht ein stärkerer Kítro mit 36 % Alkohol.

In der Destillerie wird außerdem ein **Bananenlikör** mit 28 % Alkohol und ein eigener **Oúzo** angeboten. Bananen wachsen auf Náxos beispielsweise im Tal von Potamiá und im Flusstal bei Engarés.

Öffnungszeiten: In der NS tägl. 10–18 Uhr, in der HS tägl. 10–22 Uhr. Eintritt frei. ✆ 22850-22534 (Chóra), ✆ 22850-31220 (Chalkí).

Besichtigung: Freundliche, kostenlose Führung durch die Eigentümerfamilie. Kurze Erklärung zur Kítro-Herstellung, zu den Bäumen und zur Brennanlage in englischer Sprache. Danach Verkostung in der Stube hinter dem Verkaufsraum. Preiswerter Direktverkauf, nettes Mitbringsel!

Lage: Mitten in Chalkí in einer von der Platía abgehenden Gasse, beschildert mit „Kítro-Náxos Destillerie".

Die Blätter des Kítro-Baumes

Besucher in das rund 280 m hoch gelegene Dorf mit seiner hübschen *Platía*. Und weil mehr Besucher kommen, wächst das Dorf – jedes Jahr kommen ein paar neue Läden dazu. Chalki hat sich zu einer Art Musterdorf oder gar Freilichtmuseum entwickelt. Neben der Kirche mit dem kleinen byzantinischen Museum und der Kítro-Destillerie haben sich unterdessen auch bedeutende Kunsthandwerker niedergelassen. Alles ist fein herausgeputzt und ansprechend präsentiert. Vom wachsenden Besucherstrom wollen viele ein Stückchen abhaben.

Chalkí ist Verkehrsknotenpunkt mehrerer wichtiger Straßen: In den Inselnorden geht es weiter entweder über Moní oder über Filóti; nach Náxos-Stadt entweder über Sangrí und Galanádo oder über Tsikalarió durchs Tal von Potamiá. In diese Richtung durchquert die Straße direkt hinter Chalkí einen wunderschönen Hain mit den wohl ältesten Ölbäumen der Insel. Die knorrigen Ungetüme aus der Nähe anzuschauen sollte man sich nicht entgehen lassen. Sie waren es, die Chalkí bis zur Mitte des 20. Jh. einen bescheidenen Wohlstand bescherten.

Panagía Protóthronos Chalkíou: Die frühchristlich-byzantinische Kirche an der Durchgangsstraße war in mittelbyzantinischer Zeit der Sitz des Insel-Episkopats. Ursprünglich wurde sie dreischiffig errichtet und im späten 9. Jh. zu einem Kreuzkuppelbau umgestaltet. Im 11. Jh. wurden tonnengewölbte Kapellen angebaut. Bei Restaurierungsarbeiten wurden vier Schichten Wandmalereien bis zurück

ins 9. Jh. freigelegt. Die Fresken sind heute in den Seitenschiffen zu sehen. Die Ikonostase zeigt biblische Darstellungen auf sehr dunklem Holz, die kostbarsten Ikonen liegen hinter Glas. Die Panagía Protóthronos Chalkíou gehört zu den größten byzantinischen Kirchen der Insel.

Byzantinisches Museum: Rechts neben der Kirche, der Dorfpriester Papás Vassílis öffnet aber nur, wenn Touristenbusse in Chalkí stoppen oder genügend Leute vor dem Museum warten (fragen Sie im Kafeníon gegenüber). Links vom Eingang sind byzantinische Ikonen zu sehen, u. a. Christós, Panagía, Ioánnis und Geórgios-Darstellungen sowie Teile einer Ikonostase; auf der rechten Seite sakrale Handarbeiten und Altarschmuck; in der Mitte ein Prozessionsschrein von 1853 und, im ganzen Raum verteilt, kleinere archäologische Funde, z. B. antike Marmorfragmente. Im zweiten Raum sind Fresken aus der Kirche Panagía ausgestellt, die vor ihrer Restaurierung abgenommen und im Museum gesichert wurden. Unregelmäßig geöffnet, Eintritt frei, eine kleine Spende zur Instandhaltung wird erwartet.

Alte Gasse in Chalkí

Pýrgos Barózzi-Gratsía: Hinter der Kirche Panagía Protóthronos. Der große, gut erhaltene venezianische Wohnturm Gratsía aus dem 17. Jh., auch Pýrgos Francópoulos genannt, präsentiert sich grau und schon etwas verwittert. Interessant ist die reliefgeschmückte Tür im 1. Stock mit dem filigranen Wappen der venezianischen Familie Barózzi aus dem Jahr 1690. Das Grundstück ist von einer hohen Mauer umgeben. Der Pýrgos ist in Privatbesitz und nicht zu besichtigen.

Pýrgos Markopolíti: Ein weiterer Wehrturm, vom Gratsía die Gasse weiter, dann rechter Hand. Der dreistöckige Markopolíti-Turm wurde im späten 18. Jh. von der griechischen Familie *Polítis* errichtet und war wiederholt ein Zentrum der Aufstände gegen die Venezianer, speziell gegen die *Barózzi,* die von ihrem Turm aus Chalkí und die Umgebung beherrschten. Der Freiheitskämpfer *Márkos Polítis* wurde schließlich hingerichtet. Auch dieser Pýrgos ist nicht zu besichtigen. Interessant ist eine griechische und lateinische Inschrift aus dem Jahr 1776.

Basis-Infos

Verbindungen Bus je nach Saison 4- bis 7-mal tagl. von/nach Náxos-Stadt. Abfahrt am Hafen, Haltestelle in Chalkí an der Durchgangsstraße Richtung Filóti. **Taxi** von Náxos-Stadt ca. 25 €.

Adressen   Erste-Hilfe-Station (✆ 22850-31206) und **Apotheke** im Ort. **Geldautomat** gegenüber der Schule, an der Straßenkreuzung Richtung Filóti. **Post** an der Hauptstraße, zudem mehrere **Minimärkte** und **Kioske**. Größer **Supermarkt** an der Straße Richtung Moní.

Einkaufen/Kunst   **To Áriston,** Evangelía verkauft Produkte von Náxos und anderen Kykladeninseln wie Olivenöl, Käse, Marmelade, Rakí, Kítro, Kräuter und Gewürzmischungen, Bergtee, Süßigkeiten. Außerdem Küchenutensilien aus Metall und Olivenholz, religiöse Gegenstände, Stick- und Webarbeiten sowie handgeflochtene Körbe. Ganzjährig geöffnet, tgl. 9–16 und 18.30–22.30 Uhr. Am Ortseingang links, wo die Potamiá-Straße abzweigt.

>>> Mein Tipp: Fish & Olive Gallery, die deutsche Keramikkünstlerin Katharina Bolesch und ihr Mann Alexander haben sich in Chalkí niedergelassen und führen einen Laden und eine Galerie: eine an der Platía in einem alten Gebäude von 1609 und eine in einem wunderschön mit Marmorboden und Rundbögen restaurierten Haus gegenüber der Destillerie. Die Steinzeugkeramik mit lebensmittelechten Glasuren und der Bemalung per Hand stellt Katharina selbst her. Oliven sind Kathis Hauptmotiv, deren kunstvolle, hoch filigrane Arbeiten längst weit über Náxos hinaus bekannt sind. Stücke von ihr sind in verschiedenen Museen Europas zu sehen. Alexanders Motiv ist der Fisch. Neben Keramik werden auch Silberschmuck, Kosmetik, Olivenholzprodukte (ohne Leim), Olivenseife, Olivenöl, Lampen und kunstvolle Kochschürzen angeboten. Zusehen sind auch Werke des Bildhauers Ingbert Brunk, der mit Náxos-Marmor arbeitet. ✆ 22850-31771, www.fish-olive-creations.com. **«««**

Arómata & Géfsis, in der Gasse hinter der Spíliko Galaktoboúreko. Die beiden Brüder Dimítrios und Leonídas bieten in ihrem ansprechend restaurierten und liebevoll gestalteten Laden die Top-100-Produkte Griechenlands an, größtenteils Bioprodukte. Die meisten Produkte stammen aus Kreta, weil in Náxos nur wenige Bio-Erzeugnisse kommerziell für den Einzelhandel verpackt werden. Angeboten werden unter anderem: Olivenöl und Kítro aus Náxos, Oliven, Honig, Konfitüren, Teigwaren, Kräuter, Schokolade, Santoríni-Tomaten, Wein, Sirup und Säfte. Im Offenverkauf gibt es Hülsenfrüchte, Nüsse sowie Obst und Gemüse von Náxos.

Éra, im Zentrum, schräg gegenüber der Kítro-Destillerie. Ioánnis & Katerína stellen traditionelle griechische Marmeladen und in Sirup eingelegte Früchte nach alten Rezepten aus Zucker, Zitronensirup und der jeweiligen Frucht ohne Konservierungsmittel her. Die Früchte stammen zumeist von Náxos. Hergestellt werden etwa zehn verschiedene Sorten eingelegte Früchte und 20 Sorten Marmelade. Die „Fruchtküche" ist dem Shop direkt angeschlossen und ein Blick durch die Tür ist möglich. Angeboten werden auch neue Kreationen mit Marzipan und Schokolade. ■

Inselzentrum und der Süden

Übernachten/Essen & Trinken

Übernachten *** **Motel Chalkí**, kein Motel, sondern ein Apartmenthaus mit Garten. Vermietet werden drei großzügige und recht luxuriös ausgestatte Apartments mit Küche, Wohnraum mit Sofa und Kamin, Bad und Balkon, TV, AC, Heizung, Telefon und Wifi. DZ 80–150 €. Ganzjährig geöffnet. In einer Seitengasse vom Zentrum, gegenüber der Destillerie. ✆ 22850-31365, andrielos_b@otenet.gr.

Essen & Trinken   O Giánnis, Taverne unter einer Akazie an der wunderschönen (autofreien) Platía Ioánnis im Zentrum des Dorfs. Traditionelle Grillspezialitäten, Salate, Vorspeisen und Snacks. Umgebung liebevoll mit vielen Topfpflanzen dekoriert. Allerdings ganz auf Tagestouristen eingestellt, daher gesalzene Preise. Besser vorher nach der Karte fragen.

Il Basilico, ein italienisches Paar bietet Küche aus seiner Heimat in einem begrünten Steingarten unterhalb der Platía in einer Seitengasse. Es gibt Pasta, Menüs und Tagesgerichte. Gehobene Küche und Preise.

Patisserie Gliká Soí, direkt neben dem Vallindrás. Nachdem die gut Deutsch sprechende Christína Faliérou in den letzten Jahren mit ihren selbst gebackenen Kuchen und Torten bekannt wurde, hat sie ihr ehemaliges „Café Citron" nun in „Süßes Leben" umbenannt. Selbstverständlich gibt es alles wie bisher, auch Kítro und Snacks. Inselbekannte Spezialität ist ihre Orangentorte.

To Spítiko Galaktoboúreko, an der Durchgangsstraße etwa oberhalb der Hauptkirche. Weithin bekannt für sein leckeres Galaktoboúreko, auch zum Mitnehmen. Sitzplätze unter einem Laubendach direkt an der Straße. Sehr freundliche Wirtin und ganzjährig geöffnet.

Citron Café, in der rechten Seitengasse der Platía. 2014 in einem restaurierten Stadthaus eröffnetes Café. Lauschiges Plätzchen draußen auf der Gasse, nebenan mit Bänken und im Innenraum. Es gibt Wein, Bier, Cocktails und Kaffee. Ganztägig offen.

Kalóxylos

Kleines, eher unscheinbares Dorf neben Chalkí. Schöne kykladentypische Gässchen zum Schlendern und ein neues Volkskundemuseum.

Rund 300 m nach dem Abzweig Richtung Moní zweigt eine asphaltierte Straße nach links von der Hauptstraße Richtung Filóti ab. Sie führt direkt in den kleinen Dorfkern von Kalóxylos. An der kleinen Platía steht die mächtige *Dorfkirche Agía Triáda*, dahinter befindet sich das neue *Volkskundemuseum*. Der Ort bietet Gelegenheit, durch ein typisches innernaxiotisches Bauerndorf zu schlendern und sich an der Kykladenarchitektur zu erfreuen.

Volkskundemuseum *(Laografikó Museío Kalóxylou):* Der in Kalóxylos ansässige Flórios Chorianópoulos hat die Ausstellungsstücke für sein privates Museum von überall aus dem Inselzentrum zusammengetragen und präsentiert sie im jahrhundertealten Steinhaus der Familie.

Öffnungszeiten: Im Sommer tägl. 9–16 Uhr, im Winter auf Anfrage. Eintritt 2 €, Kinder frei. Fotografieren erlaubt.

Im **Eingangsraum** sind u. a. Uhren, Pfeifen, Münzen, Kriegsorden, die alte Einrichtung eines Wohnzimmers sowie ein Grammophon von 1907 zu sehen. Im linken **Nebenraum** finden sich Beutereliquien der Deutschen Wehrmacht aus dem Zweiten Weltkrieg, griechische Waffen sowie eine Waa-ge von 1942, Schuluniformen, Nähmaschinen, ein alter Ofen mit Küchengegenständen ... Im rechten **Nebenraum** ist eine kleine Sammlung griechischer Schattentheaterfiguren zu sehen, dazu eine Rakí-Brennanlage, Utensilien die zur Käseproduktion, Geräte aus einer Schreinerwerkstatt und vieles mehr.

Highlights im **Obergeschoss** sind ein griechischer Webstuhl für Schafwolle (um 1850) sowie die einzige auf Náxos erhaltene Werkstatt eines Seilmachers aus dem Jahr 1920. Aus den Seilen wurden die Matten für die Olivenpressen gefertigt. Zu sehen sind historische Schuhmacherwerkzeuge, ein alter Schultisch, ein Rollstuhl für verwunde-te Soldaten, eine Wurstmaschine von 1960 und mehr. Der hintere **Raum im Oberge-schoss** zeigt die Einrichtung des Wohn-raums und Schlafzimmers mit Originalbett, Stuhl, Waschtisch und Kleidungsstücken des Großvaters.

Filóti

Das größte Dorf im Inselzentrum liegt malerisch wie ein griechisches Thea-ter am Fuße des Zas, mit frisch gekalkten Kubenhäusern und der lebhaften, mitten durch den Ort führenden Straße. Beliebtes Ziel für Tagesausflüge – die Tavernen an der Platía sind gut besucht.

Die *Platía Géfira* an der Durchgangsstraße mit ihren Kafenía und Tavernen unter Akazien und Platanen ist ein idealer Stopp für einen Kaffee oder zur Mittagsrast. Die Einheimischen freuen sich über jeden Besucher. Trotz größerer Massen, die im Sommer in den 1500-Einwohner-Ort einfallen, wird man überall herzlich begrüßt. Wenn ein Linien- oder der Touristenbus hält, bricht Hektik und Betriebsamkeit aus. Erst am Abend, wenn die Tagesausflügler den Ort wieder verlassen haben, kommt der romantische Charakter von Filóti wieder zum Vorschein. Man sieht, dass die Einheimischen in den letzten Jahren mit den Tagesgästen gut verdient ha-ben – und man pflegt sein Kapital und seine Traditionen. Filóti empfängt die Fremden immer fein herausgeputzt, die Häuser frisch gekalkt, Pflasterblumen auf den Gassen – der Ort ist ein Highlight fürs Auge. Und er ist bekannt für sein gutes Lamm- und Ziegenfleisch sowie Käse.

In Filóti ist der Ostrand der Tragéa erreicht, hinter dem Dorf geht es in Serpenti-nen steil hinauf ins Zas-Massiv. Und auch die Straße an die einsame Südbucht von Kalandós zweigt in Filóti von der Inselhauptroute ab.

Über das malerische Filóti erhebt sich majestätisch der Berg Zas

Inselzentrum und der Süden

In den Seitengassen ist Filóti deutlich ruhiger, fast verschlafen und ursprünglich geblieben. Gegenüber der Bank kann man die breite Treppe zur Kirche *Panagía*

Filotítissa mit ihren verspielten Glockentürmen hinaufsteigen. Hier gibt es ein kleines *Dorfmuseum*, das aber bei der letzten Recherche 2014 geschlossen war. Es gehört der Kirche, man kann beim Kirchenamt (das Haus gegenüber der Kirche) nachfragen, ob es wieder zugänglich ist. Die Kirche ist Ort einer der größten Panagía-Feiern (15. August) auf der Insel. Am hinteren Ende des Gotteshauses zieht sich rechts ein Gässchen hinauf, das am noch bewohnten *Pýrgos Barózzi* der Adelsfamilie *De Lastic* endet (laut Marmorrelief 1718 erbaut). Beim Feigenbaum führt das schmale Gässchen wieder hinunter zur Hauptstraße. Sehenswert ist auch die *Kirche Kímissi tis Theotókou* mit einer Ikonostase aus Marmor. Die kleine Kapelle *Ágios Kosmás* steht als markanter Orientierungspunkt im Scheitel der Abzweigung zum Pýrgos Chimárrou, etwa 500 m nach dem zentralen Dorfplatz rechts der Straße in Richtung Apíranthos.

Malerischer Winkel in Filóti

Numismatisches Museum *(Syllogí Ellinikón Nomismáton)*, an der Durchgangsstraße oberhalb der Platía, beschildert mit *Collection of Hellenic Currencies*. Die Sammlung wurde nach der Einführung des Euro begonnen.

Öffnungszeiten: Unregelmäßig geöffnet, genaue Zeiten sind nicht bekannt. Eintritt frei. www.naxos-filoti.gr/NaxosFilotiMuseum.aspx?lang=de.

Zu sehen sind Münzen und Scheine, die früher griechischsprachigen Raum im Umlauf waren. Aus **Griechenland** sind dies osmanische Münzen, Münzen von Kapodístrias (1868) und der Drachme aus der Zeit von König Otto (1833), von König Geórgios I (1868), aus der 1. Republik (1926), von König Pávlos (1954) und König Konstantínos (1966), aus der Diktatur (1970) bis zur Drachme der Metapolítevsi (1976), dazu Nationalbank-Scheine von 1841 bis 1927, Scheine aus der deutschen und italienischen Besatzungs-

zeit im Zweiten Weltkrieg, Scheine des Königreichs Griechenland (1940–1950), Staatsanleihen von 1944, Pfundscheine der britischen Militärbehörde von 1943, die parallel zur Drachme im Umlauf waren …

Aus **Zypern** zu sehen sind osmanische, indische und britische Münzen (die für Zypern ausgegeben wurden und bis 1963 gültig waren), Münzen der Republik Zypern ab 1963, Scheine der zyprischen Zentralbank von 1961 bis 2008. Aus **Kreta** sind Münzen des Staates Kreta aus der Zeit von 1897 bis 1913 (als Kreta unabhängig war) sowie Geldscheine der Kretischen Bank aus der Zeit der Unabhängigkeit zu sehen.

Basis-Infos/Übernachten/Essen & Trinken

Verbindungen **Bus** ab Náxos-Stadt je nach Saison 4- bis 7-mal tägl. Haltestelle in Filóti direkt an der zentralen Platía. **Taxi** von Náxos-Stadt ca. 25–28 €.

Adressen Erste-Hilfe-Station (☎ 22850-31404) und mehrere **Banken** an der Platía. Dort auch drei Geldautomaten. **Postamt** und **Postbank** unterhalb der Platía an der Durchgangsstraße. Eine **Apotheke** liegt in einer Seitengasse links hinter der Platía.

Einkaufen **Bäckerei** etwas unterhalb der Platía. Mehrere **Metzger** entlang der Durchgangsstraße weiter oben. Dort auch zwei größere **Supermärkte** sowie Obst- und Gemüse-Läden.

Übernachten Filóti ist ein klassisches Tagesausflugsziel, das Angebot an Privatzimmern entsprechend gering.

Rooms Baboulás, unterhalb der Tavérna Baboulás. Die Wirtsfamilie vermietet sechs geräumige, in dunklem Holz gehaltene Zimmer, alle mit kleinem Bad. Fragen Sie in der Tavérna Baboulás. DZ 30 €, 4er-Zimmer 60 €. ☎ 22850-31404, kiriaki.vasilaki@yahoo.com.

Essen & Trinken Fast ein Dutzend Tavernen und Cafés an der Durchgangsstraße, die meisten an der Platía und praktisch alle auf Tagestouristen eingestellt.

Baboulás, Taverne und Kafeníon auf der westlichen Straßenseite. Vorteil: angenehm auf der windgeschützten Seite Filótis. Immer viel los, deshalb ist der Grill auch in der Nebensaison schon mittags angeheizt. Traditionelle einheimische Küche, Spezialität Kondosoúvli, Hühnchen in Weinsauce, Kokorétsi, Lamm vom Grill. Selbst gekelterter Hauswein, eigenes Olivenöl. Freundlicher Familienbetrieb seit 1965: Vater und Mutter kochen und die drei Töchter bedienen die Gäste.

Lykoúris, an der Durchgangsstraße etwa 200 m oberhalb der Platía. Plätze auf der Terrasse an der Straße. Ländliche griechische Grillküche vom Schwein, Lamm und Huhn. Normale Preise.

Karavasiolios, an der Durchgangsstraße, etwa 200 m oberhalb der Platía. Grilltaverne mit guten Fleischgerichten. Bekannt auch für seinen sehr guten Ziegenkäse. Man spricht nur Griechisch.

O Plátanos, Kafeníon unter den Platanen am alten Dorfmittelpunkt. Ältestes und traditionell griechisch gebliebenes Kafeníon am Platz, geführt von dem jungen Geórgios.

To Káto Gefíri, Café mit einer großen Terrasse an einer Seitenstraße unterhalb der Platia. Von Chalkí kommend an der Platía rechts.

Neben dem Plátanos das Kafeníon **Plátsa** und gegenüber auf der anderen Straßenseite das Kafeníon **Karrá**. Gleich daneben die Café-/Grilltaverne **Nikólas**.

Von Filóti nach Apíranthos

Die Straße schraubt sich weiter hinauf ins innere Bergland, hinter Filóti in mächti zu sehen gen Serpentinen. Kurz hinter dem Ortsausgang zweigt eine asphaltierte Straße zum Ausgangspunkt des Aufstiegs auf den Zas über die Zas-Höhle ab (→ Wanderung 9, S. 253). Gut 2 km hinter Filóti zweigt auch die Straße nach Danakós, zum Kloster Fotodótis und zur Kapelle Agía Marína rechts ab. Dort beginnt die kürzere und leichte Aufstiegsmöglichkeit auf den Zas (→ Wanderung 8, S. 250). Nach Apíranthos weiter steil hinauf, bis das hübsche Bergdorf mit seinem Pýrgos im Blickfeld auftaucht.

Kirche Agía Iríni Chrysovalántou: Große, zu Anfang des Jahrtausends errichtete Kirche auf einem mit Natursteinmauern eingefriedeten Plateau oberhalb des Abzweigs der Stichstraße zur Zas-Höhle, etwa 500 m hinter Filóti. Die Kirche ist ein großer Kreuzkuppelbau, aber ohne die übliche Ikonostase, stattdessen mit einem Kruzifix, rechts und links einigen Ikonen sowie sakralen Gegenständen. Interessant ist das Relief des byzantinischen Doppeladlers im Boden, das Symbol der griechisch-orthodoxen Kirche. Neben der Kirche finden sich einige Wirtschaftsgebäude hinter Arkaden. Sie waren als Altenwohnheim vorgesehen, wurden aber noch nicht fertiggestellt.

Kirche Ágios Ioánnis: Große Kirche auf einem Plateau, knapp 2 km vor Apíranthos direkt an der Straße. Ikonostase aus weißgrauem Zas-Marmor von 1911 mit drei großen Ikonen, ganz rechts die Darstellung des Johannes. Außen erstreckt sich ein schöner Kirchenvorplatz, gleißend hell in weißem Marmor. Herrlicher Blick auf die Berghänge und Páros im Hintergrund, ideal für eine Rast unter der riesigen Platane im Hof. Gegenüber am Hang steht eine sehr schön erhaltene Windmühle.

Essen & Trinken Rotónda, Café, Bar und Restaurant an der Inselstraße auf rund 610 m Meereshöhe neben der Kirche Ágios Ioánnis. Die coole Location direkt über dem Abgrund der Felswand wurde 2012 eröffnet. Es bietet sich ein Superblick über die gesamte Tragéa bis nach Náxos-Stadt, bei klarem Wetter sind neun Inseln zu sehen. Toller Ort, um den Sonnenuntergang zu genie-ßen. Das Rundgebäude wurde mit Natursteinen errichtet, zwei hübsche Aussichtsterrassen wurden mit viel Grün und Liebe zum Detail angelegt. Angeboten werden Frühstück, Snacks, Salate, hausgemachte Süßspeisen und traditionelle Gerichte vom Grill. Nach Sonnenuntergang Barbetrieb im Innenraum. Geöffnet Juni bis Ende Okt. tägl. ab 10 Uhr bis tief in die Nacht.

Apíranthos

Der pittoreske Ort auf etwa 600 m oben in den Bergen zählt zu den ältesten Dörfern der Insel. Möglicherweise wurde Apíranthos bereits im 10. Jh. von Kretern gegründet, urkundlich erwähnt wird es erst 1413. Ein eigener, dem Kretischen ähnlicher Dialekt, ja fast schon eine eigene Kultur haben sich erhalten. Apíranthos war einst ein Zentrum der umliegenden Bergwerksregion, heute ist es Besuchermagnet für Tagesausflügler.

Marmorgepflasterte Gassen, Treppen und gepflegte venezianische Wohnhäuser zeugen von früherem Wohlstand. Ein sorgfältig restaurierter Wohnturm erhebt sich über dem Ort. Abseits der langen, schmalen Hauptgasse ist Apíranthos ein Labyrinth aus weiß gekalkten Bruchsteinmauern und -häusern, das immer wieder neue Überraschungen bietet. Lange, überwölbte Gässchen aus Natursteinplatten, Treppen, die unvermutet an Haustüren enden, auf den Stufen „geparkte" Maulesel. Oft finden

Das schöne Apíranthos liegt hoch oben in den Bergen

sich an den marmornen Türstürzen der Häuser Reliefs und Inschriften, die das hohe Alter der Gebäude dokumentieren. Apíranthos galt 1960 als das größte Dorf der Insel. Die Abwanderung zeigte seitdem tiefe Spuren, scheint jedoch durch den Tourismus einstweilen gestoppt. Heute leben im Sommer rund 1000 Menschen im Ort.

1988 wurde Apíranthos mit dem Titel *Kulturelles Dorf Griechenlands* gekürt, womit eine sichtbare Erneuerung der mittelalterlichen Bausubstanz verbunden war. Verfallene Häuser wurden restauriert, Ruinen beseitigt, das Dorfbild aufpoliert. Zudem wurden mehrere kleine *Museen* eröffnet, die allein den langen Weg hinauf nach Apíranthos lohnen. Auch mehrere gute Tavernen ziehen die Tagesausflügler an. Im Hochsommer kehrt oft erst abends wieder Ruhe in dem friedlichen Bergdorf ein, das im Winter ein ganz anderes Gesicht

In den romantischen Gassen
von Apíranthos

zeigt: Dann fällt gelegentlich Schnee, und selbst im Frühjahr ist der Ort oft noch dicht eingehüllt in eine Wolkendecke, die sich am Zas-Massiv staut, während über dem Rest der Insel die Sonne scheint. Nebelschwaden sorgen dann in den engen Gassen für eine fast filmreife, gespenstische Szenerie und geben Apíranthos eine ganz besondere Atmosphäre.

Eine schöne Abwechslung bietet der Abstecher nach *Moutsoúna* hinunter an die Ostküste (→ S. 191). In vielen Serpentinen geht es steil hinab zum ehemaligen Verladehafen der Schmirgelbergwerke, dort gibt es auch einige gute Strände. Von Apíranthos nordwärts führt die Straße weiter bergauf bis zur großen Kreuzung *Stavrós Keramotí*. Hier Anschluss an die Hauptverbindung in den Norden, nach *Kóronos* und *Apóllonas* – oder über *Kinídaros* und *Mélanes* zurück nach Náxos-Stadt.

Sehenswertes

Kleine Überraschung: Es gibt mittlerweile fünf *Museen* in dem stillen Ort (→ Karte), alle in Privatinitiative gegründet und ein Grund mehr, Apíranthos einen Besuch abzustatten. Außerdem thront hoch über dem Ort der *Pýrgos Zefgólis*, auch *Pýrgos Sommarípa* genannt. Der frühere Wohnturm der Familie Zefgóli aus dem 17. Jh. mit dem großen Rundbogen ist quasi direkt an die Felswand angebaut. Sehenswert ist auch die große, dreischiffige *Kirche Panagía Apiratítissa* aus dem 18. Jh. (auch *Kímisis tis Theotókou* genannt) gleich am Dorfeingang. Ihre Ikonostase aus grauem Zas-Marmor zeigt zehn Ikonen, in der Mitte ein bemaltes Flügeltor. Ein bekannter Kirchenkünstler aus Tínos hat die Ikonostase geschaffen. Die hohe Kirchenkuppel ist innen blau und mit Sternen bemalt. Eindrucksvoller, alter Marmorboden, auch der Glockenturm aus viel Marmor.

Archäologisches Museum *(Archaiologikó Museío):* Das interessante Museum liegt etwa in der Mitte der Hauptgasse auf der rechten Seite. Ausgestellt sind neben Funden aus der Stein- bis Bronzezeit kykladische Idole aus Marmor und – der Clou –

Inselzentrum und der Süden

Steinplatten aus dem dritten vorchristlichen Jahrtausend mit eingeritzten astronomischen Zeichen sowie ersten Darstellungen von Menschen, Tieren, Jagdszenen. Die Wandmalereien stammen fast alle aus frühkykladischen Siedlungen an der Ostküste, die im Gegensatz zu heute einst dicht besiedelt war; sie wurden von Bauern beim Pflügen ihrer Felder gefunden und sind einmalig in ganz Griechenland. Bedeutsam sind außerdem die protohellenischen Schriftzeichen, also Überreste der ersten griechischen Schrift. Gründer des Museums war *Manólis Glézos*, in Griechenland bekannt als einer der Männer, die während der deutschen Besatzung in einer Partisanenaktion die Hakenkreuz-Flagge von der Athener Akrópolis entfernten. Fotografieren verboten, Postkarten mit Ansichten der wichtigsten Exponate gibt es in den Souvenirläden an der Hauptgasse.

Öffnungszeiten: Mai–Okt. Di–So 8.30–15 Uhr, Mo geschlossen, Eintritt frei.

Rundgang: Vitrine 1 zeigt frühkykladische Marmorvasen und -schalen sowie Utensilien zur Farbbearbeitung. In **Vitrine 2** und in **Vitrine 3** sind Fragmente frühkykladischer Idole aus Marmor sowie Marmorwerkzeuge ausgestellt. Die **Vitrinen 4, 5, 6** zeigen frühkykladische Gefäße (Steinschalen, Tonkrüge etc.) aus dem 3. Jt. v. Chr., die im östlichen Teil von Náxos gefunden wurden. **Vitrine 7** zeigt römische und frühchristliche Öllampen sowie die in Stein gemeißelten

Bilder von Menschen bei der Jagd, beim Tanzen und bei der Schifffahrt. Auf dem Tisch im Eingangsbereich **(Vitrine 8)** prähistorische Steinwerkzeuge sowie Bronzewerkzeuge und -waffen. **Vitrine 9** enthält neuzeitliche Mörser, Tongefäße, Steinschalen und große Vasen. In **Vitrine 10** nochmals in Fels gemeißelte Szenen aus dem menschlichen Leben.

Zudem gibt es u. a. weitere Felsenbilder, ein Dreifußgefäß aus geometrischer Zeit (8. Jh. v. Chr.), unvollständige Büsten sowie eine Statuette zu sehen.

Für die folgenden vier Museen gibt es ein **Kombiticket** für 2,50 € Euro pro Person, das in allen Museen am gleichen Tag gilt.

Historisch-Naturkundliches Museum *(Istorikó Museío)*, an der Durchgangsstraße Richtung Kóronos, ein paar Meter nördlich der Kirche Panagía Apiratítissa. Präsentiert werden auf kleinem Raum u. a. Meerestiere, Korallen, Schwämme, die Flossen eines Schwertfischs, in Alkohol konservierte Pilze und diverse Fische (z. B. Schwertfisch, Skorpionfisch), Vogelnester, Schädel und Hörner von Ziegenböcken, Fossilien sowie Mineralien. Und in einem 7000-Liter-Aquarium tummeln sich Meerespflanzen und Fische.

In der Nebensaison tägl. 10.30–16.30 Uhr, in der Hauptsaison tägl. 11–18 Uhr. Eintritt 2,50 € (Kombiticket).

Geologisches Museum *(Geologikó Museío)*, an der Durchgangsstraße Richtung Kóronos, etwa 50 m hinter dem Parkplatz an der Kirche Panagía Apiratítissa. Die Ausstellung mit rund 2000 Exponaten befindet sich in einem großen, verwinkelten Schauraum mit vielen Vitrinen und offen auf Tischen liegenden Stücken. Die Beschriftung mit Ausnahme der Fundorte ist ausschließlich griechisch. Es existiert ein kleiner Orientierungsplan auf Englisch. Ein besonderer Service sind die Mikroskope zur genaueren Betrachtung einiger Exponate. Gründer des Museums war der einheimische Mathematiker *Michális Bardánis*. Die freundliche Spiridoúla führt durchs Museum und erklärt ein wenig auf Englisch. Einige Mineralien aus Náxos (vor allem Korund und Marmor) werden auch zum Verkauf angeboten. Zudem gibt es eine reichhaltige geologische *Bibliothek* mit Fachliteratur auf Griechisch, Deutsch und Englisch.

Öffnungszeiten: In der Nebensaison tägl. 10.30–16.30 Uhr, in der Hauptsaison tägl. 11–18 Uhr. Eintritt 2,50 € (Kombiticket).

Mineralien und Gesteine: Marmor und Granit von Náxos, Schwefel von Mílos, Talk von Páros, Lava von Santoríni, Steine aus Sýros und Tínos, Magnetit, Bergkristall, Calcit, Turmalin von Náxos, vulkanisches Glas von Délos, Barit von Anáfi, Bauxit für die Aluminiumproduktion, eine beeindruckende 1,5 m hohe Amethystdruse. Vitrine mit Korund aus Kinídaros, Quarz aus Sérifos. Fragmente von Stalagmiten und Stalaktiten, die wichtigsten und interessantesten Mineralien und Gesteine aus aller Welt. In der Ecke rechts eine kleine Vitrine mit fluoreszierenden Mineralien, die unter UV-Speziallampen leuchten (die Wärterin löscht das Licht und schaltet die UV-Lampe ein – auf Nachfrage).

Fossilien: Überwiegend paläontologische Funde. Versteinerte Schnecken, Meerestiere, Fische und Korallen aus Náxos und Griechenland, in Gestein eingelagerte Blätter aus Santoríni, versteinertes Holz, Pinienzapfen, Elefantenknochen (am Strand von Moutsoúna angespült), Giraffenknochen, Pikermik-Pferde-Knochen …

Werkzeuge: Mit Korund aus Náxos beschichtete Metalltrennscheiben und Schleifpapier.

Volkskundemuseum *(Laografikó Museío)*, an der Platía im oberen Bereich der Hauptgasse. Eine steile Treppe führt hinter der Platane zum Museum, ein Nachbau eines traditionellen apiranthitischen Bauernhauses aus dem 19. und frühen 20. Jh. mit allem möglichen Hausrat und Bekleidungsstücken. Hübsches Sammelsurium mit rund 1200 Exponaten, in dem man sich stundenlang aufhalten kann. Das Museum ist *Ioánnis Katiná* gewidmet, der aus Apíranthos stammt, der Befreiungsbewegung im Zweiten Weltkrieg angehörte und 1944 starb. Gegründet wurde das Volkskundemuseum 1966, es blieb aber während der Militärdiktatur geschlossen und wurde erst 1987 wieder geöffnet. Leider wurden in diesen unruhigen Jahren zahlreiche Stücke bei Einbrüchen entwendet.

Öffnungszeiten: In der Nebensaison tägl. 10.30–16.30 Uhr, in der Hauptsaison tägl. 11–18 Uhr. Eintritt 2,50 € (Kombiticket).

Rundgang: Im **Eingangsraum** fallen vor allem diverse Musikinstrumente ins Auge, darunter die typischen „Dudelsäcke" *Tsam-*

Im Volkskundemuseum

boúna aus der Haut von Ziegenböcken, Kuhhorn und Schilfrohr. Weiterhin Webstuhl und Spinnrad, Handwerksgeräte eines Bäckers, Sicheln und Gartenwerkzeuge, Ton- und Eisenkrüge, Kannen, Werkzeuge eines Schäfers und für die Holzbearbeitung sowie ein Sofa mit gestickten und gehäkelten Handarbeiten.

Vom Eingangsraum rechts die Treppe hinauf gelangt man in ein nachgebautes **Schlafzimmer** mit Baldachin-Metallbett, Hängematte, offenem Kohleofen, Wiege, diversen kunstvoll gewebten Kleidungsstücken und Trachten ...

Im Raum links vom Eingang ist eine griechische **Küche** aus dem 19. Jh. nachgebaut: Kochstelle, Krüge, Lampen mit Kerzen und Öl, Metallkessel, Weinfässchen, Nähmaschine, Küchengeräte, Kaffeemühle, Bügeleisen, Küchendeckchen und weitere kleine Handwerkzeuge ... Dazu diverse Kindersachen (Wiege, Laufstuhl, Kinder-WC).

Vor dem Museum (links des Eingangs) stehen Tonkrüge, Bastkörbe und Tröge sowie Gerätschaften für die Feldarbeit. Interessant: ein Trageaufbau für Esel.

Museum für Malerei und Kunst *(Politistikó Kéntro):* Gemeinsames Museum für die rund 50 aus Apíranthos stammenden Künstler. Derzeit haben 26 der Künstler dem Museum mindestens ein Werk gestiftet, nur diese werden ausgestellt. Überwiegend handelt es sich um Bilder (Aquarell, Öl, Kreide) und Skulpturen (Marmor, Gips, Kunststoff). Apíranthos' Kunstszene, so wird stolz berichtet, sei bei einem Ranking der Dörfer Griechenlands mit den meisten Künstlern auf Platz drei gelandet. Das Museum beherbergt auch die Bibliothek von Apíranthos. Es befindet sich etwa 600 m unterhalb des großen Parkplatzes an der Durchgangsstraße und ist über ein paar Stufen zu erreichen. Es gibt auch einen Zugang über Treppen von der Hauptgasse neben der Tavérna Plátanos hinunter.

In der Nebensaison tägl. 10.30–15.30 Uhr, in der Hauptsaison tägl. 11–18 Uhr. Eintritt 2,50 € (Kombiticket).

Basis-Infos

Verbindungen Bus je nach Saison etwa 4- bis 6-mal tägl. von/nach Náxos-Stadt. Haltestelle und Autoparkplatz am südöstlichen Dorfeingang. **Taxi** von Náxos-Stadt ca. 35–40 €.

Adressen Erste Hilfe-Station im Ort (✆ 22850-61206). Apotheke und mehrere Supermärkte an der Inselstraße im unteren Dorfbereich. Postagentur sowie ein Geldautomat am Dorfeingang neben der großen Kirche.

Einkaufen Women's Association of Traditional Art, an der Hauptgasse, gegenüber der großen Kirche. Im Schauraum der Kooperative von 23 Frauen (aus Apíranthos und der Umgebung) werden handgefertigte Häkel- und Webarbeiten, Stickereien sowie Teppiche ausgestellt und teils auch verkauft. Zu sehen gibt es einen noch in Gebrauch befindlichen alten Webstuhl. Angeboten werden auch von den Frauen selbst gemachte Süßigkeiten aus Trauben, Kirschen und Nüssen. Man legt wert auf die eigene apiranthitische Kultur, in der die Frau Herr im Haus ist!

Epílekton 7, traditioneller Laden in Stil eines alten Pantopoleíon an der Hauptgasse. Angeboten werden naxiotische und griechische Spezialitäten: Olivenöl, Oliven, Kräuter, Gewürze, Honig, Marmelade, Nüsse, Hülsenfrüchte, Kítro, Oúzo, Rakí, Käse, selbst gebackene Kekse, Keramik, Küchenwerkzeuge, Körbe, Ziegenglocken, Öllampen und Schwämme.

Iperóon 8, an der oberen Platía neben dem Volkskundemuseum. Teils authentische, teils industriell hergestellte Haushaltsgegenstände und allerlei Krimskrams. Vom Spielzeugauto über Ikonen, Schmuck, Keramik, Spiegel bis hinzu Kuckucksuhren.

Apiranthos Art 5, an der Hauptgasse. Der deutsch sprechende Inhaber Nárkissos stellt die Tonwaren selbst her. Interessanter Stil mit beigemischtem Schmirgel und Glimmerschiefer, den es rund um Apíranthos gibt. Auch Skulpturen aus Marmor und Spiegel im Angebot.

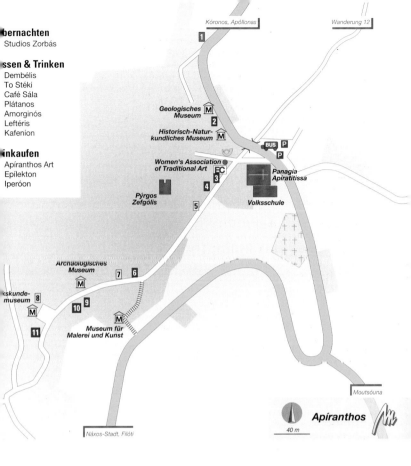

Apíranthos

40 m

---

bernachten
Studios Zorbás

ssen & Trinken
Dembélis
To Stéki
Café Sála
Plátanos
Amorginós
Leftéris
Kafeníon

inkaufen
Apíranthos Art
Epílekton
Iperóon

Geologisches Museum

Historisch-Natur-kundliches Museum

BUS P P

Women's Association of Traditional Art

Panagia Apiratitissa

Pýrgos Zefgólis

Volksschule

Archäologisches Museum

kskunde-museum

Museum für Malerei und Kunst

Moutsóuna

Náxos-Stadt, Filóti

Übernachten/Essen & Trinken

Übernachten Studios Zorbás ∎, die einzige Übernachtungsmöglichkeit im Ort; vier gut eingerichtete Apartments mit Bad, Küche und Balkon, je Einheit 35–60 €. An der Durchgangsstraße am nördlichen Dorfausgang Richtung Kóronos. ✆ 22850-61338 und 22850-24505, www.zorbas-cars.gr.

Essen & Trinken Leftéris ∎, an der Hauptgasse, etwas oberhalb gegenüber dem Archäologischen Museum. Hübscher, in dunklem Holz gehaltener Innenraum und geschmackvoll eingerichtet. Hinter der Taverne Balkon und Terrasse mit wunderschönem Blick auf die Berglandschaft. Hier kann man unter einem Nussbaum sitzen, der griechischen Musik lauschen und das Essen genießen.

Besonders lecker ist der selbst gebackene Kuchen. Etwas höheres Preisniveau.

≫ **Mein Tipp:** Amorginós ∎, gegenüber dem Archäologischen Museum. Katarína und Geórgios haben sich mit ihrer Tavérna 2011 einen Traum erfüllt – und das strahlt die herzliche und authentische Atmosphäre auch aus. Es gibt einen großen Innenraum und rund ein Dutzend Tische auf dem Balkon mit Superblick in die Berglandschaft. Im Angebot ist Fleisch, Käse und Gemüse aus eigener Produktion, Spezialität sind die Náxos-Bratwürste und Rósto (in Tomatensauce gekochtes Schweinefleisch). Ein Tipp sind auch die Käsebällchen aus süßem Mizíthra von Apíranthos sowie die

Käsesorten Arsenikó und Xinótiro. Harmonisch-stilvoller Gesamteindruck, sehr gutes Essen und gelegentlich Livemusik. Normale Preise. Ganzjährig geöffnet. **«**

O Plátanos 6, an der runden Einbuchtung etwa in der Mitte der Hauptgasse gelegen. Tische stehen draußen, schattig unter einer Platane, daher der Name. Besondere Attraktion: ein Tisch in einer Mauergrotte deutlich erhöht (direkt unterhalb des Kástros). www.platanos-naxos.com.

To Stéki 3, am Dorfeingang gegenüber der großen Kirche. Einige Tische auf der Gasse, der Rest auf erhöhtem Plateau.

Dembélis 2, an der Durchgangsstraße zwischen den beiden Museen. Wen der Straßenlärm nicht stört, findet gute griechische Landküche unter Pinien und Kermeseichen mit fantastischem Blick ins Tal hinter Apíranthos. Breite Auswahl, normale Preise.

Cafés   Sála 4, Cafébar am Beginn der Hauptgasse. Schattige Plätze unter Bäumen und unter einer Markise auf der Hochterrasse.

Kafenion 11, neues Kafeníon an der Gasse etwa 10 m hinter der kleinen Platía im oberen Teil der Hauptgasse.

Umgebung von Apíranthos

Doppelkirche Ágios Pachómios/Ágios Geórgios: Die beiden gut erhaltenen, wegen ihrer Wandmalereien sehenswerten Kirchen aus byzantinischer Zeit liegen am Wanderweg Richtung Kloster Fotodótis (→ Wanderung 11) und sind in ca. 15 Min. zu erreichen. Ágios Pachómios, die kleinere der beiden Kirchen, stammt aus dem 12. Jh. Am besten erhalten sind die Wandmalereien in den Ecken der Säulen unter der Kuppel und an der Südwand. Die größere, zweischiffige Kirche Ágios Geórgios stammt aus dem 10. Jh. In der Apsis des südlichen Schiffs finden sich Fresken aus dem 13. Jh., die zahlreiche Heilige zeigen, ebenso den Pantokrátor und María. Die Wandmalereien im Nordschiff stammen teils aus dem 10. Jh., der Zeit des Bildersturms.

Ágios Ioánnis Theológos: Die Kirche zeigt viele Wandmalereien und eine Inschrift aus dem Jahr 1309; in der Kirche **Agía Kyriakí** sind Wandmalereien aus dem 7.–8. Jh. erhalten. Beide Kirchen stehen außerhalb des Dorfs und sind über Wanderung 12 zu erreichen. Sie stammen aus der Zeit des Ikonoklasmus und gehören mithin zu den ältesten Gotteshäusern der Insel.

Berg Fanári: Von Apíranthos aus kann man den Berg problemlos besteigen. Da der Weg schon auf etwa 670 Höhenmeter am oberen Dorfausgang beginnt, ist nur ein kurzer Aufstieg zu bewältigen; er beginnt nordöstlich des Zentrums auf einer betonierten Piste. Man passiert eine Windmühlenruine, kurz darauf geht die Betonpiste in Schotter über, dort zweigt links ein Fußpfad ab, der die Serpentinen des Fahrwegs abkürzt. Wenn man den Fahrweg wieder erreicht, geht man diesen ein kurzes Stück nach rechts bis zum Fußweg, der an einem Steinmännchen links abzweigt und zum Gipfel führt. Vom 883 m hohen Gipfelplateau mit der *Kapelle Fanariótissa* genießt man einen ebenso imposanten Rundblick wie vom Zas.

🚶 **Wanderung 12:** Die schöne Langstreckentour führt von Apíranthos durch abwechslungsreiche Berglandschaft hinunter nach Moutsouna bis ans Meer (→ S. 262).

Fantastischer Ausblick über die gesamte Insel vom Gipfel des Zas auf 1001 Meter

Berg Zas

Benannt nach dem griechischen Göttervater Zeus. Der höchste Berg von Náxos und der gesamten Kykladen prägt mit seinen 1001 Metern Höhe das Profil der Insel. Das Bergmassiv ist ein beliebtes Wandergebiet: ein wildes Kalkstein- und Marmorgebirge, im oberen Drittel kahl und felsig, trotzdem recht leicht zu erklimmen.

Natürlich zieht der höchste Berg der Kykladen die meisten Wanderfreunde auf Náxos an. Kaum jemand lässt sich den trotz der Höhe relativ leichten Gipfel entgehen: Ab der Kapelle Agía Marína braucht man gerade mal knapp zwei Stunden, der Aufstieg über die Zeus-Höhle dauert etwas länger. Verirren kann man sich (bei wolkenlosem Wetter) kaum, schon weil ziemlicher „Verkehr" herrscht – fast immer trifft man auf andere Wanderer. Doch Vorsicht: Wenn die Wolken tief hängen, sollte man das Zas-Massiv besser meiden. Von oben genießt man fantastische Ausblicke auf die gesamte Insel und die umliegenden Eilande: Páros, die Kleinen Ostkykladen, Amorgós, Íos, Santoríni, Sýros und Mýkonos. Bei ganz klarem Wetter (praktisch nur im Winter und bei geringer Luftfeuchtigkeit) soll man sogar bis zur türkischen Küste sehen können. Doch allein der Blick auf die näheren Kykladeninseln lohnt den Aufstieg.

Im Wanderteil am Ende unseres Buchs werden zwei Routen beschrieben: **Wanderung 8** beschreibt den problemlosen und meistbenutzten Weg von der Kapelle Agía Marína aus (S. 250), **Wanderung 9** die etwas anspruchsvollere Tagestour von Filóti über die Höhle des Zas hinauf auf den Gipfel und weiter nach Agía Marína (S. 253). Ein weiteres schönes Ziel im Umkreis präsentiert **Wanderung 10**, die das Kloster Fotodótis und das hübsche Dorf Danakós über einen wunderschönen Treppenweg ansteuert (S. 257). Wer will, kann mit **Wanderung 11** auch bis Apíranthos weiterlaufen oder bergab zurück nach Filóti gehen (S. 259).

Kloster Fotodóti Christós

Verlassene und frisch renovierte, eindrucksvolle Klosterkirche mit massiven Außenmauern aus unverputztem Bruchstein. Majestätisch thront der Pýrgos auf einem 560 m hohen Plateau inmitten der unberührten und wildromantischen Bergwelt südlich von Apíranthos.

Die auf das 9. Jh. zurückgehende dreischiffige Anlage der „Lichtwerdung Christi" wurde von 2004 bis 2008 umfassend renoviert und ist zugänglich. Highlight des Kloster-Pýrgos ist eine ungewöhnliche Ikonostase mit vier Ikonen, Säulen aus weißem Zas-Marmor, Reliefs und Marmorziselierungen. Besonders interessant sind die Tierdarstellungen in der oberen Reihe in der Mitte und im rechten Teil der Ikonostase. Auch Teile des Marmorbodens stammen aus dem 9. Jh. In der Apsis befindet sich ein Altar auf einer antiken Säule. Die kleinen Säulenstümpfe vor den heuti-

Majestätisch liegt das Kloster Fotodótis in der wilden Natur

gen Säulen markieren die Ausmaße der alten Kirche, die ursprünglich hier stand. Links an der Wand sind Teile des ehemals höher gelegenen Fußbodens sowie die Eingangsöffnung dieser alten Kirche zu sehen. Später, im 12. Jh., wurde der gesamte Bau vergrößert und tiefer gelegt. Fotodóti Christós wurde im Kreuzkuppelstil errichtet, die Säulen aus Náxos-Marmor wurden erneuert.

In der Apsis ist auf der rechten Seite oben ein kleines Fresko spärlich erhalten. Einige nur noch schlecht erhaltene Wandmalereien finden sich im rechten Seitenschiff. Ansonsten wurden die schon vorher bis zur Unkenntlichkeit verwitterten Freskenreste bei der Renovierung leider abgeschlagen, so dass heute der blanke Naturstein freiliegt. Moderne Halogenlampen beleuchten den Innenraum. Links der Ikonostase befand sich hinter dem Durchgang (nicht zugänglich) früher eine Quelle, die man nun trockengelegt hat, um die Feuchtigkeit abzuhalten. Rechts ist die *Seitenkapelle Ágios Nikólaos* über zwei Stufen zugänglich. Dort befinden sich ein gemauerter Steinaltar mit einer Christós-Ikone und frühchristlichen Marmorreliefs sowie weitere Marmorspolien, die bei der Renovierung gefunden wurden.

Rechts neben dem Eingang führt außen eine Treppe hinauf in das Obergeschoss des ehemaligen Pýrgos. Leider ist sein Dach nicht mehr zugänglich. Schon vor der Restaurierung waren aber die Zinnen des Wehrklosters noch schön erhalten. Mit viel Fantasie vermag man sich vorzustellen, wie das Leben hier früher aussah. Im Klosterhof mit der riesigen Platane finden sich weitere Marmorfragmente und Mauerreste der früheren Wirtschaftsgebäude. Von den Hängen ringsum klingen die Glocken der Ziegenherden. Das Panagýri des Klosters wird alljährlich am 6. August mit einer Messe am Vormittag und einem traditionellen Fischessen am Abend gefeiert.

Juli/Aug. 11–15 Uhr, Juni und Sept. 11–14 Uhr, in den anderen Monaten geschlossen. Wärterin ist die freundliche Frau Georgía aus Danakós, die Besuchern gerne ein Glas Wasser und ein Stück Loukoúmi reicht. Eine kleine Spende ist allemal angemessen.

Zugang: Gegenüber der Kapelle Agía Marína (andere Straßenseite) beginnt ein breiter Feldweg, der in ca. 25–30 Gehminuten zum Kloster führt. Wer zu Fuß unterwegs ist, kann unserer Wanderbeschreibung folgen (→ Wanderung 10).

Danakós: Hübsches 70-Einwohner-Dörfchen am Ende der Asphaltstraße in dem lang ausgleitenden Bergtal. In Schussfahrt im Leerlauf hinunter, unten Wendeplattform (Parkverbot, weil der Bus den gesamten Wendeplatz benötigt!). Danakós war schon zu Homers Zeiten bekannt und ist damit einer der ältesten Siedlungsplätze der Insel. Am malerischen unteren Dorfplatz steht die schöne Kirche *Zoodóchos Pigí*, davor eine riesige Platane, Tische und Bänke und eine eingefasste Quelle mit offenen Wasserleitungen. Danakós ist einer der wasserreichsten Orte auf Náxos. Im oberen Dorfbereich Kafeníon, Pantopolíon und eine empfehlenswerte Taverne.

O Flórakas, am Wendeplatz; gemütliche Taverne unter Bäumen. Zwei, drei Tische auf der Gartenterrasse, im Winter innen. Freundlicher älterer Wirt. Guter Landwein, gutes Essen, z. B. Kaninchen-Stifádo. Das Wasser kommt aus der Quelle im Garten. Angenehme Preise.

Mystischer Ort zwischen Palmen und Zypressen – Moní Kalamítsia

Von Náxos-Stadt zum Koúros von Flerió und weiter bis Stavrós Keramotí

Schöne Strecke durch die liebliche Hügellandschaft. Der berühmte Koúros liegt etwa 11 km von Náxos-Stadt entfernt in den ehemaligen Steinbrüchen von Flerió, ein zweiter liegt ganz in der Nähe. Weiterfahrt über Kinídaros und Moní vorbei an den größten Marmorbrüchen der Insel nach Stavrós Keramotí. Unterwegs mehrere Betriebe für Marmorverarbeitung.

Von Náxos-Stadt zunächst über die südöstliche Hauptausfallstraße Richtung Chalkí, etwa 2 km nach den letzten Häusern der Chóra links in Richtung Mélanes abbiegen. Es geht einen Hügel hinauf, und der Weiler *Ágios Thaléleos* bleibt linker Hand liegen. Nach weiteren 2 km links an *Mélanes* vorbei, danach folgt ein Abzweig hinüber nach Engarés an die Nordwestküste; geradeaus geht es weiter über die Orte *Kourounochóri* und *Mýli* zum *Koúros*. Hinter Mélanes steigt die Straße deutlich an, bevor es direkt beim Koúros wieder in ein üppig grünes Tal hinunter geht. Eine insgesamt abwechslungsreiche Fahrt durchs Landesinnere.

Hinter dem Koúros von Flerió folgt eher raue, verkarstete Bergwelt. Entlang der gewaltigen *Marmorbrüche* sind die Bergflanken immer wieder tief aufgerissen und der nackte Fels kommt zum Vorschein mit Farbspielen von rostrot bis blauädrig und violett. Besonders eindrucksvoll ist die schon fast vollständig abgetragene Bergspitze des *Bolibás* kurz vor dem Ort Kinídaros, aus der große quaderförmige Brocken durch Bohrungen herausgelöst werden. Danach führt die Straße mitten durch den Marmorarbeiterort *Kinídaros*. Entlang der Straße blühen bis in den Juni hinein die leuchtend gelben Ginsterbüsche, denen die Höhe von über 600 m nichts ausmacht. Dennoch nimmt die Vegetation in den *Marmorbergen* stark ab. Hinter Kinídaros folgt eine Gabelung auf einer Anhöhe: Von hier bietet sich ein wunderschöner Blick nach Süden in die Tragéa-Ebene. Nach rechts erreicht man bald das Dorf *Moní* und kann danach durch die Tragéa wieder zurück nach Náxos-Stadt fahren. Nach links geht es über den verlassenen Ort *Sífones* in Richtung *Stavrós Keramotí* und von dort weiter in den Inselnorden oder in Richtung Süden nach *Apíranthos*.

Antikes Aquädukt und Wassertunnel aus römischer Zeit

An der Inselstraße von Ágios Thaléleos in Richtung Kinídaros wurden zwischen der Abzweigung nach Engarés und Kourounochóri Teile einer gemauerten Wasserleitung aus gebrannten Tonziegeln gefunden und teilweise freigelegt. Die Fragmente gehören zu einer antiken Wasserleitung, die Wasser von der Kampónes-Quelle im Tal von Fleríó bis zur antiken Stadt Náxos leitete, die etwa an gleicher Stelle wie die heutige Stadt lag.

Die Wasserleitung wurde in archaischer Zeit (6. Jh. v. Chr.) gebaut. Sie bestand aus etwa gleich großen Tonröhren, deren Enden ineinander gesteckt und die Ritzen mit Mörtel verfugt wurden. Später versandete und verstopfte die Röhrenleitung. Daher wurde während der römischen Besatzung der Insel direkt über die Röhrenleitung ein offener Kanal gemauert, der das Wasser ebenfalls in die Stadt transportierte. Diese Konstruktion ist am besten an der Inselstraße zwischen Engarés und Kourounochóri zu sehen. Unweit der Straßeneinmündung nach Mélanes wird die Leitung mittels eines Aquädukts über ein kleines Tal geführt. Das Aquädukt stammt aus der Römerzeit, trägt daher eine offene Wasserrinne und ist rund 1,5 m hoch.

Weitere Abschnitte der Wasserleitung wurden zwischen der Abzweigung Mýli und der Stichstraße zum Koúros in den Gebieten Bárou und Kamínia freigelegt. Hier wurde ein Teil der Leitung bereits in archaischer Zeit in einen etwa 1,5 m hohen Tunnel verlegt, um eine kleine Hügelkuppe in der Nähe von Mélanes zu überwinden (über die heute die Straße nach Kinídaros führt). Der in den Fels gegrabene 220 m lange Tunnel weist ein Gefälle von nur 6 cm auf. In römischer Zeit wurden jeweils am Ein- und Ausgang kleine Becken errichtet, in denen sich Sedimente ablagern konnten. Besichtigt werden können Eingang und Ausgang des Wassertunnels. Der Eingang liegt südlich der Straße, der Ausgang nördlich. Beide sind frei zugänglich und mit Erklärungstafeln in englischer Sprache versehen.

Inselzentrum und der Süden

Mélanes: Wenig spektakuläres, aber sehr schön gelegenes Hangdorf, etwa 8 km von Náxos-Stadt entfernt. Eine kurze Stichstraße führt hinauf in den steilen Ort. Die vielen Tavernen in Mélanes sind meist ganzjährig geöffnet und für ihre guten Fleischgerichte bekannt. Am unteren Eingang liegt der Parkplatz, weiter geht es zu Fuß in den alten Kern des rund 600 Einwohner zählenden Bauerndorfs. Bedeutendste Sehenswürdigkeit ist die *Kirche Ágii Apóstoli* (Kirchweihfest 29. Juni). Die Straße führt westlich um den Ort herum und trifft dann wieder auf den oberen Ortsteil. Von dort gibt es eine asphaltierte Verbindung zur Straße nach Potamiá.

Verbindungen Bus ab Náxos-Stadt 2- bis 3-mal tägl. je nach Saison.

Essen & Trinken O Giórgis, Panoramataverne, vom Busstopp wenige Meter ins Zentrum des Dorfs. Fantastischer Blick auf den Nachbarort Kourounochóri. Es gibt Huhn, Lamm, Schwein, Rind und Kaninchen. Guter Bauernsalat. Preise im Rahmen.

O Dekés tou Máki, Estiatório fast am Ende der unteren Dorfgasse (beim Busstopp die Treppen hinunter, dann rechts) auf der linken Seite in einem Natursteinhaus mit schönem Blick ins Tal. Spezialität sind Gerichte mit Huhn oder Kaninchen, gekocht oder gegrillt. Guter Hauswein. Normale Preise.

Kloster Kalamítsia

Großes und mächtiges ehemaliges Jesuitenkloster, am Rand eines Tals versteckt vor Piraten. Gut erhaltene Ruine, doch der Besuch lohnt allein wegen der unvergleichlichen Lage in den Hügeln bei Mélanes.

Moní Kalamítsia war von seiner Gründung im Jahre 1636 bis 1834 bewohnt und zuletzt in den Händen des Jesuitenordens. Rund um die einst imposante Anlage betrieben die Mönche intensiv Landwirtschaft. Im Gegensatz zu der wohlwollenden Haltung gegenüber den meisten anderen Klöstern sahen die Bewohner der umliegenden Dörfer Kalamítsia durchaus zwiespältig: Einerseits wurden hier in einer Geheimschule die Kinder während der türkischen Besatzung in griechischer Orthodoxie und Sprache unterrichtet, andererseits war die Macht des Klosters auch in weltlichen Belangen groß, die Jesuiten galten als streng, und sie waren die größten Landbesitzer in der Umgebung. Heute gehört das Kloster dem Staat, der es jedoch langsam verfallen lässt.

Das Kloster liegt ausgesprochen lieblich und sehr versteckt am Rande einer Talmulde in den Hügeln von Mélanes auf rund 130 Höhenmetern. Man betritt die unbewohnte Anlage durch den Klosterhof. Rechts steht eine ehemalige Kirche, links befinden sich die einstigen Wirtschaftsgebäude und Stallungen. Im noch recht gut erhaltenen Hauptbau gelangt man zunächst in das hohe, tonnengewölbte Refektorium mit seinen großen Fußbodenplatten. Ein Blick durch die Fenster fällt auf einige Dattelpalmen. Rundherum stehen große Zypressen. Südwestlich des Speisesaals befinden sich die einstigen Wohnzellen der Mönche in einem bereits recht verfallenen Trakt mit teilweise eingestürzten Holzdecken. Dort gibt es auch einen Raum mit einem großen Kamin.

An der Nordostseite des Refektoriums schließt sich rechts ein weiterer Raum an, von dem eine Treppe hinauf aufs Dach der Haupthalle führt. Auf der linken Seite führen stark beschädigte Treppenstufen in die untere Etage zu mehreren Räumen.

In der Klosterruine Kalamítsia

In einem Raum in der Nordostecke entspringt eine kleine Quelle. Hinter dem tonnengewölbten Raum unter dem Refektorium befindet sich ein weiterer großer Raum. In der Ecke stand einst eine Olivenpresse. Zwar ist die Kelleretage in Richtung Garten offen, doch der Zugang zum ehemaligen Klostergarten ist leider mit dornigem Buschwerk zugewuchert.

Zufahrt: Am Busstopp von Mélanes folgt man der in einer scharfen Rechtskurve bergauf verlaufenden Straße, die in mehreren Serpentinen um den Hang herum auf die obere Platía von Mélanes führt. Von hier aus zieht sich ein breiter, befahrbarer Feldweg mit griechischer Beschilderung ca. 2 km bis zum Kloster.

Kourounochóri: 100-Einwohner-Ort rechts unterhalb der Straße nach Kinídaros. Gleich am Ortseingang steht der auffällige venezianische *Pýrgos Mavrogéni*, auch *Pýrgos Fragópoulos* und *Pýrgos della Rocca* genannt. Der gut erhaltene dreistöckige Wehrbau mit Zinnen stammt aus dem 14. Jh. und ist damit einer der ältesten venezianischen Türme der Insel. 1833 stattete ihm der aus Bayern stammende Otto I., seines Zeichens erster König von Griechenland, einen Besuch ab. Schöner Blick hinüber ins grüne Tal von Mélanes, Zypressen wie in der Toskana.

Verbindungen Bus ab Náxos-Stadt je nach Saison 2- bis 3-mal tägl.

Essen & Trinken Grigóris, am unteren Dorfeingang. Wunderbare Aussichtsterrasse auf Marmorboden und unter weinüberranktem Dach mit Blick auf Mélanes auf der anderen Seite des Tals. Einheimische Fleischspezialitäten. Moderate Preise.

Paradosiakí Tavérna O Mousátos, an der Durchgangsstraße. Großer, hallenartiger Innenraum und ein paar Plätze auf der Terrasse an der Straße. Naxiotische Fleischgerichte und reiche Auswahl an Vorspeisen. Gute Qualität zu normalen Preisen.

Mýli: Winziger Bauernweiler unterhalb der Straße Richtung Koúros. Benannt nach den Wassermühlen, die in diesem fruchtbaren Tal einst in Betrieb waren. Der Bachlauf führt mitten durch den pittoresken Ort. Schöne Fotomotive. Bus ab Náxos-Stadt je nach Saison 2- bis 3-mal tägl.

> 🚶 Wer die Dörfer Mélanes, Potamiá, Mýli, Kourounouchóri sowie das Kloster Kalamítsia und den Koúros von Flerió zu Fuß erwandern will, dem sei die **Wanderung 5** empfohlen (→ S. 236).

Antikes Heiligtum von Flerió: An der Zufahrtsstraße zum Koúros von Flerió liegt linker Hand das erst kürzlich ausgegrabene Heiligtum von Flerió. Es datiert zurück bis in geometrische Zeit und gehört damit zu den ältesten heiligen Stätten der Insel. Da sich das Heiligtum in einem fruchtbaren, wasserreichen Tal befindet, war es wahrscheinlich einer Fruchtbarkeitsgöttin geweiht. Inschriften verweisen auch auf die Schutzgötter Ephiáltis und Otós für die nahen Marmorsteinbrüche. Wahrscheinlich wurde der erste Tempel im 8. Jh. v. Chr. gebaut. Seine Fundamente zeigen eine Grundfläche von rund 6,5 x 5,5 m und zwei Säulenbasen aus Marmor. Ein besonders auffälliger Marmorblock auf dem Areal wird von den Archäologen als das Zentrum des Heiligtums angesehen.

Daneben wurde im 7. Jh. v. Chr. ein mit 7,5 x 4,5 m Grundfläche größeres Gebäude errichtet, das als neuer Tempel diente. Der halbkreisförmige Steinkranz südwestlich des Tempels wurde im 6. Jh. v. Chr. angelegt. Er diente als Opferstelle im Tempelareal. Berichtet wird von einigen Brandopfern, worauf Brandspuren an den Steinen sowie Funde von Knochen, Tonscherben und Bronzefragmente hinweisen.

Das früher eingezäunte Gelände ist heute frei zugänglich; Erklärungstafeln auf Englisch.

Verwunschener Prinz seit Jahrtausenden: der Koúros von Fleríó

Koúros von Fleríó

Die schönste der drei auf Náxos erhaltenen Jünglingsstatuen ruht seit Jahrtausenden wie ein verwunschener Prinz unfertig an einem idyllischen Plätzchen im üppig grünen Tal von Fleríó. Der gewaltige Marmorkoloss ist über sechs Meter hoch, nur ein Stück vom rechten Bein und der linke Fuß fehlen.

In den Steinbrüchen von Fleríó brach man schon vor gut 2500 Jahren Marmor von höchster Qualität. Damit ist Fleríó einer der ältesten Steinbrüche Griechenlands – Náxos war damals Vorreiter in der Entwicklung der griechischen Monumental-Marmorplastikkunst. Aus den Steinbrüchen von Fleríó stammt beispielsweise auch die kolossale Apóllon-Statue auf der heiligen Insel Délos. Sie ist mit rund neun Metern Höhe der heute größte bekannte, jemals aufgestellte Koúros. Der hier liegende Koúros von Fleríó wurde vermutlich um das Jahr 570 v. Chr. angefertigt. Doch gab man seine Bearbeitung bereits in der Rohform wieder auf – wahrscheinlich, weil das rechte Bein der Statue beim Bearbeiten oder beim Transport brach. Wunderschön ist vor allem seine Lage unter schattigen Bäumen. Eine fast mystisch anmutende Atmosphäre – Blätterrauschen, zirpende Grillen in bunter Blumenpracht, ein Bach plätschert. Es heißt, dass der Koloss und seine drei Genossen eines Tages aufwachen und die Insel beherrschen werden ...

Der Zugang zum Koúros von Fleríó ist über einen von der Straße abzweigenden Hohlweg beschildert und frei. Hinter dem Koúros erstreckt sich der sogenannte *Koúros-Paradiesgarten*. Das üppig-grüne Gartengrundstück mit riesigen Zitronen- und Orangenbäumen ist ein wunderschönes lauschiges Fleckchen, doch wurde es in den letzten Jahren wenig gepflegt und wirkt heute etwas verwahrlost. Auch die improvisierte Snackbar hat schon bessere Tage gesehen. Die Getränke aus Dose und Flasche werden im großen Wasserbecken (mit Goldfischen) gekühlt. Von offenen Speisen und Getränken raten wir aus hygienischen Gründen eher ab (weder Strom noch fließendes Wasser in der mittlerweile heruntergekommenen Küche). Es werden auch Náxos-Spezialitäten (in Gläsern und Dosen) und Postkarten verkauft. Geöffnet ist meist bis gegen 19 Uhr.

Verbindungen **Bus** von Náxos-Stadt je nach Saison 2- bis 3-mal tägl.

Zufahrt: Die *Stichstraße* zweigt ca. 800 m nach *Mýli* rechts von der Hauptverbindung ab, führt einen relativ steilen Hügel hinunter und endet an einem kleinen *Parkplatz*. Von

hier aus weiter den schmaleren Weg bergab, danach links eine betonierte und ebene Piste entlang. Eingang zum Koúros und „Paradiesgarten" etwa nach 300 m auf der rechten Seite. Gut beschildert.

Koúros von Potamiá

Die zweite, etwas kleinere Jünglingsstatue – Koúros von Potamiá genannt – liegt inmitten eines mit halbhoher Phrygana bedeckten Hanges oberhalb des Koúros von Flerió, von dort in 15 bis 20 Min. zu Fuß zu erreichen.

Anders als sein größerer Bruder liegt der rund 5,5 Meter hohe und damit nur wenig kleinere Koúros völlig frei im niedrigen Strauchwerk mit dem Kopf hangabwärts. Auch er wurde wahrscheinlich hier zurückgelassen, weil die Füße beim Bearbeiten oder beim Transport brachen. Zudem ist sein Gesicht beschädigt oder wurde nie fertiggestellt. Klar ist, dass es sich trotz der langen Haare um einen Mann handelt. Der Koúros von Potamiá (auch *Koúros von Farángi*) stammt wahrscheinlich aus dem 6. Jh. v. Chr. Teile seiner Füße wurden in der Umgebung gefunden, mit Nachahmungen ergänzt und neben dem Koúros aufgestellt. Keine großen Bäume versperren den Blick auf die umliegenden kahlen Bergregionen im Zentrum der Insel. Um den Koúros herum wurde das Areal von dorniger Phrygana gesäubert und eine Art (schattenloser) Rastplatz mit Bänken und umgebender Natursteinmauer errichtet. Wirkt etwas trostlos.

Der zweite unfertige Jüngling: Koúros von Potamiá

Inselzentrum und der Süden

Zugang: Der den Hang hinaufführende Wanderweg ist problemlos zu finden und in 15–20 Min. zu bewältigen. Etwa 75 m hinter dem „Paradiesgarten" (siehe vorheriger Abschnitt) zweigt der Weg nach rechts von der Betonstraße ab, gekennzeichnet durch einen Wegweiser mit Plan auf einem kleinen Marmorsockel. Man durchquert ein Ziegengatter und hält sich immer südwärts den Hang hinauf. Der Weg ist teils mit Natursteinen gepflastert, führt teils über Sandboden oder Treppen. Vorbei an einer markanten Baumreihe und zwei weiteren Ziegengattern ist der Koúros bald erreicht.

Kinídaros

Größeres Bergdorf auf rund 400 Höhenmetern inmitten üppiger Zypressen und terrassierter Gartenlandschaft. Zentrum des Marmorabbaus auf Náxos.

Ausgesprochen harmonisch ist der Kreuzkuppelbau der *Kirche Ágios Geórgios* am Dorfeingang. In Kinídaros wird noch fleißig gebaut, überall entstehen neue Häuser, wenn auch oft schmucklos und wenig farbig. Gründe sind der gut für die Landwirtschaft nutzbare Boden rund um den Ort und die nahen Marmorbrüche. Beide bieten Arbeitsplätze und so wächst und lebt das Dorf, das heute rund 400 Einwohner zählt. Im Ortszentrum an der *Platía Kinídarou* befinden sich ein Brunnen, das Kriegerdenkmal und das *Café Boukamvília*, oberhalb der Platía eine Bäckerei und etwas weiter (fast am Ortsausgang) eine *Taverne* mit weinüberrankter Pergola. Unterhalb der Platía ein kleiner Supermarkt und dorfauswärts Richtung Koúros an der Straße die *Tavérna Oásis*. Keine Zimmervermietung.

Verbindungen Bus ab Náxos-Stadt je nach Saison 2- bis 4-mal tägl.

Museum Káto Trío Paradosiakó Elliotriveío, die alte Ölmühle von Kinídaros ist in einem restaurierten Natursteinbau mit Steinboden und Schilfmattendach untergebracht. Von der Platía Kinídarou (in Ortsmitte) gegenüber vom Brunnenhaus nach Westen in die Odós Ieréos Alexándrou Klyvátou einbiegen, dann nach 30 m die erste Gasse rechts, Eingang nach 10 m auf der rechten Seite (Marmortafel über der Tür).

Malerische Platía im „Marmordorf" Kinídaros

Im Eingangsbereich ist ein Brotbackofen nachgebildet, Backhölzer, Körbe und ein Eselssattel finden sich hier. Die eigentliche Ölmühle steht rechts hinter dem Bogendurchgang. Zu sehen gibt es u. a. Mühl-steine, Ölpresse, einen runden, behauenen Marmorblock mit Ölauslauf, eine Balkenwaage und zwei Píthoi. In der Saison tägl. 9–20 Uhr, Eintritt frei.

 Kinídaros ist Startpunkt von **Wanderung 4**, der beliebten Flussbettwanderung – eine der schönsten und abwechslungsreichsten Touren auf Naxos (→ S. 233).

Garínou-Quellen

Aus einem kleinen, flachen Becken sprudeln rund 15 Quellen gut sichtbar aus dem Sandboden, zu erkennen an den Sandwirbeln am Grund; die Quellen sprudeln recht kontinuierlich, auch im Hochsommer. Wie stark die Quellen sind, zeigt die Menge des aus dem Becken abfließenden Wassers, das den ab hier stets wasserführenden Flusslauf speist. In einem kleinen Tümpel ein paar Meter flussaufwärts sind oftmals kleine Wasserschildkröten zu beobachten. Das Wasser aus den Quellen fließt Richtung Engarés und dort ins Meer.

Wegbeschreibung: Am östlichen Dorfausgang von Kinídaros in einer Rechtskurve die Straße geradeaus in einen Feldweg hinein verlassen. An der ersten Abzweigung rechts halten – von hier aus rund 2 km hangabwärts den Feldweg hinunter. Etwa 500 m bevor der Talboden des hier sommertrockenen Flussbetts erreicht ist, links durch eine Öffnung im Ziegenzaun hindurchgehen. Dann weiter hangabwärts auf das kleine Wäldchen zu. In wenigen Minuten ist das Flussbett erreicht. Die Quellen befinden sich am gegenüberliegenden Ufer und sind einfach zu finden. Ein Übergang ist wenige Meter flussaufwärts über große Steine im Sommer problemlos möglich.

Kirche Ágios Artémios, Klosterkirche Ágios Dimítrios

Seit Jahrzehnten verlassenes Areal mit kleinem Kloster und großer Basilika in einem ganzjährig wasserführenden Flusstal nördlich von Kinídaros. Zu sehen sind Gebäude und Ruinen der früheren Anlage – ein herrlich ruhiges Plätzchen inmitten der Bergwelt.

Am Ende der Zufahrtspiste trifft man auf der rechten Seite durch das Ziegengatter zunächst auf einen größeren, frei stehenden Gebäudekomplex, der zur früheren byzantinischen Klosteranlage Ágios Dimítrios gehört. Der Eingang zur Klosterkirche Ágios Dimítrios befindet sich an der Nordseite des Innenhofs. Durch eine offene Tür gelangt man in den tonnengewölbten Innenraum mit der Apsis im Osten, seitlichen Bögen und einem rechten Seitenschiff. Kaum erkennbare Freskenreste an der linken Wand, die auf das 9.–10. Jh. zurückgehen. Die Kirche wurde erst im 18. Jh. zu einem Kloster mit 12 Mönchszellen erweitert. An die Westseite des Innenhofs grenzt das alte Refektorium an, heute Schutzbehausung von Ziegen.

Ein schmaler Trampelpfad führt östlich bergab unter den Bäumen zum Eingang der großen Kirche Ágios Artémios, einer riesigen, dreischiffigen Basilika im Stil des 18. Jh. Etwa um 1775 begannen von Peloponnes eingewanderte Mönche mit dem

Klosterkirche Ágios Dimítrios

Bau der Kirche, die zur Zeit der Türkenherrschaft als illegale Schule diente. Hier wurden Kinder aus der Umgebung in griechischer Sprache und orthodoxer Religion unterrichtet. Wahrscheinlich deshalb war die Basilika mit rund 20 x 16 m Grundfläche ein derart großer Bau, der ansonsten in diesem dünn besiedelten Tal keinen Sinn machen würde. Zudem hat das Gebäude eine hervorragende Akustik und wird von den Seitenfenstern her bestens ausgeleuchtet.

Eine Inschrift über der mittleren Tür gibt das Jahr 1780 als Jahr der Weihe durch den Metropoliten an. Die Kirche besitzt keine Kuppel, aber jeweils eine Apsis in jedem Schiff. Die Schiffe sind durch jeweils fünf Rundbögen verbunden, an der Stirnseite befindet sich heute eine hölzerne Ikonostase mit einigen aufgrund ihres Alters schon stark verblichenen Ikonen. In der mittleren Apsis steht ein großer Altar aus Marmor, in beiden Seitenschiffen auch jeweils kleinere Marmoraltäre. Der Zustand von Mauerwerk und Boden zeugt vom langsamen Verfall. Aber auch wenn Ziegen heute die Hauptgäste auf dem Klosterareal sind, lohnt der Besuch. Von der Lage her gesehen ist der Komplex Ágios Dimítrios/Ágios Artémios eine der schönsten und ruhigsten Stellen der Insel. Rundherum klingen Ziegenglocken in den Bergen und in den Bäumen zwitschern Vögel und Zikaden.

Anfahrt: Nur mit Zweirad, Jeep oder zu Fuß über eine holprige Schotterpiste zu erreichen (kein Pkw!). Am östlichen Ortsausgang von Kinídaros zweigt von der Inselstraße eine zunächst asphaltierte Straße nördlich den Hang über Kinídaros hinauf ab. Über den Sattel geht es in vielen Serpentinen dann teils recht steil wieder hinunter. Unten im Tal angekommen über eine Brücke und dann dem Feldweg in Nordrichtung folgen.

Doppelkirche Ágios Ioánnis/Ágios Geórgios Sífones: Die byzantinische Kirche knapp unterhalb der Straße nach Stavrós Keramotí stammt aus dem 10. Jh. (mittelbyzantinische Zeit), zu sehen sind zum Teil noch recht gut erhaltene Wandmalereien aus dem 14. Jh. Das südliche Schiff ist dem heiligen Georg geweiht. Die Fresken zeigen zu Füßen einer der Figuren Fische, eine eher seltene Darstellung. Auch das nördliche, dem heiligen Johannes geweihte Hauptschiff zeigt Wandmalereien.

Sífones: Ruinen eines verlassenen Weilers links unterhalb der Straße nach Stavrós Keramotí. Die Bruchhütten werden heute nur noch von Ziegenhirten genutzt.

Stavrós Keramotí: Wichtige Straßenkreuzung und markanter Punkt auf dem Weg in den Norden. Hier treffen die Straßen von Apíranthos oder Moní mit der Verbindung in den Inselnorden nach Apóllonas und der Stichstraße hinunter nach Keramotí zusammen. Dazu kommt die markante Lage auf einem etwa 650 m hohen, breiten Plateau unterhalb des *Kóronos*-Massivs. Eine der ganz wenigen Stellen der Insel, an der man den einzigartigen Blick auf die Ost- und die Westküste der Insel gleichzeitig genießen kann! Der Platz mit der *Kirche Timíos Stavrós* ist auch Haltepunkt der Inselbusse.

Kirche Timíos Stavrós: Das 1913 erbaute Gotteshaus steht in wunderschöner Lage auf einem Plateau an der *Straßenkreuzung Stavrós Keramotí*, von hier aus fantastischer Blick in die Berge. Die Ikonostase aus weißem Marmor zeigt drei große Ikonen (*Panagía, Christós* und die *Namensikone* ganz rechts). Darüber in einer Reihe 15 weitere biblische Darstellungen. In der Apsis befindet sich ein Altar mit Kreuz und zwei sonnenartigen Reliquien.

Keramotí: Ab Stavrós Stichsträßchen gut 2 km in Serpentinen tief hinunter, sehr ruhiges Dörfchen ohne besondere Sehenswürdigkeiten, auf einen steilen Felsgrat gebaut. Die große zweischiffige *Dorfkirche* ist dem *Ágios Ioánnis Pródromos* geweiht und wurde kürzlich umfassend renoviert. Alle Wände sowie die Apsis und der vordere Bogendurchgang sind mit den bedeutendsten Heiligen der griechischorthodoxen Kirche bemalt. Sehenswert sind der alte Marmorboden und die große Ikonostase aus weißem Marmor mit einigen Oklad-Ikonen. An der Hauptgasse liegt das *Kafeníon/Pantopoleíon I Kalí Paréa* mit Plätzen an der Gasse und einem Aussichtsbalkon mit Blick ins grüne Tal. Dank der geschützten Lage sehr fruchtbare, prächtige Baumlandschaft, trotzdem ist der Ort ziemlich verlassen. Oberhalb von Keramotí findet sich eine alte *Marmorbrücke* und eine betoniertes Aquädukt im Wald.

Wasserfall von Keramotí   (Katarrákti Keramotís)

Imposanter und größter Wasserfall der Insel. Aus rund 12 Metern Höhe rauscht das Wasser zweier Quellen aus dem Kóronos-Gebirge dicht an der Felswand hinunter, im Winter und nach Regenfällen reichlich, doch auch im Sommer versiegen die Quellen nie. Am Fuße des *Routsoúna-Wasserfalls* sammelt sich das Wasser zunächst in einem kleinen Bassin, rundum ein kleines Wäldchen aus Platanen, Erlen, Blumeneschen und Myrten. Im Bassin leben kleine Wasserschildkröten, Frösche und Krebse. Ein herrlich ruhiges Plätzchen, nur das Rauschen des Wassers und Ziegenglocken sind zu hören. Auf einem Felsplateau vor dem Wäldchen wurde ein kleiner Rastplatz angelegt. Das Wasser fließt weiter in Richtung Kinídaros und vereinigt sich dort mit den Garínou-Quellen. Wegbeschreibung siehe Wanderung 13.

Inselzentrum und der Süden

Wanderung 13: Einfache Wanderung durch die Gebirgslandschaft am Fuß des Kóronos zum Wasserfall von Keramotí (→ S. 267).

Von Náxos-Stadt durch's Potamiá-Tal nach Chalkí und Moní

Mit dem eigenen Fahrzeug eine interessante Alternative zur Hauptroute über Galanádo: schöne Fahrt durch ein fruchtbares Flusstal mit den Hangdörfern Káto, Mési und Epáno Potamiá. Auch für Wanderer ein sehr lohnendes Gebiet – vor allem im Frühjahr üppig grün, viele Obstbäume, reichlich Wasser und Schatten.

Bei der Gabelung in der Livádi-Ebene links halten (ca. 1,5 km außerhalb der Stadt), dann an der nächsten Verzweigung rechts abbiegen, gut beschildert. Die Straße führt an den drei Potamiá-Dörfern vorbei nach Chalkí. In Serpentinen geht es das Tal entlang. Hinter Potamiá windet sich die Straße weiter hinauf in karge Gneis- und Marmorwildnis – herrliche Panoramablicke, landschaftlich großartig und abwechslungsreich. Nach einsamer Fahrt durch kahle Felsen thronen links die Ruinen der venezianischen Festung *Apáno Kástro* auf einem steilen Hügel. Wenig später passiert man die beiden Bauerndörfer *Chímarros* und *Tsikalarió*. Bald ist *Chalkí* erreicht, dort Anschluss an die Inselhauptstraße. Hinter Chalkí links führt die Straße zunächst an *Kalóxylos* und einer Tankstelle vorbei und windet sich dann in vielen Kurven den Hang hinauf in Richtung Moní. Bald passiert man die *Kirche Panagía Drosianí*, an der Straße nur durch zwei Schilder (und fast immer dort parkende Autos) angekündigt. Die Kirche steht hinter Bäumen versteckt auf einer kleinen Anhöhe. Nach *Moní* folgt eine Abzweigung: links über Kinídaros zum Koúros von Flerió und zurück nach Náxos-Stadt oder rechts über Sífones nach Stavrós Keramotí, von dort Anschluss an die Hauptroute von Apíranthos nach Kóronos.

In der näheren und weiteren Umgebung von Chalkí und im Tal von Potamiá stehen zahlreiche byzantinische Kapellen, die teilweise vormittags geöffnet sind. Einige zeigen schöne Fresken.

Kirche Ágios Mámas

Bedeutende byzantinische Kreuzkuppelbasilika aus rohen Bruchsteinmauern inmitten der wildromantischen Natur im Tal bei Potamiá.

Wenn auch dem langsamen Zerfall preisgegeben, zeigt sich die byzantinische Basilika noch immer als imposantes Gebäude mit dem wahrscheinlich höchsten Innenraum aller Kirchen auf Náxos. Von dem dreischiffigen Gotteshaus stehen heute nur noch die Grundmauern und das Dach, Teile der Apsis sind bereits eingestürzt. Die Kirche ist durch eine schmiedeeiserne Eingangspforte an der Nordseite frei zugänglich.

Die Anfänge des Kirchenbaus reichen bis ins 7. Jh. zurück, seine Fertigstellung datiert ins 10. Jh., also in mittelbyzantinische Zeit. Zahlreiche der für den Bau verwendeten Marmorblöcke wurden in früherer Zeit behauen, stammen also möglicherweise von einem (unbekannten) antiken Tempel. Auch die herumliegenden Bruchstücke antiker Säulen zeugen von einer wohl noch älteren religiösen Tradition an dieser Stätte. In venezianischer Zeit wurde die Basilika als katholische Bischofskirche genutzt, orthodox wurde sie erst später. Wer im Innenraum nach oben schaut, kann mit Mühe noch Reste von Wandmalereien und Fragmente von

Stuck entdecken. Auch im hinteren Bereich sind noch spärliche Reste von Fresken zu erkennen. In der Apsis befindet sich heute ein Holzkreuz, Ikonen gibt es keine. Der Ágios Mámas ist der Schutzheilige der Hirten, sein Namenstag fällt auf den 2. September.

Westlich oberhalb der Kirche steht ein weiteres Gebäude in halb verfallenem Zustand. Es ist der einstige **Bischofssitz** der katholischen Kirche auf Náxos in venezianischer Zeit, der seit langem leer steht und heute von Ziegen- und Schweinehaltern als Stallung genutzt wird.

Dörfer und Tal von Potamiá

Drei hübsche Bauerndörfer entlang eines wasserreichen Tals im Zentrum der Insel. Gutes Wandergebiet, leider kaum Busverbindungen. Sich die Zeit zu nehmen, die drei Orte und das Flusstal zu erkunden, lohnt sehr.

Von Náxos-Stadt kommend, trifft man zuerst auf **Káto Potamiá**, das *untere* Potamiá. Gleich am Ortseingang steht die *Kirche Panagía Theosképasti*, ansonsten gibt es ein paar hübsche Gässchen und weiß gekalkte Häuser mit bunten Fensterläden. Káto Potamiá ist ein guter Ausgangspunkt zum Besuch der bedeutenden *Bruchsteinkirche Ágios Mámas*, etwa 1,5 km südwestlich in der grünen Hügellandschaft versteckt (→ Wanderung 6).

Von Káto Potamiá entweder über die Asphaltstraße oder von der Kirche aus über einen gepflasterten Wanderweg oder über einen Wanderpfad durchs Flusstal geht es hinauf nach **Mési Potamiá**, d. h. ins *mittlere* Potamiá. Hier überragt die große, kykladenblaue *Dorfkirche Ágios Geórgios* den gesamten Ort. Am Weg nach Káto Potamiá befindet sich rechts eine Quelle mit einer Bank – schöner Rastplatz mit der Möglichkeit, Wasser aufzufüllen. Ansonsten ist es ein eher verschlafenes Dorf in wunderschöner Hanglage. Vor allem in und oberhalb von Mési Potamiá fallen die

Im Tal von Potamiá: das grüne Herz der Insel

Inselzentrum und der Süden

üppigen Gärten mit Feigen- und Zitrusbäumen, mit Weinreben, Bananenstauden, Bäumen und vielen bunten Blumen auf. Unten im Flusstal von Mési Potamiá befindet sich der sehenswerte **Pýrgos Kókkos.**

Auch von Mési Potamiá geht es weiter über die Asphaltstraße oder den Pfad durchs Flusstal. Beide Wegstrecken steigen weiter an. Über den Wanderweg erreicht man eine kleine Brücke über den Fluss, der das Tal mit Wasser versorgt. Dort trifft man schon auf die ersten Häuser von **Epáno Potamiá,** das *obere* Potamiá und gleichzeitig die größte der drei Ortschaften mit insgesamt rund 300 Einwohnern. Gleich im ersten Haus im Tal ist eine **Wassermühle** *(Nerómylos Drýlli)* untergebracht, die aber nur geöffnet ist, wenn der Eigentümer anwesend ist. Zu sehen gibt es den Einlaufbehälter für das Korn, den Auslauftrichter auf das Mühlrad und zwei Mühlräder (je eines für Sommer und Winter). Insgesamt gab es einst 14 Wassermühlen auf dem Gebiet der Gemeinde Potamiá. Etwas weiter oberhalb an der breiten Treppe steht der (nicht zugängliche) **Pýrgos Masséna.** Die schmale Gasse zieht sich quer durch den Ort mit seinen hübschen Würfelhäusern. Es gibt eine Quelle mit Brunnenhaus und eine hübsche Taverne an der *Platía Pigí* mit der Dorfkirche *Ágios Pnévma;* ihre große Marmorikonostase zeigt zahlreiche Okladikonen.

Verbindungen Bus ab Náxos-Stadt nach Potamiá nur werktags 1-mal tägl. Besser mit einem Mietfahrzeug selbst fahren. Sinnvolle Alternative: bis Chalkí mit dem Bus und den *Wanderweg* durch die Tragéa ausprobieren (→ Wanderung 6).

Essen & Trinken I Pigí, „Die Quelle", große Gartentaverne von Chef Ioánnis an der Platía von Epáno Potamiá, ein beliebtes Wochenendausflugsziel der Einheimischen. Man sitzt angenehm unter schattigen Bäumen auf einer Terrasse mit künstlichem Wasserfall. Spezialität der guten Landküche von Köchin Pópi ist Ziege im Tontopf, Lammkeule, Hahn in Tomatensauce. Besonders lecker ist die Paprika-Pie. Angenehm entspannte Atmosphäre.

Pýrgos Kókkos

Unbewohnter venezianischer Wehrturm im Flusstal von Mési Potamiá. Interessante Architektur mit viel naxiotischer Marmorkunst. Seit 2013 laufen Restaurierungsarbeiten. Der Pýrgos ist nicht zugänglich.

Einige Schilder „Kokkos Tower" weisen von der Durchgangsstraße in Mési Potamiá die grobe Richtung ins Flusstal. Der Pýrgos steht direkt an einer Biegung am Betonweg im Flusslauf. Von dort blickt man auf die Rückseite des Bruchsteingebäudes. Der Zugang erfolgt durch einen etwa 10 m langen, tonnengewölbten Bruchsteintunnel.

Durch einen marmornen Türsturz gelangt man in den Innenhof. Eine Treppe führte zur Eingangstür, eine imposante marmorne Pforte mit Inschriften und Ornamenten. Darüber ist das Wappen der früheren Besitzer ebenfalls als Marmorornament in die Außenwand eingelassen. Links ist ein Fenster mit einer weiteren Inschrift im Marmorsturz zu sehen. Auch im Innern bestehen sämtliche Türstürze aus Marmor und sind mit Inschriften und Ornamenten verziert. In den tonnengewölbten Räumen ist teilweise noch der bunt bemalte Putz an den Wänden zu erkennen, teils auch nur noch roher Bruchstein. Mehrere Räume sind mit Kaminen ausgestattet. Das gesamte Innere und auch der Innenhof vor der Eingangstreppe wurden im Zuge der Restaurierungsarbeiten seit 2013 von Schutt und Unrat befreit, Decken, Wände und Türstürze befestigt und mit Beton verstärkt. Die nicht mehr restaurierungsfähigen Mauerwerke wurden abgeschlagen und durch Beton ersetzt. 2014 befanden sich auch keine Zinnen mehr auf dem Dach.

Vom Innenhof gibt es Zugänge zu den Kellergewölben und den Nebengebäuden, wahrscheinlich ehemals Lagerräume und Stallungen. Bemerkenswert ist eine alte Wassermühle im Untergeschoss des Turms. Sie funktionierte noch bis 1966, verschiedene Teile des Mechanismus sind bis heute erhalten geblieben.

Die Restaurierungsarbeiten werden fortgesetzt. Derzeit ist der Pýrgos nicht zugänglich, weil die Pforte mit einem Eisentor verschlossen wurde (Stand 2014).

Apáno Kástro

Ehemalige venezianische Festung auf dem Gipfel eines steilen und oben flachen Hügels zwischen Potamiá und Chalkí. Leider stark beschädigt und schlecht erhalten. Dennoch lohnt der Aufstieg, es bietet sich ein grandioser Blick weit über die ganze Tragéa bis hinunter nach Náxos-Stadt.

Die venezianische Festung aus dem 13. Jh. liegt inmitten einer unwirtlichen Gneis-Landschaft östlich von Potamiá auf 421 Höhenmetern, auf dem höchsten und steilsten Hügel der Gegend. Die Burg diente dem Schutz der umliegenden Landwirtschaft und der Kontrolle der Bauerndörfer durch die Lehnsherren. Das Apáno Kástro („Oberes Kastell") war jedoch keine Wohnburg, da nur wenige Häuserruinen in den äußeren Bezirken gefunden wurden. Aus Sicht der einfachen Bevölkerung kann es allenfalls als Fluchtburg bei Piratenüberfällen gedient haben. Wer sich die Mühe des Aufstiegs macht, sollte – oben angekommen – nicht enttäuscht sein. Sonderlich viel ist nicht mehr erhalten. Die Archäologen unterscheiden zwischen einer Vorburg an der Südseite des Hügels und einer Hauptburg auf seiner Spitze.

Am Südhang sieht man Mauerfragmente mehrerer Gebäude, vor allem von Kirchen. Ursprünglich lag der Eingang der Außenburg auf der Ostseite. Südlich und östlich des Gipfels stehen (außerhalb der Hauptburg) drei orthodoxe Kapellen: *Ágios Ioánnis*, *Panagía Kastrianí* und *Ágios Geórgios*, alle aus dem 14. Jh. Dazwi-

Die alte venezianische Festung Apáno Kástro ist leider nur noch ein Ruinenfeld

Inselzentrum und der Süden

schen eine ausgelagerte Verteidigungsanlage in Form eines Hufeisens, eine sogenannte *Barbakane*. Wahrscheinlich sollte sie ein Tor auf der Hauptaufstiegsseite schützen. Erhalten sind noch Mauerreste mit Schießscharten bis in ca. 7 m Höhe. Vor der Kirche des heiligen Georg liegt ein alter Mühlstein, was auf landwirtschaftliche Tätigkeiten schließen lässt.

Die Hauptburg mit einer Fläche von 130 x 50 m deckte fast die gesamte abgeflachte Spitze des Hügels ab. An der Nordseite gibt es noch gut erhaltene dicke Mauern der Festung. Ansonsten sind nur noch Fundamente und niedrige Reste der Umfassungsmauern erhalten. Das Zentrum der Burg, möglicherweise ein Palast, wird an der Ostseite vermutet. Richtung Westen sind Überreste eines älteren Bauwerks aus antiker Zeit erkennbar, vielleicht ein hellenistischer Wachturm. Innerhalb der Umgrenzungsmauern befinden sich noch Ruinen einer Kirche und mehrerer Gebäude sowie deutlich erkennbare Überreste von Zisternen.

Aufstieg am besten von der Ostseite (bei der Kapelle Ágios Panteleímon) oder von Norden. Beide Aufstiegsmöglichkeiten sind relativ weglos, d. h. man wandert bzw. steigt über die Hänge und orientiert sich strikt am Gipfel. Weitere Details in Wanderung 6 (→ S. 241).

Chímarros: Kleiner, bäuerlich geprägter Weiler links der Straße von Chalkí nach Potamiá, keine Sehenswürdigkeiten, wenn man von der großen *Kirche Panagía Zoodóchos Pigí* einmal absieht. Hier herrschen Ruhe und Abgeschiedenheit weitab von den touristischen Zentren der Insel.

Tsikalarió: Bauerndörfchen oberhalb der Straße von Chalkí nach Potamiá. Eine kurze, betonierte Stichpiste führt hinauf in den unspektakulären Ort. Sehenswert ist die öffentliche Waschstelle am Dorfparkplatz. Insgesamt fünf Steinbecken mit frischem Quellwasser stehen den Frauen von Tsikalarió zum Wäschewaschen zur Verfügung. Noch heute ist der Waschplatz intakt und kann genutzt werden. Unmittelbar links des Waschhauses steht die byzantinische *Kirche Ágios Stéfanos* mit gut erhaltenen Fresken aus dem 13. Jh. Unterhalb von Tsikalarió soll in den nächsten Jahren ein drittes Wasserstaubecken für Náxos errichtet werden. Hinter Tsikalarió führt die Straße durch wunderschöne Olivenhaine direkt nach Chalkí.

Am oberen Ende der Dorfplatía bietet ein Kafeníon Kleinigkeiten und Erfrischungen für Wanderer an. Der Laden wird gleichzeitig auch als *Pantopolíon* betrieben.

Antiker Friedhof bei Tsikalarió: Unweit von Tsikalarió im Gebiet Alonákia unterhalb des Apáno Kástro wurde ein antiker Friedhof aus geometrischer Zeit (11. bis 8. Jh. v. Chr.) gefunden. Er bestand ursprünglich aus 18 rund angelegten Grabhügeln (sog. Tumulusgräber) von rund 7 bis 12 m Durchmesser, die jeweils von einem Kreis aufrecht stehender Steinfelsen umgeben waren. Die Gräber lagen innerhalb dieser Steinkreise. Als die Grabhügel 1963 bis 1966 von Archäologen untersucht wurden, waren die meisten Gräber bereits ausgeplündert. Gefunden wurden lediglich Gefäßüberreste, Fragmente von Waffen und Teile eines Silberrings. Insgesamt war die Menge der Funde gering. Man konnte jedoch klar beweisen, dass es sich um einen Tumulusfriedhof aus geometrischer Zeit handelt, der einzige, der bisher in ganz Griechenland gefunden wurde. Leider sind die Hügel heute kaum noch als solche zu erkennen, nur die Einfassungen von vier Steinkreisen sind erhalten.

Zugang → Spaziergang zur antiken Nekropole bei Tsikalarió

Spaziergang zur antiken Nekropole bei Tsikalarió

Charakteristik: Kurzer Spaziergang von Tsikalarió in Richtung Apáno Kástro in die Berglandschaft hinein. **Wegstrecke**: Dorfgasse, Feldweg und Eselspfade. Im Berggelände manchmal nicht ganz leicht zu finden. Zurück auf dem gleichen Weg.

Dauer und Länge: Bis zum obersten der Steinkreise rund 1,2 km und 25 Min.
Schwierigkeit und Ausrüstung: Mindestens geschlossene Turnschuhe.

Wegbeschreibung: Der Weg beginnt an der byzantinischen *Kirche Ágios Stéfanos* am Ortseingang von *Tsikalarió* **1**. Wir folgen dem großen, braunen Wegweiser mit der Aufschrift „Tsikalario 8th cent. BC cemetery" entlang der Hauptgasse in West-richtung durch das Dorf. Eine kleine *Platía* mit einem eingefassten Baum bleibt sogleich rechts liegen. Die *Hauptgasse* säumen bewohnte Häuser, aber auch einige Ruinen. Am Ende des Dorfkerns knickt die Gasse nach rechts ab setzt sich in Westrichtung fort mit Blick auf *Apáno Kástro*. Die Gasse steigt an, passiert noch einige Häuser außerhalb des Dorfkerns und führt teils als Sandweg endgültig aus dem Dorf hinaus. An einem Betonab-schnitt steigt der Weg nun wieder an. Etwa in der Mitte des Anstiegs, nach 530 m und etwa 8 Minuten Gehzeit seit Beginn, zweigt ein schmaler Pfad nach links ab **2**.

Die Abzweigung ist markiert mit roten Buchstaben auf einem Stein am Boden links des Wegs sowie einem neueren *Holzschild* mit Aufschrift. Nun folgen wir dem schmalen Pfad in Südwestrichtung durch Phrygana, über Felsen und an der Mauer entlang. Wenn die Mauer nach links abknickt **3**, halten wir uns rechts auf dem deutlich schlechter erkennbaren Pfad. Dieser Pfad verläuft in Westrich-tung, sporadisch mit *Steinmännchen* markiert, hangaufwärts durch Phrygana und Felslandschaft, bald auch durch ein Stück hohes Gras. Der weitere Verlauf ist auch mit roten Punkten markiert. Nach insgesamt 960 m Wegstrecke und etwa 20 Min. Wanderzeit erreicht man den ersten *Steinkreis der Nekropole* **4** auf 321 Höhenme-tern. Ein weiterer kleiner Steinkreis liegt rechts oberhalb einige Meter weiter **5**. Zwei weitere Steinkreise befinden sich gut 100 m bzw. 140 m weiter links hangauf-wärts (**6** und **7**). Der letzte Kreis befindet sich auf rund 327 Höhenmetern und ist nach insgesamt etwa 1,2 km sowie 25 Min. Wegzeit erreicht.

Von Chalkí nach Moní

An der Gabelung am Ortsende von Chalkí links halten (Richtung Nordosten). Etwa 3 km weiter steht eine der wichtigsten Kirchen von Náxos, die Panagía Drosianí, di-rekt auf einer Anhöhe neben der Straße. Die Straße führt weiter zum Bergdorf Moní.

Holzschnitzerei *(Xyloglíptichi)*, etwa auf der Mitte der Straße von Chalkí nach Moní nach rechts den Hügel hinauf über eine be-tonierte Stichstraße (500 m). Hier hat sich der Holzschnitzer Michális Kontopídis nie-dergelassen und ein wunderschönes Stein-haus errichtet. Er fertigt Möbelstücke und Kunstwerke aus Holz (zumeist Olivenholz) in Handarbeit, traditionelle Einrichtungs- und Gebrauchsgegenstände im alten In-selstil, Möbelstücke auch auf Bestellung. Die Produkte sind eher für die Einheimi-schen und weniger als Souvenirs ge-dacht. Michális arbeitet oft außerhalb, da-her ist er nicht immer in der Werkstatt an-zutreffen. ✆ 698-2133641. ∎

Kirche Panagía Drosianí

Eine aus mehreren Kapellen und Höhlenkapellen zusammengesetzte, verschachtelte Kirche aus dem 6. oder 7. Jh. Panagía Drosianí gilt als eine der besterhaltenen frühchristlichen Kirchen in ganz Südosteuropa und zählt damit zu den bedeutendsten Sehenswürdigkeiten weit über Náxos hinaus.

Die Panagía Drosianí besitzt einen für naxiotische Kirchen ungewöhnlichen Grundriss: ein einschiffiges Gewölbekirchlein an der dem Berg zugewandten Seite mit Kuppel und einer Apsis mit drei Nischen, wie sie für frühchristliche Kirchen üblich sind. An der Nordseite wurden später in mittelbyzantinischer Epoche drei Kapellen schräg angebaut. Die beiden äußeren Kapellen besitzen ebenfalls jeweils eine Apsis mit drei Nischen. Neben der Architektur haben auch die *Wandmalereien* eine besondere Bedeutung: Sie stammen teilweise aus der Entstehungszeit der Kirche im 6. oder 7. Jh. und damit aus frühchristlicher Zeit. Zwar ist ihr Verwitterungsprozess fortgeschritten, dennoch sind sie historisch äußerst bedeutsam, weil sie noch vor dem sogenannten *Bildersturm* entstanden sind.

Ikonoklasmus: der byzantinische Bilderstreit

Kern des byzantinischen Bilderstreits im 8. und 9. Jahrhundert war ein theologischer Diskurs um den richtigen Gebrauch und die Verehrung von Ikonen. Den leidenschaftlichen Auseinandersetzungen zwischen orthodox-katholischem Klerus und dem byzantinischen Kaiserhaus – also zwischen Ikonodulen (Ikonenverehrern) und Ikonoklasten (Ikonenzerstörern) – ließ Kaiser Leon III. im Jahr 726 mit dem sogenannten Bildersturm Taten folgen. Leon vertrat die Auffassung, dass es unmöglich sei, „göttliche Wesen" in Bildern darzustellen. Unter Leons Sohn Konstantin V. erreichte der Bildersturm („Ikonoklasmus") den Höhepunkt: Mit zum Teil militärischen Mitteln wurden die Ikonodulen verfolgt, zahllose Wandmalereien und Ikonen wurden zerstört. Im Jahr 843 schließlich setzten sich die Ikonodulen durch und Regentin Theodóra II. ordnete die Wiederherstellung der Ikonen an. Jetzt wurden die Ikonoklasten verfolgt und ihre Schriften vernichtet. Die Ikonenverehrung hat sich in den orthodoxen Kirchen bis heute als fester Glaubensbestandteil erhalten.

Zu den wenigen erhaltenen Wandmalereien aus der Zeit vor dem Bilderstreit gehören die Fresken der Kirche Panagía Drosianí. Ein Teil der um 590 entstandenen Fresken wurde von den später darüber gemalten Schichten befreit und zeigt die Heilige Jungfrau und die beiden Heiligen Kosmás und Damianós, die Schutzpatrone der Ärzte.

Einzigartig ist die doppelte Darstellung in der Kuppel von Jesus als jungem und als altem Mann. Aber auch in der Apsis sind die alten Fresken noch gut zu erkennen. Von der linken Seitennische der Apsis blickt z. B. ein wunderschönes Antlitz der *Panagía* in den Kirchenraum. Darunter steht ein *Altar aus Marmor*, keine der sonst üblichen Ikonostasen. Einige der Fresken stammen aber auch aus späterer Zeit, dem 11. bis 14. Jh. Der Zugang zur linken Seitenkapelle wird meist gestattet. In diesem Höhlengewölbe sind keine vollständigen Fresken, sondern nur noch Fragmente erhalten. Der breite Giebel mit seinen drei Glocken wurde erst in jüngerer Zeit südlich an die Kirche angebaut. Namenstag der Panagía Drosianí ist der 8. September (Maria Geburt). Dann findet ein feierlicher Festgottesdienst mit anschließendem Panigýri statt.

Lage: Direkt oberhalb der Straße von Chalkí nach Moní, im Scheitelpunkt einer Rechtskurve ca. 3 km hinter Chalkí. Von der Straße führt ein schmaler Fußweg ein paar Meter hinauf zum Eingang. Beschildert.

Öffnungszeiten: In der Hauptsaison tägl. 8–20 Uhr, in der Nebensaison oft nur vormittags oder wenn die Busse der organisierten Tagesausflüge hier anhalten. Neben dem Eingang auf der rechten Seite befindet sich ein kleiner Plan der Kirche, auf dem man die verschiedenen Bauabschnitte und Epochen ablesen kann. Kleine Spende ist erwünscht.

Panagía Drosianí aus frühchristlicher Zeit

Moní

Bergdorf am nördlichen Rand oberhalb der Tragéa. Von den Balkonen und Hochterrassen hat man wunderschöne Blicke über die landwirtschaftlich genutzte Ebene der Inselmitte und natürlich in die Bergwelt. Es gibt etliche Häuser neueren Datums, doch abseits der Hauptwege noch viele verfallene Bruchsteinhütten. Moní zählt heute rund 200 Einwohner und ist bekannt für die traditionellen Webarbeiten, die die Frauen im Ort auf teils uralten Webstühlen herstellen.

Verbindungen Bus von Náxos-Stadt nur werktags 1-mal tägl. Besser mit einem Mietfahrzeug selbst fahren.

Einkaufen Marinas Loom, an der Hauptgasse. Marína fertigt Tischdecken, Schals und Kissenbezüge auf dem Webstuhl, der im Verkaufsraum steht. Gelegentlich kann man ihr bei der Arbeit zusehen.

»» Mein Tipp: Ergastíri Argaleiós, an der Tavérna Panórama die Treppen hinunter. María fertigt ihre Webarbeiten seit mehr als 30 Jahren auf dem eigenen Webstuhl und hat auch eigene Kreationen entwickelt. Tisch- und Tagesdecken, Tücher, Kissenbezüge, Vorhänge, Taschen usw. Online-Shop: www.argalios.com. **«««**

Geld Geldautomat am Ortseingang auf der rechten Seite.

Übernachten Pension Katerína, gehört der gleichen Familie wie die Tavérna Panó-

rama. Tochter Katerína vermietet zehn einfache Zimmer mit Bad. Alle Zimmer haben einen wunderschönen Talblick vom Balkon. DZ 30–45 €. An der Hauptgasse neben der Tavérna Panórama, ☎ 22850-31902.

Essen & Trinken   Panórama, an der Hauptgasse am Ortseingang. Geführt von der freundlichen älteren Iríni. Spezialitäten sind Moussaká, Pastítsio, Biftéki, Souvláki, Briám und gefüllte Omeletts. Die Besonderheit ist allerdings der unübertreffliche Blick von der Außenterrasse auf den Südosten sowie das Zentrum von Náxos, Filóti und vor allem auf den Zas.

The Ford, Café-Restaurant gleich nach dem Parkplatz am Ortseingang links.

Parádisos, Kafeníon direkt neben dem Panórama; hier kein Talblick, aber einladende Atmosphäre unter weinüberrankter Pergola.

Inselzentrum und der Süden

Süden und Südküste

Trotz der Asphaltstraßen, guter Erschließung und einiger Neubauten sind die südlichen Regionen der Insel noch immer recht dünn besiedelt. Ziegenbauernhöfe gibt es mehr als private Ferienhäuser oder Pensionen für die Sommergäste. Die Hänge sind von Bruchsteinmauern überzogen, fast überall hört man das Glockengeläut der Ziegen, die sich an dem kargen Weideland gütlich tun. Archäologische Höhepunkte sind das *Kástro Apalírou* und der *Pýrgos Chimárrou*. Optische und strandmäßige Highlights sind die wunderbaren Sandbuchten von *Agiassós* und *Kalandós*. Wer allerdings glaubt, die häufigen Nordwinde würden an der Südküste nicht so heftig wehen, irrt: Das Tal von Kalandós und die Ebene unterhalb von Sangrí verlaufen in Nord-Süd-Richtung, und dort pfeift der Meltémi genauso ungehindert durch wie an der Nord- und Westküste.

Es gibt drei Hauptzufahrten in den Inselsüden: *Agiassós* ist von *Alikó* aus über eine Schotterpiste und von *Sangrí* aus über Asphalt zu erreichen. Nach *Kalandós* führt nur eine (fast durchgängig asphaltierte) Stichstraße von *Filóti* aus und am *Pýrgos Chimárrou* vorbei. Busverbindungen gibt es keine. Wer den Süden der Insel besuchen will, wird sich – wenn er nicht wandern will – um ein Mietfahrzeug bemühen müssen.

Von Sangrí zum Órmos Agiassós

Abzweig nach rechts von der Straße Richtung Chalkí, gut beschildert. Vorbei am Pýrgos Bazéos gen Süden. Hoch oben auf einem Hügel mit großem Plateau steht links das Kástro Apalírou, einst die wichtigste Wehrburg der Insel. Dann weiter zum Strand von Agiassós.

Kurz hinter Sangrí folgt an der Straße nach Chalkí eine Tankstelle, davor zweigt die Zufahrt zum Órmos Agiassós von der Hauptinselverbindung ab. Vorbei am *Pýrgos Bazéos* (→ S. 145) führt die Straße durchwegs leicht bergab, eine in Richtung Süden auslaufende Ebene entlang – linker Hand die Silhouette des Zas-Massivs. Einen knappen Kilometer hinter dem Pýrgos zweigt ebenfalls nach links ein Fahrweg ab, der am Fuße des 470 m hohen Hügels mit dem *Kástro Apalírou* auf dem Gipfelplateau endet. Im letzten Straßenabschnitt Richtung Agiassós fährt man durch eine flache, landwirtschaftlich genutzte Ebene. Auffällig sind die imposanten Agaven. Kurz vor dem Ende der Straße, am Órmos rechter Hand, der 228 m hohe Hügel *Agiassós*, auf dessen Spitze früher ebenfalls ein Pýrgos stand. Dahinter beginnt die ca. 3,5 km lange Zufahrt zum *Órmos Pirgáki* und nach *Alikó* über eine abenteuerliche Schotterpiste.

Kástro Apalírou

Das Kastell von Apalírou stammt aus byzantinischer Zeit. In etwa 470 m Höhe nimmt es eine Bergkuppe in der Region Marathós fast vollständig ein. Teils sind die Ruinen noch recht gut erhalten. Schwieriger Aufstieg über verschlungene Pfade.

Das Kástro Apalírou ist der größte befestigte Wehrbau im Inselinnern. Sein Ursprungsbau misst etwa 350 m in der Länge und war bis zu 90 m breit. Während der

Größter Wehrbau im Inselinneren: die Ruinen von Kástro Apalírou

häufigen Piratenüberfälle im Mittelalter gaben die Bewohner von Náxos ihre Hauptstadt an der Westküste zeitweise auf und zogen sich ins Inselinnere zurück. Zweifellos war das Kástro mit seinen Kirchen damals ein stattlicher Ort, es war Herrscherresidenz und Fluchtburg für die Bauern. Die Außenmauern sollen einst in drei Ringen angelegt gewesen sein. Verwendet wurden mittelgroße Bruchsteine von 30 bis 40 cm Durchmesser. In der Inselgeschichte spielt das Kastell noch eine weitere wichtige Rolle. Im Jahr 1207 wurde es von dem venezianischen Herzog Márco Sanoúdos erst nach mehrwöchiger Belagerung erobert, der damit die Oberherrschaft über Náxos gewann und zunächst Apalírou zu seinem Sitz erklärte. Belegt ist aber auch, dass es bereits in vorvenezianischer Zeit Wehrkastelle auf Náxos gab. Dies ist von keiner anderen Kykladeninsel bekannt. Unbekannt ist allerdings, wer die Anlage von Apalírou errichtete und wann genau sie gebaut wurde, vermutet wird der Bau im 7. Jh. Angeblich (jedoch nicht schriftlich belegt) sollen Sarazenen und Araber um das Jahr 850 an einer Eroberung von Apalírou gescheitert sein.

Die noch am besten erhaltenen Reste liegen im nördlichen Teil des Burgareals. Auffällig sind vor allem ein noch ca. 6 m hoher Rundturm an der nordwestlichen Ecke und die mehrere Meter hohe Wehrmauer gen Norden. Gut erkennbar sind auch Fundamente einer dem Ágios Geórgios geweihten Kirche im nordöstlichen Bereich. Im Westen der Anlage findet man Reste von drei Flankierungstürmen. An einigen Stellen lässt sich auch der Durchmesser der Wehrmauern mit fast 2,50 m noch gut erkennen, zudem sieht man zwei große Zisternen an der Westflanke. Auch an der Ostseite sind noch Reste der dicken Mauern erhalten. In der Nähe einer Zisterne mit Wasserbecken befindet sich ein in einen großen Marmorblock gemeißeltes Kreuz. Auch diese Gravur stammt aus byzantinischer Zeit. Am Südende der Wehranlage sind ebenfalls Mauer- und Häuserreste erhalten; auch Spuren einer Terrassenanlage sind zu erkennen. Einige Archäologen sehen in ihr den Nachweis, dass hier in der Antike eine Akrópolis existiert haben muss. Ansonsten sind innerhalb der Anlage weitere Fundamente von Wirtschafts- und Wohnhäusern und zahlreicher Zisternen erhalten.

Zugang: Von der Straße Sangrí–Agiassós etwa 800 m nach dem Pýrgos Bazéos links ab, beschildert. Ein Beton- und Schotterweg führt den Hang hinauf und endet an einem Ziegenbauernhof. Der Aufstieg (Westroute) beginnt an dem braunen Metallschild links des Hofs. Leicht schräg nach rechts über kaum erkennbare Ziegenpfade auf Sicht den Hang hinaufwandern. Bald erreicht man einen Grat, an dem man sich weiterhin rechts hält. Ziegenpfade führen hinauf in Richtung der gut erkennbaren Rundmauer des Kástros und verlaufen unterhalb weiter nach rechts. Der Zugang zum Plateau ist etwa in der Hügelmitte am einfachsten. Dennoch ist das mit unzähligen Tonscherben vermischte lose Geröll unterhalb des Kástros ein schwieriges, rutschiges Wanderterrain, der Aufstieg nach Kástro Apalírou (und vor allem der Abstieg wieder hinunter) ein nicht ungefährlicher Weg. Aufstiege von der Nord- und Südseite sind praktisch unmöglich, auch über die Ostroute eher nicht zu empfehlen. Die Höhendifferenz beträgt innerhalb der Kástromauern nochmals bis zu 60 m (Ost-West-Achse) und bis zu 30 m von Nord nach Süd.

Agiassós

Traumbucht im Südwesten der Insel. Herrlicher Sand, so weit das Auge reicht, kristallklares Wasser, kaum Wellen und aufgrund der langen Anfahrtsstrecke eher wenig besucht, in der Nebensaison oft menschenleer.

Hinter dem Strand, inmitten der Felder und auf den umliegenden Hügeln wurden in den letzten Jahren zahlreiche private Ferienhäuser, aber auch einige Pensionen und Tavernen errichtet. Am Strand steht die kleine Einraumkirche *Panagía* mit einer handgeschnitzten Ikonostase aus hellem Holz. Wunderschöner Blick auf Iraklía, Íos und die Südspitzen von Páros und Antíparos. Bei Südwind steht manchmal der Strand unter Wasser. Auf einem kleinen Hügel südöstlich von Agiassós steht die byzantinische *Kirche Panagía tis Gialoús*, die nur zu Fuß in einer guten halben Stunde zu erreichen ist (ausgeschildert). Ein Besuch lohnt sich: Zu sehen sind Fresken aus dem 13. Jh., in der Apsis eine wunderschöne Madonna, der Piraten im Mittelalter die Augen ausgekratzt haben. Zudem bietet sich vom Plateau eine herrliche Aussicht über die ganze Bucht.

Órmos Agiassós: Traumbucht an der Südküste

Übernachten/Essen Neraída Agiassoú, am Westende der Bucht, wo die Zufahrtsstraße endet; traditionsreiche Taverne mit vorzüglicher Küche und moderaten Preisen. Es gibt Fisch und als Spezialität einen selbst hergestellten Käse aus der Region Agiassós. Auch ansonsten werden soweit wie möglich lokale Produkte verwendet. www.neraida-agiassos.gr.

Studios Apartments Paradise, im Obergeschoss der Tavérna Neraída vermietet Stéfanos mehrere geschmackvoll eingerich-tete, geräumige Apartments für 2–6 Pers. Alle haben Wohnküche, Schlafzimmer, AC, Bad sowie Balkon mit Meerblick. DZ 30–50 €, Apartment 55–80 €. ☎ 22850-75562, www.agiassos-paradise.gr.

Studios Vráchia, am Ostende des Strands von Agiassós. Der Eigentümer der gleichnamigen Taverne am Strand vermietet geräumige Studios, verteilt auf drei Gebäude, mit voll ausgestatteter Küche, Balkon/Veranda, Telefon und TV. DZ 25–70 €. ☎ 22850-75533, www.vrahiastudios.gr.

Von Filóti zum Órmos Kalandós

Vorbei an einigen Kapellen durch einsame Berglandschaft mit fantastischen Ausblicken – eine lohnenswerte Tour bis zum schönen Sandstrand am Órmos Kalandos.

Die asphaltierte Straße zweigt in Filóti etwa 500 m nach dem zentralen Dorfplatz rechts ab. Im Scheitelpunkt des Abzweigs steht die winzige *Kapelle Ágios Kosmás* als markanter Orientierungspunkt. Vorbei an den neueren Außenbezirken von Filóti geht es zunächst bergab zur byzantinischen *Kapelle Agía Anastasía* aus dem 12. Jh., die mit der Apsis in die Straße ragt. Innen eine dunkle, hölzerne Ikonostase, ganz rechts die Darstellung der heiligen Anastasía. Die Kapelle mag zwar unspektakulär sein, doch der Blick von dort auf die steile Südwand des Zas ist atemberaubend. Hinter der byzantinischen *Kapelle Ágios Evstáthios* ein paar Kilometer weiter wird die Gebirgslandschaft zunehmend rauer und sehr einsam.

Es geht in Serpentinen aufwärts, bis bei der *Kapelle Ágios Tríphonas* auf etwa 580 Höhenmetern der höchste Punkt der Straße zum Órmos Kalandós erreicht ist. Ágios Tríphonas ist eine bedeutende Einraumkapelle hoch oben auf einem Sattel

Inselzentrum und der Süden

Blick über die Kapelle Agía Anastasía auf den Berg Zas

des südlichen Zas-Massivs; sie zeigt eine dunkle Ikonostase aus Holz, die Namens-ikone befindet sich am Eingang an der linken Wand. Eine zerbrochene Marmor-platte mit griechischer Inschrift findet sich in der Apsis. Von der Anhöhe hat man einen fantastischen Blick bis Pirgáki im Südwesten und auf die beiden Koufoníssi-Inseln, Kéros sowie im Hintergrund Amorgós. Weiter geht es im Bogen durch die Ausläufer des Zas. Kurz vor dem *Pýrgos Chimárrou* endet der Asphalt und es fol-gen etwa 600 m über Schotterpiste zunächst weiter bergab und an der *Kapelle Panagía* vorbei, bevor es wieder auf Asphalt (fast) bis zum *Órmos Kalandós* mit sei-nem einsamen Sandstrand hinuntergeht.

Turm von Chimárrou

Der imposante Rundturm aus weißem Marmor steht wunderschön in üppig fruchtbarer Gegend auf etwa 340 Höhenmetern am Südfuß des Zas. Der Turm war der Wehrturm einer kleinen hellenistischen Bauernsiedlung und wurde im 3. Jahrhundert v. Chr. gebaut.

Die Straße zum Órmos Kalandós führt direkt am Pýrgos Chimárrou vorbei. Der zumindest äußerlich gut erhaltene Turm war das Zentrum einer antiken Bauern-

siedlung, misst heute noch etwa 15 m Höhe und besteht aus einer bis zu 1 m dicken Mauer aus weißen Marmor-quadern, die ohne Mörtel zusammen-gesetzt sind. Heute sind noch etwa 40 Steinschichten von je 30 bis 50 cm er-halten, die am Fuß des Turmes einen Außendurchmesser von knapp über 9 m ergeben; sein Innendurchmesser beträgt am Fuß etwa 7,2 m. Der Turm verfügt nur über einen Eingang an der Südseite, was aus Verteidigungs- und Witterungsgründen sinnvoll war. Bei Gefahr zogen sich die Bewohner der Siedlung in den Turm zurück.

Über dem Eingang befand sich ein Wehrerker, um die Pforte mit Steinen und flüssigem Pech zu verteidigen. An-sonsten gibt es nur kleine Öffnungen als Lichteinlass, Schießscharten und zu Belüftungszwecken. Nach oben führte einst eine Steintreppe, deren Stufen aus der Wand hervorstehen, von der aber fast nichts mehr erhalten ist. Insgesamt soll der Turm fünf oder sechs Stock-werke mit einer Nutzfläche von etwa 250 m^2 (!) umfasst haben. Seine Innen-konstruktion bestand (mit Ausnahme der Treppenstufen) aus Holz. Auch von den Böden und Wänden ist nichts mehr erhalten. Das unterste Stockwerk war

Pýrgos Chimárrou: Rundturm aus hellenistischer Zeit

rund 4 m hoch, die darüberliegenden etwas niedriger, wobei die obersten Stockwerke nicht mehr erhalten sind. Sie wurden im Laufe der Jahrhunderte vor allem durch Blitzschlag zerstört. Soweit ersichtlich, besaß jedes Stockwerk eine Wasserablaufrinne, was auf häusliche oder bäuerliche Tätigkeiten im Turminnern schließen lässt. Umstritten ist die Beschaffenheit des Dachs. Hatte der Pýrgos ein Ziegeldach oder eine Dachterrasse?

Auf dem Areal liegen zahlreiche vom Turm heruntergefallene Steine, die teilweise eingeritzte Zeichen besitzen, möglicherweise die Namenskürzel der Steinmetze. Gesichert ist dagegen die Existenz einer heute nur noch in wenigen Resten erhaltenen quadratischen **Wehrmauer** um den Turm und das **Gehöft**. Das so umfriedete Areal misst etwa 38 x 38 m mit einem Zugang von Osten. Die Grundmauern der Siedlung rund um den Turm sind teils noch bis in eine Höhe von etwa 1 m erhalten. Die Häuser wurden so sorgfältig wie der Turm errichtet. Ihr Bodenniveau liegt rund 1 m tiefer als der Eingang zum Turm und das heutige Niveau.

Auf der Ostseite des Areals sind zwei tonnengewölbte **Bruchsteinkapellen** aus byzantinischer Zeit erhalten. Sie sollen im 5. Jh. als Teil einer nicht mehr erhaltenen Basiliká errichtet worden sein. Die nördlichere der beiden Kirchen, *Zoodóchos Pigi*, ist besser erhalten. Sie ist über drei Stufen zugänglich, innen ist eine hölzerne Ikonostase zu sehen. Die südlichere ist in schlechtem Erhaltungszustand, hat keinen Namen und keine Ikonen, aber einen kleinen Marmoraltar. In beiden Kirchen wurden Steine aus dem Turm verbaut, was darauf schließen lässt, dass der Turm im 5. Jh. n. Chr. schon teilweise eingestürzt war.

Zugang: Das Gelände um den Pýrgos Chimárrou wurde 2004 eingezäunt und mit einem Tor versehen, das heute aber offen steht. Seither ist der Turm eingerüstet, doch die Restaurierungsarbeiten am Turm und der Anlage wurden schon vor Jahren aus Geldmangel eingestellt. Angebracht wurde lediglich ein Blitzableiter, um weitere Schäden zu vermeiden. Mittlerweile ist das Gerüst verrostet, seine Holzplatten teils heruntergebrochen. Die Eingangstür wurde aus den Angeln gerissen, so dass der Turm wieder zugänglich ist, innen sind nur Gerüst und Stützkonstruktionen zu sehen. Die einstigen Treppen sind aber gut erkennbar. Die Marmorblöcke des Turms wurden von den Archäologen nummeriert und sind auf dem Gelände gelagert. Die Zukunft der Restaurierung ist ungewiss (Stand: Sommer 2014).

Hellenistische Wehrtürme auf den Kykladen

Der Turm von Chimárrou gehört zu einer Gruppe von etwa 50 ähnlichen Bauwerken, die wahrscheinlich wie ein Netz die wichtigsten der Kykladeninseln überzogen. Im Süden und Südwesten von Náxos wurden spärliche Ruinen von mindestens sechs weiteren Wehrtürmen mit Gehöften entdeckt, die wahrscheinlich ebenso aus hellenistischer Zeit stammen. Bedeutende und ähnlich gut erhaltene Wehrtürme gibt es u. a. noch auf Ándros (bei Ágios Pétros), Kéa (bei Agía Marina) und Amorgos (bei Ríchti). Bei Gefahr, z. B. durch Piraten, konnte man von der Spitze des Pýrgos per Leuchtfeuer blitzschnell andere Türme und Siedlungen warnen. Neuerdings wird gelegentlich aber die Meinung vertreten, dass der Pýrgos Chimárrou keine reine Wehranlage darstellte, denn er liegt nicht auf einem dafür prädestinierten Punkt. Selbst vom obersten Stockwerk aus waren nicht die gesamte Küste und das Meer einzusehen. Ein Standort weiter südlich am Hang wäre für militärische Zwecke sinnvoller gewesen.

Órmos Kalandós: Gut 11 km südlich vom Pýrgos Chimárrou und auf Asphaltstraße durch karge Landschaft und Ziegenweiden zu erreichen – nur die letzten 500 m führen über Schotter und Sand. An der Ostseite der etwa 1 km langen, fast runden Bucht von *Kalandós* wurde aus viel Beton und mit 2,9 Mio. Euro EU-Fördergeldern eine gigantische (und überflüssige) Marína mit etwa zwei Dutzend Liegeplätzen errichtet. Da die Bucht sehr abgelegen ist und es nur zwei Tavernen gibt, zieht die Hafenanlage auch nicht unbedingt Segelboote in größerer Anzahl an. Kaum eine Crew bleibt länger als eine Nacht. Einige Fischerboote sind jedoch meist zu sehen. Auf der Landzunge im Westen steht eine kleine Kapelle.

Trotz der Marína ist der Órmos eine wunderschöne Bucht mit herrlichem Sand, nur ein wenig mit Kieselsteinen durchsetzt, mit seichtem Wasser, selten Brandung, kaum Strömung und daher eigentlich gut für Kinder geeignet. Allerdings liegen in der Mitte und im Osten teilweise Felsplatten im Wasser. Östlich und westlich an den Hängen stehen ein paar private Ferienhäuser. Erst 2010 wurde Elektrizität bis an die Bucht gelegt.

Übernachten/Essen Kalandós Studios, Ánna vermietet acht Einheiten: 5 DZ und 3 Triple, alle mit Bad, Küchenecke und Deckenventilator, zwei der Zimmer mit Doppelbetten. Fast alle haben Balkon und Blick auf Bucht und Strand. Kein TV, weil kein Empfang in der Bucht. Alles 2012 neu errichtet. DZ 30–35 €. Rabatt bei längerem Aufenthalt. Ganzjährig offen.

Tavérna/Café Kalandós, 2013 von Ánna eröffnet, die auch die Zimmer vermietet. Traditionelle griechische Küche. Spezialitäten sind Moussaká, Pastítsio, gefüllte Gemüse, Oktopus-Risotto, Náxos-Würste mit Lauch oder Orangenstücken, Lammkeule, Schweinesteak, Souvláki. Produkte vom Bauernhof der Familie aus Mélanes. Wunderschöne Hochterrasse im Westen der Bucht mit Blick auf die Inseln Schinoússa (links) und Iraklía (rechts). Geöffnet Mitte Mai bis Mitte Sept. Vom Ende der Straße zu Fuß ca. 400 m über den Strand oder mit dem Fahrzeug knapp 2 km über eine Schotterstraße zu erreichen.

Órmos Rína: Etwa 2 km Luftlinie nordöstlich vom Órmos Kalandós. Nur per Fußpfad oder über den Seeweg zu erreichen. Großer Kieselstrand hinter einer tief in die Küstenlinie eingeschnittenen Bucht. Keinerlei Einrichtungen, nur ein Ziegenbauernhof ein Stück weit im Landesinnern.

Im kleinen Hafenort Moutsoúna wurde früher Schmirgel verladen und exportiert

Südliche Ostküste

Die südliche Ostküste ist gut erschlossen, aber weit entfernt von Náxos-Stadt. Im Grunde gibt es nur den kleinen Ort Moutsoúna, früher Hafen für die nahen Schmirgelbrüche bei Kóronos und Liónas. In den langen, nur spärlich bewachsenen Tälern, die vom gebirgigen Inselzentrum nach Osten hin abfallen, zeigt sich Náxos von seiner schroffsten, unnahbarsten Seite.

Die Berglandschaft hinter der nördlichen und mittleren Ostküste gehört heute zu den ärmeren Gegenden der Insel, denn der kommerzielle Schmirgelabbau lohnt längst nicht mehr. Wirtschaftlichen Ersatz gibt es nicht, und die fantastischen Strände der Westküste laufen der südlichen Ostküste auch beim Tourismus den Rang ab. Daher gibt es in diesem Inselteil vergleichsweise wenige Übernachtungsmöglichkeiten, die meisten sind außerdem nur im Hochsommer geöffnet. Bei den Tavernen sieht es etwas besser aus, denn Tagesausflügler kommen schon ab Mai. Bemerkenswert ist der Wasserreichtum. Zahlreiche Bäche und Flüsse münden an der Ostküste in die Ägäis. Dennoch hält sich der Bewuchs der Berghänge in Grenzen, denn die Böden sind wenig fruchtbar. Mehr als ein paar Oleanderbüsche und die übliche Phrygana sind kaum zu entdecken. Weiter südlich an der Küste entlang wachsen dann auch wieder Ölbäume. Die Schönheit der Ostküste liegt am ehesten in ihrer wilden Einsamkeit begründet.

Die Stichstraße zur südlichen Ostküste zweigt bei Apíranthos nach Osten ab und führt in endlosen Serpentinen steil hinab. Von dem ehemaligen Schmirgel-Verladehafen Moutsoúna führt dann eine Straße entlang der Küste knapp 20 km in Richtung Süden bis zum Órmos Pánormos. Unterwegs geht es vorbei an zahlreichen Buchten und einigen hübschen Kapellen in einem insgesamt recht dünn besiedelten Gebiet.

Verbindungen Nachdem die Ostküste lange ignoriert wurde, gab es zuletzt im Hochsommer pro Tag zumindest eine Verbindung von Náxos-Stadt nach Moutsoúna.

Wichtig für die Anfahrt mit eigenem Fahrzeug: Nur mit vollem Tank fahren, die nächsten Zapfstellen liegen bei Filóti und Koronída – rund 45 km von Pánormos entfernt!

Von Apíranthos nach Moutsoúna

Langwierige Fahrt in vielen Serpentinen, vorbei an Steinbrüchen steil bergab an die Ostküste. Weitgehend einsames Gebiet, wunderschöne Blicke auf die Küstenlinie und die Inseln südöstlich von Náxos: Koufoníssi, die drei winzigen Mákares-Inselchen, Donoússa und Amorgós.

Die Straße zieht sich fast 12 km in Serpentinen und mit teils steilem Gefälle hinunter zur Ostküste. Mehrere Bachläufe führen an der Straße entlang, die in den größeren Fluss *Elías* fließen, der seinerseits am *Gialós Azalá* in die Ägäis mündet. Vorbei an blühendem Oleander geht es stetig bergab. Etwa nach 8 km folgt eine Einmündung Richtung Norden. Sie ist unbeschildert, denn diese Piste endet als Sackgasse unvermittelt mitten im Schmirgelabbaugebiet. Weiter geradeaus auf der Serpentinenstraße treffen wir kurz vor Moutsoúna auf die alte Seilbahn, teils sind die rostigen Förderkörbe noch mit Rohschmirgel befüllt. Vorsicht auf der gesamten Strecke: Die Bankette sind teils nicht gesichert, die Straße ist teilweise beschädigt.

Schmirgeltransportseilbahn *(Enaério Vayonéto):* Die Seilbahn wurde von 1926 bis 1929 errichtet. 72 Pfeiler mit Höhen zwischen fünf und 43 m überbrücken die 16 km Wegstrecke vom Abbauort Pigí oberhalb von Liónas bis zur Verladeanlage bei Moutsoúna. Rund 170 Förderkörbe wurden eingesetzt. Oben auf dem Berg Alonístres steht eine Zwischenstation. 1941 wurden Minen und Seilbahn für den Dauerbetrieb geschlossen. Das letzte Mal wurde vorübergehend im Jahr 1978 Schmirgel mit dieser Bahn befördert.

Moutsoúna

Ehemaliger Bergwerkshafen an der mittleren Ostküste, von Apíranthos über eine Stichstraße zu erreichen. Hier endet die Schmirgelseilbahn hinter dem Verladekai. Moutsoúna ist heute bekannt für seine guten Fischrestaurants direkt am Kai.

„Willkommen in Moutsoúna" ist an eine Wand des Fischerorts gepinselt, doch nicht viele Náxos-Besucher „verirren" sich hierher. Stille liegt über den teils verrotteten Gebäuden der Bergwerksgesellschaft, Abraumhalden türmen sich hinter der ersten Häuserreihe an der Paralía auf, die beiden Verladekräne am Hafen – ein Industriedenkmal in der Einsamkeit. Der Ort selbst ist die größte Siedlung an der Ostküste, gemütlich geblieben und schön anzusehen. Viele der Häuser gehören Leuten aus Apíranthos, der Chóra oder aus Athen und werden nur im Sommer bewohnt. Direkt am Kai verläuft ein 100 m langer Sandstrand zwischen ausgefrästen Klippenrändern und der Hafenanlage. Weiter südlich gibt es einen etwas besseren Strand. Empfehlenswert ist Moutsoúna und die gesamte südliche Ostküste für alle, die Ruhe schätzen und Fischrestaurants mögen. In der Nebensaison ist es hier oft fast menschenleer.

Romantisches Plätzchen am Meer: Taverne Apanémi

Verbindungen Bus im Juli/Aug. 1-mal tägl. von/nach Náxos-Stadt. Haltestelle direkt am Hafen.

Einkaufen Mini-Markt im unteren Ortsteil (in Strandnähe), nur im Sommer geöffnet.

Übernachten Hotel Óstria, Déspina und Ioánnis vermieten Studios und zwei Apartments ca. 400 m südlich des kleinen Kais. Alle mit Balkon/Veranda, AC, TV, Telefon, Wifi und Kühlschrank: Durch die etwas abseitige Lage quasi hauseigene Bucht, zudem Pool vor dem Haus. Studio 45–145 €. ✆ 22850-68235, www.ostria.com.

Studios Agerinó, in zwei nebeneinanderliegenden Gebäuden werden geräumige Zimmer, Studios und Apartments vermietet. Alle mit Balkon/Veranda, AC, TV und Kühlschrank. DZ 40–65 €, Studio 40–90 €. Ein wenig außerhalb von Moutsoúna an der Küstenstraße Richtung Süden, ✆ 22580-68269, www.agerino.com.

Rooms Anatolí, vermietet werden fünf Zimmer mit Bad und Balkon, herrlicher Blick über die Bucht, leider auch einige „Hausgerippe" im Sichtfeld. DZ 30–45 €. In einem Seitenweg der Zufahrtsstraße nach Moutsoúna, nicht direkt am Strand, ✆ 22850-68288.

Essen & Trinken Nach Moutsoúna kommt man zum Fisch essen. Nur begrenztes Angebot an anderen Gerichten.

》 Mein Tipp: Apanémi, (vormals Michaloúkos), alte Fischtaverne von 1823 und der Marktführer in Moutsoúna in Sachen frischer Fisch und Hummer. Mathéos, der Berufsfischer mit dem größten Fischerkaíki am Ort (die *Ágios Nikólaos*), und seine freundliche Frau María führen diese Taverne. Die Lobster werden in einer Art Unterwasserkäfig naturnah direkt im Meer „frisch" gehalten. Einige Tische romantisch direkt am Kai unter den Tamarisken. Auf der Karte steht praktisch nur Fisch, aber die Auswahl beeindruckt. Spezialitäten: Hummer mit Spaghetti und Rotbarbe (Barboúnia). Liegt direkt am Ende der Straße, die erste Taverne hinter den Schienen am Verladekai. Viele einheimische Gäste. Geöffnet Mai–Okt. **《**

Óstria, an einer Terrasse an der Straße ein wenig außerhalb Richtung Pánormos. Plätze unter weinüberranktem Dach mit Blick aufs Meer. Freundlicher Service von dem deutsch sprechenden Kostas. Griechische Küche mit Schwerpunkt Fisch, guter Salat mit Hühnchenfleisch, Blätterteig mit Gemüsefüllung, Náxos-Käse aus der Region, Brot aus Apíranthos.

Agerinó, Café auf einer schönen Hochterrasse mit Meerblick. Reichhaltiges Frühstück. Ein wenig außerhalb an der Straße Richtung Pánormos.

Frischer Fisch und Hummer direkt für die Küche

Gialós Azalá: Langer, einsamer Kiesstrand ca. 1,5 km nördlich von Moutsoúna, zu erreichen über einen Feldweg, der kurz vor Moutsoúna links abzweigt (beschildert) oder per Fußpfad quer über die Landzunge. Hinter der Bucht stehen mehrere Privat- und Ferienhäuser. Die nördlich anschließende Bucht heißt *Ágios Dimítrios*. Dort endet die befahrbare Piste an der Kirche Ágios Dimítrios.

Übernachten   Mandilarás-Scharlau, die griechisch-deutsche Familie vermietet vier in traditioneller Weise aus Marmor und Naturstein erbaute Ferienhäuser, wunderschön gelegen in einem Oliven- und Weingarten. Astrid hat die Häuschen für 2 bis 4 Pers. liebevoll eingerichtet. Jedes Haus mit Wohnküche, Schlafraum, Bad und eigener Terrasse. Die Einrichtung folgt traditionellen Vorbildern. Backofen, Waschmaschine, Internet, Hängematten und Tische im Schatten der Bäume stehen allen Gästen zur Verfügung. Astrid und Níkos bemühen sich sehr um ihre Gäste. Für Ruhe suchende Individualisten ein idealer Urlaubsort. Transfer zum Hafen/Flughafen inklusive, ansonsten eigenes Mietfahrzeug anzuraten. Haus 60–90 €. An der Bucht Ágios Dimítrios, ☎ 22850-68258, 693-6620180, www.azalas.de. ■

Essen & Trinken   Im Hochsommer wird direkt hinter dem Strand die Taverne **Azalá** betrieben. Einfache griechische Küche zu normalen Inselpreisen.

Von Moutsoúna nach Pánormos

Die Straße zieht sich hinter der Ostküste in Richtung Süden vorbei an der Felsküste und vielen kleinen, einsamen Buchten bis zur Südostspitze von Náxos. Dort jedoch kein Anschluss an das weitere Straßennetz, man muss also wieder zurück nach Moutsoúna. Ein Tagesausflug lohnt allemal.

Die Straße endet nach etwa 19 km am *Órmos Pánormos*. Man passiert dabei immer wieder schöne, in der Nebensaison weitgehend einsame Strände, z. B. *Psilí Ámmos* und *Klidoú*. In den letzten Jahren wurden einige private Ferienhäuser, aber auch

Pensionen für die Sommergäste gebaut. Sie liegen alle nahe zum Strand und bieten viel Ruhe an diesem Küstenabschnitt. Überall bietet sich eine schöne Aussicht auf drei der „Kleinen Kykladen": unmittelbar südöstlich *Epáno* und *Káto Koufoníssi* und nordöstlich *Donoússa*. Entlang der schier endlosen Piste stehen zahlreiche Kapellen, z. B. *Ágios Theódoros, Ágios Artémios* und *Ágios Ioánnis*.

Kanáki und **Psilí Ámmos-Strand**, etwa 8 km südlich von Moutsoúna. Kleine, ruhige Strandsiedlung mit ein paar Häusern und gut 600 m langer Strand aus weißlichem bis hellbraunem, feinem Sand. Im Hochsommer durchaus gut besucht, ansonsten oft menschenleer. Nur am Spätnachmittag geben Uferböschung und Tamarisken etwas Schatten. Zugang über einen schmalen Pfad von der Straße (beschildert). Direkt etwas weiter nördlich anschließend der rund 20 m lange und eher schmale **Strand von Marathítis** zwischen zwei Felsnasen, zu erreichen über eine 200 m lange betonierte Zufahrt. Einige Tamarisken bieten am Spätnachmittag Schatten.

Fischeralltag in Moutsoúna

Übernachten Studios Avgerinós, vermietet werden sieben etwa 30 m² große Studios mit Doppelbett, Küche, Bad, Balkon, AC und TV. Bei Vorbuchung gratis Abholung vom Hafen und Flughafen. Studio 25–55 €. Die zum Haus gehörende Taverne war zuletzt geschlossen. ☎ 22850-68034.

Studios Marathítis, stilvolle, gemütlich eingerichtete Studios, nur wenige Minuten vom Strand entfernt. Ioánnis vermietet fünf Studios für 2–3 Pers., alle mit Bad, Meerblickterrasse, TV und Kochgelegenheit. Studio 30–65 €. Geöffnet Mai–Sept. ☎ 22850-68038, www.marathitis.gr.

Essen & Trinken Alle Tavernen und Cafés an der Ostküstenstraße südlich des *Óstria* wurden Opfer der Krise seit 2008 und waren bei der letzten Recherche 2014 geschlossen. Nur am Ende der Straße in Pánormos gibt es eine kleine Cantína.

Gialós Klidoú: Fast 12 km südlich von Moutsoúna, direkt an der Küstenstraße. Hübsche, fast halbrunde Bucht mit Sand und Kies. Selbst in der Hauptsaison kaum frequentiert. Keine Einrichtungen.

Órmos Pánormos: Am Ende der Ostküstenstraße Richtung Süden, gut 19 km von Moutsoúna entfernt (letzte 500 m über Schotter und Sand). Schmale und tief nach Nordosten in die Küstenlinie einschneidende Bucht mit einem etwa 100 m langen und nur 5–15 m breiten, mit Kieselsteinen durchsetzten Sandstrand. Dahinter hat man eine Reihe mit zehn Palmen angepflanzt, die zusammen mit den Tamarisken ein wenig Schatten bieten. Auf den Hügeln hinter dem Strand wurden einige Privathäuser errichtet. Beliebte Schutzbucht für Segler. Im Sommer kleine Cantína direkt am Strand.

Prähistorische Akrópolis Pánormos (Korfári ton Amygdalión)

Spärliche Überreste einer winzigen Akrópolis aus der frühen Bronzezeit. Möglicherweise das älteste Bauwerk auf der Insel Náxos.

Etwa 400 m nordwestlich oberhalb des Endes der Zufahrtsstraße wurde eine *frühkykladische Siedlung mit Akrópolis* auf dem kleinen, flachen Hügel *Korfári ton Amygdalión* („Hügel der Mandelbäume") entdeckt. Laut neuesten Erkenntnissen stammt die Siedlung aus der frühen Bronzezeit um 2300–2000 v. Chr. – sie wäre damit rund viereinhalbtausend Jahre alt. Die Überreste sind aber eher spärlich. Auf einem rund 15 × 20 m großen Gelände sind kaum mehr als die Fundamente und einige unbehauene Steinreihen der Grundmauern der Siedlung bis etwa 50–60 cm Höhe zu sehen. Der einzige Eingang ist nur rund 80 cm breit und über Stufen erreichbar.

Weil die rechteckigen Räume fast alle sehr klein waren (die größten messen etwa 2,5 × 3,5 m), handelt es sich wahrscheinlich um eine Flucht- und Wehrburg, eher nicht um eine Wohnanlage. Dafür spricht die mit rund 2 m hohe Dicke der Bastionsmauern. Der Grundriss zeigt sieben unregelmäßig angelegte Bastionen, überwiegend zur Nordseite hin. Bei den Grabungen in den 1960er-Jahren wurden auch nur wenige Überreste von Hausgebrauchsgegenständen gefunden, doch umso mehr Vorratsgefäße, teils mit größeren Brandspuren. Zudem fand sich eine Speerspitze. Menschliche Überreste wurden nicht gefunden.

Die Akrópolis wurde wahrscheinlich bei einem Piratenangriff niedergebrannt und zerstört. Antike Säulen oder Ähnliches sucht man vergebens. Für Nichtwissenschaftler ist das Gelände daher unspektakulär. Lohnend ist der Aufstieg allerdings wegen des fantastischen Blicks auf die hinter Kalandós auslaufende Südostküste von Náxos. Links sind die Inseln Koufoníssi, Kéros und Amorgós zu sehen, südlich befinden sich Schinoússa, Iraklía und in der Ferne Íos.

Zugang → Spaziergang zur prähistorischen Akrópolis von Pánormos

Von der Akrópolis bei Pánormos sind nur noch wenige Überreste erhalten

Prähistorisches Heiligtum der Koryfí t'Aronioú: Ebenfalls aus der Bronzezeit stammt das kleine, von Mauern umgebene Heiligtum der Koryfí t'Aronioú etwa 3 km nördlich von Pánormos auf einem 80 m hohen Hügel. Es bestand aus mehreren Wohnanlagen und einem Heiligtum in elliptischer Form. Gefunden wurden insgesamt zehn Steinplatten aus Marmor und Schiefer, in die Darstellungen von Menschen, Tieren und Schiffen geritzt waren. Die Artefakte sind im Archäologischen Museum in Apíranthos ausgestellt. Ansonsten wurden im Heiligtum auch Keramik und Obsidian gefunden. Die Anlage diente vermutlich auch als Beobachtungsposten zur Überwachung des Meeres.

Spaziergang zur prähistorischen Akrópolis von Pánormos

Charakteristik: Kurzer Spaziergang vom Südende der Ostküstenstraße den Hügel hinauf zu den spärlichen Überresten der Akrópolis. Schattenloser Weg stetig bergauf. **Wegstrecke**: Kurzer Aufstieg über steinigen und sandigen Untergrund. **Dauer und Länge**: Für den rund 380 m langen Aufstieg benötigt man etwa 10 Min. **Schwierigkeit und Ausrüstung**: Für die Trittsicherheit beim Aufstieg empfehlen wir Bergwanderschuhe.

Wegbeschreibung: Der Weg startet oberhalb des Strandes von Pánormos an dem großen *braunen Schild* mit der Aufschrift „Panormos prehistoric acropolis" **1**. Wir halten uns westwärts und durchqueren das linke der beiden *Ziegengatter* in der Ecke des Zaunes. Der Pfad beginnt hinter dem Gatter und steigt nach rechts den Hang hinauf. Auf der rechten Seite liegt der *Ziegenzaun*. Der Beginn des Pfades ist am Boden mit einem verwaschenen *roten Pfeil* und *blauen Markierungen* auf den Steinen gekennzeichnet. Der Pfad schlängelt sich in Nordwestrichtung den Hang hinauf. Sporadische blaue Punkte und rote Markierungen weisen den Weg.

Nach rund 150 m erreichen wir ein *Ziegengatter* **2**, durchqueren es und folgen dem Pfad weiter hangaufwärts in Nordwestrichtung quer über das Feld. An einer eingestürzten Ziegenmauer bald darauf halten wir uns links und übersteigen die Mauer **3**, 8–10 m weiter halten wir uns an dem *Steinhaufen* rechts und übersteigen die Ziegenmauer vor uns. Der Pfad durchquert ein Feld und knickt dann wieder nach links ab. Hinter den Mauern in Blickrichtung geradeaus befindet sich die *Akrópolis*. Der Zugang zu dem Gelände erfolgt durch ein *Holzgatter* **4**. Die höchste Stelle der Akrópolis befindet sich auf 77 Höhenmetern **5**.

Apóllonas: pittoreskes Dorf an der Nordspitze der Insel

Inselnorden

Der raue und bergige Norden glänzt nicht mit Stränden, stattdessen erlebt man auf der langen Fahrt herrlichste Inselimpressionen. Fast an der Nordspitze liegt das Fischerdorf Apóllonas mit seiner berühmten Koúros-Statue. Trotz der weiten Strecke kommen täglich Ausflügler, aber auch Badetouristen, die einige Tage in dem ruhigen Örtchen verbringen.

Die Tour in den Norden lohnt sich vor allem landschaftlich. Im Binnenland dominiert die eindrucksvolle, wilde Berglandschaft mit zahlreichen hübschen Dörfern, z. B. Kóronos und Koronída. Zudem gibt es ein Freilichtmuseum für den Bergbau und eine bedeutende Wallfahrtskirche. Um von Náxos-Stadt nach Apóllonas zu gelangen, gibt es zwei Möglichkeiten, die beide ihre Reize haben: Entweder nimmt man die alte Straße, die durch das Inselinnere führt (hier fahren auch die meisten Linien- und Ausflugsbusse), oder man fährt auf der nördlichen Westküstenstraße über Galíni, Engarés und Agiá in den Norden. Auf beiden Routen ist viel zu sehen, und so bietet sich die Gesamtstrecke auch als abwechslungsreicher Rundkurs für einen Tages- oder Mehrtagesausflug an.

Wichtig: Im hohen Norden gibt es nur **eine einzige Tankstelle**. Sie liegt an der Straße zwischen Skadó und Koronída. Nächste Tankstellen: Nordwestküstenstraße bei Engarés, Inselzentrum bei Filóti.

Von Náxos-Stadt entlang der Nordwestküste nach Apóllonas

Diese Straße kratzt das gebirgige Innenleben von Náxos nur an – durch großartige Felsszenarien geht es immer nahe der Küste entlang. Unterwegs passiert man zwei schöne Dörfer in üppig grüner Umgebung, etliche Badebuchten, zu denen Stichpisten oder Fußwege hinunterführen, außerdem das imposante Wehrkloster Moní Faneroméni sowie den halb zerfallenen Pýrgos Agiá direkt neben der Straße. An der Küste bei Galíni steht der historisch bedeutende Pýrgos Ypsilís. Die Nordwestküste wäre allein schon einen Tagesausflug wert.

Von Náxos-Stadt nach Engarés

Vom Hafen aus in Richtung Stadtumgehungsstraße, an der Verzweigung rechts, dann links auf die Stadtumgehungsstraße abbiegen und an der folgenden Kreuzung rechts, d. h. nördlich aus der Stadt heraus. Außerhalb steigt die asphaltierte Straße gleich etwas an, rechts geht es zum *Kloster Chrysóstomos*, geradeaus über den Hügel Richtung Engarés. Nach mehreren scharfen Kurven und Übergängen über ein Bachbett ist die offene Müllkippe von Náxos deutlich am Geruch wahrzunehmen. Etwa 1 km hinter der Abfallhalde steigt die Straße an und führt an zwei Windrotoren vorbei. Kurz darauf öffnet sich der fantastische Blick von einem Hügel in das grüne Tal von Engarés mit seinen vielen Obstbäumen. *Galíni* liegt links der Straße, *Engarés* 500 m weiter auf der rechten Seite. Kurz vor dem Ortseingang von Engarés zweigt eine asphaltierte Nebenstraße Richtung *Mélanes* ab.

Blick über die Friedhofskapelle von Galíni nach Engarés

Galíni

Das ruhige Bauerndorf ist geprägt von der durch den Wasserreichtum im Engarés-Tal intensiv landwirtschaftlich genutzten Fläche. Fast jeder Dorfbewohner besitzt einen Garten im Tal.

Rund 300 Menschen wohnen in Galíni. Parkplatz an der *Kirche Ágios Nikólaos* am Dorfeingang. Ein Stück die Gassen hinauf steht die *Hauptkirche Ágios Ioánnis.* Besonderheit beider Kirchen ist die für die Kykladen ungewöhnliche ockergelbe Bemalung des Kuppelunterbaus. Bedeutend ist die *Kreuzkuppelkirche Panagía Attaliótissa* aus byzantinischer Zeit mit Wandmalereien aus dem 14. bis 17. Jh. etwas außerhalb in Richtung Strand.

Gialós Amítis: Der Strand von Galíni ist über einen teils betonierten, teils geschotterten Weg vorbei an Dorffriedhof, Bauernhöfen, Feldern und durch hohes Schilfgras in gut 2 km zu erreichen – ein etwa 400 m langer, mit Steinen durchsetzter Sandstrand. Durch die nach Norden offene Lage und den fast stetigen Nordwind finden sich gelegentlich angespülter Unrat und Algenreste aus dem Meer. Der Wind erzeugt oft eine fantastische Brandung. Einheimische raten davon ab, zu weit hinauszuschwimmen: Es soll gefährliche Strudel und Strömungen geben. Am Westende steht die kleine *Kapelle Ágios Geórgios* mit hölzerner Ikonostase oberhalb des Strands, etwa auf halber Höhe einer Klippe. Der Strand läuft am Westende spitz zu und wird gegen Osten hin breiter. Zum östlichen Strandabschnitt gelangt man auch, wenn man vor dem Stausee links zum Meer hin abbiegt.

Verbindungen Bus von Náxos-Stadt nur 2- bis 3-mal wöchentlich.

🛏 **Übernachten** ** Hotel Náxos Filoxenía, im oberen Teil des Ortes, zum Strand 1,5 km. Der freundliche Vangélis vermietet 8 Apartments für 2–4 Pers. mit Meer- oder Bergblick. Errichtet im alten Inselstil mit Schilfmattendächern und Natursteinen, rustikal und mit größtenteils echten antiken

Möbeln. Alle Einheiten mit Bad, Balkon/Veranda, AC, Wifi, Telefon, Radio, TV, voll ausgestatteter Küche. Rezeptionsraum mit antiken Gegenständen und Fotos. Kann als Agrotourismus, Urlaub im ländlich-dörflichen Umfeld gelten. 40–65 € für 2 Pers. Ganzjährig geöffnet, daher teils mit Heizung. ✆ 22850-62100, www.naxos-filoxenia.com. ∎

Essen/Einkaufen I **Platiá**, empfehlenswerte Tavérna im unteren Dorfbereich an der Platía. Begrünte, gemütliche Terrasse.

Traditionelle naxiotische Landküche, gute Vorspeisen und Salate sowie leckere Lamm- und Ziegengerichte. Preise im üblichen Rahmen.

I **Fléa**, an der Platía im unteren Dorfbereich. 2014 von dem freundlichen Ioánnis und seiner Familie eröffnetes Café mit angeschlossenem **Mini-Markt**. Das Café liegt in einem schönen Innenhof mit Natursteinmauer, ist bekannt für gutes Frühstück und am Abend für Mezés zum Oúzo. Mini-Markt mit vielen einheimischen Produkten.

Pýrgos Ypsilís/Kloster Panagía tis Ypsilotéras: Wahrscheinlich der älteste Pýrgos auf Náxos und zugleich die stärkste Festung der Insel. Die massive Wehranlage mit Rundturm liegt an einem Hang westlich von Galíni, ist aber von der Straße aus nicht zu sehen. Errichtet wurde der Pýrgos wohl zu Beginn des 14. Jh., dann jedoch schnell wegen seiner Küstennähe und der damit verbundenen Piratengefahr zur starken Festung mit zinnenbewehrten Mauern, Gusserker und Rundturm ausgebaut. Aufständische Naxioten zogen sich hierher zurück, um gegen die Venezianer zu kämpfen. Im Jahre 1600, so eine Inschrift, wurde er zu einem orthodoxen Kloster umfunktioniert und erhielt den Namen *Moní Panagía tis Ypsilotéras* („Die Erhabene" bzw. „Die vom Himmel Gekommene"). Heute befindet sich der Pýrgos in Privatbesitz und kann besichtigt werden. Die alte Holztür mit Eisenbeschlägen ist noch vorhanden. Im Innern wurde die Wehranlage nicht so kompakt gebaut; vielmehr gibt es eine Art Atriumhof, an dessen Südseite die alte Klosterkirche steht. Neben der Kapelle gibt es einige alte möblierte Zimmer bis hinauf zu den Zinnen zu besichtigen. Gut zu sehen ist der Rundturm an der Südwestecke, mit dem der rechteckige Bau erweitert wurde.

Im Sommer tägl. 8–20 Uhr. Eintritt 4 € inkl. Führung. Zufahrt von der Straße Richtung Galíni gut ausgeschildert, teils abenteuerliche Schotterpiste.

Engarés

Noch ursprünglich gebliebenes Bauerndorf im ganzjährig üppig grünen Tal. Highlight des Dorfs ist die schönste Ölmühle der Insel.

Die durch die Flussmündung genährte grüne Umgebung ist eine wahre Freude. Das 200-Einwohner-Dorf zieht sich einen leichten Hang hinauf, oben stehen drei hübsche Kapellen, zu denen ein Treppenweg hinaufführt. Unten, auf der gegenüberliegenden Seite der Straße, steht die imposante und für den kleinen Ort viel zu große *Kirche Kímissi tis Theotókou*. Einen Parkplatz gibt es an der Durchgangsstraße. Interessant ist die alte *Marmorbrücke (Toxotó Marmérino Gefýri)* am nördlichen Dorfrand: Sie wurde 1898 vollständig aus Marmor erbaut. Im hinteren Dorfbereich (durch die Hauptgasse rechts der Straße immer geradeaus Richtung Südosten) befindet sich der *Pýrgos Pradoúna* aus venezianischer Zeit. Über dem Eingang stehen in Marmor gemeißelt das Erbauungsjahr 1787, das Familienwappen und der Name der Eigentümerfamilie: Andrónikos Pradoúnas. Der Pýrgos ist derzeit unbewohnt und nicht zu besichtigen. In diesem Gebiet finden sich auch die meisten der sieben Wassermühlen von Engarés, die bis in die 1950er-Jahre noch in Betrieb waren.

Verbindungen **Bus** von Náxos-Stadt nur 2- bis 3-mal wöchentlich.

Essen & Trinken Im Ort ein kleines **Kafeníon**, das gleichzeitig als **Pantopolíon** fungiert.

Inselnorder

Stélla, Chefin Stélla kocht selbst und dies vorzüglich. Empfehlenswerte Vorspeisen, sehr gutes Pastítsio und leckere Fleischgerichte vom Grill. Dazu reichliche Portionen zu akzeptablen Preisen. Ganzjährig offen und beliebt bei den Einheimischen. Plätze auf der Terrasse und im Innenraum. Etwas oberhalb der Kirche auf der anderen Straßenseite, an der großen Kurve.

Cháris, ebenfalls eine alte Familientaverne. Es gibt alles, was auf dem eigenen Bauernhof produziert wird: Hühnchen- und Kaninchengerichte, viel Gemüse und eigenen Wein. Große Portionen. Insider-Tipp ist das Omelett, das man problemlos zu dritt essen kann, und jeder wird dabei satt.

Elaiotriveío Engarón – die alte Ölmühle von Engarés

Die Mühle, ein Familienbetrieb der Familie Lianós, war von etwa 1830 bis 1960 in Betrieb. Einst gab es wohl um die 90 Ölmühlen auf Náxos, von denen heute aber keine mehr arbeitet. Das rund 100 m^2 große Gebäude steht am nördlichen Dorfausgang, zwischen Kirche und alter Marmorbrücke, und wurde nach umfassender Restaurierung 2011 von Nikolétta Lianoú als Museum wieder eröffnet. Zu sehen ist eine schön restaurierte Olivenpresse aus dem Jahr 1884, deren Mechanismus gut zu sehen ist. Nach der Ernte, die auf Náxos Ende September beginnt, werden die Oliven komplett mit den Kernen mithilfe des kegelförmigen Mahlsteins aufgebrochen. Der Mahlstein wird auf einer Rundlaufanlage von mehreren Männern rundum gezogen. Danach findet in einem zweiten Schritt die eigentliche Pressung statt. Die Oliven werden zuvor in 30 °C warmem Wasser gewaschen und dann in die Matten und Säcke eingewickelt, die wie ein Filter wirken. Nun wird die Presse mit ihrer verstärkenden Hebelwirkung von vier Männern bedient. Erst jetzt werden die Oliven verpresst und das Öl läuft aus dem Ausguss am Fuß der Presse heraus. Auch dieser Mechanismus ist gut zu sehen und zu verstehen.

Traditionsgemäß erhielt die Mühle 10 Prozent des Öls als Lohn. In solchen Ölmühlen wurde früher aus 10 bis 12 kg Oliven rund ein Liter Öl gepresst. Moderne Hydraulikpressen benötigen nur 4 bis 5 kg Oliven für einen Liter Öl. Die übrig bleibenden Feststoffe der Oliven wurden als Schweinefutter und für die Herstellung von Olivenseife verwendet. Neben der Presse sind eine Seilwinde mit Zahnrädern und Seil sowie Olivenkörbe, Kupferwannen, Amphoren, Siebe und Kessel zu sehen. Eine Schautafel beschreibt die 29 in Europa kultivierten Olivensorten. Die auf Náxos auf häufigsten Sorten sind die „Koroneíki" zum Verpressen sowie die „Throuboliá" zum Essen.

Nebenan werden Olivenprodukte wie Öl, Pesto, Marmelade, Seife, Shampoo, Kosmetika und Kerzen verkauft, dazu Küchenwerkzeuge aus Olivenholz, Keramik und Textilien mit Ölzweigmotiven, Gewürze, Loukoumádes, Honig und T-Shirts mit dem Logo der Ölmühle. Im Hof gibt es seit 2014 ein kleines Café mit einer gemütlichen Sitzecke, es gibt Kaffee, Drinks und selbst gebackenen Kuchen.

Juni–Sept. tägl. 10–13 und 16–19 Uhr, Eintritt frei.

Von Engarés zum Órmos Abrám

Gut 1 km hinter Engarés führt die Straße um einen künstlich angelegten *Stausee* herum – er ist einer der größten Wasserspeicher der Kykladen. Das Projekt wurde

Marmorbrücke in Engarés, Baujahr 1898

Anfang der 1990er mit EU-Subventionen realisiert und macht die Insel in der Wasserversorgung weitgehend unabhängig. Weiter oben in den Bergen, oberhalb des Klosters Faneroméni, wurde eine riesige *Staumauer* errichtet. Auch hier wird kostbares Winter-Regenwasser an einer Talsperre aufgefangen. Beide Stauseen sind miteinander verbunden und sichern große Teile der Wasserversorgung von Náxos-Stadt und der Westküste. Schönheiten im Landschaftsbild sind die Stauseen allerdings nicht gerade.

Am Talausgang befindet sich ein kleiner Kiesstrand, oberhalb der Straße (etwa 1,5 km nach dem See) die blendend weiße *Kirche Agía Sophía* und Dutzende weiterer Kapellen auf den Berghängen. Die Straße schlängelt sich weiter dicht entlang der Küste nach Norden. Steigungen folgen Gefällestrecken. Kahle, nur mit Macchia bewachsene Hügel wechseln sich mit fruchtbaren terrassierten Hängen mit Schilfhecken, Feldern und Gewächshäusern ab. Dazwischen überquert man häufig üppige Flusstäler. Immer wieder bieten sich schöne Blicke hinunter auf die Steilküste, die Sandbuchten sowie die abwechslungsreiche Bergwelt im Inselinnern.

Essen & Trinken Einige Kurven vor dem Kloster Faneroméni beschilderter Abzweig Richtung Küste, hier geht es hinunter zur Taverne **O Aigaíos** von Geórgios Mávros. Man sitzt unter dem schattigen Blätterdach, es gibt Gegrilltes, hausgemachten Wein und *Kítro*, den bekannten Zitronenlikör von Náxos. Sehr gemütlich.

Kloster Faneroméni

Massives Wehrkloster aus dem 17. Jahrhundert, direkt unterhalb der Straße, davor eine kleine Quelle unter Bäumen.

Noch in den 1950er-Jahren lebte eine stattliche Gemeinschaft hinter den dicken Mauern, 23 Mönche sollen es seinerzeit gewesen sein. Heute ist das Kloster nicht mehr ständig bewohnt. Im Sommer kommt manchmal ein Mönch aus Athen und kümmert sich soweit wie möglich um das Anwesen. Die übrigen Ländereien des Klosters sind an Bauern aus der Umgebung verpachtet. Einlass ins Kloster wird nur in der ersten Augusthälfte gewährt, wenn griechische Urlauber in großer Zahl auf der Insel sind.

Inselnorden

Das Kloster Faneroméni stammt aus dem 17. Jahrhundert

Die *Klosterkirche*, gleich nach dem Eingang rechts, ist eine zweischiffige Basilika mit Spitzbogen; die Innenwände schmücken farbenprächtige Wandmalereien, die aufwendig restauriert wurden. Die große Namensikone, eine Okladikone hinter Glas, befindet sich einige Meter vor der Ikonostase. Davor sieht man Kerzenständer aus Marmor und einen Bischofsstuhl mit Baldachin auf der rechten Seite. Der verwinkelte *Innenhof* ist mit Rosen und Bougainvilleen bepflanzt. Treppen und Rundbögen führen in die oberen Gemächer zu den *Wohnzellen*, die aber nicht zugänglich sind. Auch die *Bibliothek* des Klosters bleibt orthodoxen Gläubigen und Wissenschaftlern vorbehalten. Ein *Nebenraum* links der Kirche ist zugänglich. Hier ist historisches Handwerkszeug ausgestellt, Utensilien aus der Landwirtschaft und der Klosterkirche, auch einige sakrale Gegenstände. Außerhalb der Mauern erstreckt sich der herrliche *Klostergarten* hangabwärts Richtung Meer.

Chília Vrýssi: Bauernweiler entlang der Straße, etwa 1 km nach dem Kloster Faneroméni. Auf der weiteren Strecke Richtung Norden führen immer wieder Fußwege zu kleinen Buchten, die meist schon von oben zu sehen sind.

Órmos Abrám

Ein gutes Dutzend Häuser und ein leicht geschwungener Kies-/Sandstrand unterhalb der Straße. Eine betonierte Piste führt in gut 500 m hinunter zum Órmos. Der Weg lohnt der guten Taverne wie auch der pittoresken Bucht wegen: knapp 200 m Sand und Kies, bei Nordwind heftige Brandung, aber sehr ruhig und abgelegen, ideal zum Ausspannen. Hinter dem Strand stehen einige Bäume, die Schatten spenden. Das Wasser wird schnell ziemlich tief, bei Schnorchlern ist die Bucht daher beliebt. Ansonsten ist es hier außerhalb der Saison fast menschenleer. Südlich auf dem Hang steht ein *Proskinitírio* (Gebetsstock), dahinter die fotogene *Kapelle Taxiárchis*.

Verbindungen Bus von Náxos-Stadt nur 2-mal wöchentlich. Haltestelle oberhalb der Bucht an der Inselstraße.

Übernachten Villa Athína, Panagiótis von der Taverne Efthímios vermietet luxuriös ausgestattete Apartments mit TV, AC und Wifi im oberen Bereich der Bucht. Außerdem ein zweistöckiges Haus mit vier Räumen und einige einfache Zimmer ohne AC. Aufgrund der abgeschiedenen Lage empfiehlt sich ein Mietfahrzeug. DZ 40–50 €, Apartment 50–60 €, Haus 150–180 €. Geöffnet Mai–Sept. ✆ 22850-63244, www.abram.gr.

Essen & Trinken   Efhímios, einzige Strandtaverne am Órmos Abrám. Mit Wein und Rosen berankte, überdachte Sonnenterrasse. Der freundliche Chef Panagiótis bietet guten Fisch und Fleischgerichte von eigenen Tieren. Seine Frau kocht traditionelle griechische Landküche mit Produkten von der Insel. Spezialität ist *Tiliktára* (Fleischbällchen mit Auberginen in scharfer Sauce). Der Bildhauer Kiriákos Rókos verbringt hier regelmäßig einige Tage und hinterlässt jedes Mal eine interessante Skulptur auf der Terrasse. ∎

Was geschah in Skepóni?

Die kleine verlassene Siedlung von etwa zehn Häusern liegt 2,5 km landeinwärts auf der Höhe des Klosters Faneroméni auf rund 260 Höhenmetern. Dort, am Fuß des Bergs Kóronos, sollen bis Mitte der 1960er etwa 60 Menschen gewohnt haben, es gab eine kleine Schule, und der Pope des Klosters kam einmal pro Woche hier hinauf. Eine Straße gab es nicht, alles musste auf dem Esel transportiert werden. Merkwürdige Legenden ranken sich um dieses abgelegene und raue Gebiet, dessen letzter Bewohner 1969 hinunter an die Küste zog. Niemand weiß, warum das Dorf aufgegeben wurde – und wer auf der Insel danach fragt, trifft auf Schulterzucken und eine Mauer des Schweigens.

In Berichten aus den 1980er-Jahren ist von einer gespenstischen Szenerie die Rede: Die Häuser seien alle unverschlossen gewesen und erweckten den Eindruck, als seien die Bewohner in Panik geflohen. Kleidung, komplette Küchenausstattungen, sogar Teller mit Essensresten und eine Brille auf einem Tisch seien zurückgeblieben. Was die Bewohner in die Flucht geschlagen hat, ist unbekannt. Gelegentlich ist von einem Winter mit starken Regenfällen zu hören, die den Fluss Faneroméni (eben jener, der heute an der großen Staumauer gestaut wird) weit über die Ufer treten ließen. Bäume wurden entwurzelt, Gärten zerstört und die Wassermassen wurden plötzlich wohl auch für das Dorf zur Bedrohung. Die Bewohner bekamen Angst, konnten in der Folge an der Küste preiswert Land kaufen und so das beschwerlich zu erreichende und abgelegene Dorf verlassen.

Heute ist Skepóni unbewohnt, Gärten und Felder sind verwildert. Zwischen den Häusern verlaufen teils mit Naturstein angelegte Wege und Treppen, die langsam zuwuchern. Im oberen Bereich gibt es einen gut erhaltenen Dreschplatz. Die alten, unverputzten Steinhäuser mit Betondecken sind weitgehend offen und zugänglich, teils aber einsturzgefährdet. Sie werden heute gelegentlich von vorbeiziehenden Ziegenhirten genutzt. Ein Ausflug lohnt sich, der Ort ist meilenweit von Küstentrubel entfernt, mit Blick auf die Berge und über die Küstenlandschaft. Im Schatten vieler Bäume lässt sich die Zeit hier oben herrlich ruhig verträumen ...

Zugang: Von der Küstenstraße zweigt in der Nähe des Klosters Faneroméni eine asphaltierte Straße ins Landesinnere ab, die bis zur großen Staumauer führt. Dort beginnt ein befahrbarer Feldweg. Er führt über ein mit Oleander bewachsenes Bachtal zu einem Ziegenbauernhof und steigt danach weiter an. Schon bald sind die Häuser des Dorfs links oberhalb am Hang zu erkennen. Am Ende der Zufahrtspiste liegt ein schöner Rastplatz unter Maulbeerbäumen an einem Bachlauf. Auf der anderen Seite des Bachs beginnt ein kleiner Pfad, der teils als gepflasterter Fuß- und Eselsweg in Stufen angelegt hinauf zum Dorf führt. Zu Fuß vom Kloster Faneroméni nach Skepóni ca. 1½ Std.

Inselnorden

Auch im Norden gibt es die für Náxos typischen Wehrtürme: Pýrgos Agiá

Vom Órmos Abrám nach Apóllonas

Die Straße schraubt sich hinter dem Órmos Abrám hoch in die Berge nach Agiá. Etwa 2 km vor der Ruine des Pýrgos Agiá zweigt eine schmale Schotterstraße links zum Órmos Ágios Theódoros ab. Dann folgen die beeindruckenden Reste des Wehrbaus auf einem kleinen Plateau westlich der Straße. Hinter Agiá einige langgezogene Steigungs- und Gefällstrecken. Die größte Höhe erreicht man bei ca. 280 m, dann geht es in vielen Serpentinen abwärts bis Apóllonas.

Órmos Ágios Theódoros: Sehr schöne, etwa 100 m lange Bucht mit türkisfarbenem Wasser, umringt von schroffen Felsen. Sogar im Hochsommer oft menschenleer. Oberhalb der Bucht wurde eine Prachtvilla mit Palmengarten hinter einer flachen Natursteinmauer errichtet. Keinerlei Einrichtungen am Strand. Die nah am Wasser stehende byzantinische *Kirche Ágios Theódoros* aus dem 9.–10. Jh. ist verschlossen. Die Zufahrt zur Bucht erfolgt über eine schmale, steil bergab führende Beton- und Schotterstraße etwa 2 km vor dem Pýrgos Agiá.

Pýrgos Agiá: Fast zerfallene Ruine eines venezianischen Zinnenturms in wunderschöner Aussichtslage ein paar Meter unterhalb der Nordwestküstenstraße. Der Pýrgos steht eindrucksvoll und fotogen auf einem knapp 240 m hohen Plateau. Über einen Pfad gelangt man zum Eingang. Der Wehrturm besaß dereinst drei Stockwerke. Fenster gab es nur im obersten Stockwerk, darunter nur Schieß- und Belüftungsscharten. Bis 1992 war der Pýrgos bewohnt, als er bei einem Großfeuer vollständig ausbrannte. An den Weihnachtstagen 2014 hat ein schwerer Sturm Teile der oberen Vorderfront einstürzen lassen.

Die aus Verteidigungsgründen winzige Eingangsöffnung liegt im ersten Obergeschoss und ist über eine schmale, steile Treppe zu erreichen. Der Zugang ist offen, es gibt keine Tür. Allzu viel gibt es innen aber nicht zu sehen: einen Steinhaufen vom zusammengestürzten Dach und den oberen Seitenwänden, Reste eines Kamins im Obergeschoss sowie Reste der unteren Wände und Zwischendecken. Es gibt auch Fensteröffnungen, aber keine eigentlichen Fenster. Fast noch interessanter als der Turm ist die alte, rostige, aber trotzdem recht gut erhaltene Olivenpresse in den Ruinen der ehemaligen Wirtschaftsgebäude gegenüber dem Eingang des Pýrgos.

Klosterkirche Panagías: Die kleine, schon früher nicht ständig bewohnte und heute verlassene Klosteranlage in einem fruchtbaren Tal besteht aus zwei Kirchen und 14 teils verfallenen Zellen sowie Wirtschaftsgebäuden, versteckt unter vier turmhohen Platanen. Die Kirche im Gebäudekomplex mit den Zellen ist eine große, dreischiffige Basilika (leider verschlossen) aus dem 11. oder 12. Jh.; sie soll aufgrund einer Ikone errichtet worden sein, die unterhalb an der Bucht angeschwemmt worden war. Interessant sind die Spolien über der antikisierten Eingangstür. Neben der Kirche entspringt eine üppige Quelle, die 1844 eingefasst wurde und deren Rauschen weithin zu vernehmen ist. Nebenan liegt zudem eine kleine Höhle, die mit einem neueren Natursteinhaus überbaut wurde.

Das Kirchlein links neben der Quelle stammt ebenfalls aus byzantinischer Zeit. Es ist der heiligen Lésvia geweiht, die von der Insel Lésbos stammte. In der Klosterkirche sind ein paar Ikonen zu bewundern. Das Areal neben der Quelle unter den Bäumen ist eine einsame und bildschöne Picknickstelle sowie ein beliebter Wallfahrtsort der Naxioten.

Zugang: Rechter Hand vom Eingang des *Pýrgos Agiá* führt ein steiler Hohlweg, weitgehend gestuft, in gut 5 Min. hinunter in einen Schluchteinschnitt, beschildert mit „Pros leró Naó Panagías" („Zum Heiligtum der Muttergottes").

Órmos Kyrás Limenári: Kleine Badebucht unterhalb des Klosters Panagías. Auf verschlungenem Fußpfad zu erreichen. Keine Einrichtungen.

Kirche Ágios Sózon: Auf einer kleinen Anhöhe westlich der Straße. Die Kirche mit einer Ikonostase aus Beton ist unspektakulär, doch das nett angelegte Gartenareal mit einem schönen Rastplatz unter Bäumen lohnt ein Verweilen. Unten an der Küste sind schon die ersten Häuser von Apóllonas zu sehen.

Apóllonas

Das beschauliche Dörfchen liegt eingeklemmt zwischen hohen Bergausläufern an der Nordspitze von Náxos. Tavernen, Läden und Cafés reihen sich im Halbrund um den kleinen Sandstrand. Vor allem abends, wenn die Tagesbesucher wieder abgefahren sind, verströmt Apóllonas noch den Charme eines einfachen Fischerdorfs.

Die Straße von Agiá führt vor der Abzweigung nach Apóllonas zunächst am Treppenweg zum Koúros vorbei (rechter Hand). Danach trifft man auf die Straße, die durchs Inselinnere über Kóronos nach Apóllonas führt. Von dieser Verzweigung aus führt eine Stichpiste hinunter in den Ort. Es folgen zunächst Häuser rechts und links der Straße, bevor man auf die hübsche, halbrunde Hafenpromenade trifft, die mittlerweile gänzlich zur Tavernen- und Geschäftszeile ausgebaut wurde – Cafeteria neben Souvenirshop, Supermarkt neben Schnellimbiss, Taverne neben Schmuckladen. Am Ende der Straße liegt der kleine Hafen. Dort gibt es einen Buswende- und Parkplatz.

Romantisches Hafenidyll am kleinen Anleger: Fischer reparieren ihre Boote und flicken Netze für die nächste Fahrt. Davor liegt ein kleiner, im Hochsommer oft über-

Inselnorden

füllter Sandstrand in der Rundung der Paralía. Kurz vor Beginn der Hafenpromenade zweigt ein Betonweg nach Osten ab, der an weiteren Tavernen vorbei zu einem langen, breiten Kiesstrand führt, dem zweiten und ruhigeren Strand von Apóllonas. Die große Dorfkirche ist dem Ágios Ioánnis geweiht, dessen Namenstag am
29. August gefeiert wird. Jedes Jahr am 28. Juni findet im Dorf zudem das Fischer-
fest statt.

Verbindungen Bus von Náxos-Stadt über
Filóti und Apíranthos je nach Saison etwa 1-
bis 2-mal tägl. Die 55 km lange Fahrt dauert
etwa 2 Std.(!), führt durch die wildesten
und schönsten Regionen der Insel und ist
wohl die beste Sightseeing-Tour, die man
auf Náxos mit dem öffentlichen Bus unternehmen kann! Fahrten über die Nordwestküstenstraße 2- bis 3-mal pro Woche.

Taxi ist wegen der langen Strecke Verhand-
lungssache, der Richtpreis liegt bei ca. 60–
70 €. Dafür bekommt man einen Mietwa-
gen, mit dem man unabhängiger ist.

Einkaufen Kiosk und ein **Mini-Markt** direkt an der Paralía. **Nikos Jewellery** an der
Paralía verkauft handgemachten Silberschmuck, Keramik und Postkarten. Souvenirs und Kitsch gibt's bei **O Vythós** in einer
kleinen Gasse oberhalb der Paralía.

Übernachten Die meisten Besucher sind
Tagestouristen, so verwundert das geringe
Übernachtungsangebot kaum. Für ein paar
ruhige Tage ist Apóllonas ein guter Tipp.

** **Hotel Adónis**, der gut Englisch sprechende Stamátis vermietet 23 im rustikalen Stil
eingerichtete, moderne Zimmer, alle mit

Bad, Balkon, Telefon. Große, rustikale Eingangshalle mit Hotelbar. Frühstück und
Halbpension möglich, Restaurant angeschlossen. DZ 22–61 €. Geöffnet März–Okt.
An der Ortseingangsstraße linker Hand,
✆ 22850-67060, www.naxos-hotel-adonis.com.

** **Hotel Koúros**, direkt am Strand. Chrístos und Kóstas Sidéris vermieten 24 einfache Zimmer mit Kühlschrank, Sat-TV, AC
und Balkon. Unbedingt ein Zimmer mit
Meerblick verlangen. Bäder schon älter,
aber sauber. DZ 25–45 €. Ganzjährig geöffnet. Am Strand im westlichen Ortsteil. Zufahrt kurz vor der Paralía rechts über einen
Betonweg, ✆ 22850-67000, hotelkouros
naxos@gmail.com.

Flóra's Apartments, die gut Englisch sprechende Christína vermietet voll ausgestattete Apartments mit Küche für bis zu 4
Pers. Helle Räume mit Veranda, AC, TV, Bäder funktional. Preis 40–55 €. Im oberen
Dorfbereich, ausgeschildert, ✆ 22850-67070,
www.flora-apts.gr.

Essen & Trinken   Apóllonas als klassisches Tagesausflugsziel verfügt über ein
breites Angebot an Tavernen, die hier na-

An der Nordspitze von Náxos: das Fischerdorf Apóllonas

türlich überwiegend Fischtavernen sind. An der Paralía geht im Grunde eine in die andere über, auseinanderzuhalten sind sie allenfalls durch die Farbe der Tische und Stühle. Es gibt überall alles zu ähnlichen Preisen. Vor Ostern und nach Oktober ist jedoch kein Restaurant geöffnet.

Delfináki, gleich am Beginn der Paralía links. Die Wirtin, eine freundliche griechische Mama, lässt einen gern in die Kochtöpfe gucken, zu empfehlen ist der selbst gekelterte Wein vom Fass.

Níkos, am Zugangsweg zum Strand östlich der Paralía, Tische stehen direkt über dem Kiesstrand. Schöner Blick auf die Bucht und die Hafenpromenade.

Adónis, gehört zum gleichnamigen Hotel an der Ortseingangsstraße. Griechische Küche mit täglich wechselndem Menü zum Mittag und Grillgerichten am Abend.

Flex Bar, am Strand, gehört zum Hotel Koúros, geführt vom freundlichen Chrístos. Kaffee, Milchshakes, Bier, Wein, Cocktails und Sandwichs. Empfehlenswert sind die frisch zubereiteten Omelettes. Sonnenliegen und -schirme sowie viele Bücher (auch deutsch) werden verliehen. Relaxtes Chillout-Areal mit Holzbaldachin (wie in Thailand) und selbst gebauter Hollywoodschaukel. Musik aus den 80ern.

Farbenfrohes Apóllonas

Zudem an der Paralía die Tavernen/Cafés **Apóllon**, **Akrogiáli**, **La Sabbia** und **Kapetán Michális**. Alle bieten Plätze direkt am Wasser mit wunderschönem Blick über die Bucht, auf den kleinen Hafen und den schmalen Sandstrand.

Koúros von Apóllonas

Größte der Marmorstatuen von Náxos und möglicherweise der größte in Griechenland jemals angefangene Koúros. Apóllonas war einer der wichtigsten Marmorsteinbrüche in der frühen archaischen Zeit.

In Apóllonas wurde von der frühen mykenischen Zeit bis in die klassische Antike Marmor abgebaut. Der legendäre 2500 Jahre alte Jüngling liegt auf dem Rücken oberhalb des Orts an der Straße. Ein Fußweg beginnt am Hafen und führt an der Hauptkirche und der Klippenküste vorbei, steil hinauf zur asphaltierten Straße. 56 Stufen führen von der Straße hinauf zum Lageplatz. Wer mit dem Fahrzeug aus Richtung Kóronos kommt, kann an der Gabelung vor dem Ort die linke Straße nehmen, die direkt zum Koúros (und weiter an die Westküste) führt. Von hier oben hat man einen schönen Blick auf Apóllonas.

Im Gegensatz zu seinem Kollegen im Steinbruch von Fleríó ist der hiesige Koúros wesentlich größer, nämlich 10,45 m, jedoch ein gänzlich unfertiger Klotz, man erkennt gerade mal die Konturen von Kopf, Beinen und Armen. Wahrscheinlich traten im 6. Jh. v. Chr. beim Herauslösen aus dem Gestein Risse auf und man ließ den Koloss einfach liegen, wo er war. Dargestellt werden sollten wohl entweder Apóllon oder Diónysos. Wahrscheinlich sollte der Koúros im Diónysos-Heiligtum von Íria oder auf der heiligen Insel Délos aufgestellt werden.

Inselnorder

Der gesamte Hügel besteht aus bestem feinkörnigen weißen Marmor. Oberhalb vom Koúros liegen Dutzende Marmorblöcke, die teils bearbeitet wurden. Mineralogische Untersuchungen haben gezeigt, dass Marmor aus der Gegend um Apóllonas nach Délphi, auf die Athener Akrópolis und auf die Insel Délos exportiert wurde. Weit oben an der Südseite des Hügels wurde eine antike Inschrift gefunden, die besagt, dass hier die „Grenze des Heiligen Bezirks des Apóllon" lag – ein Hinweis darauf, dass der gesamte Berg dem Apóllon geweiht war. Diese Inschrift hat dann auch dem Ort Apóllonas seinen Namen gegeben.

Byzantinische Festung Kalógeros: Ganz oben auf dem 357 m hohen Berg Kalógeros finden sich die spärlichen Ruinen einer recht kleinen byzantinischen Festung. Sie befinden sich nahe der Südspitze, dort, wo der Bergrücken am steilsten abfällt und daher am besten geschützt ist. Erhalten ist eine dicke Mauer aus Marmorstein, die die Festung umgeben hat. Gut erkennbar ist ein relativ kleiner Eingang. Dahinter liegt eine weitere kleinere, quer verlaufende Marmormauer, viel mehr ist nicht zu sehen. Möglicherweise gab es hier einmal eine Kapelle und einen Wasserspeicher. Bei der Festung handelt es sich vermutlich um einen Wachtposten, der bei Gefahr von See her Rauchzeichen und Nachrichten ins Inselinnere sandte.

Vorsicht: Der Aufstieg ist wegen der sehr steilen Neigung schwierig – teils handelt es sich um eine ausgewachsene Klettertour. Wer Höhenangst hat und keinerlei Klettererfahrung, sollte die Festung nicht erklimmen. Der einfachere Weg startet am Strand in Apóllonas. Der kürzere Weg mit weniger Höhenmetern, aber steileren Abhängen beginnt in der Straßenkehre hinter Mési.

Kávos Stavrí: Felskap etwa 2,5 km nordwestlich von Apóllonas, die nördlichste Stelle der ganzen Insel. Ein kleiner Leuchtturm weist den von Amorgós oder Ikaría kommenden Schiffen den Weg.

Von Apíranthos nach Apóllonas

Bei Stavrós Keramotí treffen sich die beiden Straßen, die von Náxos-Stadt über Kinídaros oder über Chalkí, Filóti und Apíranthos nach Norden bis Apóllonas führen. Wichtig: Die einzige Tankstelle im Inselnorden befindet sich bei Koronída.

Bei der markanten Straßenkreuzung *Stavrós Keramotí* mit der *Kirche Timíos Stavrós* beginnt der Inselnorden. Hoch oben im kargen Gebirge geht es weiter nach *Kóronos*, dem Zentrum des Bergwelt des Nordens. Danach folgt der Ort *Skadó*, in dem sich die Straße teilt. Beide Routen führen hinunter an den Küstenort Apóllonas, das touristische Zentrum im Norden. Oberhalb von Kóronos gibt es einen Abzweig zur nahen *Wallfahrtskirche der Panagía Argokiliótissa*. Sehenswert ist auch die mittelalterliche und bis heute gut erhaltene Siedlung *Atsipápi* südlich der Kirche. Zuvor führt eine andere Stichstraße nach *Liónas* an der Ostküste hinunter, hier befand sich früher das Zentrum der Schmirgelproduktion.

An einer der windreichsten Stellen der Insel – auf dem *Pórta* genannten, rund 730 m hohen Kamm der Straße Stavrós–Kóronos – wurden 2007 und 2008 neun Windräder errichtet, die bei Vollauslastung 7,65 MW Strom produzieren. Das Projekt des *Aeolikó Párko Náxou* („Windpark Náxou") hat etwa 9 Mio. Euro EU-Gelder verschlungen. Immerhin dürfte dies eines der sinnvolleren EU-Förderprojekte auf Náxos gewesen sein, denn man hat wirklich eine Stelle ausgewählt, an der fast immer ein starker Wind weht.

Ägäischer Schmirgel: Bergbau auf Náxos

Schmirgel ist ein extrem hartes Mineralgemenge aus Magneteisenstein, Glimmer und kristallinem Korund. Es wurde früher zur Herstellung von Schleifpapier verwendet – „schmirgeln", ein bis heute ein geläufiger Begriff, ist abgeleitet vom griechischen „smirígli". Schon in der Antike wurde Schmirgel als Schleifmittel genutzt; sein Hauptbestandteil ist *Korund*, der fast so hart wie Diamant ist – je höher sein Anteil (64 bis maximal 82 %), desto wertvoller ist der Schmirgel.

Der Schmirgel ist auf Náxos meist in Marmor eingelagert, reiche Vorkommen gibt es vor allem im Nordosten, speziell in einem rund 250 Hektar großen Gebiet am *Berg Anomaxí* zwischen Apíranthos, Kóronos, Liónas und Moutsoúna. Vor allem Ende des 19. Jh. und in der ersten Hälfte des 20. Jh. florierte der Abbau – Schmirgel war das wichtigste Exportprodukt von Náxos, seine Ausbeute ein Monopolgeschäft der Regierung. Seit 1852 gehören die Minen dem griechischen Staat. In zahlreichen Tagebau-Steinbrüchen, aber auch in bis zu 600 m tief in den Berg gebohrten Stollen gewann man das begehrte Gestein.

Eine in den Jahren 1926–29 aufwendig erstellte *Drahtseilbahn* transportierte die Brocken hinunter in den Hafen von Moutsoúna, wo die Frachtschiffe beladen wurden. Von dort gingen die Transporte in das staatliche *Schmirgeldepot* auf der Insel Sýros. Der deutsche Geografieprofessor Alfred Philippson (1864–1953) schrieb einst über die Arbeitsbedingungen im Schmirgelabbau: „Die Dorfbewohner, welche den Smirgel in primitiver Weise zu brechen haben, sind schlecht bezahlt und sehr arm. Dieser Mineralschatz kommt also der Insel nicht zugute." Dennoch zählte Kóronos wegen der Arbeitsplätze einst zu den größten und reichsten Dörfern auf Náxos. 1913/14 arbeiteten bis zu 1000 Bergleute in den Stollen.

Die Seilbahn gibt es noch heute (→ S. 192), doch ist sie seit dem Zweiten Weltkrieg stillgelegt. Damals wurden die Minen geschlossen, weil der Schmirgelabbau durch gesunkene Weltmarktpreise nicht mehr lohnte. Bereits in den 1930er-Jahren gelang es den Industriemultis, aus Bauxit und Carborundum synthetische Stoffe mit denselben Eigenschaften wie Schmirgel zu entwickeln. Diese waren leichter und billiger zu produzieren und machten den mühseligen Abbau wirtschaftlich unattraktiv.

Von den über 3000 Einwohnern des Orts Kóronos starben in den Kriegsjahren 377 Menschen aufgrund einer Hungersnot. Nach Kriegsende verhinderten die Wirren des Bürgerkriegs in Griechenland die Wiederaufnahme des Schmirgelabbaus. Später wurde ein erneutes Öffnen der Gruben vollständig unwirtschaftlich. Viele Bewohner von Kóronos zogen in die Chóra oder nach Athen.

Der Schmirgelbergbau wird heute nur noch zwei Monate im Winter mit geringen Mengen (ca. 550 Tonnen) und etwa 120 Bergarbeitern betrieben. Er dient lediglich zur Finanzierung der Knappschaftsversicherung der Bergarbeiter. Der Schmirgel wird als Schleifpulver und für kleine Mühlen verwendet. Mittels Lkw wird er nach Moutsoúna zum Verladen gebracht. Als einzige Schmirgelabbaustätte Europas seit der Antike finanzierte Náxos mit dem Export von Schmirgelgestein in seiner Blütezeit (um 1920) bis zu 80 % des griechischen Staatshaushalts.

Kóronos

Neben Apíranthos das zweites bedeutende Schmirgel-Zentrum in herrlich fotogener Lage an zwei Berghängen – was man oben von der Durchgangsstraße nur erahnen kann. Ein Stopp lohnt sich. Fahrzeug abstellen und über die Treppen nach unten schlendern.

Architektonisch absolut fantastisch: In einem tiefen Taleinschnitt „stapeln sich" die Würfelhäuser des heute etwa 600 Einwohner zählenden Orts auf beiden Seiten des Hangs fast senkrecht übereinander, alles in blendendem Weiß, mit vielen Rundbögen, dazu die bunten Türen und Fensterläden in allen Farben. Auf schier endlosen und steilen Treppengässchen „klettert" man hinunter in den beschaulichen, ruhigen Ortskern, dort stößt man auf die urige Tavérna Plátsa, eine der besten der Insel. Außerhalb des Hochsaisonmonats August sind so gut wie keine Touristen im Ort, man erregt immer viel Aufsehen. Bedeutend ist die *Dorfkirche Agía Marína*. Ihr Weihfest findet alljährlich am 17. Juli statt. Kóronos war einst ein Zentrum des Schmirgelabbaus auf Náxos und in seiner Blütezeit ein relativ wohlhabender Bergarbeiterort. Und es ist eine der ältesten Siedlungen der Insel: Kóronos wurde bereits im Jahr 1200 urkundlich erwähnt.

Verbindungen Bus von Náxos-Stadt über Filóti und Apíranthos je nach Saison etwa 1- bis 2-mal tägl. Haltestelle in Kóronos an der Straße oberhalb des Orts.

Adressen Mehrere kleine Läden, Bäcker, Metzger und Postamt im Ort. Geldautomat an der Gasse zwischen Kirche und Schule. Auch eine kleine Erste-Hilfe-Station im Ort.

Übernachten Apartments Matína-Stávros, María von der Tavérna Plátsa vermietet drei im traditionellen Stil des Inselnordens errichtete Häuser mit Wohnzimmer, Schlafzimmer, Bad, Küche, Aussichtsbalkon, TV und Wifi. Je Haus und Saison ca. 40–70 €. Ganzjährig geöffnet. Im oberen Ortszentrum in der Nähe von Kirche und Schule. Anfahrt mit dem Auto möglich, ✆ 22850-51243 und 694-6580777.

Essen & Trinken ⟫ Mein Tipp: I Plátsa, mit viel Liebe geführt von Matína und Stávros, ein Blick ins Gästebuch spricht Bände. Unverfälschte griechische Küche,

Tavérna I Plátsa: Romantische Lage auf einer Platía mit Brunnenhaus

da fast nur selbst produzierte Zutaten und Fleisch aus eigener Ziegen- und Kaninchenzucht verwendet werden. Spezialitäten: Sefoukló (Pastete aus Wildkräutern), Lamm in Zitronensauce, Ziege in Tomatensauce und diverse Käsespezialitäten aus Kóronos, wie z. B. Midístra und Xinótiro (Ziegenfrischkäse), sowie ein griechischer Salat nach eigener Kreation. Matína ist auf der ganzen Insel auch wegen ihrer delikaten Kartoffeln bekannt. Mittags gekochte Gerichte, am Abend auch vom Grill. Nach dem Essen werden Süßigkeiten, Früchte oder Gebäck gereicht. Man sitzt gemütlich im Innenraum oder an einem lauschigen und ruhigen Plätzchen im Schatten auf der Platía im unteren Teil des Dorfes. Nur ab und zu trabt ein Esel vorbei und am nahen Brunnen wird das Trinkwasser abgefüllt. Ganzjährig offen, im Sommer hilft Tochter María, die auch Deutsch spricht, tatkräftig mit. **≪**

Berg Kóronos: Der Kóronos ist der zweithöchste Berg von Náxos und nur zwei Meter niedriger als der Zas. Das Kóronos-Massiv umfasst insgesamt drei Gipfel: Der mit 999 m höchste liegt im Osten und wird *Mavrovoúni* genannt. Die beiden anderen Gipfel (*Troúlla* 989 m und *Pelekiá* 867 m) liegen zentraler im eigentlichen Massiv. Im Vergleich mit dem hellen Marmor des Zas wirkt das Kóronos-Gebirge mit seinem dunkleren Gestein düster und unwirtlich: Der Mavrovoúni besteht aus Schiefer, die Troúlla sowie das Hauptmassiv aus Granit. Daher wächst auf dem Kóronos-Massiv auch nicht die typische Macchia der Marmorberge.

Die Besteigung des Mavrovoúni-Gipfels ist einfach: Ein Feldweg (nur für Jeeps befahrbar) führt praktisch bis hinauf. Der höchste Punkt ist anhand der kleinen Messpunktsäule aus Beton zu erkennen und liegt rechts des Feldwegs, noch bevor er im Nichts endet. Vom Feldweg bis auf den Gipfel sind es nur gut 15 Minuten. Exakt westlich vom Ende des Feldwegs liegt der Troúlla-Gipfel. Er ist mühsamer zu besteigen: Der Troúlla ist deutlich steiler, und es gibt keinen erkennbaren Pfad.

Kakó Spílaio (Höhle): Die Kakó Spílaio („Schlechte Höhle"), am Fuß einer Steilwand am nördlichen Hang des Kóronos-Massivs und nordwestlich des Troúlla-Gipfels gelegen, hat mehrere kleine nebeneinander liegende Eingänge, die aus der Entfernung kaum als solche auszumachen sind. Daher ist die Höhle nicht leicht zu finden. Die Kakó Spílaio ist recht groß und reicht tief Richtung Süden in den Berg hinein. Ihr Boden ist vergleichbar trocken und kaum rutschig. Sie besteht aus mehreren Räumen und Kammern, die allerdings größtenteils niedrig sind und oft nur kriechend „erforscht" werden können. Tief im Innern gibt es eine Kammer mit fließendem Wasser und noch weiter eine Kammer mit einem See. Wie in der Zas-Höhle lebt auch hier die auf Náxos endemische Langfühler-Höhlenschrecken-Art *(Dolichopoda Naxia)*. Die Tiere sind etwa so groß wie Feldheuschrecken, hellgelb bis braun und haben sehr lange Beine.

Hinunter nach Liónas

Der etwa 8 km lange Abstecher über eine serpentinenreiche Stichstraße mit starkem Gefälle von Kóronos hinunter nach Liónas lohnt sich.

Über der Straße sind im oberen Teil noch immer die Drahtseile der lange stillgelegten Seilbahn gespannt. Einige der stark verrosteten Transportkörbe sind sogar noch mit Schmirgel gefüllt. In den seitlichen Hängen sieht man die alten, teils noch offenen *Bergwerksstollen*. Schienen für die Förderkörbe führen tief in den Berg hinein. Bitte keine tieferen Erkundungstouren in die Stollen unternehmen! Einige Tunnel wurden schon jahrelang nicht mehr auf ihre Einsturzsicherheit hin geprüft. Zudem besteht die Gefahr, sich in den unterirdischen Labyrinthen zu verlaufen oder abzurutschen!

Freilichtmuseum im Schmirgelabbaugebiet

Das Freilichtmuseum im Schmirgelabbaugebiet zwischen Liónas, Kóronos und Moutsoúna ist ein seit 2002 laufendes Projekt. Mit Finanzmitteln aus EU-Strukturfonds für ländliche Gebiete sollten alternative Projekte entwickelt werden, um die Landflucht der Jugendlichen zu stoppen. Gleichzeitig sollten die Maßnahmen den Tourismus fördern, ohne dabei alte Sozialstrukturen zu zerstören. Neben dem Freilichtmuseum im Norden gilt das auch für den sogenannten „byzantinischen Park", in dem die Kirchen zwischen Moní, Chalkí, Damariónas und Filóti restauriert und geöffnet sowie die alten Wanderwege zwischen diesen Orten saniert werden sollten. Dieses Projekt kam deutlich besser voran als das Freilichtmuseum. Unzureichende finanzielle Ausstattung und widriges Winterwetter (sturzflutartige Regenfälle, die die neu errichteten Wege teilweise zerstörten) haben die Fertigstellung des Freilichtmuseums mehr als einmal verzögert. Mittlerweile sind die Arbeiten völlig zum Erliegen gekommen und eine Wiederaufnahme ist ungewiss. Ziel war es, das alte byzantinische Wegesystem im Schmirgelabbaugebiet wieder herzustellen. Damit sollten vor allem die Zugänge zu den Stollen erschlossen werden. Im Gebiet des Freilichtmuseums liegen rund 150 Stollen, von denen etwa 25 geöffnet werden sollten. Geplant war auch eine Feldeisenbahn zum Transport der Touristen durch das weitläufige Gelände. Das Gebiet sollte aber auch selbst erwandert werden können. Ein weiterer Teil des Freilichtmuseums befindet sich unterhalb der Straße nach Liónas. Dort befindet sich auch die alte Antriebs- und Verladestation. Beide Seilbahnabschnitte (nach Liónas und nach Moutsoúna) wurden früher von einem Einzylinder-Dieselmotor Baujahr 1925 angetrieben, der ebenfalls restauriert werden sollte. Das gleiche gilt für die alte Wiegestation. Bisher wurden nur die danebenliegenden Häuser (u. a. eine alte Schmiede) wieder instandgesetzt.

Aktuelle Infos zum Stand der Arbeit finden sich unter www.koronos.de. Die Seite wird vom „Freundschaftskreis Bochum Koronos/Naxos e. V." betrieben, der beim Projekt „Freilichtmuseum im Schmirgelabbaugebiet" unterstützend tätig ist.

Zufahrt: Von der Straße nach Liónas, ausgeschildert mit „Stravalangáda Sarantára Emery Museum Liónas". Das Gelände ist derzeit frei zugänglich.

Teile der Seilbahnanlage und Gerätschaften für den Abbau

Liónas

Wenig besuchte kleine Küstensiedlung mit einem Strand aus groben Kieselsteinen und mehreren Tavernen.

Die Zufahrtsstraße endet in Liónas direkt am Strand. Rechts und links der Bucht
steigen Berghänge an. Am Nordhang wurden einige Ferienhäuser errichtet, die nur
im Sommer bewohnt sind. Die rund 120 m lange Bucht *Órmos Lióna* ist ein Kiesel-
steinstrand mit von der starken Brandung rundgeschliffenen Brocken und glaskla-
rem Wasser. Im Hinterland ein in eine breite Betonrinne eingefasstes Flussbett sowie Tamarisken, Schilf und Oleander. In der Nebensaison trifft man hier oft nur auf
eine Handvoll Tagestouristen, und auch im Sommer bleibt es vergleichbar ruhig,
gelegentlich einige Segelschiffe. Linker Hand an den Häusern vorbei gibt es schöne
Marmorklippen, wo man bequem liegen kann. Keine Busverbindung, keine Übernachtungsmöglichkeit, aber mehrere Tavernen. Die Dorfkirche *Ágios Geórgios* mit einer
Ikonostase aus grauem Náxos-Marmor von 1925 steht neben der Tavérna Douzéna.

Essen & Trinken 》》 Mein Tipp. Douzé-
nia, die dem Meer am nächsten liegende
Taverne in Liónas. Von Vater Geórgios und
seinen vier Söhnen geführter Familienbetrieb, die Mutter kocht gute griechische Küche. Die Auswahl an Gerichten ist nicht so
groß, aber dafür sind es die Portionen. Spezialität ist natürlich Fisch, der mit dem elge-
nen Boot gefangen wird. Auch lecker ist
Ziegenfleisch vom Grill. Schöne Aussichtsterrasse mit Blick auf die Bucht. Lockere,
familiäre Atmosphäre, normales Preisniveau. Im Sommer täglich, im Winter nur an
Wochenenden geöffnet. 《《

🚶 **Wanderung 15** führt von Kóronos, teils durch ein altes Flussbett, hinunter
nach Liónas (→ S. 272).

Zur Wallfahrtskirche Panagía Argokiliótissa

Das gigantomanische und für Náxos überdimensionierte Projekt einer Pil-
ger- und Wallfahrtsstätte am Argokíli nimmt Gestalt an, zumindest was die
große Kirche betrifft.

In der einsamen und kargen Bergregion östlich von Kóronos soll ein zweites Tínos
entstehen: eine gigantische Pilger- und Wallfahrtsstätte im Norden von Náxos.
Dazu will man das bestehende *Pilgerareal der Panagía Argokiliótissa* erweitern.
Den Anfang macht eine überdimensionierte Kirche mit separatem Glockenturm,
die bereits fertiggestellt ist. Die Kathedrale von bisher auf den Kykladen einmaliger
Größe wurde am Freitag nach Ostern 2010, dem Tag der Zoodóchos Pigí, geweiht.
Auf dem umliegenden Areal sollen die bisher bestehenden alten Pilgerzellen, die
derzeit bis zu 200 Menschen Platz bieten, modernisiert und ausgebaut werden.
Vorgesehen sind auch ein Museum, eine Bibliothek und ein Amphitheater für Ver-
anstaltungen. Alljährlich am Freitag nach Ostern wird das große Fest der Panagía
Argokiliótissa gefeiert, zu dem Hunderte Gläubige von der ganzen Insel, teils auf
Knien, herbeipilgern. In den letzten Jahren sind die Baumaßnahmen aus Geld-
mangel ziemlich zu Erliegen gekommen.

Die nach dem Zweiten Weltkrieg errichtete **Wallfahrtskirche Panagía Zoodóchos
Pigí** („Jungfrau des lebenspendenden Quells") steht unterhalb des Neubaus an ei-

nem großen Platz. Sehr schön ist der exponiert gebaute Glockenturm auf einer vorgelagerten Anhöhe. Der langgestreckte Natursteinbau der Kirche ist mit zahllosen Ikonen liebevoll ausgeschmückt. Die Namensikone Panagía Argokiliótissa ist mit Oklad (Verkleidung aus Silber) verkleidet und von zahllosen Votivtäfelchen umrahmt. Sie wurde angeblich 1836 aufgrund von Prophezeiungen in einer Felsspalte gefunden, wo sich heute die Kirche Agía Ánna befindet. Das Kirchlein wurde um eine Grotte im Fels gegenüber gebaut, ist zwar nicht so bedeutend, aber architektonisch interessanter.

Gleich am Eingang der **Kirche Agía Ánna** rechter Hand entspringt eine kleine *Quelle* (Agíasma = Weihwasser), wo seinerzeit die wundertätige Ikone der heiligen Jungfrau gefunden wurde. Daher wird die Kirche auch *Tímia Évresi* („Ehrliche Auffindung") genannt. Die Quelle ist heute mit einem kleinen Marmorbecken eingefasst. Allerdings tröpfelt das Wasser nur, von einer Quelle kann eher weniger die Rede sein. In der Mitte der Grotte steht ein mächtiger Stützpfeiler zur Stabilisierung. Hinter dem Pfeiler befinden sich Kreuz und Ikonen auf einem Mäuerchen. Links davon kann man durch die Grotte ein paar steile Stufen hinauf aufs Kapellendach steigen (Lichtschalter an der Wand), von wo eine Treppe in den Hof zurückführt. Am Fest der *Zoodóchos Pigí* defilieren die Gläubigen an der Ikone vorbei und steigen durch die Grotte nach oben; danach hat man einen Wunsch frei.

Zufahrt: Reizvoller Abstecher auf knapp 3 km asphaltierter Panoramastraße bis zur Kirche. Der mittelalterliche Ort *Atsipápi* liegt nochmals 1 km weiter. Unterwegs bieten sich immer wieder schöne Ausblicke auf die teils instandgesetzten Terrassenhänge mit viel Weinanbau. Man passiert die stillgelegte Seilbahn zu den Schmirgelbergwerken und fährt bis zu einer großen Radarstation der Armee, deren unsichtbare Ohren den Feind im Osten belauschen. Schöner Blick auf die Westküste und hinüber nach Donoússa.

Die Kirche ist jeden Freitag nach Ostern Ziel von Pilgern, die aus ganz Náxos, teils zu Fuß hierher wandern. Von Náxos-Stadt dauert dies gut sechs Stunden.

Atsipápi: Bis heute gut erhaltene mittelalterliche Siedlung, die sich den ganzen Hang südlich der Wallfahrtskirche hinaufzieht. Selbst die alten Gärten rund um den Ort werden noch bewirtschaftet, obwohl der Weiler heute nicht mehr ständig bewohnt ist. Atsipápi ist eine ehemalige Piratensiedlung aus dem 15. Jh. Die Freibeuter sollen damals aus der Normandie nach Náxos gekommen sein. Oberhalb des Orts, direkt am Feldweg, steht die byzantinische *Dorfkirche Ágios Isídoros* aus dem 11. Jh. Der zweischiffige Bau mit Bogendurchgängen, aber ohne Kuppel zeigt eine Ikonostase mit drei Ikonen, ganz rechts der Namenspatron Ágios Isídoros Pylosiótis.

Panagía Kéra: Der sehr gut erhaltene Natursteinbau im Kreuzkuppelstil liegt auf dem Gebiet des ehemaligen Weilers *Lioíri*, etwa 2 km südöstlich von Atsipápi. Die Kirche ist ein frühbyzantinisches Monument aus dem 9. Jh. Das Kirchweihfest findet am 23. August statt.

Von Kóronos nach Apóllonas

Die schnellere Route nach Apóllonas führt über Mési, die interessantere Variante über Koronída.

Die neuere, begradigte Strecke über *Mési* führt in 11,2 km bis Apóllonas, über *Koronída* sind es 16,5 km kurvige Gebirgsstraße. Hinter Mési fällt die Straße in scharfen Serpentinen kräftig ab. Vorbei an Ziegenbauernhöfen und zunächst relativ trockenem Gebiet mit kahlen Hängen, später verschwenderisch grünen, mit Gins-

Im kleinen Bauerndorf Skadó weit im Norden von Náxos

ter und Oleander bewachsenen Hügeln, erreicht man den Küstenort Apóllonas, das touristische Zentrum des Inselnordens. Von Skadó über Koronída geht es ein langes, üppig grünes Tal entlang, an dessen Ende Apóllonas liegt. In endlos langen Schleifen quälen sich die Fahrzeuge zuerst vor Koronída hinauf bis auf 670 Höhenmeter, dann geht es rasant nach unten bis auf Meereshöhe.

 Die leichte **Wanderung 14** beginnt oberhalb von Stavrós Keramotí und führt über Kóronos, das schönste Dorf im Inselnorden, nach Skádo (→ S. 269).

Skadó: Kleines 85-Einwohner-Bauerndorf hoch oben in den Bergen auf rund 600 m Höhe. Das verwinkelte Treppendorf liegt oberhalb der Durchgangsstraße. Viele Häuser sind liebevoll instandgesetzt, doch finden sich im Dorf auch einige Ruinen. Im oberen Bereich in den Gassen ein kleines Kafeníon sowie die *Kirche Panagía Skadoú* am Ortsausgang Richtung Kóronos, etwas außerhalb am Hang. Dort gabelt sich die Straße nach Apóllonas. Toller Blick auf Kóronos. Die Gegend ist einsam, mit teils kahlen Hängen und mit grünen Oasen um die Dörfer und in den Flusstälern.

Mési: Eine weitere kleine Bauernsiedlung in den Bergen auf ca. 350 m. Eine Gasse führt hinunter durch das unterhalb der Durchgangsstraße am Hang gelegene Dorf. Gleich am Dorfeingang steht rechts eine (meist verschlossene) Doppelkirche. Die Gasse endet an der *Dorfkirche Agía Paraskeví* hinter einem schönen, weinüberrankten Hof, in dem das Kirchweihfest stattfindet.

Koronída

(Komiakí)

Hübsches, größeres Bergdorf und der höchstgelegene Ort auf Náxos. Ähnelt etwas Apíranthos.

Die Straße führt unterhalb des Ortes entlang, hier befinden sich die Bushaltestelle und die beiden Tavernen „Panórama" und „Komiakí" sowie das Café „Níkos". Ein

Inselnorden

kurzer Halt lohnt unbedingt. Das auch
Komiakí genannte Dorf liegt wirklich
malerisch am Hang, die weißen Würfelhäuser erscheinen wie übereinanderge-
stapelt, die höchsten liegen in gut 650 m
Höhe. Mitten im Gewirr steht die imposante *Kirche* von Koronída mit blauer
Kuppel und einem sehenswerten Uhr-
turm. Koronída ist neben Moní auch
wegen seiner schönen Webarbeiten bekannt, die die Frauen in Handarbeit
herstellen. Beachtenswert am Dorfrand
ist die byzantinische *Friedhofskirche*
Ágios Geórgios mit Freskenfragmenten

Blick auf Koronída

aus dem 14. Jh. Sie wurde vor einigen Jahren durch eine Stützmauer vor dem durch
starke Regenfälle drohenden Einsturz gerettet.

Verbindungen Bus von Náxos-Stadt
über Filóti und Apíranthos je nach Saison
etwa 1- bis 2-mal tägl. Haltestelle in Koronída an der Dorfkirche.

Adressen Mehrere Mini-Märkte, Bäcker,
Metzger und **Postamt** im Ort. Etwa 1 km
Richtung Skadó die **einzige Tankstelle** im
Inselnorden.

Mykenisches Kuppelgrab: Das 1908 von einem Bauern im Gebiet Chostí entdeckte
Thólos-Grab von etwa 1300 v. Chr. ist die bedeutendste Sehenswürdigkeit am Ort.
Generell sind auf Náxos kaum Funde aus mykenischer Zeit (17. bis 11. Jh. v. Chr.)
bekannt – auf den Kykladeninseln wurden bisher nur drei solcher für die Mykener
typischen Kuppelgräber (sogenannte *Thólos*) entdeckt. Das Grab besteht aus einer
runden, gemauerten Kammer mit Kuppeldach. Der Zutritt erfolgt über einen rund
drei Meter langen Gang. Der Innendurchmesser des Grabs beträgt 3,30 m, die Höhe rund 2,40 m. Außer wenigen Keramikbruchstücken wurden allerdings keinerlei
Funde gemacht. Wahrscheinlich wurde das Grab schon in antiker Zeit geplündert.

Das Kuppelgrab ist in gut 10 Min. von der
Straße über den beschilderten Treppenweg
(geweißelte Treppen, dann über ein Feld
nach rechts) am nördlichen Dorfausgang zu
erreichen. Vorsicht: Bei der letzten Recher-

che 2014 befand sich im Thólos ein Wes-
pennest, Hineingehen kann u. U. lebensge-
fährlich sein! Unbedingt von außen aus ge-
bührender Entfernung vorher prüfen. Vielleicht wurde das Nest inzwischen entfernt.

Wassermühle von Koronída *(Nerómylos):* Die alte Mühle steht im Flusstal tief unter Koronída und ist in rund 20 Minuten zu Fuß vom Dorf aus erreichbar. Die Wassermühle arbeitet jedoch nur nach der Getreideernte im Mai für ein paar Tage, im
Sommer ist sie geschlossen, insofern lohnt der Abstieg zu dem Natursteingebäude
nur bedingt. An der unteren Hausseite lässt sich durch eine Maueröffnung zumindest der im Wasser befindliche Teil des Mechanismus auch im Sommer begutach-
ten. Der Spaziergang hinab lohnt aber auch wegen des schönen, schattigen Rast-
platzes unter einer efeuberankten Linde – daneben ein plätschernder Bach und zirpende Zikaden. Weiter unten im Bachbett wächst sogar im Hochsommer Farnkraut.

Zugang → Spaziergang zur Wassermühle von Koronída

Spaziergang zur Wassermühle von Koronída

Charakteristik: Kurzer Spaziergang von Koronída durch die Gärten an den Hängen
unterhalb des Dorfs. Das Ziel, die Wassermühle, ist allerdings nur nach der Getreideernte im Mai ein paar Tage geöffnet. **Wegstrecke**: Problemlos zu finden –

über Steinplatten, Stufen und Sandpfade führt sie entlang des Hangs unterhalb des Dorfes. Zurück auf dem gleichen Weg. **Dauer und Länge**: Vom Wegbeginn an der Durchgangsstraße bis zur Wassermühle knapp 1 km. Das Ziel ist in 15 bis 20 Min. erreicht. **Schwierigkeit und Ausrüstung**: Problemlos mit Turnschuhen oder Sandalen zu begehender Weg. Die Höhendifferenz beträgt nur rund 60 Meter.

Wegbeschreibung: Der Weg beginnt im Ort Koronída am *Dorfausgang Richtung Kóronos* an der *Taverna Panórama* **1** auf 567 Höhenmetern. Der mit einbetonierten Steinplatten gepflasterte Weg führt zunächst in Südwestrichtung. Nach einigen Metern und ein paar Stufen endet das Pflaster und es beginnt ein *Pfad* mit Stein- und bald mit Sanduntergrund. Der Pfad führt hangabwärts zwischen den *Gärten* von Koronída hindurch, meist von Mauern und Zäunen eingerahmt. *Holzschilder* mit der Aufschrift „Neromylos" (Wassermühle) markieren den Weg und stehen (zunächst) an allen Abzweigungen.

Bald bietet sich ein wunderschöner Blick vom Berghang unterhalb des Dorfs hinauf auf Koronída. Der Pfad biegt nach Osten hin ab und verläuft weiter meist bergab, dann in südlicher Richtung auf das Tal zu. Nun folgen ein paar *Stufen* hangaufwärts, anschließend überqueren wir ein kleines *Rinnsal* **2**. Weiterhin geht es immer dicht an den Gärten des wasserreichen Tals vorbei. Es folgt die Überquerung eines sommertrockenen *Bachbetts*, dann steigt der Pfad über Steinstufen wieder kurz an. Danach geht es hangabwärts durch ein weiteres sommertrockenes Bachbett. Es folgt erneut ein kleines Rinnsal und ein kleines *Wassersammelbecken* **3**. An dieser Abzweigung halten wir uns links und folgen dem Holzschild nach Osten.

An der gleich folgenden Abzweigung halten wir uns erneut links auf dem Pfad hangabwärts. Nun öffnet sich wieder der Blick nach links hinauf auf Koronída. Der Pfad trifft auf das *Rinnsal* und verläuft in Fließrichtung gesehen rechts weiter hangabwärts. Bald lassen wir ein tonnengewölbtes *Bruchsteingebäude* ohne Tür **4** rechts des Pfads liegen. Über einen natursteingepflasterten Weg und bald darauf über *Steinstufen* geht es weiter bergab. Wenige Minuten später ist das *Natursteingebäude* erreicht, in dem sich die *Wassermühle* befindet **5**. Es steht auf rund 500 Höhenmetern und ist nur nach der Getreideernte im Mai für ein paar Tage geöffnet. Zur Besichtigung der Wassermühle siehe oben. Zurück nach Koronída gelangen wir auf dem gleichen Weg.

Koronída

Tavérna Panórama

1 Start

Skadó

2

Ziel

5 ★
Wassermühle

4

3
Wasser-
sammelbecken

120 m

Spaziergang: Zur Wassermühle von Koronída

Apóllonas

Inselnorden

Fenster zur Landschaft an der Nordwestküste

Kleiner Wanderführer

Auf dem 1001 Meter hohen Gipfel des Zas:
höchster Berg von Náxos und aller Inseln der Kykladen

Wanderungen auf Náxos

Náxos ist kein einfaches Wanderterrain: Die Insel ist durchweg bergig, die Wege sind steinig, sandig und oft dornig. Doch Náxos bietet hervorragende Wandermöglichkeiten, vor allem im Zentrum und im Norden. Einige der alten Wege wurden inzwischen teils neu erschlossen, gesäubert und markiert.

Nachdem das alte Wegenetz jahrelang vernachlässigt wurde, teilweise ziemlich verkommen und überwuchert war, schlimmstenfalls sogar überbaut oder gesperrt wurde, regt sich nun frischer Wind. Vor allem in und rund um die Tragéa-Hochebene in der Inselmitte wurden die in byzantinischer Zeit angelegten Wege neu erschlossen, gesäubert und teils mit kleinen Metallwegweisern, Holzschildern, farbigen Pfeilen, Punkten und losen Steinpyramiden gut markiert. Auf Náxos hat man den Wandertourismus mittlerweile entdeckt. Kein Wunder, Wanderer verhalten sich naturverträglich und kommen meist in der Nebensaison, wenn ohnehin genügend Kapazitäten vorhanden sind und man froh ist um jeden zusätzlichen Gast.

Wer wandert, lernt Náxos aus der Perspektive der Inselbewohner kennen. Die Insel ist nicht nur in den Tälern agrarisch geprägt, überall wurden in mühsamer Arbeit Terrassenhänge angelegt, zahlreiche Maultierpfade und Treppenwege durchkreuzen die Landschaft. Schatten ist wegen fehlender Bäume aber oft Mangelware, kahle Hügelrücken mit karger Phrygana müssen in sengender Sonne überwunden werden; nur in feuchten Schluchten, Tälern und Ebenen wachsen Ölbäume, Steineichen, Zypressen und Schilf. Wer auf Náxos wandert, sollte für die meisten Routen gute Kondition und Ausdauer mitbringen, belohnt wird man durch herrliche Ausblicke und die unvergleichliche Stimmung in der wildromantischen Natur!

Die Orientierung fällt dabei manchmal nicht leicht. Oft verlieren sich Pfade plötzlich in der kargen Landschaft bzw. enden an einem einsamen Gehöft und man muss querfeldein weiterlaufen. Náxos ist ziemlich groß und in einigen Gebieten sehr dünn besiedelt – nach dem Weg fragen, klappt also nicht immer. Markierungen gibt es auch längst nicht überall, wo sie sinnvoll wären. Die Inselbewohner kennen sich aus und benötigen solche Hilfsmittel nicht. Zeitlich sollte man seine Touren großzügig planen und Überraschungen einkalkulieren. Kletterkenntnisse sind bei unseren Touren nicht notwendig, Durchhaltewillen und Spaß an der Anstrengung aber unabdingbar.

Gelegentlich wird man unterwegs nach dem Weg fragen müssen: **pou íne to monopáti pros** (wo ist der Fußweg nach …), **pósa chiliómetra íne pros** (wie viele Kilometer sind es nach …), **thélo na páo stin** (ich möchte nach …). Wichtig: Die Einheimischen weisen einem natürlich immer den einfachsten Weg, nämlich die nächste Straße! Wer einen Fußweg sucht (den es so gut wie immer gibt), muss ausdrücklich nach dem **monopáti** fragen!

Basis-Infos

Jahreszeit Beste Wanderzeit ist das **Frühjahr** (Mai und Juni), wenn sich die Ebenen der Insel in Blütenteppiche verwandeln. Eher abzuraten ist von den heißen Sommermonaten Juli und August. Gut möglich sind Wanderungen dann wieder im **Herbst** (September und Oktober), Trauben und Obst sind reif, die Sonne ist nicht mehr so drückend; Nachteil: Die Sonne geht früher unter und verringert die maximale tägliche Wanderzeit erheblich. Vor und nach den genannten Zeiträumen ist das Wetter in der Regel zu unsicher – Regenfälle kommen dann häufig vor.

Wanderzeit Die angegebenen **Wanderzeiten** beinhalten keine Pausen und verstehen sich als grobe Richtwerte. Mancher geht eben schneller, ein anderer langsamer. Bereits nach kurzer Zeit kann man die Angaben problemlos in Relation zu seinem eigenen Wandertempo setzen.

Sicherheit Generell sollte man nicht allein wandern – zumindest sollte immer eine Kontaktperson wissen, wo man unterwegs ist. Náxos ist abseits der Straßen einsam, wild und unberührt. In einigen Gebieten kann es passieren, dass man den ganzen Tag keinen Menschen trifft – was also tun, wenn man sich verletzt? Positiv zu vermerken ist, dass es praktisch überall **Handyempfang** gibt. Bei den hier beschriebenen Touren waren nur wenige Funklöcher festzustellen.

Ausrüstung Der Boden der Kykladen ist steinig, sandig und oft geht es über loses Geröll. Gute **Wanderschuhe** mit ausgeprägter Profilsohle sind unabdingbar. Auch ein **Stock** kann gute Dienste leisten, da er Wirbelsäule und Knie spürbar entlastet. Gegebenenfalls sind **lange Hosen** sinnvoll, weil es immer mal wieder durch dorniges Gestrüpp geht. **Kompass** und **Höhenmesser** oder gar ein **GPS-Gerät** sind sinnvoll, aber nicht notwendig.

Verpflegung Zum **Essen** je nach Bedarf, unbedingt aber reichlich **Wasser** mitnehmen. Eingefasste Quellen am Wegesrand und Verpflegungsmöglichkeiten sind in der Wanderbeschreibung vermerkt.

Wanderkarten Eine hundertprozentig exakte Karte steht noch aus – und es wird sie vielleicht nie geben, denn zu rasch ändern sich die Gegebenheiten vor Ort, werden neue Wege geplant (oft von Bauern in Privatinitiative), während andere zuwuchern. Die beste Wanderkarte für Náxos ist das Blatt des Athener Verlags **Anavasi** im Maßstab 1:40.000 (→ S. 63). Eingezeichnet sind Fuß- und Wanderwege, Höhenangaben, vereinzelte Häusergruppen, Klöster, Kirchen und Kapellen sowie touristisch interessante Objekte und auch GPS-Koordinaten. Allerdings gibt es in der Realität wesentlich mehr Wege, als die Karte verzeichnet, so dass es vor Ort Probleme mit der Orientierung geben kann.

Kleiner Wanderführer

Beliebteste Tour ist die Besteigung des höchsten Berges der Kykladen, des Zas. Ansonsten gibt es zahlreiche Wandermöglichkeiten durch die Tragéa-Hochebene, zu den venezianischen Burgen und im innernaxiotischen Bergland. Detaillierte Beschreibungen finden Sie im praktischen Reiseteil.

Wandern mit GPS

Alle Routen in diesem Buch wurden vom Autor aktualisiert und mit dem GPS (Global Positioning System) erfasst. Auf Basis dieser Daten wurden auch die Skizzen erstellt, die eine noch genauere Orientierung ermöglichen. Wer ein GPS-Gerät besitzt, kann unterwegs punktgenaue Standortbestimmungen vornehmen – zwingend nötig ist dies aufgrund der detaillierten Beschreibungen nicht. Die kompletten GPS-Routendaten mit den in der Wanderbeschreibung vermerkten Wegpunkten können über die Website des Michael Müller Verlags kostenlos heruntergeladen werden. Adresse: www.michael-mueller-verlag.de/gps/homepage.html.

Wanderung 1: Rundweg von Epáno Sangrí zum Dímitra-Tempel und zurück nach Sangrí

Charakteristik: Gemütliche und einfache Rundwanderung zu einer der wichtigsten antiken Stätten der Insel. Ohne Schwierigkeiten, kaum Gefäll- oder Steigungsstrecken. **Wegstrecke**: Von Epáno Sangrí südlich über die Hänge zum teilweise wieder aufgebauten Tempel. Danach stets östlich der Asphaltstraße durch landwirtschaftliche Nutzflächen zurück nach Sangrí. **Dauer und Länge**: Reine Wanderzeit etwa 2 bis 2:30 Std. Großzügig Besichtigungszeit für das weitläufige Gelände des Dímitra-Tempels und des Museums einplanen. Wegstrecke ca. 4,5 km. **Schwierigkeit und Ausrüstung**: Problemlose Wegführung über Feld- und Eselswege. Unterwegs keine Verpflegungsmöglichkeiten. Eine Flasche Wasser pro Person dürfte ausreichen.

Wegbeschreibung: Die Wanderung beginnt an der *Bushaltestelle* an dem kleinen *Wäldchen* bei *Epáno Sangrí* **1**. Von dort aus südwestlich halten und über die Asphaltstraße nach links in den Ort hineinwandern. Die Straße nimmt eine lang gezogene Rechtskurve vor einer hohen Mauer. Nach knapp 200 m zweigt nach links direkt hinter einem *Strommast mit Umspanngerät* eine *natursteingepflasterte Gasse* in Richtung Südsüdost ab **2**. Die Gasse steigt leicht an und führt in den alten, hübschen Dorfkern hinein. Am Ende der Gasse (nach ca. 200 m) treffen wir auf eine Asphaltstraße, die nach rechts weiter zum Tempel führt. Auf der rechten Seite fällt der Blick auf das (nicht zugängliche) *Kloster Elefthérios* im Pýrgos-Baustil (14. Jh.).

Wir überqueren die Straße schräg nach rechts und steigen über die *Treppe* unter der großen Aleppokiefer hinab. Links der Treppe befindet sich eine Büste von Konstantínos Xenákis auf einem kleinen *Obelisken*. Am Fuße der Treppe biegen wir auf die Betonstraße nach rechts ein **3**. Nach 50 m geht die Straße in eine breite *Schotterpiste* über und führt in südöstlicher Richtung zunächst an einer Mauer entlang hangabwärts. Hühner laufen über die Straße, Kühe weiden direkt neben den Häusern. Am Ende der Mauer folgen einige größere Agaven, bevor es um eine Rechtskurve geht. Die geschotterte Straße führt geradewegs auf die *Kirche Ágios Nikólaos* zu, die gut erhaltene und restaurierte Fresken aus dem 13. Jh. enthält. Man umrundet aber den Hügel, auf dessen Spitze das Gotteshaus steht. Direkt hin-

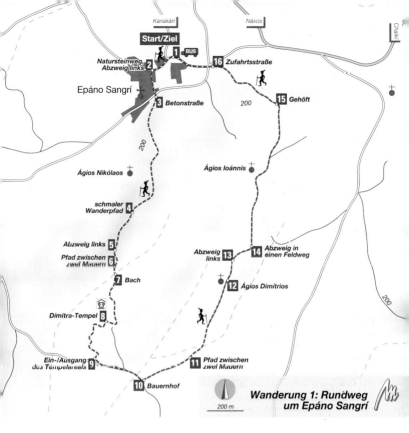

Wanderung 1: Rundweg um Epáno Sangrí

200 m

ter dem Hügel ist der Demeter-Tempel bereits auf einer kleinen Anhöhe rechter Hand zu sehen. Links die beeindruckenden Ausläufer des Zas, leicht schräg links sind die Ruinen von Kástro Apalírou auf einer Bergspitze zu erkennen.

Vorbei an einigen mächtigen Agaven und hohen Mauern verläuft die Schotterpiste zur Südseite des Hügels mit der Kirche. Hier verlassen wir den Schotter-/Sandweg nach rechts an jener Stelle, an der die Mauer auf der rechten Seite endet **4**. Hier beginnt ein schmaler, in einer Linkskurve abzweigender *Pfad,* der durch rote Punkte auf dem Mauerwerk gekennzeichnet ist. Geologisch interessierte Wanderer finden hier den schönen *Glimmerschiefer* von Náxos. Der schmale Wanderpfad verläuft an einer halbhohen Mauer entlang, ein Olivenhain befindet sich linker Hand. Nach etwa 5 Min. folgt eine Abzweigung nach links in Richtung des Tempels (Punkt auf der Mauer rechts/**5**). Der Pfad verläuft nun abwärts zwischen zwei Mauern hindurch in südlicher Richtung. Am Ende der Mauern durchqueren wir ein *Feld* nach rechts auf einen gut erkennbaren Pfad hin. Dann treffen wir wieder auf einen schmalen Pfad zwischen zwei Mauern, dem wir nach Süden folgen (rote Punkte/**6**).

Nun ist ein kleiner (meist ausgetrockneter) *Bachlauf in der Talsenke* zu überqueren **7**. Auf der gegenüberliegenden Seite setzt sich der Pfad bergauf fort und trifft dort auf einen *Olivenhain,* in dem wir uns rechts halten und durch eine Mauerbresche in südlicher Richtung hindurchsteigen (roter Punkt an der Bresche). In der Folge verläuft ein Trampelpfad nach links ausgerichtet durch den Olivenhain leicht bergauf. Nach wenigen Minuten öffnet sich der Blick auf die Rückseite des Tempels. Der Pfad verläuft an der Mauer entlang, verlässt diese und führt von der Ostseite über ein Feld hinweg zum Tempel. Zuvor ist noch eine weitere Mauerbresche zu durchqueren. Der *Dímitra-Tempel* **8** befindet sich in einem großen, mit Mauern, Wegen und Pflanzen gestalteten Gelände.

Wir verlassen das Tempelareal über den gewöhnlichen Ein-/Ausgang auf der südwestlichen Seite **9**. An der asphaltierten Zufahrtsstraße wenden wir uns nach links in Blickrichtung Zas-Massiv und wandern ostwärts weiter. Der Asphalt geht sogleich in Schotter über. Mehrere Abzweigungen bleiben rechts und links liegen und wir treffen auf einen Bauernhof. Vor dem Bauernhof biegen wir auf den Feldweg nach links ein, lassen den Hof rechts liegen und wandern nordwärts (gegenüber ein braunes Schild mit Pfeil in Gegenrichtung/**10**). Wir passieren weitere Bauernhöfe und bald taucht auch der Pýrgos Bazéos am Fuße des rechts ansteigenden Hügels im Blickfeld geradeaus auf.

Mehrere Einmündungen bleiben unbeachtet und der Feldweg endet an einem Haus. Weiter geht es auf schmalem Pfad zwischen zwei Mauern hindurch nach Norden **11**. Sogleich treffen wir auf ein meist trockenes Bachbett, durchwandern es etwa 50 m nach rechts und biegen dann wieder rechts nach Norden hin ab in den Weg zwischen den beiden Mauern hindurch (rote Punkte links). Danach bleiben einige Einmündungen zu Feldern unbeachtet und wir treffen in Kürze auf die byzantinische *Kapelle Ágios Dimítrios* am Wegesrand **12**. Die hohe, tonnengewölbte Einraumkapelle mit einer kleinen hölzernen Ikonostase ist zu besichtigen.

Der Weg setzt sich mit Blick auf Epáno Sangrí links auf der Anhöhe nach Norden fort. Etwa 100 m nach der Kapelle bleibt ein roter Punkt an einer Abzweigung auf der Mauer links unbeachtet und wir bleiben auf dem breiten Feldweg nordwärts **13**.

Weitere 100 m später biegen wir in einen Feldweg nach links ein und folgen ihm nordwärts **14**. Im Blickfeld geradeaus taucht eine Bruchsteinkirche auf. Man passiert ein *Haus mit Wellblechdach* und wandert auf breitem Sandweg nordwärts an umzäunten und ummauerten Grundstücken vorbei. Der Weg führt geradewegs auf die Bruchsteinkirche zu, biegt dann nach rechts ab und führt an einem verfallenen Gehöft vorbei nordwärts. Die *Bruchsteinkirche* liegt jetzt linker Hand hinter dem Feld. Die Doppelkirche *Eisodion tis Theotókou & Ágios Ioánnis Theológos* ist im Kreuzkuppelstil mit Fresken aus dem 11.–13. Jh. gestaltet. Wer die Kirche aus der Nähe sehen will, muss die Mauer übersteigen und quer über das Feld laufen, sofern es bereits abgeerntet ist. Der Ertrag dieses Aufwands ist jedoch gering, denn die Kirche ist verschlossen.

Olivenzweige

Die Wanderung setzt sich weiter in nördliche Richtung fort. Etwa 5 Min. nach der Bruchsteinkirche biegt der Feldweg an einem großen *Gehöft* scharf nach links ab **15**, westwärts auf Sangrí zu. Am Ortsrand von Sangrí treffen wir auf die östliche Zufahrtsstraße **16**. Wir überqueren die Kreuzung geradeaus und wandern weiter westwärts auf das Dorfzentrum zu. Bald passieren wir das Ortseingangsschild und treffen auf den *Ausgangspunkt* unserer Wanderung, die Bushaltestelle mit dem Wäldchen und dem Obelisken gegenüber **17**.

Wanderung 2: Rundweg vom Pýrgos Bazéos um den Berg Ai Liás

Charakteristik: Gemütliche, relativ einfache Rundwanderung ohne nennenswerte Steigungen. Man passiert eine byzantinische Kirchenruine und eine Höhlenkirche. Es geht teilweise über einen der schönsten und längsten Hohlwege der Insel. **Wegstrecke**: Vom Pýrgos Bazéos aus einmal um den Berg Ai Liás. **Dauer und Länge**: Reine Wegstrecke etwa 2 bis 2:30 Std. zuzüglich Besichtigung der Kirchen und evtl. des Pýrgos. Länge etwa 7,8 km. **Schwierigkeit und Ausrüstung**: Problemloser Weg über Feldwege und Eselpfade. Insgesamt leicht zu finden. Wasser und Proviant muss mitgebracht werden, unterwegs keine Verpflegungsmöglichkeit.

Wegbeschreibung: Die Wanderung beginnt an der *Eingangspforte des Pýrgos Bazéos* **1**. Wir wandern zunächst auf der Asphaltstraße südöstlich Richtung Agiassós. Neben dem Pýrgos bleibt die kleine *Bruchsteinkirche Aféntis Christós tou Pýrgou* links liegen. Nach 45 m zweigt ein Feldweg in spitzem Winkel nach links ab und führt hinter dem Pýrgos entlang in Nordostrichtung. Wir biegen auf diesen *Feldweg* ein, der zunächst auf Steinplatten leicht hangaufwärts verläuft. Rechts begrenzt eine Ziegenmauer den Weg, links liegt der Pýrgos, den wir sogleich hinter uns lassen. Hinter dem Pýrgos öffnet sich nach links ein schöner Blick auf das Dorf Sangrí auf der Kuppe eines flachen Hügels. Nach rund 250 m ab dem Pýrgos bleibt eine Abzweigung rechts liegen. An dem folgenden Ziegengatter halten wir uns rechts leicht hangaufwärts. Nach gut 5 Minuten bleibt ein betonierter *Wasserspeicher* rechts liegen **2**, gegenüber liegt ein schöner gepflegter Olivenhain hinter dem Ziegenzaun.

Der Weg verläuft weiter nach Nordosten und steigt nach der nächsten Kurve weiter an. Links im Feld jenseits der Straße ist die byzantinische Kirche Ágios Artémios gut zu erkennen. An der folgenden Abzweigung rechts folgen wir dem Hauptweg geradeaus leicht hangabwärts. An Ziegenmauern, Ziegenzäunen, Gartenhäusern und Olivenhainen geht es weiter auf breitem Feldweg Richtung Nordosten. Nach einem leicht abwärts führenden Abschnitt an einer *hohen Mauer* rechts treffen wir auf eine Weggabelung: Der Feldweg führt rechts weiter, links zweigt ein alter *Steinplattenweg* ab **3**. Wir wandern auf dem Feldweg rechts weiter und lassen den Kalderími außer acht, denn er endet nach rund 200 m an einem Ziegenzaun.

Der Feldweg bildet hier eine Art *Hohlweg* und verläuft stärker östlich. Nach rund 200 m folgt erneut eine Verzweigung an einer Mauer **4**. Hier biegen wir rechts in den Hohlweg ein, der unter dichten Steineichen hindurch in Ostrichtung verläuft. An der ersten Rechtskurve treffen wir auf ein breites *Ziegengatter* über den gesamten Weg. Hindurch und dem Feldweg weiter hangaufwärts folgen. Der Blick fällt jetzt geradeaus direkt auf die Nordflanke des Ai Liás. Der Feldweg steigt weiter an, er verläuft über ein freies Feld und trifft auf einen alleinstehenden *Olivenbaum*, dessen Stamm mit einer alten *Eisentonne* umhüllt wurde **5**. Direkt nach dem Baum biegen wir vor der Steinmauer nach links ab. Sofort folgt ein weiteres Ziegengatter, und der Feldweg steigt weiter an.

Rechts des Weges zieht sich ein kleines *Steineichenwäldchen* entlang. Am Ende des Wäldchens folgt erneut ein Gatter **6**. Der Feldweg steigt weiter an und ein Ziegenbauernhof bleibt links liegen. Wir wandern weiter geradeaus bergauf an einer einsam stehenden Steineiche vorbei. Der Feldweg beschreibt eine S-Kurve und führt über die *Kuppe des Hügels*. Auf der anderen Seite steht etwas versteckt unter der Kuppe die kleine *Kirche Ágios Pétros* (418 m) **7**, ein Einraumkirchlein neueren Datums.

Mit Blickrichtung auf die Eingangspforte der Tür steigen wir nun links an der Kirche die *Stufen* hinauf und folgen dem dort verlaufenden Pfad nach rechts in Nordrichtung. Der Ai Liás befindet sich nun im Rücken. Wir überqueren ein mit Phrygana bewachsenes Feld und treffen auf eine *Natursteinmauer* 8. Der alte Pfad verläuft zwischen den Mauern hindurch, ist aber stark überwuchert. Daher wandern wir rechts der Mauer über das Feld an der Mauer entlang in Ostrichtung. Nach zwei Minuten fällt der Blick nach rechts auf die *Kirchenruine* Ágios Geórgios. Hier verlassen wir den Pfad über das Feld nach links durch das Ziegengatter und setzen die Wanderung auf dem breiten Feldweg entlang einer Natursteinmauer mit Ziegenzaun fort.

An der nächsten quer verlaufenden Mauer bietet sich die Gelegenheit eines Abstechers zur Kirchenruine quer über das freie Feld nach rechts **9**. Am Ende des Feldes rechts halten und durch das kleine Wäldchen hindurch. Dahinter liegt die Ruine **10**. Dabei handelt es sich um die zweischiffige *byzantinische Kirche Ágios Geórgios sto Mersinó*. Markant ist ihre Eingangspforte, bei der als Sturz und Bodenschwelle jeweils ein mächtiger Marmorblock verwendet wurde. Im rechten Seitenschiff sind das Dach und die Außenmauer eingestürzt, auch das Hauptschiff ist praktisch eine Ruine, neben dem Steinhaufen ist die Altarplatte noch zu erkennen.

Wir wandern wieder zurück über das Feld zum *Hauptweg* und dann nach rechts weiter an der Mauer entlang. Es folgt ein Ziegengatter, und der breite Weg knickt nach links hangaufwärts ab **11**. Wir verlassen hier diesen Fahrweg und biegen nach rechts leicht hangabwärts in den von Macchia überwucherten *Hohlweg* ab, der von einer Mauer sowie einem Ziegenzaun eingerahmt wird und in Ostrichtung verläuft. Der Ai Liás liegt nun rechter Hand. Der Hohlweg verläuft an einem Steinhaus der Hirten vorbei und weiter an der Mauer entlang hangabwärts. Eine Eisenpforte bleibt rechts liegen und unmittelbar danach setzt sich der Hohlweg nach rechts steil hangabwärts fort **12**. Wir folgen dem Hohlweg weiter über uralte, vor Jahrhunderten angelegte, *Natursteinstufen* hangabwärts. Dieser Abschnitt ist einer der schönsten und längsten Hohlwege der Insel.

Am Ende des Hohlwegs bleibt ein *Hirtenhaus* rechts liegen. Weiter zwischen Mauern hindurch, treffen wir nach wenigen Minuten auf einen befahrbaren Feldweg **13**. Geradeaus fällt der Blick auf den Ai Liás. Wir biegen nach links ab und treffen nach wenigen Metern auf einen quer verlaufenden, breiteren Feldweg. Hier rechts abbiegen und dem Feldweg in Südrichtung hangabwärts folgen. Der Ai Liás liegt nun rechter Hand. Unten im Tal ist der *Flusslauf des Mersinós* anhand des Bewuchses mit Oleander und Zypressen leicht zu erkennen. Der Feldweg nähert sich dem Flussbett, der Oleander reicht bald bis an den Wegesrand heran. Vorbei an zwei Ziegenbauernhöfen mit kleinen Gärten zieht sich der Feldweg stetig leicht hangabwärts nach Süden.

Ein *sommertrockenes Bachbett* trifft von links auf den Feldweg und folgt ihm eine Weile. Nach rund 1,8 km auf dem Feldweg trifft in einer Rechtskurve ein breiter

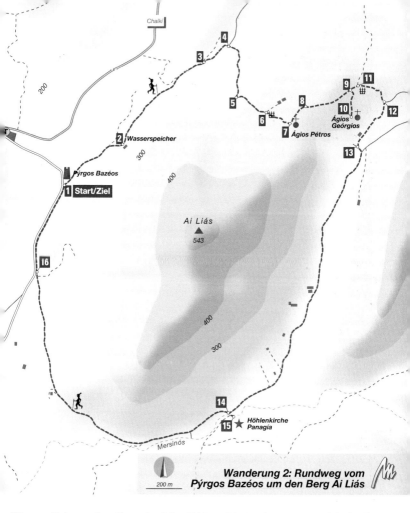

Wanderung 2: Rundweg vom Pýrgos Bazéos um den Berg Ái Liás

Weg von links aus dem Flusstal auf den Feldweg 14. Hier biegen wir nach links ab und stehen sogleich im sommertrockenen Bett des *Mersinós*. Dort wenden wir uns erneut links und wandern 10 m im Flussbett flussaufwärts. Rechts in der Felswand liegt nun die *Höhlenkirche Panagía* 15.

Höhlenkirche Panagía: In einer Höhle der Felswand des sommertrockenen Flusses Mersinós. Die Grotte ist durch eine Natursteinmauer verschlossen, der Innenraum aber durch eine offene Holztür zugänglich. Innen ist die Höhle rund 10 m breit und führt auf der linken Seite rund 15 m in den Fels hinein. Teils wurden die Felsen geweißelt. Auf der linken Seite drei Altäre mit zahllosen Ikonen, darüber hängen Öllampen von der Höhlendecke. Da die Höhle trocken ist, gibt es keine Tropfsteine.

Von Macchia überwucherter Hohlweg im mittleren Abschnitt der Wanderung 2

Nach der Besichtigung wandern wir wieder 10 m im Flussbett flussabwärts, biegen dann wieder rechts auf unseren Wanderweg ab und setzen den Weg nach links (in der Verlängerung) des bisherigen Feldwegs in westliche Richtung fort. Nach 100 m bleibt eine Abzweigung links liegen, kurz darauf passieren wir eine *Ziegentränke* (rechts). Wieder 100 m weiter bleibt erneut eine Abzweigung links liegen und bald erreichen wir ein *Brunnenhaus mit Wasserzapfmöglichkeit.* Der Feldweg führt nun einige Meter hangaufwärts, bald rückt geradeaus das Dorf Sangrí ins Blickfeld. Rechts erhebt sich die Südflanke des Bergs Ai Liás.

Der Weg biegt nun nach Norden ab, Sangrí rückt ins Blickfeld nach links, der Ai Liás nach rechts. Rund 20–25 Min. nach der Panagía erreichen wir die *Asphalt-straße*, die vom Pýrgos Bazéos nach Agiassós führt **16**. Wir folgen der Straße nach rechts hangaufwärts in Nordrichtung. Nach der ersten Kurve gelangt der Pýrgos Bazéos ins Blickfeld, unser Ausgangspunkt. Wir erreichen ihn nach rund 600 m auf der Asphaltstraße. An der Eingangspforte des Pýrgos Bazéos endet unser Rundweg um den Berg Ai Liás **17**.

Wanderung 3: Drei-Dörfer-Wanderung – von Damalás über Damariónas nach Chalkí

Charakteristik: Gemütliche, relativ einfache Wanderung. Unterwegs ein Töpferei-Workshop, zwei byzantinische Kirchen und drei Kykladendörfchen wie aus dem Bilderbuch. Am Endpunkt Chalkí kann man noch den Besuch der Kítro-Destillerie anschließen. **Wegstrecke**: Von der Inselhauptstraße zunächst hinauf zum höchsten Punkt des Treppendorfes Damalás, dann über einen Feldweg nach Damarió-nas. Von dort erst über Asphalt, dann durch wunderschöne Olivenhaine und Fel-der nach Chalkí. **Dauer und Länge**: Reine Wegstrecke etwa 2 bis 2:30 Std. Rech-nen Sie aber großzügig Zeit für die Besichtigung der hübschen Orte ein. Länge et-

wa 5 km. **Schwierigkeit und Ausrüstung**: Problemloser Weg über Straßen, Beton-
wege, Treppen, Erdpisten und Eselspfade. Insgesamt leicht zu finden. Wasser
und Proviant kann man in allen Dörfern erwerben.

Wegbeschreibung: Gut 1,5 km vor Chalkí zweigt die Stichpiste nach Damalás von
der Inselhauptstraße ab **1**. Hier hält der Bus nach Filóti (auf Anfrage) und hier beginnt auch unsere Wanderung. Ein großes Schild „Pottery Work Shop Damalás" weist
die Richtung in den Ort. Rechts ein paar prächtige Ölbäume, wie sie auf der Tragéa-
Hochebene zu Tausenden gedeihen. Bald folgt auf der linken Straßenseite das erste
Haus in frischem Kykladenblau mit einem wunderschön weinüberrankten Balkon.

Nur ein paar Meter um die Ecke liegt die besagte *Töpferei*, ein beliebtes Ziel der
Ausflugsbusse von Náxos-Stadt. Gelegentlich kann man dem Töpfer bei der Arbeit
zusehen. Gegenüber liegt der Parkplatz am unteren Dorfrand. Das ausgesprochen
pittoreske *Damalás* ist ein autofreier Treppenort, der zum Verweilen geradezu ein-
lädt. An fast jeder Ecke schöne Fotomotive mit kykladenblauen Türen und Fenstern, mit bunten Blumen und Sträuchern. Unser Wanderweg verläuft ca. 80 m nach
dem Parkplatz links die Treppengasse hinauf. Gegenüber dieser Abzweigung befindet sich ein Hauseingang mit gelben Stufen und einer grünen Tür **2**.

Die bergaufführende Gasse trägt den Namen *Odós Agía Iríni* und führt ganz hinauf
zum oberen Dorfplatz **3**. Von dort setzt sich der Weg weiter in östlicher Richtung
fort. Kurz darauf folgt die *Kirche Agía Iríni* an einem hübschen Rastplatz oberhalb
des Ortes auf 315 Höhenmetern **4**. Das Gotteshaus ist eine größere, reich
ausgestattete Einraumkirche mit einer alten hölzernen Ikonostase sowie imposanten Kronleuchtern und Kerzenständern. Die Wanderung verläuft links an der Kirche weiter und vorbei am Friedhof. Rechter Hand bietet sich ein grandioser Blick
auf die fast kahlen Hänge des Zas. Der Dorfverbindungsweg zwischen Damalás und
Damariónas wurde mittlerweile vollständig betoniert und ist sporadisch durch rote
Punkte gekennzeichnet.

In der Tragéa führen einige Wanderwege auch durch sattgrüne Wälder

Nach kaum mehr als 10 Min. sind bereits die ersten Häuser von *Damariónas* zu sehen: am Ortseingang **5** rechts halten, die Gasse mit den Stufen entlanggehen. Im Ort geht es weiter geradeaus in östlicher Richtung, bis man auf die große Dorfkirche *Christós* trifft **6**. Von hier aus etwas links halten, die Stufen hinab erreicht man sogleich die asphaltierte Straße am Dorfeingang. Hier trifft die Stichpiste von der Hauptinselverbindung Náxos-Stadt–Chalkí auf unseren Fußweg.

Nun rechts halten und über die Asphaltstraße bergauf wandern, an der folgenden Kreuzung links und dann weiter bergauf **7**. Etwa nach 100 m bleibt die Dorfschule links liegen und man folgt der Straße (welcher der schöne alte Wanderpfad weichen musste). Bald taucht Chalkí mit seinen beiden markanten Pýrgi im Blickfeld auf, rechts daneben Akádimi, ebenfalls von einem mächtigen Pýrgos überragt. Sogleich rückt auch Filóti weiter rechts in Sichtweite. Kurz darauf folgt eine Kreuzung an einer *Brücke* **8**, an der man die Straße nach links verlässt. Wenige Meter später trifft man auf die *Kapelle* des Heiligen Kreuzes: *Timíos Stavrós* **9**, eine hübsche Einraumkapelle mit Ikonostase aus Zas-Marmor und drei darin eingelassenen Ikonen (Namensikone ganz rechts).

Die byzantinische *Kirche Ágii Apóstoli* (10. Jh.) wurde mit Bruchsteinen aus der Umgebung in einem etwas eigentümlichen Baustil errichtet, vielleicht die architektonisch schönste byzantinische Kirche auf Náxos. Von außen sieht sie so aus, als sei eine zweite Kirche im Obergeschoss über die erste gebaut worden. Die Besichtigung ist möglich: Mo–Fr 10–14.30 Uhr.

Wir folgen dem Weg an der Kapelle vorbei. Er geht sogleich in eine Sandpiste über und beschreibt eine Rechtskurve nach Norden. Etwa 150 m weiter nach links hangabwärts abbiegen auf einen Betonweg, der sogleich in einen schmalen, steinigen Pfad zwischen zwei Mauern hindurch übergeht und nach Nordwesten führt. Nun etwa 10 Min. durch einen schmalen, teils vollständig überwachsenen *Hohlweg*. Vorbei an Olivenhainen trifft man auf eine Einmündung an einem ummauerten *Weingarten* **10**: rechts halten, um eine Kurve, dann ein Gebäude mit Marmortürsturz passieren. An der folgenden Mauer links weiter (roter Punkt). An weiteren Gebäuden vorbei trifft man erneut auf eine Mauer: dem roten Punkt nach rechts folgen und nun rückt die *Bruchsteinkirche Ágii Apóstoli* ins Blickfeld, die inmitten eines wunderschönen Hains aus uralten Ölbäumen liegt **11**.

Wir folgen nun dem schmalen Hohlweg zwischen den Mauern, der sich nordwestlich der Kirche fortsetzt und sogleich nach Westen abbiegt. Der Weg wird nun breiter, es folgt ein Ziegengatter, dann Betonuntergrund. Etwa 350 m nach der Kirche rechts abbiegen und dem blauen Schild „KTHMA Γ. MAMOYZEΛOY" (Weingut Mamouzélou) folgen **12**. An der Mauer links zeigt ein roter Punkt den Weg an. Vorbei an dem Weingut endet der Weg an einem Olivenhain. Etwas nach links ist die *Bruchsteinkirche Ágios Geórgios* mit Freskenresten aus dem 13. Jh. inmitten der Ölbäume gut zu erkennen **13**. Sie wurde von den Italienern im Zweiten Weltkrieg als Pferdestall missbraucht.

Die Kirche ist leider verschlossen, doch von dort aus hält man sich an dem Metallzaun in Richtung Nordwesten und trifft dann auf einen quer verlaufenden Pfad vor einer Mauer **14**. Wir folgen dem Pfad nach rechts (Norden) und bald tauchen die ersten Häuser von Chalkí im Blickfeld auf. An dem Haus mit der Nr. 12 vorbei erreicht man sogleich (über eine Treppe an der Unterführung) die Hauptdurchgangs-

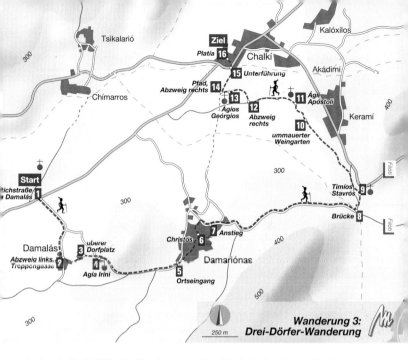

Wanderung 3:
Drei-Dörfer-Wanderung

250 m

straße durch Chalkí. Wer die Wanderung auf der Platía (in der Taverne) oder in der Kítro-Destillerie ausklingen lassen will, wandert durch die Unterführung **15** geradeaus in den Ort hinein und erreicht die Platía kurz darauf rechter Hand **16**. Busstopp zurück nach Chóra an der Hauptdurchgangsstraße auf der Höhe des Kiosks.

Wanderung 4: Flussbettwanderung von Kinídaros nach Engarés

Charakteristik: Über einen Sattel hoch über Kinídaros hinunter in eines der wasserreichsten Flusstäler der Insel. Teils durch üppig grünen Urwald im Flusstal, in dem auch Wasserschildkröten leben. Möglichkeit, in einem Abstecher die Kirche Ágios Artémios zu besuchen. Im Dorf Engarés vorbei am Pýrgos Pradoúna zum Zielpunkt an einer Taverne. **Wegstrecke**: Zunächst Feldweg, dann über einen Eselspfad hinunter ins Flusstal. Schmaler Pfad durchs dicht bewachsene Flusstal. Schließlich wieder gut ausgetrampelter Eselspfad hinunter nach Engarés. **Dauer und Länge**: Etwa 3:30 bis 4 Std. reine Gehzeit. Im Flussbett viele schöne, schattige Rastplätze in wildromantischer Umgebung. Länge etwa 7 km. **Schwierigkeit und Ausrüstung**: Weitgehend leicht auffindbarer Wegverlauf. Einzige Steigung gleich am Anfang, ansonsten nur bergab. Unterwegs keine Einkaufsmöglichkeit, aber Wasser lässt sich etwa auf der Hälfte der Wegstrecke aus dem Fluss schöpfen. Das Flusswasser gilt als sauber. Wer empfindlich ist, sollte etwa 2 Liter Wasser mitnehmen.

Wegbeschreibung: Der Weg beginnt an der Platía mit dem *Kriegerdenkmal* in Kinídaros **1**. Wir wandern nordwärts über die Treppen links des Schildes „Ágios Artémios" hinauf und durchqueren so den Ort. In vielen Kurven führen die Stufen hinauf. An mehreren Einmündungen stets die bergaufführende Variante wählen.

Helles Marmorgestein, prächtiges Grün und üppiger Oleander im Flussbett

Schöner Blick zurück hinunter auf das Dorf und bis hinüber auf das Zas-Massiv. Am oberen Ende der Treppen treffen wir auf einen betonierten Fahrweg, dem wir nach links folgen **2**. Nun verlassen wir Kinídaros nach Norden und erkennen rechts am Hang einen *Marmorbruch*. Mehrere Gebäude bleiben rechts und links liegen. Auf dem Sattel **3** öffnet sich nun der Blick auf die Nordwestküste, in die karge Berglandschaft im Inselinnern und weiter auf die Inseln Mýkonos, Délos und Tínos.

Der Weg verläuft nun auf der Fahrpiste in Serpentinen hangabwärts und der Blick nach Norden lässt das Flusstal schon erkennen. Bald ist links im Blickfeld auch die Insel Páros zu erkennen, davor das Dorf Engarés (Zielort der Wanderung) und rechts davon zwei Windräder. Etwa 15 Min. nach dem Verlassen des Dorfs zweigt ein gepflasterter Wanderpfad von der Fahrpiste nach rechts ab **4**. Wir folgen diesem alten Fußweg. Nun ist auch das stets frisch geweißelte *Kloster Ágios Artémios* inmitten einer Gruppe von Zypressen unten im Talboden gut zu erkennen. Der Pfad trifft dann wieder auf die Fahrpiste, der wir zunächst folgen. Es folgen eine Links- und eine Rechtskurve, bevor wir etwa 30 m nach Letzterer die Fahrpiste auf einem kleinen Pfad nach links verlassen **5**.

Der Eselspfad führt durch Phrygana, besteht teils noch aus der alten Pflasterung und schlängelt sich in Serpentinen stetig den Hang hinab. Nach einem Steineichenwäldchen passieren wir einen terrassiert angelegten *Garten*, der mit einer kleinen Mauer und einem Metallzaun eingefriedet ist. Am Ende des Gartens ist ein kleiner Bachlauf zu überqueren **6**. Nach wenigen Metern wird der Pfad (im Sommer) trocken, führt nach links weiter und trifft dann wieder auf den Fahrweg, dem wir nach links hangabwärts folgen. Sofort nach der imposanten *Marmorsteinbrücke*, die über den Fluss führt, verlassen wir den Fahrweg nach rechts, halten uns weiter rechts, überqueren eine Wasserrinne und wandern unter der Brücke **7** hindurch in Fließrichtung des Flusses. Wir befinden uns nun rechts vom Fluss und rote Punkte markieren sporadisch den auf Sandboden verlaufenden Pfad. Roter und weißer Oleander blüht prächtig und gedeiht bestens im Flussbett. Interessant sind auch die durch den Flusslauf geformten Marmorsteine. Nach wenigen Minuten befinden sich links am Fluss einige schöne Rastplätze unter dichten, schattenspendenden Bäumen im romantischen Rauschen des Wassers. Die Quelle des Flusses ist so stark, dass er auch nach regenarmen Wintern im Sommer nicht austrocknet. Im Frühjahr ist der Wasserstand aber deutlich höher als im Sommer. Unmittelbar nach einem kleinen Gärtchen mit Bananenstauden ist ein schmaler, von rechts kommender Zulauf auf Steinen zu überqueren **8**. Diese (erste) Betonbrücke über den Fluss bleibt unbeachtet. Bald darauf überquert man den Fluss von rechts nach links über eine weitere *Betonbrücke* (roter Punkt am Boden). Nun verlässt man das Flussbett ein wenig nach links und wandert rechter Hand weiter flussabwärts, das Wasserrauschen noch immer in Hörweite. Links oberhalb des Flusses schlängelt sich nun der Weg am Hang des Flusstals entlang. Der leicht erkennbare Pfad verläuft jetzt immer höher über dem Flussbett entlang durch üppig grünen Mittelmeerwald. Sporadisch finden sich rote Punkte zur Markierung.

Links am Weg bleibt ein quadratisch mit Beton eingefasster *Brunnen* liegen, der mit den Buchstaben ΔΥΝ gekennzeichnet ist (Kürzel der Eigentümerfamilie/**9**). Es folgt ein weiterer Brunnen dieser Art, bevor der Wald allmählich lichter wird und der Pfad durch schattenlose Phrygana führt. Bald trifft man auf ein *Aquädukt* **10**: rechts halten und dem Pfad folgen (roter Punkt am Boden). Ein halb verfallenes Haus am Wegesrand bleibt rechts auf der Flussseite liegen. Nach wenigen Minuten erreicht man einen herrlichen, mit einem Holzgatter gesicherten *Aussichtspunkt*, an dem man von oben in das tief in die Landschaft eingeschnittene Flussbett zurück blicken kann. Der Weg trifft dann auf ein Ziegengatter aus Metall: hindurch und rechts an den Hausruinen vorbei bergab wandern. Wenige Meter weiter verlassen wir den hier breiten Fahrweg nach rechts **11** und wandern direkt an der (verschlossenen) *Kapelle Ágios Geórgios* vorbei.

Der nun gepflasterte, leicht überwucherte Pfad führt bergab an einer Reihe Zypressen vorbei und zwischen Mauern hindurch. An dem nächsten großen Gebäude **12**

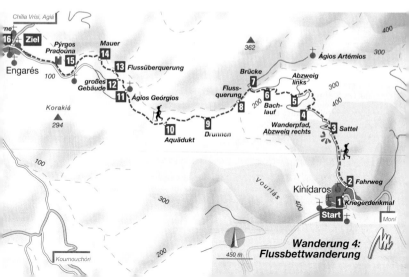

verlassen wir den Fahrweg nach rechts auf einem schmaleren Weg, der sogleich erneut auf ein *Aquädukt* trifft. An einer offenen Betonwasserleitung links halten, dann rechts den Fluss überqueren **13**. Nun links halten und auf der rechten Seite des Flusses weiterwandern (rote Punkte und Pfeile). Weiter flussabwärts trifft man auf eine alte *Wasserpumpstation*, ebenfalls ein schöner Rastplatz. Hier staut sich der Fluss auf einem Plateau und fast immer lassen sich einige der scheuen Wasserschildkröten beobachten, die sich auch am Ufer in der Sonne ausruhen.

Der Weg setzt sich weiter flussabwärts auf der rechten Seite fort, wird nun etwas abenteuerlicher, weil der Bewuchs im Flussbett üppiger und undurchdringlicher wird. Teils muss man sich den Weg durchs dichte Gestrüpp selbst bahnen. Doch nach wenigen Metern folgt erneut eine *Flussüberquerung* von rechts nach links. Wir halten uns links auf die Mauer mit der Wasserleitung zu (Haus Nr. 149/**14**) und durchqueren das Ziegengatter. Nun verlassen wir das Flussbett und wandern gegenüber von Haus Nr. 149 in den Pfad zwischen den Mauern hinein. Dieser Pfad führt sogleich durch ein Gatter und an verlassenen Häusern vorbei bergauf und verlässt das Flussbett abrupt nach links. Danach folgen einige Meter auf Natursteintreppen abwärts. An der nächsten Abzweigung rechts halten und man trifft wieder auf die offene Wasserleitung. Ein kleiner Stausee ist rechts unten im Tal zu erkennen.

Wir wandern direkt auf der Wasserrinne in Fließrichtung oder auf dem schmalen Pfad durch das Gestrüpp oberhalb der Wasserrinne. Beide Möglichkeiten treffen sogleich auf den venezianischen *Pýrgos Pradoúna* (Haus Nr. 147/**15**). Über dem Eingang befinden sich in Marmor gemeißelt das Erbauungsjahr 1787, das Familienwappen und der Name der Eigentümerfamilie in griechischer Schreibweise: Pradoúnas. Der Pýrgos befindet sich schon im Gemeindegebiet von Engarés und nach wenigen Metern erreichen wir die ersten Häuser des Dorfs. Auf der Betonstraße halten wir uns rechts an dem Haus Nr. 144 vorbei in Richtung Dorfzentrum und passieren ein eingefasstes Brunnenhaus auf der linken Seite. Im Zentrum dann rechts abbiegen, in Richtung Dorfkirche treffen wir sodann auf die *Taverne Stélla*, in der man die Wanderung gemütlich ausklingen lassen kann **16**. Zurück nach Náxos-Stadt mit dem Bus oder Taxi.

Wanderung 5: Rundweg von Mélanes zum Kloster Kalamítsia und über die drei Potamiá zum Koúros sowie zurück nach Mélanes

Charakteristik: Lange Wanderung durch eines der fruchtbarsten und abwechslungsreichsten Gebiete der Insel. Unterwegs zahlreiche Top-Sehenswürdigkeiten und hübsche Dörfer. **Wegstrecke**: Über Treppen, Schotterpfade, Feldwege und Straßen geht es in einem großen Bogen um einen knapp 300 m hohen Hügel. **Dauer und Länge**: Reine Wanderzeit etwa 4:30 bis 5 Std. Viel Zeit für Besichtigungen einplanen, am besten als Tagestour kalkulieren. Länge etwa 10 km. **Schwierigkeit und Ausrüstung**: Einfach zu findende Wege. Für die Mittagshitze sind die Tavernen in Potamiá zu empfehlen oder eine Pause am Koúros von Flerió. Wasser lässt sich zudem in Potamiá an Brunnen auffüllen oder kaufen – man muss nicht mit großer Wassermenge im Rucksack starten. Vom Trinken aus einem immer sauberen Flusslauf in Potamiá ist aber abzuraten.

Wegbeschreibung: Unser Rundweg startet am unteren Dorfplatz, am *Buswartehäuschen von Mélanes* **1**. Über die Fortsetzung der Zufahrtsstraße wandern wir in südlicher Richtung ins Dorf hinein, an der „Taverne Geórgios" vorbei und ca. 50 m weiter rechts die Treppen hinauf **2**. Wir passieren eine quer verlaufende Gasse, steigen eine weitere Treppe hinauf **3**, biegen dann nach Süden in eine Gasse ab, die, vorbei an einem Kriegerdenkmal, auf die Mauer des Schulgebäudes trifft. Erneut geht es rechts eine lange Treppe hinauf, an deren Ende **4** wir links auf der Schotterstraße ortsauswärts in südlicher Richtung wandern. Am Ende der Häuser, nach einer Kehre, führt die Piste wieder auf Mélanes zu. Im *Scheitelpunkt der Kehre* verlassen wir diese Straße und wandern weiter südlich geradeaus über eine breite Schotterpiste **5**. Ein blauer Wegweiser in griechischer Schrift („Kalamítsia/Koúros") zeigt die Richtung an.

Der Weg steigt langsam an und es bietet sich nach links ein schöner Blick auf Kourounochóri und Mýli an dem gegenüberliegenden Hang des Tales. Im Südosten ist der große Marmorbruch gut zu erkennen. Nach einer kurzen Steigung teilt sich ca. 500 m außerhalb von Mélanes die Straße **6**: Der betonierte Weg nach links führt direkt zum Koúros, wir biegen aber vor dem ummauerten Grundstück nach rechts Richtung Kalamítsia ab (blauer Wegweiser). Die Straße bleibt breit geschottert und führt sofort auf die nächste Abzweigung nach 30 m zu. An dieser Wegteilung wählen wir die nach rechts unterhalb und in der Folge gemächlich bergab verlaufende Piste (blauer Wegweiser). Ein kleiner Olivenhain bleibt rechts liegen und nach der nächsten Biegung erhebt sich das *Kloster Kalamítsia* Ehrfurcht einflößend in einem üppig grünen Tal **7**. Von dem ehemals prächtigen Klostergarten sind aber nur noch Buschwerk, Zypressen und eine Palme übrig geblieben. Dennoch zählt das verlassene Kloster zu den romantischsten Plätzchen im Inselinnern. Um die nächste Wegbiegung herum und an einer Kirchenruine auf der linken Seite vorbei, gelangt man von der Rückseite durch den Klosterhof in das imposante Gebäudeareal.

Am Südrand des Klosterareals (wo der Zufahrtsweg endet) beginnt ein mit rotem Punkt am Boden gekennzeichneter Pfad, der leicht hangaufwärts südwestlich in einen Olivenhain hinein- und oberhalb am Hang am Kloster vorbeiführt. Nach wenigen Metern verläuft der Pfad zwischen zwei Ziegenzäunen aus Metall hindurch. Ein

Auf alten Eselspfaden im Inselinneren unterwegs

Steinhäuschen bleibt rechts unterhalb liegen und der Pfad führt über senkrecht ge-schichtete Steinplatten, Sand und Geröll durch Phrygana hangabwärts. Eine Ab-zweigung durch zwei grün beschriftete Torpfosten bleibt rechts liegen **8**. Kurz dar-auf treffen wir auf eine Verzweigung an einer hohen Ziegenmauer: wir halten uns zunächst links (der rechts abwärts führende Pfad bleibt unbeachtet) und 5 m weiter erneut links zwischen den Ziegenmauern hindurch (der rechts ansteigende Pfad bleibt außer Acht/**9**). Unmittelbar rechts des durch Mauern eingefassten, aber stark überwucherten Weges wandern wir auf dem Feld entlang, weil der Weg zwi-schen den Mauern zu stark überwuchert ist. Sogleich taucht die Asphaltstraße nach Potamiá im Blickfeld auf. Am Ende des Feldes geht es zwischen den Mauern hindurch sowie rechts oder links an Mauern vorbei stetig hangabwärts gen Süden. Vereinzelt finden sich rote Punkte auf den Steinen im Olivenhain. Fast am Ende des Hains treffen wir auf ein Flussbett mit Oleander, das links liegen bleibt. Vorbei an einer wilden Müllkippe erreichen wir die Asphaltstraße nach Potamiá durch ein Ziegengatter **10**.

Nun wandern wir etwa 200–250 m auf der *Straße* nach links Richtung Potamiá und biegen im Scheitelpunkt der zweiten Linkskurve in einen Weg ein **11**, der an einer Natursteinmauer mit Metallzaun beginnt und sogleich an einer idyllisch gelegenen *Kirche* vorbeiführt. Die Häuser links am Hang gehören zu Káto Potamiá. An der Kirche wird der Weg wieder schmaler und verläuft zwischen den Mauern bergab an einem Haus im Pýrgos-Stil und mehreren Bruchsteinruinen vorbei. Der „Pýrgos" bleibt rechts liegen und wir wenden uns nach links in Richtung des Dorfs. In Kürze trifft man auf einen breiten Betonweg, der nach links Richtung Potamiá führt. Nach einigen Kurven und einer kleinen Steigung ist die *Dorfkirche* von *Káto Potamiá* er-reicht **12**. Im Kirchhof bietet sich ein schattiges Ruheplätzchen unter Bäumen.

Vor der Kirche halten wir uns links und wandern auf der gepflasterten *Dorfgasse* nach Südosten weiter, nach links aufwärts führende Gassen werden ignoriert. An einer Abzweigung folgen wir dem grünen Wegweiser „Kókkos Tower" geradeaus. Auf Schotter und Beton zwischen Mauern hindurch verlassen wir die wenigen Häuser von Káto Potamiá **13**. Mit Blick auf das Apáno Kástro geht es nach Mési Potamiá. Zuvor passiert man eine kleine Orangenplantage, bunte Gärten und den Bachlauf an einem Haus unter einer mächtigen Platane. An dieser Wegteilung wan-dern wir nach links bergauf, entgegen der Fließrichtung des Bachs, und folgen er-neut dem Wegweiser „Kókkos Tower" **14**. Wir steigen etwa 15 m durch das Bach-bett und biegen dann nach links ab, weil der ursprüngliche Pfad hier überbaut wurde.

Links um die Ecke treffen wir auf eine Betonstraße, der wir vor der hohen Mauer nach rechts folgen. Die Betonstraße endet nach ein paar Häusern an einer Treppe linker Hand **15**. Hier wenden wir uns nach rechts und wandern auf dem Betonweg hangabwärts links am Haus vorbei. Wir treffen wieder auf einen Flusslauf, folgen dem Betonweg nach Osten und überqueren sogleich den Fluss. Eine Abzweigung mit betonierten Stufen nach rechts bleibt unbeachtet. Wir halten uns weiter auf dem Weg dicht am Flusslauf entlang. Sporadisch finden sich rote Punkte an den Mauern. Bald überqueren wir erneut den Fluss, der Weg biegt nach links ab und steigt nun leicht an. An einer Treppe mit geweißelten Stufen an einem Hauseing-gang verlassen wir das Flussbett über die Stufen nach links **16** (der Flussbettweg en-det nach 10 m rechts). Die teils aus Natursteinen errichteten Stufen steigen stark an, führen an Häusern vorbei und treffen auf eine Abzweigung mit zwei Strommas-ten: Wir biegen in den rechts aufwärts führenden Weg hindurch ein (zwischen den Strommasten/**17**).

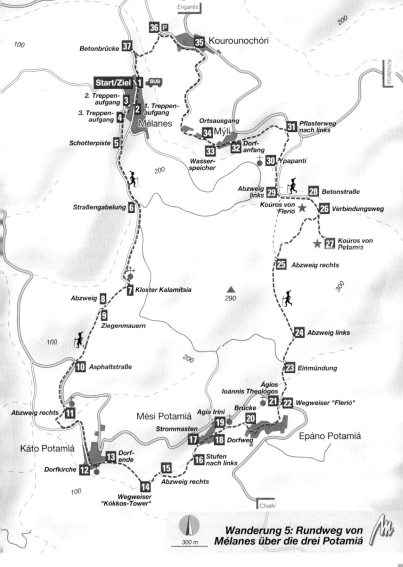

Wanderung 5: Rundweg von Mélanes über die drei Potamiá

300 m

Der Natursteinpflasterweg führt durch die unteren Gassen von Mési Potamiá entlang an üppigen Feigen- und Orangenbäumen sowie Weinreben. Wunderschön anzusehen ist das an den Fugen geweißelte Pflaster, ein uralter Osterbrauch. An den wenigen Häusern von Mési Potamiá ist man schnell vorbei, der eigentliche Dorfkern bleibt links am Hang liegen (der Blick zurück fällt auf die Kuppel und den Turm der Dorfkirche). Der Weg setzt sich am Dorfrand über Pflaster und Treppen gen Norden fort **18**. Über Natursteinstufen wandern wir weiter bergauf zwischen hohen Mauern hindurch und an der kleinen *Kirche Agía Iríni* (kleine Einraumkirche mit hölzerner Ikonostase neueren Datums) rechts vorbei **19**. An der Wegteilung, 30 m hinter der Agía Iríni, hält man sich rechts und trifft sofort auf die *Kirche Ágios Ioánnis Pródromos* (mit gestuftem Dach). In der tonnengewölbten Einraumkirche findet sich keine Ikonostase. Stattdessen wurden die Ikonen an die Wände gehängt und in die Apsis gestellt.

Der weitere Weg führt nun erneut in das grüne Tal mit dem Bachlauf hinein. Frontal fällt der Blick auf das pittoresk am Hang liegende Epáno Potamiá. An der kleinen *Brücke* folgen wir dem Bachlauf entgegen der Fließrichtung und erreichen bald die ersten Häuser von *Epáno Potamiá* **20**. Bergauf über die Gasse und dann über breite, steile Stufen wandert man in den Ort hinein. Am Ende der Stufen links, an der nächsten Einmündung rechts auf die Gasse *Emmanouíl M. Giampourá* einbiegen. Bald nach der *Platía Philothéou Orphanoú* verläuft die Gasse bergab auf die Hauptplatía mit der *Tavérna I Pigí* **21** und der Dorfkirche *Ágios Ioánnis Theológos*. Am Brunnenhaus neben der Taverne sollte man seine Wasserbestände auffüllen.

Der weitere Weg verläuft über die Stufen rechts der Kirche bergauf in Richtung Nordosten und trifft dort auf die Asphaltstraße. Auf der gegenüberliegenden Seite beginnt ein gepflasterter Weg (mit einem großen, braunen Wegweiser „Flerió" gekennzeichnet/**22**. Die Pflasterung endet nach ein paar Metern an der *Friedhofspforte* und der Weg setzt sich nach rechts fort in Richtung Osten. An einer Zisterne vorbei, über eine Brücke und durch einen Olivenhain verläuft der Weg bergauf zwischen Mauern hindurch. Zurück bietet sich ein schöner Blick auf Potamiá, während sogleich auch die Sicht auf den kargen Hügel mit dem Apáno Kástro freigegeben wird. Nun markieren zwei kleine, blaue Schilder den weiteren Weg an zwei *Einmündungen* **23**: zunächst links, unter der *Kermeseiche* hindurch und dann sofort rechts auf die nach oben führenden Stufen (mit roten und blauen Punkten markiert) abbiegen. Ein paar Minuten später folgt erneut eine blau beschilderte Abzweigung nach links **24** und der gepflasterte, teils mit Phrygana überwucherte Weg verläuft weiter eben zwischen Mauern hindurch. An diesem einsamen Wegabschnitt bieten sich herrliche Blicke auf die karge Bergwelt (links Apáno Kástro).

Der Weg ist gut mit roten und blauen Punkten sowie Metall- und Holzschildern markiert. Mehrere Abzweigungen nach rechts und links bleiben unbeachtet. Der Pfad verläuft über ebenen Sanduntergrund und führt danach bergab in das Tal mit dem *Koúros* hinein. Etwa 25–30 Min. ab Potamiá teilt sich der Pfad an einer Lichtung: rechts halten und dem Wegweiser mit der Aufschrift „ΠΡΟΣ ΚΟΥΡΟ" folgen **25**. Der Pfad führt nun über Sand und Stein weiter durch die Phrygana gen Norden, steigt mal leicht an oder fällt mal leicht ab. Vorbei an einigen *Hirtenhäusern* trifft man bald auf den gepflasterten *Verbindungsweg* zwischen den beiden Koúroi (→ S. 170/171/**26**). Zur Besichtigung des *Koúros von Potamiá* hält man sich rechts und durchquert gen Süden das Gatter. Es folgt ein weiteres Gatter, bevor man nach 5 Min. den Koúros über einen Pflasterweg erreicht **27**.

Der weitere Weg setzt sich über den Verbindungsweg zurück fort. Am unteren Ende dieses Weges treffen wir auf eine quer verlaufende, breite Betonstraße **28**. Hier biegen wir links ab und wandern an üppigem Oleander vorbei in Richtung Nordwesten. Sogleich folgt links der sogenannte *„Paradiesgarten"*, eine kleine, improvisierte Tavérna am *Koúros von Flerió*. Auch hier bietet sich eine Rast an. Der Koúros liegt schräg rechts hinter der Gartentaverne auf dem gleichen Areal.

Wir setzen den Weg über die Betonstraße fort und biegen an der Kreuzung mit dem großen blauen Wegweiser nach rechts hangaufwärts ab in Richtung des Parkplatzes (auf dem die Koúros-Besucher ihre Autos parken). Genau dort, wo unterhalb des Parkplatzes der Asphalt in Beton übergeht, biegen wir nach links ab (roter Punkt am Boden/**29**. Der gepflasterte Pfad führt rechts unterhalb der Straße an einer Mauer mit Metallgitter entlang in Richtung Norden. In Kürze trifft man auf eine Hausruine und die gegenüberliegende *Dreiraumkirche Ypapantí* (Vorraum mit Ikonen, mittlerer Raum mit einer Marmorikonostase neueren Datums, hinterer Raum mit Namensikone und weiteren Heiligenbildnissen/**30**. Wir folgen dem gepflasterten Weg hangaufwärts und nach einer Linkskurve hangabwärts immer stets unterhalb der Asphaltstraße. Der Weg trifft dann auf einen breit gepflasterten Weg, auf den wir nach links hangabwärts einbiegen **31**. Der Pflasterpfad wird wieder schmaler und setzt sich in Richtung Nordwesten fort.

An einigen Ölbäumen vorbei führt der Natursteinweg nach links hinunter Richtung Mýli. Links rauscht ein *Bach* im Tal, doch bevor wir das Bachbett erreichen, biegen wir rechts ab und laufen den Weg zwischen den Mauern hindurch. In der Folge wechseln sich Natursteinpflaster, Sand, Beton und Schotter ab, bevor man wenige Minuten später Mýli erreicht **32**. Auf ebenem Pflasterweg und über Stufen geht es durch *Mýli*. Auf der gegenüberliegenden Seite des Hügels liegt *Mélanes*, Ausgangs- und Endpunkt unserer Wanderung.

In Mýli führen Treppen abwärts und man passiert einen kanalisierten Bachlauf (links) und einen großen Wasserspeicher (rechts/**33**). Der Stufenweg hält sich immer eng am Bachlauf, unterwegs mehrere kleine „Wasserfälle". Kurz nach einem Gebetsstock (Kirche im Miniaturformat) erreicht man den Ortsausgang von Mýli **34**. Auf Sand, Schotter und Beton verläuft der Weg immer weiter geradeaus. Bald öffnet sich der Blick auf das gesamte Tal zwischen Mélanes (links) und Kourounochóri (rechts). Nach gut 10 Min. ist *Kourounochóri* erreicht **35**. Am Ortseingang biegt man links ab in das Dorf hinein und hält sich an zwei Einmündungen auf der Hauptgasse jeweils rechts. Fast am Ortsausgang passiert man eine Taverne, in der man die letzte Erfrischung vor der Schlussetappe hinüber auf die andere Talseite zu sich nehmen kann. Zudem sollte es jetzt schon später Nachmittag sein und in Kourounochóri lässt sich die untergehende Abendsonne länger genießen als in Mélanes.

Am Ortsausgang von Kourounochóri trifft man auf den großen *Parkplatz* unterhalb des Dorfs **36**. Direkt dahinter biegt eine breite Betonstraße nach links in einigen *Serpentinen* hinunter ins Tal ab. An der Zypressenallee im Tal dann rechts abbiegen und über den Schotterweg zwischen beiden Mauern hindurch. Auf einer *Betonbrücke* überquert man das Tal **37**, bevor es auf der anderen Seite wieder auf schmalem Schotterpfad steil hinauf geht. Auf der Straße angekommen, ist das *Buswartehäuschen von Mélanes* – der Ausgangsort unserer Rundwanderung – nach links bergan in knapp 10 Min. zu erreichen **38**. Auch dort kann man die Wanderung in einer Taverne beschließen.

Wanderung 6: Durch die Tragéa-Hochebene – von Chalkí über Apáno Kástro, durch die drei Potamiá und zur Bruchsteinkirche Ágios Mámas

Charakteristik: Sehr abwechslungsreiche Langwanderung, eine der schönsten Routen auf der Insel. Uralte Olivenhaine, bunte Blumen, hübsche Bauerndörfer entlang eines Flusslaufs, ein venezianisches Kástro und die einsam in den grünen Hügeln liegende Kirche Ágios Mámas. **Wegstrecke**: Trotz der Länge problemloser

Weg über Straßen, Treppen, Schotterwege und Eselspfade. Auf den steilen Aufstieg nach Apáno Kástro kann man verzichten, allerdings lässt man sich dann den fantastischen Rundumblick von der Hügelspitze entgehen. **Dauer und Länge**: Mit Aufstieg zum Apáno Kástro etwa 4 bis 4:30 Std. Länge etwa 8,5 km. **Schwierigkeit und Ausrüstung**: Außer dem Aufstieg zum Apáno Kástro (180 m Höhendifferenz) keine nennenswerten Anstiege. Für den schweißtreibenden Aufstieg (kein Schatten) reichlich Wasser einkalkulieren. Ansonsten kann man das Wasser knapp bemessen, unterwegs gibt es Quellen und Einkaufsmöglichkeiten in Kafenía und Mini-Märkten, letztmals allerdings in Káto Potamiá. Auch eine gute Taverne in Epáno Potamiá. Trinken Sie aber besser nicht aus dem Flusslauf in Potamiá, gelegentlich werden Abwässer eingeleitet.

Wegbeschreibung: Der Wanderweg beginnt in *Chalkí* an der schönen Platía mit einer Taverne im unteren Teil des Dorfes auf ca. 250 Höhenmetern **1**. Von dort nördlich halten und zunächst ein kurzes Stück auf der asphaltierten Straße Richtung Potamiá gehen. Gleich am Ortsausgang passiert man auf der linken Seite einen wunderschönen Hain uralter Ölbäume, wie sie für die Tragéa-Hochebene charakteristisch sind. Nach ungefähr 500 m Straßenmarsch liegt rechts etwas versteckt die kleine *Kapelle Agía Paraskeví* fast direkt an der Straße. Die Einraumkapelle besitzt eine eher schmucklose kleine weiße, steinerne Ikonostase.

An der Kapelle verlässt unser Wanderweg den Asphalt nach rechts (rote Punkte an der Mauer/**2**). Er beginnt an der Wegkreuzung direkt westlich der Kirche und verläuft nach Westen zunächst parallel zur Straße (nicht geradeaus den Hang hinauf wandern). An der Mauer auf der linken Seite befinden sich rote Punkte als Markierung. Der Pfad verläuft über Steinplatten, Stufen oder über Sand und alsbald über eine kleine Betonbrücke, bevor man auf ein grasüberwachsenes Bachbett trifft. Treppenartig steigt der Weg teils direkt im Bachbett hinauf nach *Tsikalarió* an. Bald erreicht man den Dorfplatz mit der hübschen *Kirche Ágios Stéfanos* **3**, vor der sich fünf Steinbecken zum Wäschewaschen befinden. Auf dem Hang gegenüber in südlicher Richtung liegt die Kirche Panagía Zoodóchos Pigí, links dahinter sieht man das Bergdorf Damariónas und in der Ferne überragt der Zas die liebliche Landschaft.

Der Wanderweg verläuft nach dem Waschhaus rechts die Gasse durch den Ort hinauf. An der nächsten Platía links halten, ein roter Punkt auf der Mauer rechts und weitere Punkte auf Telegrafenmasten und Mauern weisen die Richtung. Am Ende des Dorfes **4** öffnet sich der fantastische Blick auf den Hügel mit der venezianischen Burg *Apáno Kástro* auf der Spitze (siehe oben). Hinter Tsikalarió steigt der Pfad an und verläuft zwischen Ziegenmauern auf den Kástrohügel zu. Vorbei an einigen Hütten der Ziegenhirten, hält man sich hinter diesen Natursteinbauten auf der rechten Seite des steinigen Tales. Immer geradewegs auf *Apáno Kástro* zu, trifft

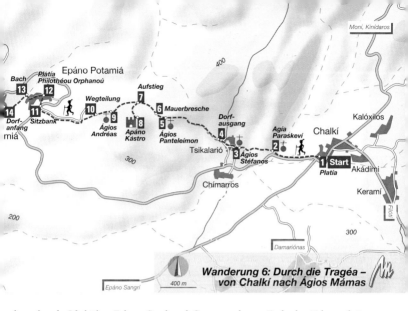

der schmale Pfad über Felsen, Sand und Gras am oberen Ende des Tales auf eine Mauer. Dahinter liegt auf der rechten Seite die *Kapelle Ágios Panteleímon* **5**. Etwa 150 m vor der Kapelle ignorieren wir die roten Punkte auf der *Mauerbresche* **6** und wandern geradeaus weiter auf die (verschlossene) Kapelle zu, die links des Pfades liegen bleibt.

Direkt hinter der Kapelle steht ein großer, brauner Wegweiser mit der Aufschrift „Tsikalario Castle" (gemeint ist Apáno Kástro). Wer will, kann hier direkt von der Kapelle aus über den steilen Hang aufsteigen. Es gibt aber auch zahlreiche Möglichkeiten von den anderen Seiten. Hinauf zum *Apáno Kástro* führen im Grunde keine eigentlichen Wege, sondern man sucht sich den Pfad selbst. Uns schien der *Aufstieg von der Nordseite* her nicht ganz so schwierig zu sein. Etwa 200 m nach der Kapelle folgt direkt an der Mauer ein Ziegengatter. Rechts bizarre Felsformationen, geradeaus Blick auf Náxos-Stadt. Wenige Meter nach einer quer zum Weg verlaufenden Mauer folgt eine weitere Bresche in der Mauer Richtung Kástro. Wir empfehlen den Aufstieg von hier zu beginnen **7**. Zuerst steigt man gemächlich auf, die letzten Meter sind jedoch ziemlich steil. Vorsichtig auf Sicht zu wandern bzw. zu klettern bereitet dennoch keinerlei Probleme. Von oben auf 422 Höhenmetern fantastischer Rundumblick **8**.

Nach dem Abstieg über die gleiche Route setzt sich der mit roten Punkten weiter markierte Pfad links der Bruchsteinmauer in westlicher Richtung nach Potamiá fort. Bald taucht die byzantinische *Bruchsteinkapelle Ágios Andréas* mit restaurierten Fresken aus dem 13.–14. Jh. im Blickfeld links eines bizarr geformten Felsens auf und wir treffen etwa 100 m vor der Kapelle auf eine Wegteilung mit zwei Ziegengattern: durch das linke Gatter dicht an der Mauer hindurch und direkt zur Kapelle wandern **9**.

Nun verlässt man den Kástrohügel nach Westen und der Blick fällt auf einige Meter der asphaltierten Straße von Chalkí nach Potamiá zwischen den Felsen. Der nächste Wegabschnitt (in Richtung der Straße) ist teilweise mit Bruchsteinen gepflastert

Byzantinische Fresken in der Kapelle Ágios Andréas (13.–14. Jahrhundert)

und auf den folgenden Metern einer der schönsten, noch gut erhaltenen gepflasterten alten Eselspfade der Insel. Bald folgt eine Wegteilung: hier links an einer etwas höheren Mauer entlang, nicht geradeaus (rote Punkte und Pfeile am Boden/**10**). Am Ende der Mauer trifft man auf eine von rechts kommende, breite Schotterstraße, die links hangabwärts nach Epáno Potamiá führt. Die Schotterpiste geht dann in Beton über und trifft auf die Asphaltstraße. Direkt gegenüber steht eine Sitzbank **11**. Hier beginnt der Zugangsweg nach *Epáno Potamiá*. Links am Hang wunderschöner Blick auf Mési Potamiá und das gesamte grüne Tal von Potamiá. Unten im Ort trifft man auf die Platía Philothéou Orphanoú **12**. Rote Punkte weisen den Weg nach rechts: hier geht es in wenigen Minuten zur Taverne und zu einem Brunnenhaus (Wasserflaschen auffüllen!).

Von der Taverne wandern wir zunächst über die gleich Gasse (Odós Emmanouíl M. Giambourá) zurück und dann geradeaus weiter (wo wir zuvor von links kamen). Hangabwärts treffen wir wenige Minuten später auf den *Fluss*, der durch das Tal von Potamiá führt **13**. Einige Meter den Bach entlang folgt eine Abzweigung, an der wir uns links halten und die *Brücke* überqueren. Bald folgt eine weitere Brücke und wir wandern das feuchte, kühle Flusstal bachabwärts auf einem wunderschönen *Natursteinplattenweg* entlang und treffen dann an einer Brücke und anschließender Treppe auf die ersten Häuser von *Mési Potamiá* **14**. Die Stufen hinauf, einige Meter durch die Gasse, treffen wir sogleich auf eine quer verlaufende Gasse, die wir nach links in Richtung Südwesten weiter wandern. Wenige Meter weiter bietet sich die Möglichkeit, rechts ein paar Stufen zur *Hauptkirche Ágios Geórgios* hinaufzusteigen. Der weitere Wanderweg führt allerdings die Gasse weiter hangabwärts.

Fast am südlichen Ortsrand von Mési Potamiá liegt eine *Quelle* mit Rastplatz (Wasser auffüllen/**15**). Nur 10 m nach der Quelle gabelt sich der Weg: rechts weitergehen, der rote Punkt auf der linken Mauer weist die Richtung. (Wer hier nach links abbiegt, gelangt durch das Flusstal ebenfalls nach Káto Potamiá, siehe umgekehrter Wegverlauf aus Wanderung 5.) Es folgen einige außerhalb des Ortes liegende Häuser und die *Schule* von Potamiá. Auf dem natursteingepflasterten Weg geht es weiter bergab durch malerische Wiesen mit bunten Blumen, prächtigen Ölbäumen, Weinfeldern, Brombeerhecken, Zitrusbäumen und duftenden Kräutern. Vögel zwitschern und Grillen zirpen – eine wahre Idylle fernab jeder geschäftigen Hektik.

Wir ignorieren einige betonierte Abzweigungen nach rechts oder links sowie den Wegweiser „Kókkos Tower" und wandern weiter stets geradeaus. Bald endet der Beton und der Pfad setzt sich natursteingepflastert fort in westlicher Richtung hangabwärts. Gelegentlich rote Punkte auf den Mauern. Nach etwa 15 Min. hinter Mési Potamiá treffen wir auf einen von links vor einer Mauer einmündenden Weg . Hier rechts halten, dem roten Pfeil auf der Mauer folgen. Sogleich sind die ersten Häuser von *Káto Potamiá* erreicht. Wir folgen der Hauptgasse hangabwärts und errrichen in Kürze die *Dorfkirche Panagía.* Deren Vorplatz ist wunderbar geeignet für eine Rast im Schatten großer Bäume 🔳.

Durch den an der Ostseite liegenden Ausgang (blaue Pforte) verlassen wir den Kirchhof und biegen dann nach rechts in die *Odós Ágios Nikodímou tou Agiorítou* ein. Einige Stufen über Beton und Steine hinab, dann über eine Brücke und auf einem schmalen, gepflasterten Weg zwischen Mauern entlang wieder ansteigend. Bald sieht man rechts die *Kapelle Panagítsa* in einem Feld liegen. Entlang der rechts verlaufenden Mauer mit den beiden roten Punkten weiter, unterhalb eine *Eselstränke* 🔳. Wer will, gelangt über das Feld hinweg zur Kapelle mit ihrer herrlich kykladenblauen Kuppel, innen eine Ikonostase aus Stein und Marmorfußboden.

Bruchsteinkirche am Rande des Tals von Potamiá: Ágios Mámas

Auf einem schmalen, teilweise stark überwucherten, schönen alten Eselspfad geht es zunächst dicht an einer Mauer entlang, relativ parallel zum Hang. Etwa 150 m nach der Kapelle Panagítsa bleibt ein nach links über Stufen abzweigender Pfad unbeachtet **19**. Ein Blick nach rechts schweift in ein üppig grünes Tal mit viel Oleander und Zypressen. Bald darauf gibt die Vegetation auch die Sicht auf die Bruchsteinkirche Ágios Mámas frei, die direkt oberhalb des Wegverlaufs liegt. Zunächst jedoch erreicht man den *Bachlauf,* der für die vielfältige und bunte Natur hier verantwortlich ist. Man überquert den kleinen Fluss **20** und wählt sofort danach rechts den breiten Schotterweg (kleiner blauer Wegweiser: „Pros Ag. Mama"). Der *Fahrweg* führt serpentinenartig den Hang hinauf. Nach mehreren Kurven zweigt ein schmaler Trampelpfad nach links ab und führt über ein Feld. Dort weist wieder ein kleines Holzschild („Pros Ag. Mama") den Weg. Wir durchqueren ein weiteres Feld mit dichtem Schilfgras und erreichen dann die alte, halb verfallene *Basilika Ágios Mámas* aus Bruchstein (**21** → S. 176). Von diesem Endpunkt der Wanderung aus bieten sich zwei Möglichkeiten: entweder von Ágios Mámas nach Káto Potamiá (denselben Weg) zurückwandern und von dort mit dem Nachmittagsbus nach Náxos-Stadt fahren oder querfeldein links hinauf zur Hauptinselverbindung Náxos-Stadt–Chalkí wandern, sofern man noch über ausreichende Kondition (und Wasser) verfügt. Vorteil hier: häufigere Busverbindung zurück zur Chóra. Die Straße ist von Ágios Mámas aus zu sehen und man kann auf Sicht wandern. Der Weg führt über den *Bischofspalast* durch die Holzpforte nach Südwesten, zunächst weglos durch die Macchia, dann trifft man auf einen Feldweg, der zur Straße hinaufführt.

Wanderung 7:
Rundweg von Chalkí über Kalóxylos nach Moní und über die Panagía Drosianí zurück nach Chalkí

Charakteristik: Eine der beliebtesten und schönsten Wanderungen auf Náxos. Hinauf in das hübsche Aussichtsdorf Moní und weiter zur Panagía Drosianí, einer der wichtigsten Kirchen der Insel. Abstieg über einsame Pfade durch Schluchten, Felder und Wälder sowie vorbei an weiteren byzantinischen Kirchen hinunter nach Chalkí. **Wegstrecke:** Nach den Dörfern Chalkí und Kalóxylos starker Anstieg hinauf nach Moní. Dann praktisch nur noch bergab über Wanderpfade, teils mit Natursteinen gepflastert oder in Treppen angelegt. Am Ende kurzes Stück über Asphaltstraße nach Chalkí. **Dauer und Länge:** Reine Wanderzeit etwa 4 bis 5 Std., besser als Tagestour planen, da es unterwegs viel zu sehen gibt. Länge knapp 8 km. **Schwierigkeit und Ausrüstung:** Problemlose Wegführung hinauf nach Moní und weiter zur Panagía Drosianí. Abstieg etwas anspruchsvoller, aber gut zu bewältigen. Verpflegungsmöglichkeiten in Moní und am Ende in Chalkí. Für den Aufstieg nach Moní sollte eine große Flasche Wasser pro Person ausreichen; in Moní kann man für den Abstieg Wasser nachkaufen.

Wegbeschreibung: Der Weg beginnt an der Bushaltestelle in Chalkí, an der *Hauptkirche Panagía Evangelístria* **1**. Wir folgen der gepflasterten Straße links oberhalb der Kirche und treffen nach wenigen Metern auf den (nicht zu besichtigenden) *Pýrgos Gratsía* **2**. Weiter auf der gepflasterten Straße Richtung Nordosten, an der nächsten Einmündung rechts halten und auf der Betonstraße zwischen Mauern hindurch. Etwa nach 200 m taucht der *Pýrgos Markopolíti* (eigentlich: Ioánnou G. Papadáki) rechts an der Straße im Blickfeld auf. Auch dieser Pýrgos **3** ist in Privatbesitz und nicht zu besichtigen. Der Pýrgos bleibt rechts des Weges liegen und wir

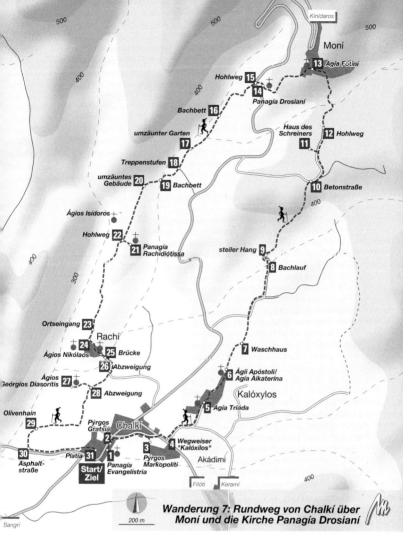

Wanderung 7: Rundweg von Chalkí über Moní und die Kirche Panagía Drosianí

200 m

Kinídaros

Moní

13 *Agía Fotiní*

Hohlweg **15**

14

Panagía Drosianí

Bachbett **16**

umzäunter Garten

17

Haus des Schreiners

11 **12** *Hohlweg*

Treppenstufen **18**

umzäuntes Gebäude **20** **19** *Bachbett*

10 *Betonstraße*

Ágios Isídoros

Hohlweg **22**

21 *Panagía Rachidiótissa*

steiler Hang **9**

8 *Bachlauf*

Ortseingang **23**

Rachí

Ágios Nikólaos **24** **25** *Brücke*

26 *Abzweigung*

7 *Waschhaus*

Ágios Geórgios Diasorítis **27**

28 *Abzweigung*

6 *Ágii Apóstoli/Agía Aikateriná*

Olivenhain

29

Kalóxylos

Pýrgos Gratsía

Chalkí

5 *Agía Triáda*

2

30 **31** *Platía*

Pýrgos Markopóliti

4 *Wegweiser "Kalóxilos"*

3

Asphaltstraße

Start/Ziel **1**

Panagía Evangelístria

Akádimi

Filóti *Keramí*

Sangrí

treffen sogleich auf die *Straße Chalkí–Filóti,* auf der wir etwa 50 m Richtung Filóti wandern und dann dem Wegweiser nach Kalóxylos (nach links) folgen **4**.

Eine breite Asphaltstraße führt nun durch Olivenhaine nordöstlich und erreicht nach wenigen Minuten den Ort *Kalóxylos* an seiner *Hauptkirche Agía Triáda* **5**. Nun hält man sich auf der Hauptgasse Richtung Nordosten durch den Ort, an einer größeren Verzweigung rechts. (Wer sich zu weit links hält, trifft etwa auf Höhe der Tankstelle wieder auf die Asphaltstraße. Das ist falsch.) Der richtige Weg passiert nach wenigen Minuten die *Doppelkirche Ágii Apóstoli/Agía Aikateriná* **6** noch innerhalb des Dorfes Kalóxylos. Bald danach verlässt man das Dorf auf einem

Betonweg, hält sich an einer Abzweigung geradeaus und lässt den *Dorffriedhof* rechts liegen. Wir treffen auf das alte *Waschhaus* des Dorfes **7**, das in Zeiten vor der Erfindung der Waschmaschine und der Elektrifizierung von den Frauen von Kalóxylos genutzt wurde.

Der Weg führt links am Waschhaus vorbei, durch eine kleine Siedlung weiter geradeaus Richtung Nordosten. Am Ende der Siedlung geradeaus (rote und blaue Punkte auf einer Mauer rechts) und an mehreren weiteren Einmündungen stets geradeaus (blaue Pfeile nach rechts ignorieren). Bald geht der Beton in einen Schotterfahrweg über und trifft auf einen *Bachlauf* mit üppigen Oleanderbüschen **8**. Hinter der Bachüberquerung hält man sich links am Hang hinauf. Nach der ersten Kurve folgt eine Abzweigung, an der wir die blauen Pfeile auf der Mauer links ignorieren und stattdessen weiter geradeaus den steileren Hang hinaufsteigen **9**. Nach wenigen Metern führt der breite Weg unter einer riesigen Kermeseiche hindurch. An der nächsten Abzweigung weiter geradeaus hangaufwärts links der Mauer entlang (roter Punkt). Der breite, felsige Weg steigt teils heftig an, gelegentlich markieren rote Punkte auf dem Boden und den Mauern seinen Verlauf. Nach einem größeren Felsblock auf dem Weg treffen wir auf einen Höhenzug und der Pfad wird wieder flacher. Rechts ins Tal bietet sich ein schöner Blick auf Olivenhaine und in die Berglandschaft. Sogleich öffnet sich auch links der Blick auf Moní oben am Hang. Davor ist das markante Steinhaus des Holzschnitzers zu sehen, nächstes Etappenziel. Bald treffen wir auf eine Betonstraße **10**, der wir nach rechts bergauf folgen. An der ersten Abzweigung links halten und dem Schild „Woodcarving" folgen. Kurz darauf erreichen wir das 1997 errichtete *Steinhaus* des Schreiners Michaíl Kontopídis **11**. Der Weg führt rechts am Grundstück vorbei und biegt 100 m danach rechts ab. Wir wandern geradeaus weiter in den abwärts führenden Hohlweg hinein (roter Pfeil an der Mauer rechts/**12**) und an einer Quelle vorbei. Nach einer kleinen Steigung rechts halten und weiter hinauf. Der Weg steigt steil an, teilweise über Treppenstufen, und führt bald parallel einer Wasserleitung ins Dorf *Moní* hinein. An der Dorfgasse angekommen links halten und an der *Kirche Agía Fotiní* vorbei **13**.

Der Weg durch Moní hindurch wird mittels roter Punkte an den Strommasten markiert und wir verlassen recht schnell wieder das Dorf auf abschüssigem Steinweg in westlicher Richtung. (Wer Wasser in Moní kaufen will, muss sich an der Gasse rechts halten. Dort liegt ein kleiner Laden an der Asphaltstraße.) Vorbei an einigen Stallungen taucht das nächste Etappenziel bald rechts im Blickfeld inmitten des Olivenhaines auf: die *Panagía Drosianí*. An der nächsten Abzweigung rechts halten und in wenigen Minuten ist die *Klosterkirche* erreicht **14**.

Panagía Drosianí → S. 182

Danach geht man hinunter zur Asphaltstraße, überquert diese und steigt direkt gegenüber in den abschüssigen Hohlweg ein, der mit einem roten Punkt (Mauer links) markiert ist **15**. Der Hohlweg führt abwärts vorbei an Olivenhainen und Steineichen und trifft danach auf ein trockenes Bachbett, in dem Oleander wächst. Ein roter Pfeil auf der Mauer zeigt die Richtung nach links an. Nach etwa 150 m zweigt links vom Bachbett ein kleiner Pfad an einer Mauer entlang ab, auf den wir einbiegen (roter Punkt am Boden/**16**). Wir treffen erneut auf einen Bachlauf, den

Blick auf das Bergdorf Moní am Rande der Tragéa-Hochebene

wir mit Hilfe roter Punkte geradeaus überqueren. Der schmale Pfad ist teils überwuchert, bleibt aber gut zu erkennen. Ein umzäunter Garten **17** bleibt rechts des Pfads liegen und wir treffen auf einen betonierten Weg (der zum Garten führt). Wir halten uns geradeaus und wandern über einige Treppenstufen **18** in einen hier beginnenden Hohlweg hinein, in dem wir uns sogleich links halten (roter Punkt auf der Mauer).

Nach etwa 300 m trifft der Pfad auf ein ausgetrocknetes Bachbett **19**. Wir durchqueren es und nehmen auf der anderen Seite den leicht schräg nach links verlaufenden Pfad, der durch einen Kermeseichenwald hindurch auf ein umzäuntes Gebäude trifft **20**. Links davon biegen wir in den hier beginnenden Feldweg ein. Nach etwa 200 m fällt der Blick auf die unverputzte dreischiffige *Bruchsteinbasilika Ágios Isídoros* am gegenüberliegenden Hang. Sie ist eine kunsthistorisch sehr wichtige frühchristliche Kirche aus dem 6.–7. Jh. Kurz darauf biegt der Weg nach links ab und wir treffen auf die (leider verschlossene) byzantinische *Kapelle Panagía Rachidiótissa* mit Fresken aus dem 14. Jh. und einem schönen Hof als Rastplatz **21**.

Der weitere Weg (zuerst wieder von der Kirche 30 m zurück auf den Hauptweg gehen) setzt sich nach links in den Hohlweg fort (roter Punkt auf der Mauer links/**22**), der nun hangabwärts verläuft. Nach wenigen Metern an der Abzweigung links halten (rote Punkte auf der Mauer). Nach rechts fällt der Blick wieder auf Ágios Isídoros. Es folgen weitere rot markierte Abzweigungen und der Weg führt in südlicher Richtung an Oliven- und Eichenhainen vorbei. Etwa 20 Min. nach der Kapelle Rachidiótissa erreicht man die ersten Häuser des *Ortes Rachí* **23** und sogleich seine zweischiffige *Dorfkirche Ágios Nikólaos* **24**.

Der Weg setzt sich nach links fort und wird durch das Dorf mit roten Punkten (auf Mauern und Strommasten) markiert. Wir passieren die *Kapelle Ágios Antónios* (linker Hand) und verlassen Rachí am südöstlichen Dorfausgang über eine Brücke (roter Punkt/**25**). Nach etwa 100 m auf der Betonstraße verlassen wir sie in einer Linkskurve geradeaus **26**. Dabei folgen wir dem kleinen Wegweiser („ΔΙΑΣΟΡΙ-ΤΙΣ") und dem roten Punkt auf der Mauer. In Kürze treffen wir auf einen gepflasterten Weg, folgen ihm zweimal nach rechts und erreichen dann die *Naturstein-kirche Ágios Geórgios Diasorítis* **27**.

Ágios Geórgios Diasorítis

Byzantinische Natursteinkirche aus dem 11. Jh. in einem Olivenhain, innen mit gut erhaltenen Fresken reich geschmückt. Auffällige griechische Inschrift über dem Bogengang im Hauptschiff. Die Spolien eines alten Tempels zeigen, dass der Ort schon in der Antike als heilig galt. Besichtigung Mo–Fr 10–14.30 Uhr.

Weiter nach Chalkí wandern wir wieder zurück auf den Pflasterweg und biegen an der ersten Möglichkeit rechts ab **28**. Der breite, von Mauern eingefasste Weg führt an zwei mächtigen *Zypressen* vorbei und teilt sich dann: rechts weiter in einen mit Steineichen überwachsenen Hohlweg hinein, der teils auf Sanduntergrund verläuft und bald in einen Feldweg durch einen Olivenhain übergeht **29**. 200 m weiter treffen wir auf die *Asphaltstraße Potamiá–Chalkí,* auf die wir nach links einbiegen **30**. Nach 200 m passieren wir das Ortseingangsschild von Chalkí und nach weiteren 150 m erreichen wir die *Platía* (mit einer Taverne), das Ende unserer Rundwanderung **31**. Busstopp nach Chóra an der Durchgangsstraße.

Wanderung 8: Berg Zas – Aufstieg von der Kapelle Agía Marína

Charakteristik: Einsame und steile Berglandschaft auf dem Dach der Kykladen. Hinauf auf über 1000 Höhenmeter, trotzdem eine der leichtesten Wanderungen auf Náxos. Die Ostroute auf den Zas ist ein gut markierter Weg und mit Sicherheit die beliebteste Inseltour. Im oberen Drittel oft sehr windig. **Wegstrecke:** Von der Kapelle Agía Marína hinter einer Bergzunge hinauf, über Geröllfelder und durch Phrygana auf den Gipfel. **Dauer und Länge:** Von der Kapelle bis zum Gipfel je nach Kondition ca. 1:30 bis 2 Std. für etwa 2,5 km. **Schwierigkeit und Ausrüstung:** Die Besteigung von Agía Marína aus ist problemlos zu bewältigen. Es gibt unterwegs keine Quellen, ungefähr 1,5 l Wasser pro Person sollten ausreichen. Vorsicht auf dem Gipfel: Der Wind bläst oft sehr stark und die Felswand fällt gut 300 m tief ab! **Zufahrt zur Kapelle Agía Marína:** Etliche Spitzkehren hinter Filóti zweigt die asphaltierte Stichstraße ins Dörfchen *Danakós* ab (beschildert). Wer mit dem Bus (Richtung Apíranthos) kommt, muss hier aussteigen. Agía Marína hat keine offizielle Haltestelle. Man muss den Busfahrer rechtzeitig bitten, dort anzuhalten (am besten schon in Filóti fragen). Von der „Haltestelle" an der Straße (nach Apíranthos) bis zur Kapelle Agía Marína sind es etwa 800 m die Straße nach Danakós aufwärts. Beim Aufstieg lässt sich eine große Serpentine der Straße mittels eines Eselspfads über den steilen Hang abkürzen. Der Aufstieg zum Gipfel des Zas beginnt dann direkt an der Kapelle Agía Marína. Dort befindet sich ein kleines Betonplateau mit einer Platane und Parkmöglichkeiten für ein paar Fahrzeuge.

Wegbeschreibung: Rechts neben der Kapelle Agía Marína (590 Höhenmeter/**1**) beginnt ein *Weg,* der in der Folge sporadisch mit kleinen, rot-weißen Metalltäfelchen („2") markiert ist. Nach ca. 75 m bleibt ein abzweigender Ziegenpfad rechts

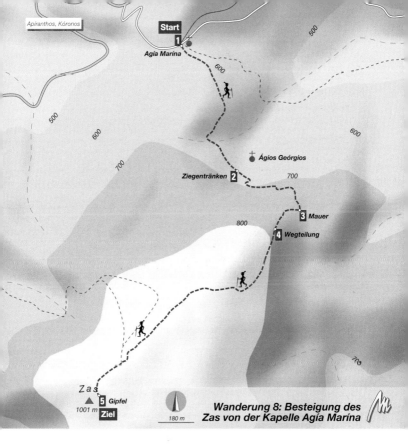

Wanderung 8: Besteigung des Zas von der Kapelle Agía Marína

liegen, bis man nach etwa 200 m ab der Kapelle zu *zwei Häusern* kommt. Der Hohlweg führt zwischen den Häusern hindurch. Weiter dem Hohlweg folgen, die roten und grünen Punkte auf dem Boden im Blick. Nach einem Gatter auf der linken Seite beginnt links ein Metallzaun. Den Hohlweg nicht verlassen. Ungefähr 400 m nach den Häusern trifft man erneut auf ein Ziegengatter.

Der weitere Weg ist nun eine Weile eingefasst von Steinmauern und Zäunen. Nach 20 Min. kommt man (rechts des Wegs) an zwei *Wassertrögen* für die Ziegen vorbei (670 Höhenmeter/**2**). Hier besser kein Wasser schöpfen, weil es von den Ziegen verschmutzt sein könnte. 15 m nach dem letzten Trog teilt sich der Weg an einer schwieriger erkennbaren Stelle: hier rechts weitergehen, der rote Pfeil auf einem Stein inmitten des Weges gibt die Richtung an. Nach weiteren 20 m liegt rechts eine kleine *Felshöhle*. Der Weg ist hier wieder gut erkennbar mit roten und grünen Punkten markiert. Allmählich werden die Bäume weniger und man wandert nur noch durch die Phrygana. Das nächste Teilstück umfasst mehrere Kehren und steigt nun etwas steiler in Serpentinen an.

Nach ca. 15 Min. ab den Trögen teilt sich der Weg erneut: rechts halten und dem roten Pfeil folgen. Die Wanderroute führt hier zwischen einem roten Punkt auf der linken Seite und einem Steinmännchen auf der rechten Seite hindurch. Viele rote

Fantastischer Blick vom Gipfel des höchsten Bergs der Kykladen

Punkte und grüne Pfeile markieren den hier etwas schwerer erkennbaren Weg. Ungefähr 100 m nach der letzten Gabelung kommt man an den Überresten von zwei ehemaligen *Kalkbrennöfen* vorbei (zuerst einer links, dann einer rechts des Weges). Die Gemäuer mit rund 4 m Durchmesser dienten auch schon als Futterlager für die Esel. In der rechten Ruine wächst ein einsamer, mächtiger Feigenbaum. Der Weg ist durch Punkte und Steinmännchen gut erkennbar. Etwa 100 m nach den Öfen trifft man auf 755 Höhenmetern auf eine gut 2 m hohe *Mauer:* Hier rechts bergauf gehen **3**.

Entlang der Mauer wird der Weg teilweise sehr eng. Nach dem Ende der Mauer wandert man nach ca. 30 m an einem Zaun entlang, dann folgt auf ca. 770 Höhenmetern erneut eine etwas schwerer zu erkennende Wegteilung, an der man rechts abbiegt **4**. Steinmännchen und rote Punkte markieren den nun schmalen Pfad. Nach weiteren 5 Min. folgen mehrere Weggabelungen: auch hier immer rechts halten (auf Punkte und Steinmännchen achten). Gut eine Viertelstunde nach dem Ende der Mauer muss man erneut rechts ein Stück durch ein etwas steileres *Geröllfeld* hinaufwandern. Von hier aus bietet sich ein herrlicher Blick auf die Makáres-Inselgruppe, Donoússa und Amorgós.

Nach dem Geröllfeld sind es nur noch ca. 20 Min. bis zum Gipfel. Nun hat man fast 850 Höhenmeter erreicht und die Phrygana wird immer spärlicher, der Berg nach oben hin immer flacher. Vor allem Steinmännchen markieren das obere Viertel des Weges. Den Gipfel ständig fest im Blick, ist auf Sicht laufen angesagt und auch problemlos machbar. In diesem Teilstück weht der Wind oftmals ziemlich heftig und man überwindet zügig die 850-, 900- und 950-m-Höhenlinie. Nach insgesamt gut anderthalb bis zwei Stunden Fußmarsch erreicht man den Gipfel des Zas. Kein Kreuz wie in den Alpen üblich, sondern ein quadratischer *Betonklotz* (trigonometrischer Messpunkt) markiert die höchste Stelle von Náxos und der gesamten Kykladen **5**. Von hier herrlicher Rundblick auf Náxos, im Sichtfeld außerdem Páros, die Kleinen Ostkykladen, Amorgós und bei klarem Wetter sogar Íos und Santoríni.

Der Abstieg vom Zas zurück nach Agía Marína ist in einer guten Stunde zu bewerkstelligen. Option von dort aus weiter nach Filóti zu wandern (→ Beschreibung Wanderung 11) oder nach 400 m auf der Straße den von Apíranthos kommenden Bus anzuhalten, der auch über Filóti nach Náxos-Stadt fährt.

Wanderung 9: Berg Zas – Aufstieg über die Zeus-Höhle und Abstieg zur Kapelle Agía Marína

Charakteristik: Alternativroute auf den Zas – eine der abwechslungsreichsten Wanderungen auf Náxos. Die sagenumwobene Zeus-Höhle befindet sich am Rande einer Schlucht, direkt unter der steilen Südwestwand. Einsame und steile Berglandschaft, außergewöhnliche Vegetation. **Wegstrecke**: Von Filóti zunächst Asphaltstraße. Aufstieg zur Höhle teils über einen befestigten Pfad, dann über loses Geröll auf der Westroute zum Gipfel. Abstieg über die deutlich leichtere und viel benutzte Ostroute zur Kapelle Agía Marína. **Dauer und Länge**: Vom Dorfzentrum in Filóti etwa 45 Min. zum Einstieg in den Wanderweg (2,6 km), dann in 30 Min. hinauf zur Höhle und In 1:30 Std. bis zum Gipfel. Abstieg nach Agía Marína in 1 bis 1:30 Std., insgesamt also ungefähr 4 Std. für etwa 6 km. Höhendifferenz von Filóti auf den Zas-Gipfel etwa 630 m. **Schwierigkeit und Ausrüstung**: Steiler, schweißtreibender Aufstieg auf den Zas. 2 l Wasser pro Person sollte man einkalkulieren, wobei die Quelle unterhalb der Höhle eine Auffüllmöglichkeit bietet. Der Weg ist stets gut erkennbar, in der Schlucht vor und nach der Höhle recht alpin, im oberen Drittel dann wieder einfacher. Vom Gipfel hinunter zur Kapelle Agía Marína deutlich leichter. Vorsicht auf dem Zas-Gipfel: Der Wind bläst oft sehr stark und die Felswand fällt gut 300 m tief ab!

Wegbeschreibung: Der Weg beginnt im Zentrum von Filóti **1**. Vom Dorfplatz mit seinen Kafenía und Tavernen folgen wir zunächst 1,3 km der asphaltierten Straße Richtung Apíranthos. In einer Linkskurve unterhalb einer markanten Kirche auf dem Felszahn zweigt eine ebenfalls asphaltierte Straße nach rechts ab. Ein blaues Schild mit der Aufschrift „Zas Cave" weist den Weg **2**. Diese Straße endet nach weiteren 1,3 km am Fuße der Steilwand, die die Westflanke des Zas prägt. Ein kleiner *Parkplatz* bietet Raum für eine Handvoll Autos und Zweiräder. Hier, auf ziemlich genau 500 Höhenmetern, beginnt der eigentliche Aufstieg.

Der nach Süden verlaufende, eingefasste Weg führt nach wenigen Metern zu einem Rastplatz mit zwei riesigen Platanen und einem Natursteingebäude, Tischen, Bänken und einer *Quelle*, an der man seine Wasservorräte auf jeden Fall auffüllen sollte **3**. Der steinige Weg führt gut erkennbar an der Mauer aufwärts. Gleich nach wenigen Metern an der ersten Abzweigung links bergauf halten. Der Pfad ist von einer Mauer (rechts) eingefasst und mit Natursteinen gepflastert. Links weiter den Hang hinauf rote Pfeile, gelegentlich auch blaue Punkte als Markierung. Fantastischer Blick auf die Südwand des Zas und die Ausläufer des größten kykladischen Bergmassivs. Der Weg ist zunächst mit Natursteinen gepflastert und geht dann in einen Eselspfad über. Je höher man steigt, desto näher fühlt man sich der einsamen Bergwelt, nur die Glocken der Ziegen unterbrechen die Stille. Unser Weg ist nun bis zur Höhle gut mit roten und blauen Punkten und Pfeilen markiert. Nach etwa 10 Min. ab dem Rastplatz erreicht man auf ca. 540 Höhenmetern einen *Grat*, der einen Blick in die Schlucht am Südhang mit ihren weißen Steinen (hoher Marmorgehalt) bietet. Darüber ragt majestätisch der Gipfel des Zas.

Der Weg hält sich an den östlichen Hang der Schlucht, bleibt gut markiert, wird aber nun deutlich steiler, unbefestigter und führt über lockeres Geröll. Vorsichtig wandern! Überall blinkt der hübsche Glimmerschiefer von Náxos in der Sonne. Der nächste Streckenabschnitt führt dann direkt durch das Tal jener Schlucht, an deren Kante man bisher hinaufstieg. Hier zeigt der Höhenmesser ca. 570 m an. Immer den Gipfel des Zas im Blick, wandert man weiterhin auf gut markiertem Weg. Hinter der nächsten Felsnase auf der linken Seite öffnet sich der Blick auf die Höhle des Zeus. Etwa 30 m unterhalb des Höhleneingangs wurde der Bachlauf zu einem *Brunnen* eingefasst, dessen kühles, wohlschmeckendes Wasser das ganze Jahr über sprudelt. Dies ist die letzte Möglichkeit zum Wasserauffüllen.

Die Höhle ◪ selbst ist entgegen vieler anderslautender Berichte offen, ein paar Meter hineinzugehen ist kein Problem. Doch Vorsicht, durch die hohe Feuchtigkeit ist der Boden extrem rutschig.

Zeus-Höhle (Spílion Ariá)

Die Höhle des Zeus liegt auf etwa 630 m Höhe am Westhang des Zas, der hier mehrere hundert Meter steil nach unten abfällt. In älteren Beschreibungen nannte man sie auch Grotte des Jupiter. Ähnlich wie die Idéon-Ándron-Höhle auf Kreta erhebt sie den mythologischen Anspruch, dass der mächtige Zeus darin aufgewachsen sein soll.

Der Höhleneingang wurde vor Jahren zugemauert und mit einer Tür versehen, später jedoch aufgebrochen, dabei wurde die Tür wieder entfernt. Die 1962 erstmals wissenschaftlich erkundete Höhle ist heute also frei zugänglich. Sie besteht aus zwei Kammern und zieht sich ca. 150 m tief in den Berg. Die erste Kammer ist etwa 35 m lang und 10 m breit sowie bis zu 5 m hoch. Die folgende zweite Kammer zweigt Richtung Osten ab und ist rund 78 m lang sowie 65 m breit, bei einer maximalen Höhe von 22 m. Weil der Marmorberg wasserdurchlässig ist, haben sich an einigen Stellen kleine Tropfsteine gebildet. Früher soll im ersten Raum der Höhle das Kirchenfest der Panagía (15. August) gefeiert worden sein. Von dem Altar, der im 19. Jh. hier stand, ist jedoch nichts mehr erhalten. Allerdings ist die Decke von den vielen Kerzen stark geschwärzt.

Bei der archäologischen Untersuchung der Höhle in den Jahren 1985, 1986 und 1994 wurden Fundstücke bis zurück in die Jungsteinzeit entdeckt. Weitere Funde werden in die Bronzezeit und von der archaischen bis zur römischen Antike datiert: Keramiken, Obsidian- und Bronzewerkzeuge, Tierknochen sowie ein kleines Goldplättchen (nach der Goldziege von Akrotíri auf Santoríni das zweitälteste Fundstück aus Gold in Griechenland). In der Zas-Höhle lebt eine auf Náxos endemische Langfühler-Höhlenschrecken-Art (*Dolichopoda Naxia*). Die Tiere sind etwa so groß wie Feldheuschrecken, hellgelb bis braun und besitzen sehr lange Beine. Sie ernähren sich unter anderem von Ziegenmist.

Vorsicht: Der glitschige, feuchtwarme Höhlenraum ist übersät mit viel Geröll und Felsbrocken. Das mühsame Gelände erfordert eine starke Taschenlampe, um Stolpern und Verletzungen zu vermeiden. Wer die Höhle ein Stück weit erkunden will, sollte aus Sicherheitsgründen keinesfalls alleine gehen. Außerdem sind keinerlei Markierungen vorhanden. Wer tiefer hineingehen will, sollte gut ausgerüstet und im Höhlenklettern erfahren sein.

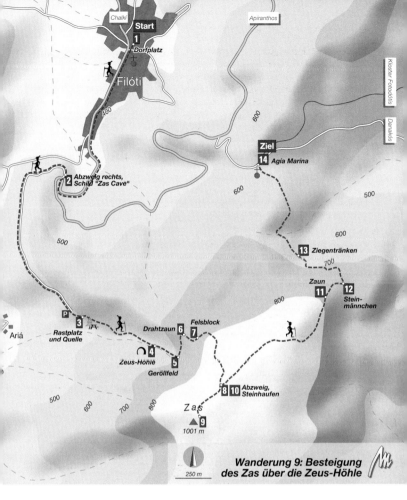

Von der Höhle auf etwa 610 Höhenmetern führt der Pfad nun weiter durch den oberen Teil der Schlucht aufwärts, geradewegs auf die Steilwand des Zas zu. Die Markierungen werden nun spärlicher, die roten und blauen Pfeile durch Steinmännchen ersetzt. Nach der Höhle wird der Weg durch die Schlucht zudem deutlich steiler und anstrengender. Je weiter hinauf, desto enger zeigt sich die Schlucht und ca. 10 Min. ab der Höhle überwindet man die 650-Höhenmeter-Linie.

Am oberen Ende der Schlucht beginnt ein steiles *Geröllfeld* **5**, vor dem unser Weg nach links abbiegt und in östlicher Richtung unterhalb eines kleinen *Grates* verläuft. Hier (nicht ganz leicht zu finden) beginnt nun die Nordumgehung der Steilwand und nur noch Steinmännchen markieren den Wegverlauf, der bald 700 Höhenmeter erreicht. Über glatte Felsplatten geht es weiter hinauf. Bald wird ein *Drahtzaun* mit einer Mauer dahinter sichtbar. Vor dem Zaun wendet sich der Weg nach rechts (keine Markierungen/**6**), bergauf Richtung Gipfel orientieren und zunächst weiter am Zaun entlang.

Zwischen dem Zaun und einem markanten *Felsblock* (**7**/780 Höhenmeter) wird es ziemlich eng und steil. Nach ein paar Metern durch dichtere Phrygana verlässt man den Zaun nach rechts: Steinmännchen markieren die Abzweigung, bald folgen auch wieder rote Pfeile. Nun erreicht der Weg einen Abschnitt, der einfach und relativ langweilig über den steilen, felsigen Hang stets weiter bergauf führt. Nur größere und kleinere Steinmännchen markieren den Weg, der über zahlreiche kleinere Grate verläuft und relativ zügig die 800-, 850- und 900-m-Höhenlinien überschreitet.

Über ein kleines Plateau mit viel Phrygana und wenig Geröll geht es geradewegs weiter hinauf. Die Gesteinsschichten wechseln häufig zwischen quer und senkrecht, Andenken aus der Entstehungszeit der Kykladen (→ Geologie, S. 20). Etwa in diesem Gebiet – auf 945 Höhenmetern – trifft die Route auf den Aufstiegsweg von der Kapelle *Agía Marína* (**8** → Wanderung 8, S. 250).

Den Zas-Gipfel markiert ein trigonometrischer Punkt in einer Betonsäule

Der Weg wird nun unmittelbar vor dem Gipfel etwas flacher, rote Punkte und Steinmännchen führen hinauf, bevor man den quadratischen Betonblock erkennt, der den *Gipfel des Zas* auf 1001 Höhenmetern angibt **9**.

Der Abstieg folgt zunächst auf demselben Weg wieder retour, die Steinmännchen sind auf den Geröllfeldern allerdings von oben etwas schwerer zu erkennen. Bei 945 Höhenmetern trifft man auf einen über 1,50 m hohen Steinhaufen **10**. Hier teilt sich der Weg: Scharf links halten (westliche Richtung) sollte sich, wer wieder zurück zur Höhle will, doch unser Weg führt nach rechts weiter entlang der Steinmännchen. Bei ca. 900 Höhenmetern beginnt ein relativ flaches Geröllfeld, das auf eine Bergzunge hinausläuft, vor deren Beginn man sich aber deutlich rechts, d. h. östlich halten muss. Am unteren Ende des nun folgenden Geröllfeldes zeigen sich wieder erste Farbmarkierungen mit roten und grünen Punkten (830 Höhenmeter).

Der steinige Pfad führt nun weiter stetig abwärts in nördlicher Richtung, teils sogar parallel zum Hang. Rechts der wunderbare Blick auf die Mákares-Inseln und Donoússa sowie dahinter auf den Nordteil von Amorgós. Auf 790 Höhenmetern trifft man auf einen *Zaun* **11**. Hier links halten, vor dem Zaun entlanggehen auf die *Mauer* zu und nun weiter abwärts an der Mauer entlang. Etwa 150 m nach Beginn der Ziegenmauer, verlässt man sie linker Hand (Steinmännchen zeigen die richtige Stelle auf 755 Höhenmetern/**12**). Nach ca. 30 m erkennt man rechts und links des Pfades die Überreste zweier *Kalkbrennöfen*. Direkt danach fällt ein Gesteinswechsel ins Auge, der Marmor des Zas-Massivs zeigt sich hier fast gänzlich weiß.

Über glatt gescheuerte Gesteinsplatten verläuft der Pfad gut erkennbar in Serpentinen abwärts. Wenige Minuten später erreicht man *Ziegentränken* links des Weges (670 Höhenmeter/**13**). Besser hier kein Wasser schöpfen, weil es von den Ziegen

verschmutzt sein könnte. Bald wird der Weg fast völlig eben, führt durch ein Ziegengatter und zwischen zwei bewohnten Häusern hindurch abwärts. Der Pfad endet nach einigen Metern als Hohlweg an der Kapelle Agía Marína und einer großen
Platane auf 590 Höhenmetern **🆔**. Nach Filóti zurück sind es von hier aus knapp
drei Straßenkilometer, doch bereits nach 800 m trifft man auf die von Apíranthos
kommende Straße, an der man den Bus anhalten kann (Alternative: Abstieg nach
Filóti, Wanderung 11).

Wanderung 10: Rundwanderung von der Kapelle Agía Marína über das Kloster Fotodótis nach Danakós und zurück zur Kapelle Agía Marína

Charakteristik: Schöne Rundwanderung mit Besichtigungsmöglichkeit des einsamen Klosters Fotodótis. Der Wegabschnitt vom Kloster hinunter in das hübsche
Dorf Danakós zählt zu den schönsten Pfaden der Insel: ein vor Jahrhunderten
mühsam angelegter Treppenweg aus Zas-Marmor. Der Aufstieg von Danakós
nach Agía Marína ist deutlich mühsamer und auch schwerer zu finden. **Wegstrecke**: Breiter Fahrweg bis zum Kloster Fotodótis. Dann auf altem, marmorgepflas-
tertem Eselspfad bergab nach Danakós. Von dem Bergdorf auf teils schmalem
Pfad durch die dicht bewachsene Schlucht hinauf zur Kapelle Agía Marína. **Dauer
und Länge**: Abstieg über das Kloster Fotodótis nach Danakós etwa 1 Std.; Aufstieg von Danakós zurück zur Kapelle Agía Marína gut 1:30 Std.; Länge knapp 5 km.
Schwierigkeit und Ausrüstung: Problemlose Wegführung bis Danakós. Aufstieg
nach Agía Marína nicht ganz einfach, trotz der nur etwa 200 m Höhendifferenz.
Verpflegungsmöglichkeit bzw. Taverne in Danakós, also sollte 1 l Wasser pro Person ausreichen.

Wegbeschreibung: Der Weg startet an der *Kapelle Agía Marína* (590 Höhenme-
ter/**🆔**), knapp 3,5 Straßenkilometer von Filóti Richtung Danakós. Von dem schönen Platz vor der Kapelle aus überquert man die Straße und steigt auf der gegenüberliegenden Seite in die nordnordostwärts verlaufende, breite Erdpiste ein, die
mit „Moní Fotodóti" ausgeschildert ist. Leicht ansteigend geht es stets links oberhalb der Straße entlang, während der Blick zurück auf den Zas und seine fast kahlen Nordhänge reicht. Bald ist der breite Schotterweg von Ziegenzäunen rechts
und links eingefasst und es geht weiter gemächlich bergauf. Es folgen ein paar
leichte Kurven.

Die Schotterpiste entfernt sich jetzt deutlicher von der Straße und führt an einem
mit Bäumen und Sträuchern bewachsenen Hang entlang leicht bergauf mit freiem
Rundblick. Nach weiteren Kurven kreuzt man an einem vereinzelt stehenden Baum
eine Stromleitung, bevor sich der herrliche Blick auf das *Kloster Fotodótis* öffnet
(zur Besichtigung → S. 164). Majestätisch liegt der Pýrgos auf einem kleinen Plateau inmitten der rauen Berglandschaft. Der Weg führt hangabwärts vorbei an einem Weinfeld direkt auf das Kloster zu. Interessant in diesem Teil der Wanderung
ist das Gestein: Glimmerschiefer und bunte Marmore wechseln sich ab. (Etwa 50 m
vor dem Klostereingang zweigt ein schmaler Pfad oberhalb eines bewirtschafteten
Gartens nach links, d. h. Norden ab. Dieser Pfad führt über die nächste Hügelkette
nach Apíranthos → Wanderung 11 in umgekehrter Richtung).

Auf der Südseite des Klosters **🆔** setzt sich unsere Wanderung nach Danakós fort.
Ein uralter Stufenweg, teilweise von Mauern eingefasst, führt in marmorgepflasterten Serpentinen bergab. Dieser wunderschöne Eselspfad, einer der schönsten

dieser Art auf Náxos, wird, seitdem es die Straße gibt, kaum mehr genutzt und ist teilweise mit Phrygana überwuchert. Überall klingen die Ziegenglocken in der ansonsten wilden Einsamkeit dieser Region. Bunte Blumen blühen im Frühjahr am Wegesrand, Glimmerschiefer glänzt am Boden und bald passiert man ein neu aus Bruchstein errichtetes Haus rechts des Weges. Jetzt öffnet sich auch der Blick von oben hinunter auf den ruhigen Bauernort Danakós.

Der Weg nimmt nun eine abrupte Linkskurve, bevor ein hölzernes Ziegengatter folgt und es weiter auf gepflastertem Serpentinenpfad abwärts geht. Man nähert sich immer mehr dem Dorf und nach einigen Spitzkehren lässt sich zwischen den Bergen hindurch die Náxos vorgelagerte Inselgruppe Mákares erkennen. Ein Stück weiter auf dem herrlichen Marmorweg kreuzt man erneut die Stromleitung. Kurz vor dem Ort geht der helle Zas-Marmor plötzlich in dunkleren Glimmerschiefer über und einige Minuten später mündet der Pfad in die Asphaltstraße, die von Agía Marína herunterführt. Weiter auf der Straße ist Danakós in Kürze erreicht, wobei sich an der nächsten Kurve eine Serpentine abkürzen lässt.

Vom *Buswendeplatz* am oberen Ortseingang (hier liegt die Taverne Flórakas) führt eine Treppe hinunter in den alten Kern. Dort spielen die Kinder auf der kleinen *Platía*, während die Alten im Kafeníon gegenüber sitzen. Am Südwestende des Platzes führt eine Gasse südwestwärts zu der ganz unten im Dorf liegenden *Kirche Zoodóchos Pigí*, die aber leider nur zu den Gottesdiensten geöffnet ist. Unterhalb der Kirche liegt wohl eines der lauschigsten Plätzchen der Insel **3**: Hier steht eine uralte Platane, sicherlich eine der größten von Náxos, drum herum gruppieren sich Sitzbänke und Treppen. Eine üppige Quelle, deren Wasser in zwei Rinnen vorbeigeführt wird, entspringt unweit. Herrlichste Ruhe, die nur von Vogelgezwitscher und von einem kleinen, rauschenden Wasserfall unterbrochen wird.

Am Ostende des Platanenplatzes steigen Treppen an, hier beginnt auf ca. 400 Höhenmetern der Aufstieg zurück nach Agía Marína. Sogleich nehmen die Stufen eine Rechtskurve und führen weiter aufwärts in südlicher Richtung. Bald gelangt man auf eine breite Sandpiste, die – würde man ihr folgen – auf die asphaltierte Straße zurückführt. Nach einem kurzen Stück auf der Sandpiste zieht sich unser schmaler Weg jedoch links am Hang hinauf (auf die Mauer links achten). Etwa nach 50 m links an der Mauer **4** hinauf, zuerst über ein paar Stufen, dann auf einem breiten Pfad unter einem großen Baum hindurch. Bald teilt sich der Pfad: beide Optionen treffen bald mit dem geradeaus führenden Schotterweg wieder zusammen. Wir folgen dem Schotterweg, der links den Hügel hinaufführt, und lassen die rechts abwärts führende Piste außer Acht. Der befahrbar breite Schotterweg führt nun stetig bergauf und hält sich links oberhalb des Flusstals. Nach gut 10 Min. endet dieser Stichweg und wir wandern nach rechts zwischen zwei Mauern hindurch und treffen nach etwa 20 m auf ein hohes Ziegengatter **5**, durch das wir in den Wald gelangen. Der Pfad führt über einen Holzsteg und unterhalb eines ummauerten Ölbaumfeldes entlang.

Nach dem Feld leicht links den Hang hinauf und auf dem gut erkennbaren Weg bleiben. Der Pfad wird enger und schlängelt sich den Hügel hinauf, weit oberhalb des Flusstals. Bald folgt ein weiteres Gatter und wenige Meter danach zweigt am Ende eines bewaldeten Wegabschnitts ein schmaler Pfad nach links bergauf ab, auf den wir einbiegen (das Gatter mit der Beschriftung rechts liegen lassen/**6**).

Wenige Meter weiter befindet sich ein roter Punkt auf einem Stein am Boden. Es folgt eine weitere Abzweigung mit Ziegengatter, durch das wir nach rechts wan-

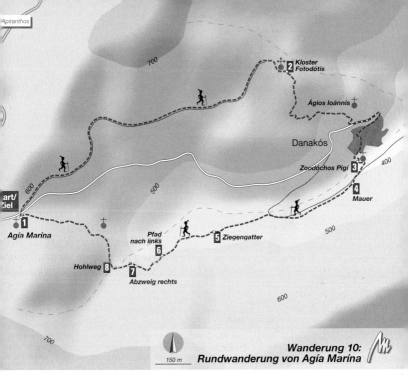

Wanderung 10:
Rundwanderung von Agía Marína

150 m

dern. Der Weg ist hier stark von Ginsterbüschen überwuchert. Nach etwa 5 Min. folgt erneut eine Abzweigung nach rechts bergab **7**: wir folgen dieser und erkennen sogleich einen roten Punkt auf einem Stein am Boden. Kurz darauf trifft man auf eine quer zum Weg verlaufende Mauer: durch eine mit rotem Punkt markierten Bresche gehen wir hindurch. Nun wird der Weg wieder breiter und leichter erkennbar. Vor einer weiteren Mauer rechts halten (roter Punkt am Boden).

Es folgt eine Flussbettüberquerung unter dichtem Baumbewuchs hindurch bergauf in einen Hohlweg hinein **8**. Zwischen Mauern hindurch oder an Mauern entlang wandern wir diesen Hohlweg stetig bergauf. Rechts am Hang fällt der Blick auf eine hübsch geweißelte Kapelle. Der Hohlweg führt durch Wald und entlang ehemals landwirtschaftlich genutzter Flächen weiter hangaufwärts. Nach einer guten Viertelstunde treffen wir dann auf unseren Ausgangspunkt, das Plateau mit der Kapelle Agía Marína **9**.

Wanderung 11:
Von Apíranthos über das Kloster Fotodótis zur Kapelle Agía Marína und weiter nach Filóti

Charakteristik: Gemütliche, wenn auch ein kurzes Stück über wegloses Gebiet führende Wanderung. Vorbei an zwei Kapellen, zwei Kirchen und einem fantastisch in der einsamen Bergwelt liegenden Kloster. Gute Besichtigungsmöglichkeiten, abwechslungsreicher Weg. **Wegstrecke**: Von Apíranthos über Landwirtschaftswege, Eselspfade und durch einsame Berglandschaft zum Kloster Fotodótis. Danach wieder Fahrweg, Straße und ein alter Eselspfad hinunter nach Filóti. **Dauer und Länge:** Etwa 3:30 bis 4 Std. für knapp 7 km. Besichtigungszeit für Kirchen einplanen. **Schwierigkeit und Ausrüstung:** Problemlos zu erkennender Weg bis zur Kirche Ágios Geórgios. Dann durch fast wegloses Gestrüpp den Sattel hinauf. Danach wieder leichterer Weg zum Kloster Fotodótis und weiter zur Kapelle Agía Marína. Hinunter nach Filóti über Straße und Eselspfad, leicht zu finden. Unterwegs keine Verpflegungsmöglichkeit, daher etwa 2 l Wasser pro Person mitnehmen.

Wegbeschreibung: Der Wanderweg startet im unteren Ortsteil von Apíranthos. Dazu geht man zunächst exakt 850 m von der Bushaltestelle **1** bzw. dem Parkplatz auf der Straße bergab Richtung Filóti. Der Einstieg in den eigentlichen Wanderweg wird durch ein großes braunes Schild markiert, das den Weg zu den Kirchen „Ag. Geórgios" und „Ag. Pachómios" weist **2**. Wir folgen dem Schild in einen Betonweg, der südlich bergab von der Asphaltstraße auf 560 Höhenmetern abzweigt. Rechts auf dem Mauerwerk finden sich rote Pfeile und Punkte. Vorbei an neuen Häusern geht es zwischen Mauern und Zäunen entlang bergab auf Beton- und Sandweg.

Nach etwa 5 Min. passieren wir die kleine, unscheinbare, 1987 geweihte Einraumkapelle Ágios Vassílios mit einer hölzernen Ikonostase links des Weges **3**. Der betonierte Weg führt weiter bergab, entlang an einigen Mauern und eingezäunten Grundstücken. Bald biegt der Betonweg nach links ab (und führt auf die Doppelkirche Agía Paraskeví und Taxiárchis auf einem Grat zu): Hier verlassen wir den Betonweg nach rechts und folgen erneut dem großen braunen Schild **4**. Nach wenigen Metern bergab liegt rechts die gut zu erkennende Bruchsteinkirche Ágios Pachómios, Zugang über einen schmalen Pfad durch das Feld **5**. Die byzantinische Einraumkirche besitzt eine hölzerne Ikonostase, dahinter in der Apsis einen Altar aus Zas-Marmor. Die Namensikone (ganz rechts) ist fast völlig verblasst, der heilige Pachómios kaum noch erkennbar. Die Wand- und Kuppelfresken aus dem 13. Jh. sind teilweise noch gut zu erkennen.

Unsere Wanderung verläuft wie bisher auf schmalem Pfad zwischen Mauern den Hügel hinab. Hübsch glänzt der silbrige Glimmerschiefer am Boden in der Sonne. Im Frühjahr blühen in diesem wasserreichen Gebiet überall wilde Blumen, Ziegenglocken klingen von den Bergen. Der Hohlweg ist zum Teil völlig überwachsen und führt auf einen Bach zu. Am Bachlauf **6** angekommen links halten und der Fließrichtung folgen, an der teils erneuerten Mauer entlang. Nach etwa 50 m folgt ein Gatter aus Metall, von rechts kommt ein weiterer Bachlauf, der in den ersten mündet.

Auf der linken Seite (östlich) befinden sich *Wasserspeicher* für Ziegen und Schafe **7**, unser Weg verläuft jedoch rechter Hand (Südwesten) weiter. Ein roter Punkt auf der gegenüberliegenden Mauer weist bachaufwärts gegen die Fließrichtung. Rechts am Ufer ein kleiner Garten mit Weinreben. Nach etwa 40 bis 50 m verlässt man den Bachlauf nach links den Hang hinauf. Ein gut erkennbarer roter Punkt und ein Pfeil auf der Mauer zeigen den Weg zwischen einer Mauer und einem Zaun entlang bergauf in südlicher Richtung. Der Pfad führt durch eine tief eingeschnittene, kleine Schlucht, dann über ein Feld an einem einsam stehenden, knorrigen Olivenbaum vorbei und trifft dann auf die Kirche *Ágios Geórgios* auf einem kleinen Plateau **8**.

Ein schmaler Trampelpfad führt durch ein Metallgitter zur kleinen Einraumkirche mit weißer Ikonostase aus Stein. Interessanter als die magere Ausstattung der Kirche ist der fantastische Blick zurück auf das malerisch in den Bergen gelegene Apíranthos. Oft ist der 883 m hohe Gipfel des Fanári (links des Ortes) in Wolken gehüllt. Wunderschön liegt auch die Bruchsteinkirche Ágios Pachómios im Sichtfeld.

Wanderung 11: Von Apíranthos zur Kapelle Agía Marína

Der Kirchenvorplatz von Ágios Geórgios bietet (auf 520 Höhenmetern) eine ideale Stelle für eine Ruhepause.

An dem Gatter vor der Kirche verläuft der Weg dann links den Hang hinauf, links an einem kleinen Eichenwäldchen vorbei. Leider sind hier keine Markierungen vorhanden und der Pfad wird deutlich beschwerlicher. Es geht zum Teil recht steil in südlicher Richtung hinauf auf den *Sattel* zwischen den beiden Hügeln zu. Der hohe Berg mit dem weithin sichtbaren, rot-weißen Mobilfunk-Antennenturm bleibt stets rechts im Blickfeld und wir wandern auf den Sattel links davon zu. In der Folge sind hier einige Terrassen mit halbhohen Ziegenmauern zu durchqueren, in die teils Breschen geschlagen sind. Vorsichtig wandern! Angelegt wurden auch Ziegenzäune mit Gattern in unregelmäßigen Abständen. Auf der dritten Terrasse folgt ein gut erkennbarer Pfad in südwestlicher Richtung, der auf einen *Ziegenbauernhof* rechts des Hanges zuläuft.

Direkt vorbei am Ziegenbauernhof hält man sich in südlicher Richtung, links an einer Mauer entlang. Hier finden sich auch wieder vereinzelte rote Punkte, ziemlich weit unten auf den Bruchsteinen der Mauern. Der schmale und hier schwerer auszumachende Pfad verläuft über Terrassen und durch ziemlich dichte Phrygana. Überall klingen die Glocken der Ziegenherden. Am Ende der Terrassen teilt sich der Weg auf etwa 550 Höhenmetern: Man wählt den steinigen Pfad zwischen den Bruchsteinmauern hinauf. Nun verliert sich der Weg einige Meter vollständig, d. h. man ist auf den eigenen Orientierungssinn angewiesen. Es ist jedoch völlig problemlos, mit Apíranthos stets im Rücken auf schmalen Ziegenpfaden hinauf zum Sattel zu wandern. Oben verläuft nämlich ein breiter Weg quer, auf den man in jedem Fall trifft. Insofern spielt es keine Rolle, ob man ein paar Meter weiter rechts oder links den Sattel erklimmt. Suchen Sie sich den einfachsten Weg hinauf. Auf jeden Fall muss man jedoch den Berg mit dem Mobilfunk-Antennenturm rechts (d. h. westlich) liegen lassen.

Der *Übergang über den Sattel* erfolgt an der niedrigsten Stelle auf ca. 640 Höhenmetern **9**. Hier befinden sich überall Metalldrahtzäune wegen der Ziegen. Durch das Gatter hindurch und auf der anderen Seite beginnt der Abstieg hinunter zum *Kloster Fotodótis* zwischen zwei Mauern und durch ein Ziegengatter aus Metall (rote Punkte auf der Mauer). Wenige Schritte weiter sieht man den Pýrgos schon von der Kante des Sattels wunderschön auf einem Plateau im Tal liegen. Toller Blick auf die vorgelagerten Inseln Donoússa und Amorgós. Der schmale, teils überwucherte Pfad verläuft an Gärten vorbei bergab und stößt dann auf die Zufahrtspiste direkt am Klostereingang (→ S. 164/**10**).

Die weitere Wanderung verläuft rechts steil den breiten, geschotterten Weg hinauf. Immer geradeaus auf dieser Schotterpiste, die fast parallel zum Hang verläuft, trifft man nach gut 20 Min. ab dem Kloster auf die *Kapelle Agía Marína* **11** an der Straße nach Danakós. Die kleine Einraumkapelle am Fuß des Zas zeigt eine Ikonostase aus weißem Zas-Marmor.

Von der Kapelle wandern wir nun auf der Asphaltstraße in westlicher Richtung bergab (östlich gelangt man nach Danakós). Ein Gebäude bleibt links liegen. Nach etwa 250 m verlassen wir in einer Rechtskurve die Asphaltstraße geradeaus. Hier beginnt ein den Hügel hinunter führender *Ziegenpfad,* der die Serpentine der Straße abkürzt (roter Punkt markiert den Einstieg/**12**). In gut 10 Min. trifft man auf die Asphaltstraße Filóti–Apíranthos **13**, auf der wir etwa 50 m nach links hangabwärts Richtung Filóti gehen. Nun zweigt ein schmaler Pfad nach rechts in spitzem Winkel von der Straße ab **14**. Der Pfad ist teils in Treppen angelegt, führt über Fels und Sand gut erkennbar hangabwärts und teils als Hohlweg zwischen Mauern hindurch.

Nach gut 10 Min. trifft man auf einen betonierten *Parkplatz* am oberen Ortsrand von Filóti. Man überquert den Parkplatz **15** geradeaus in Richtung Nordwesten, wandert auf den *Treppenstufen* am Haus weiter und erreicht in wenigen Schritten den Dorfrand. Die Treppen führen nun labyrinthisch hinunter (nordwestlich halten) auf die Dorfdurchgangsstraße bzw. auf die Platía zu, wo unsere Wanderung endet **16**. Hier gibt es Tavernen und hier hält der Bus zurück nach Náxos-Stadt oder Apíranthos.

Wanderung 12: Von Apíranthos nach Moutsoúna

Charakteristik: Schöne Langstreckenwanderung von einem Bergort über die Westküstenhänge hinunter ans Meer. Unterwegs keine Zivilisation, sehr ruhig, oft sind nur Ziegenglocken zu hören. Vorbei an zwei byzantinischen Kirchen, einer Umlenkstation der Schmirgelverladebahn und durch ein zur Küste führendes Tal.
Wegstrecke: Abgesehen von wenigen und sehr kurzen Anstiegen geht es prak-

tisch nur bergab. Hauptsächlich über alte Eselspfade und Marmorsteinplatten, gegen Ende über Feldwege. **Dauer und Länge:** Die Tour ist mit 12,9 km die längste Streckenwanderung in diesem Buch. Reine Wanderzeit rund 4 bis 4:30 Stunden. Hinzu kommen Pausen Besichtigungszeiten für die beiden Kirchen. **Schwierigkeit und Ausrüstung:** Der Weg ist recht einfach und leicht zu finden, doch sollte man die lange Distanz nicht unterschätzen. Wir empfehlen Bergwanderschuhe, doch auch gute Turnschuhe reichen aus, da das Gelände einfach ist. Etwa auf halber Strecke bietet sich die Möglichkeit, an einer Quelle die Wasserflasche zu füllen. Unterwegs keine Einkaufsmöglichkeit für Proviant. Am Endpunkt der Wanderung liegen zwei Tavernen.

Wegbeschreibung: Der Weg startet direkt an der Volksschule, neben der großen *Dorfkirche von Apíranthos Kímissi tis Theotókou*, an der Durchgangsstraße. Zwischen Durchgangsstraße und der marmorgepflasterten Gasse ins Dorf führt eine *breite Treppe* hinunter durch eine *Unterführung* der Straße **1** Richtung Norden. Wir befinden uns hier auf einer Höhe von 608 m. Ein Wegweiser weist zur Kirche Agía Kyriakí. Wir folgen diesem Weg über die Stufen abwärts und durch die Unterführung hindurch. Dahinter fällt auf die Windräder auf dem Berggrat in Richtung Kóronos. Der mit Marmorsteinen gestufte Weg führt abwärts in Nordrichtung. Bald bleibt ein Wohnhaus links liegen, die Marmorstufen enden und es beginnt ein Wanderpfad, der weiter bergab führt. Teils führt der von einer Mauer eingefasste *Hohlweg* unter Steineichen hindurch.

Wir durchqueren ein Ziegengatter, und ein Abzweig nach rechts bleibt unbeachtet. Unser Weg führt weiter hangabwärts an der Mauer entlang. Von den gegenüberliegenden Hängen im Tal klingen Ziegenglocken. Nach einer guten Viertelstunde teilt sich der Pfad an einem *Holzwegweiser.* Wir halten uns rechts –die nach links stark abwärts führende Abzweigung bleibt außer acht. Der Weg führt über ein paar Steinplatten und biegt dann nach rechts zwischen zwei Mauern hindurch ab. Nach 50 m zeigt ein *hölzerner Wegweiser* zur byzantinischen Kirche Theológos nach rechts **2**.

Kurzer Abstecher zur Kirche: Wir steigen in den schmalen Pfad ein, der zwischen zwei Mauern hindurch hangaufwärts führt. Über felsigen Untergrund sehen wir nach knapp 5 Minuten den imposanten Natursteinbau der Kirche Theológos links hinter dem Wald auf einer Lichtung. Um zur Kirche zu gelangen, folgen wir dem Pfad noch rund 30 m bergauf und biegen dann durch das offene *Eisentor* nach links ein. Nun wieder ein paar Meter hangabwärts an der Mauer entlang, erreicht man Theológos rechter Hand.

Byzantinische Kirche Theológos 3: Imposanter dreischiffiger Bruchsteinbau aus dem 13. Jh. mit beeindruckenden Tonnengewölben. Hohes und breites Mittelschiff, zwei schmalere, tiefere Seitenschiffe. Auf beiden Seiten gibt es drei Bogendurchgänge. In allen drei Schiffen finden sich Freskenreste in der Apsis sowie teils am vorderen Gewölbe des Mittelschiffs und in den vorderen Bogendurchgängen zu den Seitenschiffen. Es gibt keine Ikonen. Zwei große Marmorplatten am Durchgang zur Apsis bildeten wahrscheinlich früher die Ikonostase. Der Boden besteht aus Sand und Steinplatten.

Über den gleichen Pfad gelangen wir wieder *zurück zum Hauptweg.* Auf dem Hauptweg geht es nach rechts weiter zwischen Mauern hindurch. Nach einigen Steinstufen an einem Haus bleibt eine Abzweigung links liegen und wir folgen dem

Hohlweg hangabwärts. Nun verlassen wir den dichteren Wald an einem Wegabschnitt auf Steinplatten in Nordrichtung. Nach einem eisernen *Ziegengatter* öffnet sich der weite Blick auf das gesamte Tal **4**. Rechts am Hang ist der weitere Wanderweg zu erkennen, der in der Folge abwechslungsreich bleibt: Marmorplatten, Marmorstufen, Sandboden, Wald und tolle Blicke ins Tal.

Bald durchqueren wir ein von Steinen kreisförmig umgebenes kleines Plateau **5**: dies ist ein alter *Dreschplatz* an exponierter Lage mit viel Wind. Wer gute Augen hat, kann bereits auf dem Hügel leicht links das nächste Etappenziel erkennen: die Kirche Agía Kyriakí. Weiter auf dem Weg überqueren wir das sommertrockene Flusstal über eine *Betonbrücke* **6** auf 404 Höhenmetern. Es beginnt hier ein schöner, auf Steinplatten angelegter Weg, der zunächst wieder leicht ansteigt. Die Kirche Agía Kyriakí rechts auf dem Hügel rückt näher und nach rund einer Stunde reiner Gehzeit erreichen wir eine Pforte links in der Mauer **7**: Unser weiterer Weg verläuft später durch diese Pforte hindurch, doch zunächst unternehmen wir einen

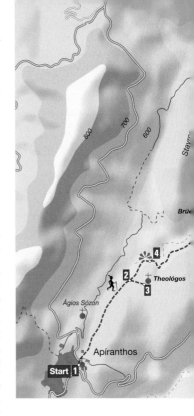

Abstecher zur Kirche Agía Kyriakí nach rechts – die Kirche ist durch einen Ziegenpferch mit Stallungen in drei Minuten zu erreichen. Die Gesamtdistanz vom Start bis zur Kirche beträgt jetzt 3,8 km.

Byzantinische Kirche Agía Kyriakí 8: Zweischiffige Kirche auf einem Plateau in exponierter Lage. In der Apsis kaum noch erkennbare Reste von Wandmalereien aus dem 9. Jh., der Zeit des Bildersturms. Interessante Architektur mit nur wenigen Fensteröffnungen, Boden aus Marmorbruchsteinplatten. Das kleinere Schiff ist nach Süden gerichtet. Es gibt keine Ikonen. 2013 begannen Restaurierungsarbeiten. Vom Außengelände hat man einen schönen Blick auf die Windräder oberhalb von Kóronos und auf die Insel Donoússa.

Nach der Besichtigung wandern wir zurück zur *Pforte* in der Mauer. Hindurch und weiter in Nordrichtung links einer Ziegenmauer entlang. Über Steinstufen hinauf, dann auf ebenem Pfad an einem *Ziegenbauernhof* vorbei durchqueren wir erneut ein Ziegengatter. Der Pfad verläuft stets links der Mauer entlang und trifft an einbetonierten Steinstufen auf einen breiten *Fahrweg* **9**. Hier befinden wir uns auf 461 Höhenmetern. Nun folgen wir dem Fahrweg nach links in Südwestrichtung und

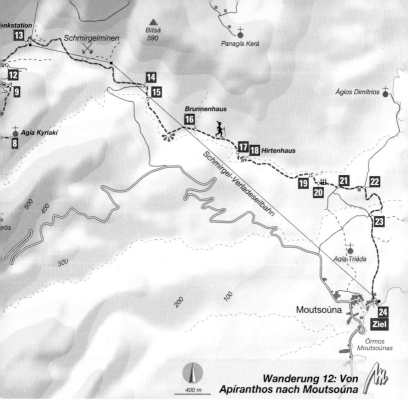

Wanderung 12: Von Apíranthos nach Moutsoúna

400 m

verlassen ihn nach 15 m nach rechts über betonierte Marmorstufen hangabwärts. Der Pfad führt in Westrichtung am Hang entlang, unterhalb liegt der Fahrweg.

Nach wenigen Minuten treffen wir auf einen Abzweig an einer halbhohen Mauer **10**: Hier links abbiegen und links der Mauer weiter hangabwärts in Westrichtung. Der Pfad durchquert ein kleines Wäldchen und trifft an einer Kehre auf eine eingefasste *Quelle* mit einigen Steinbecken **11**. Hier kann man seine Wasservorräte auffüllen. Der Pfad macht an der Quelle eine Kehre und verläuft in Ostrichtung weiter. Ein *Holzschild* mit der Aufschrift „Smiridopichéia" weist den Weg. Der Pfad verläuft nun teils über uralte Steinstufen in Serpentinen stark hangabwärts und trifft gut 10 Minuten nach der Quelle wieder auf den Fahrweg **12**.

Wir biegen auf den Fahrweg links hangabwärts in Westrichtung ein und überqueren das sommertrockene Bachbett auf einer *Betonbrücke*. Einige *Bruchsteinhäuser* mit eingefallenen Dächern für die ehemaligen Minenarbeiter bleiben rechts liegen. Nach rund 600 m auf dem Fahrweg erreichen wir die *Umlenkstation der alten Schmirgelverladeseilbahn* **13** auf 361 Höhenmetern. Die gesamte Wegstrecke beträgt bis hier 5,9 km. Wer will, kann hier kurz den Hang hinaufklettern und sich die Mechanik der Umlenkstation ansehen.

An der nächsten Abzweigung des Fahrwegs biegen wir rechts hangabwärts in Südostrichtung mit Blick aufs Meer auf die grob asphaltierte Straße ab. An der nächsten

Die Wanderung von Apíranthos nach Moutsoúna führt über schöne alte Pfade

Kurve fällt der Blick auf eine *Schmirgelsteinrutsche*, die von einer Mine hinunter auf die Straße reicht. Nach rund 10 Minuten auf der Straße bleibt eine Abzweigung nach links zu einer weiteren Umlenkstation außer acht. Rund 1,9 km (ca. 20–25 Min.) ab der ersten Umlenkstation nimmt der Straßenverlauf eine *U-Kehre* 🔢: Hier verlassen wir die Straße im Scheitel der Kurve direkt geradeaus und folgen dem schmalen Pfad, der hier links abwärts in das grüne Bachtal führt.

Der schmale Pfad führt steil hinunter auf die rosa Oleanderbüsche zu, durchquert das *sommertrockene Bachbett* und führt auf der anderen Seite nach rechts in Südrichtung links des Bachbetts weiter hangabwärts. Rechts unten verläuft das Bachbett. An der ersten Abzweigung nach wenigen Metern halten wir uns auf dem linken oberen Pfad 🔢. Bald lassen wir rechts unterhalb des Wegs ein *Natursteinhaus* mit eingestürztem Dach liegen, der Pfad verläuft weiter an der Mauer entlang. Nach der nächsten Linksbiegung öffnet sich der wunderschöne Blick auf den Talausgang und das dahinterliegende Meer bei Ágios Dimítrios. Über das Tal zieht sich die Marmorseilbahn mit ihren Körben. Der Weg verläuft hier weiter links der Mauer entlang.

Bald treffen wir auf ein *Brunnenhaus*, an dem der Pfad ein weiteres Bachbett überquert 🔢. Wir folgen dem Weg, der nach der nächsten Ecke an einem Hirtenhaus und einem Ziegenpferch vorbeiführt. Der Weg verläuft zunächst weiter links der Mauer und dann geradeaus ins freie Gelände, just wenn die Mauer nach rechts abbiegt. Der gut erkennbare Pfad verläuft über helle Marmorfelsen und -steine weiterhin in Ostrichtung aufs Meer zu. Bald durchquert der Pfad die Mauer und verläuft nach rechts über einen Hang auf steiniges Gelände zu 🔢. Jetzt rechts halten und dem kaum erkennbaren Pfad folgen, der eine große Linkskurve beschreibt und weiter unten auf ein freies Feld mit einem *Hirtenhaus* trifft 🔢.

Unterhalb des Bruchsteinhauses durchqueren wir das Bachbett und biegen auf den breiten *Feldweg* ein, der hier von zwei Zäunen gesäumt beginnt. Der Feldweg führt in Ostrichtung an dem Zaun entlang und biegt nach 30 m nach rechts ab. Bald bleibt ein eingestürztes Bauernhaus rechts liegen. Nach rund 600 m auf dem Feldweg folgt eine Abzweigung an einem Drahtgitterzaun **19** nach links über eine Naturstein- und Betonbrücke. Wir ignorieren die Brücke und folgen dem Feldweg geradeaus hangaufwärts, biegen an einem dort abgestellten *Metallcontainer* nach links ab und wandern mit Blickrichtung aufs Meer durch ein Ziegengatter **20** hindurch zwischen zwei Mauern in Ostrichtung.

Bald bleibt ein *Bauernhaus* rechts liegen, wir treffen dort auf das Ende einer *Stromleitungstrasse*. Wir folgen der Stromleitung und treffen nach wenigen Minuten auf einen Feldweg **21**, auf den wir geradeaus in Richtung der Stromleitung einbiegen. Der Feldweg umkurvt ein Anwesen und trifft dann auf einen quer verlaufenden, breiteren Feldweg **22**: Hier biegen wir nach links in Südrichtung ab und bleiben auf dem befahrbaren Weg, der in einigen Kurven Richtung Meer führt. An einer Verzweigung kurz vor einer *scharfen Rechtskurve* **23** biegen wir links bergauf ab. Hier ist der Weg an dem kurzen *Anstieg* betoniert und eine weitere *Stromleitung* führt parallel.

Nach 2 Min. bleiben ein Anwesen rechts und eine Abzweigung links liegen. Wir folgen dem von Mauern und Zäunen umgebenen Feldweg in Südrichtung. Bald rücken das Dorf *Moutsoúna* und die *Endstation der Schmirgeltransportseilbahn* ins Blickfeld. Kurz vor den ersten Häusern des Dorfs geht der Feldweg in eine Schotterpiste über und führt direkt am großen Lagerplatz der Schmirgeltransportseilbahn vorbei. Hier sind noch die Steinhaufen und die Ruinen der Bahnstation zu sehen. Unsere Wanderung endet direkt am *Hafenkai* mit den Verladekränen **24**. Linker Hand liegt die empfehlenswerte *Fischtaverne Apanémi*. Hier lässt sich die Wanderung mit einer Stärkung aus dem Meer bestens beschließen.

Wanderung 13: Zum Wasserfall von Keramotí

Charakteristik: Schöner Weg durch die einsame Gebirgslandschaft an der Südwestflanke des Bergs Kóronos. Startpunkt ist das etwas abseits der Hauptrouten gelegene Dorf Keramotí. Der Wasserfall am Ziel ist absolut einzigartig auf der Insel: ein wunderschönes romantisches Plätzchen, an dem das Wasser die Felswand hinunter in einen kleinen Tümpel fällt, der von einer grünen Oase umgeben ist. **Wegstrecke**: Auf Gassen und Treppen durch Keramotí, dann auf steinigem und sandigem Pfad entlang der Berghänge. Kurzer, etwas steiler Abstieg zum Wasserfall. **Dauer und Länge**: Der Wasserfall ist in rund einer Stunde zu erreichen, zurück die gleiche Zeit. Die Weglänge beträgt einfach rund 2,3 km. **Schwierigkeit und Ausrüstung**: Bis der etwas steilere Abstieg zum Wasserfall beginnt leicht zu finden und problemlos zu begehen. Der Abstieg erfordert Trittsicherheit, ist aber ungefährlich. Gutes Schuhwerk, Bergwanderschuhe, sind zu empfehlen. Das Wasser des Wasserfalls stammt aus einer Quelle und kann bedenkenlos getrunken werden. Ansonsten keine Quellen unterwegs. Taverne nur in Keramotí.

Wegbeschreibung: Die Wanderung beginnt am oberen Dorfeingang von Keramotí am *Parkplatz mit dem Buswartehäuschen* und dem Schild „Willkommen in Keramotí" **1** auf 511 Höhenmetern. Wir wandern über die Straße nach rechts hangabwärts ins Dorf hinein in Richtung der ziegelgedeckten Kirchenkuppel. Dabei halten wir uns auf der Hauptgasse und überqueren eine kleine *Platía*. Wir passieren die *Dorftaverne I Kalí Paréa* und erreichen die *Kirche Ágios Ioánnis*. Wir umwandern die Kirche auf der Hauptgasse auf der rechten Seite und folgen der Haupt-

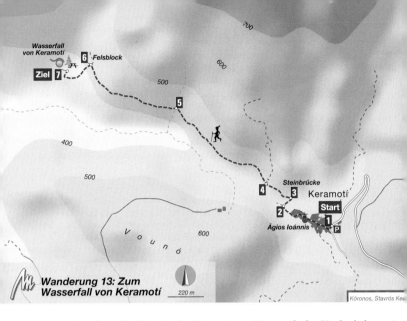

gasse weiter hangabwärts. An der Verzweigung 10 m nach der Kirche halten wir uns links und folgen der Gasse weiter hinunter.

Die Gasse nimmt eine Rechtskurve und es folgen sieben Stufen vor einer erneuten Verzweigung. Hier halten wir uns geradeaus und 5 m weiter bei der nächsten Verzweigung **2** links die Stufen hinunter mit Blick auf das üppig grüne Tal. Wir folgen den Stufen hangabwärts aus dem Dorf hinaus. Auf der linken Seite der Treppe verläuft eine betonierte *Wasserrinne*. Die Treppe macht einen Knick nach rechts und es geht weiter hangabwärts über einen Pfad aus Marmorbruchsteinen. Ein kurz darauf abzweigender Pfad bleibt links liegen. An einer betonierten offenen Wasserleitung erreichen wir das sommertrockene *Flussbett* an einer alten *Steinbrücke* mit üppiger Vegetation **3**.

Wir überqueren die Steinbrücke und folgen dem Pfad auf der anderen Seite, der sogleich die alte Wasserleitung überquert und nach rechts hangaufwärts abknickt. Über einen alten *Treppenweg* und loses Geröll wandern wir hangaufwärts aus dem üppig grün bewachsenen Flusstal langsam in Nordwestrichtung hinaus. An der nächsten Rechtsbiegung verzweigt sich der Weg **4**: Wir ignorieren den rechts hangaufwärts führenden kleinen Pfad und bleiben links auf dem breiteren ebenen Weg. Wir wandern auf dem weiter gut zu erkennenden Pfad links entlang eines Ziegenzaunes, der teils auf eine Natursteinmauer aufgesetzt ist. Bald passieren wir ein *Gatter*, nach links fällt der Blick ins üppig grüne Flusstal des Keramotí und zurück auf den gleichnamigen Ort mit der großen Kirchenkuppel.

Der problemlos zu erkennende Pfad verläuft ziemlich eben am Hang, während sich das Flussbett immer tiefer ins Tal eingräbt. Über Sand und Geröll folgen wir dem Pfad weiter in Nordwestrichtung. Über eine kleine Brücke aus aufgeschichteten Steinen überqueren wir einen kleinen sommertrockenen *Bachlauf* mit üppigen *Oleanderbüschen* **5**. Rund 10 Minuten nach der Brücke passieren wir einen kleinen Garten mit Weinstöcken, Oliven- und Feigenbäumen links des Weges. Zum Schutz vor den Ziegen wurde der Garten mit einer hohen Steinmauer und einem Zaun eingefasst.

Etwa 5 Minuten nach dem Garten rückt erneut ein kleines Oleanderwäldchen an einem Bachlauf ins Blickfeld. Links unterhalb liegt ein *Ziegengehege* mit Mauern, Trögen und alten Wassertonnen. Direkt bevor der kleine Abstieg dorthin beginnt, zweigt der Wanderweg an einem *markanten Felsblock* nach links ab **6**. Hier befinden wir uns auf 425 Höhenmetern. Der schmale Pfad verläuft hangabwärts mit Blickrichtung ins Flusstal sowie in Südwestrichtung und durchquert bald einen Ziegenzaun mit einem Gatter. Der Pfad verläuft hier recht steil hangabwärts und ist sporadisch mit *roten Punkten* markiert. Teils serpentinenartig wandern wir an einer Felsspitze links vorbei. Hier befinden sich interessante, von der Verwitterung ausgewaschene Granitfelsformationen (Granodiorit).

Ein paar Minuten später rückt der *Wasserfall* rechts in den Blick. Durch eine Felsspalte rauscht das Wasser rund 10 m in die Tiefe, je nach Jahreszeit mit Wassermenge. Fast auf der Höhe des Wasserfalls knickt der Pfad nach rechts ab und führt auf die Oase unter dem Wasserfall zu. Auf einem Felsplateau vor dem Wäldchen wurde ein kleiner *Rastplatz* angelegt **7**. Der Tümpel am Fuß des Wasserfalls liegt auf 376 Höhenmetern. Der Rückweg erfolgt über dieselbe Route.

Hinweis: Wir raten vom Baden im Tümpel am Fuße des Wasserfalls ab. Bei unseren Besuchen haben wir dort zwar nur Schildkröten, Frösche und Krebse gesehen, doch Einheimische erzählen, dass im Tümpel „giftige Wasserschlangen" leben – eine gewisse Vorsicht scheint also angebracht.

Wanderung 14: Von Stavrós Keramotí nach Kóronos und weiter nach Skadó

Charakteristik: Leichter Spaziergang über einen der schönsten uralten Treppenwege der Insel. Alter Eselspfad durch ein üppig grünes Tal im wenig von Touristen besuchten Inselnorden. **Wegstrecke**: Zunächst über einen Treppenweg hinunter nach Kóronos, dann alter Eselspfad durch die Macchia hinauf nach Skadó. **Dauer und Länge**: Etwa 1:30 bis 2 Std. für 4 km. **Schwierigkeit und Ausrüstung**: Problemlos zu erkennender, gut zu bewältigender Weg. Der Anstieg nach Skadó ist nicht sehr steil. Schwieriger zu organisieren ist die An- und Abfahrt. Wir empfehlen, mit eigenem Fahrzeug anzufahren und dann für die Rückfahrt zum Abstellplatz des Fahrzeugs den Bus von Apóllonas nach Apíranthos zu nutzen. Wasser kann man in Kóronos und in Skadó kaufen.

Wegbeschreibung: Der Weg beginnt an der Straße von Stavrós Keramotí in Richtung Apóllonas exakt nach 1 km an einer Linkskurve, an der die Straße über den Grat führt **1**. Bei Meltémi bläst hier der Wind unerbittlich über den Grat. Von der Nordseite der Straße zweigt links (wenn man von Stavrós Keramotí kommt) ein Pfad auf Sand und Geröll ab (gelber Punkt an der Mauer links). Kóronos im Tal und Skadó auf dem Hügel im Norden sind ab dem Startpunkt bereits zu sehen. Der alte *Eselspfad* verläuft stetig bergab, teils über Geröll, angelegte Stufen oder Steinplatten und immer mit Blick auf Kóronos und Skadó. Dies ist einer der am besten erhaltenen alten Eselspfade der Insel.

Nach einer guten Viertelstunde treffen wir wieder auf die *Asphaltstraße*, die wir geradeaus überqueren **2**. Auf der anderen Seite geht es über die betonierten Treppen weiter. An der nächsten Abzweigung rechts Richtung Kóronos halten. Die Treppe führt zunächst vorbei an Stallungen, dann an den ersten Häusern vorbei und schließlich weiter abwärts ins Dorf hinein. An weiteren Abzweigungen stets abwärts Richtung *Dorfzentrum* halten. Bald ist der tiefste Punkt an einer mit Pflastermuster bemalten Gasse erreicht. Hier passieren wir eine *Tavérna* an der Brücke **3** und treffen 15 m weiter auf unseren speziellen Tipp, die hervorragende *Taverne I Plátsa* von Matína und Stávros. Hier kann man sich eine Pause gönnen (oder am besten nach der Wanderung zu einem Essen wiederkommen).

Danach halten wir uns links und wandern direkt am *Brunnenhaus* vorbei die Treppen hinauf. Auf der Hauptgasse Richtung Norden lassen wir die *Dorfkirche Agía Marína* links liegen **4** und treffen wenige Meter weiter auf ein Brunnenhaus links in einem verborgenen Winkel. Hier geradeaus über die mit Pflastermuster bemalte Gasse weiter Richtung Norden und an der nächsten Abzweigung rechts abbiegen. Kurz darauf verlassen wir das Dorf **5**, die Pflasterbemalung endet und rechts am Hang fällt der Blick wieder auf Skadó. Die nun folgenden *Betonstufen* gehen bald in einen Pfad mit angelegten Stufen, Sand und Geröll über. An der folgenden Abzweigung an einem Haus mit Weinreben biegen wir scharf rechts ab und nehmen die bergab führenden Stufen, die rechts am Haus entlang führen **6**.

Der Stufenweg führt nun auf Naturstein- und Betonstufen als Hohlweg hangabwärts und trifft nach wenigen Minuten auf einen quer verlaufenden Treppenweg mit Betonstufen, dem wir nach links hangabwärts folgen **7**. Nach einigen Metern auf Sand öffnet sich bald die freie Sicht auf unser nächstes Etappenziel: die Kapelle Ágios Ioánnis auf der Kuppe des kleinen Hügels in Blickrichtung geradeaus. An der Abzweigung unterhalb der Kirche ist zu entscheiden, ob man die Kirche besichtigen will: dann rechts am Weingarten hinter der Mauer vorbei. Oder ob man sich gleich Richtung Skadó bewegt: dann links am ummauerten Weingarten vorbei in Richtung Norden. *Ágios Ioánnis* ist eine reich ausgestattete *Einraumkapelle* mit gemauerter und verputzter Ikonostase mit hölzernem Kreuz im Überbau und einigen älteren Ikonen. Schöner Rastplatz mit tollem Rundumblick unter einem Schatten spendenden Baum im Vorhof **8**.

Wanderung 14 führt an der Tavérna I Plátsa in Kóronos vorbei.

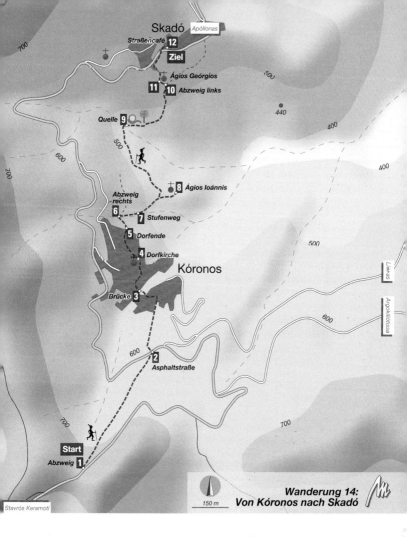

Skadó
Apóllonas

Straßencafé **12**
Ziel

✝ *Ágios Geórgios*
11 **10** Abzweig links

Quelle **9**

Abzweig
rechts
6 **7** Stufenweg

5 Dorfende

4 Dorfkirche

Kóronos

Brücke **3**

Asphaltstraße **2**

Start
Abzweig **1**

Stavrós Keramotí

✝ **8** *Ágios Ioánnis*

440

400

400

500

500

500

600

600

600

700

700

700

700

Liáras

Argokíliótissa

150 m

Wanderung 14:
Von Kóronos nach Skadó

Wenige Meter nach der Abzweigung zur Kirche halten wir uns an einer weiteren
Abzweigung links und wandern in den ansteigenden Hohlweg hinein in Richtung
Nordwesten. Der wunderschöne alte *Eselspfad* führt entlang eines üppig grünen
Tals, teils als Hohlweg, abwechselnd leicht bergan oder bergab. Immer wieder bie-
tet sich ein schöner freier Blick hinauf nach Skadó. Wir ignorieren einen von links
einmündenden Pfad und wandern geradeaus an der *Trockenmauer* entlang gen
Nordwesten. Kurz darauf treffen wir auf eine eingefasste *Quelle* mit einem großen
Walnussbaum und angelegten Terrassenfeldern **9**. Hier halten wir uns rechts, auf
den ansteigenden Weg an der efeuüberrankten Mauer entlang in Richtung Nordosten. Bald öffnet sich ein schöner Blick zurück auf Ágios Ioánnis und Kóronos.

Ab hier steigt der Pfad auf dem von Bauern vor Jahrhunderten angelegten *Natursteintreppenweg* stetig an. Nach etwa 10 Min. bergauf folgen wir dem Pfad an einer Abzweigung nach links (roter Pfeil an einer Mauer/**10**). Der Pfad verläuft zwischen zwei Mauern bergauf, dann folgen einige betonierte Stufen, bevor man auf die sehenswerte *Kirche Ágios Geórgios* trifft **11**, die bereits zu Skadó gehört. Ágios Geórgios ist eine größere Einraumkirche mit Kuppel und mit Marmor ausgekleideter Apsis, einer Ikonostase aus Zas-Marmor mit zwölf auf den Marmor gemalten Darstellungen biblischer Szenen und drei wertvollen Okladikonen hinter Glas, der heilige Georg ganz rechts. Im hinteren Teil der Kirche steht ein Gebetsstuhl mit einer großen Georgsikone. Beeindruckend sind die Kristallleuchter.

Über einen *Treppenweg* aus Beton eingelassenen Natursteinen und vorbei an einigen mächtigen Feigenbäumen erreichen wir kurz oberhalb der Kirche das Dorf *Skadó*. Nach einigen weiteren Stufen treffen wir auf die Asphaltstraße, die unterhalb des Dorfzentrums vorbeiführt. Etwa 100 m nach rechts endet unsere Wanderung an einem *Straßencafé* **12**. Hier kann man auch den Bus anhalten, der von Apóllonas heraufkommt und in Richtung Apíranthos fährt und der auf Anfrage auch an jenem Grat hält, an dem man die Wanderung begonnen (und möglicherweise sein Fahrzeug geparkt) hat. Die Alternative wäre, den gleichen Weg einfach zurückzuwandern: auch das lohnt allemal, der Weg ist nicht sehr weit und unterwegs kann man sich bei Matína in der Tavérna Plátsa bestens für den Aufstieg zum Grat stärken.

Wanderung 15: Von Kóronos nach Liónas

Charakteristik: Eine der schönsten Streckenwanderungen durch abwechslungsreiche, teils üppig grüne Berglandschaft im Inselnorden. Vom Dorf Kóronos praktisch stets bergab an den einsamen Hängen einer Schlucht bis hinunter an die Küste. Unterwegs allerdings eine kurze, starke Steigung über einen Grat. Man durchquert viele Vegetationsstufen der Insel und ist stets in Begleitung von Ziegen, die im Norden zahlreich gehalten werden. Auch eine kleine Kirche steht am Wegesrand. **Wegstrecke:** Über Beton, Schotter, Steinstufen, Feldwege und schmale Pfade immer der Küste entgegen. Eine stärkere Steigung, ansonsten praktisch immer bergab. **Dauer und Länge:** Die reine Wanderzeit beträgt rund 2:30 bis 3 Std. für eine Weglänge von etwa 6,6 km. **Schwierigkeit und Ausrüstung:** Der Weg ist problemlos begehbar, jedoch nicht immer ganz leicht zu finden. Der alte Pfad, der einst durchgängig zu begehen war, ist mittlerweile durch zahlreiche neu angelegte Straßen und Feldwege unterbrochen, die mitunter die Orientierung er schweren. Die Tour erfordert Bergwanderschuhe, ausreichend Wasser und Proviant. Unterwegs keine Verpflegungsmöglichkeit und keine Quellen.

Wegbeschreibung: Die Wanderung beginnt im unteren Dorfbereich von *Kóronos* an der *Taverne 1 Plátsa* **1** auf 538 Höhenmetern. Wir wandern die dem Taverneneingang gegenüberliegende Gasse in Nordostrichtung. Ein *blaues Schild* mit der Aufschrift „Káto Geitonía" weist den Weg. Wir folgen der hangabwärts führenden Treppengasse, die teils mit Pflasterblumen bemalt ist. An mehreren Abzweigungen halten wir uns stets hangabwärts. Die Gasse nimmt bald eine Rechts-, dann eine Linkskurve. An der folgenden Verzweigung biegen wir rechts ab **2** und folgen den Stufen weiter hangabwärts. Wir überqueren das sommertrockene Bachbett über eine *Steinbrücke* und biegen danach links ab.

An der nächsten Verzweigung geht es rechts über die Stufen hinauf, dann an der folgenden Verzweigung links halten und drei Stufen hinab an einem *Stromleitungs-*

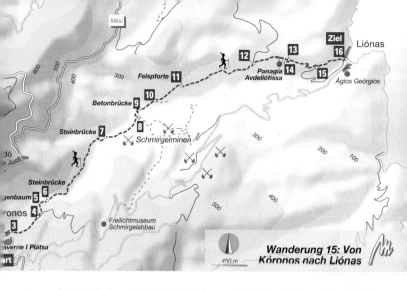

Wanderung 15: Von Kóronos nach Liónas

450 m

masten vorbei. Nach der nächsten Rechtsbiegung führt der Pfad aus dem Dorf hinaus **3**. Auf einem schmalen, betonierten Pfad bleiben die letzten Steinhäuser von Kóronos rechts liegen und es folgen einige Betonstufen. Nach links öffnet sich jetzt der wunderschöne Blick in die Schlucht, an deren Flanken wir nach Liónas wandern werden. Zunächst geht es weiter auf einem betonierten Pfad entlang einer Mauer auf der linken Seite. Es folgt ein Abschnitt auf uralten *Marmorstufen* (ein sogenannter *Kalderími*). Der Blick nach links fällt nun auf das Dorf Skadó oberhalb am Hang über der Schlucht.

Der schmale Pfad schlängelt sich an der Natursteinmauer entlang und mündet in einen breiten *Betonweg*, während der Blick zurück auf Kóronos fällt. Nach 100 m endet der Beton, es beginnt ein steiniger *Feldweg*. Etwa 50 m nach dem Ende des Betons zweigt unser *Wanderpfad* nach links vom Feldweg ab **4**. Hier befinden wir uns auf 478 Höhenmetern. Der Pfad führt über Steinstufen und Geröll rechts einer Natursteinmauer bergab in Richtung *Flusstal*. Mit Blickrichtung auf Skadó verlieren wir über die Natursteinstufen recht schnell an Höhe. Es geht vorbei an Weingärten, Olivenhainen und Kornfeldern immer hangabwärts.

Nach etwa 10 Min. auf diesem Pfad treffen wir auf eine Abzweigung vor einer Mauer und einem *Feigenbaum* links **5**. Hier auf 410 Höhenmetern biegen wir nach rechts in den schmalen steinigen Pfad ab, der weiter hangabwärts verläuft. Der Pfad führt sogleich wieder über Steinstufen abwärts in Richtung Flusstal. Wenige Minuten später erreichen wir das sommertrockene Flussbett und überqueren es über eine *Steinbrücke* **6**. Auf der anderen Seite folgt ein Ziegengatter, und der Weg setzt sich nun links des Flussbetts weiter flussabwärts fort in Ostrichtung.

An einer höheren *Ziegenmauer* verlässt der Pfad das Flussbett links ein wenig hangaufwärts. In der Folge gräbt sich das Flussbett rechts immer tiefer ins Tal, während der Wanderpfad recht eben am Hang verläuft. Es bieten sich eindrucksvolle Blicke ins Flussbett und in die einsame Berglandschaft, rundum sind nur Zikaden und Ziegenglocken zu hören. Der Pfad bleibt eindrucksvoll und gut erkennbar, verläuft an vereinzelten *Olivenbäumen* und alten *Hirtenhäusern* vorbei, stets links oberhalb des Flusstals.

An einer Ziegenmauer gut 20 Minuten ab der Brücke biegt der Pfad vor der Mauer rechts ab und führt in zwei Kehren hinunter auf das Flusstal zu. Rechts an einem Ziegenpferch vorbei, treffen wir erneut auf eine *Steinbrücke*, die über das Flusstal führt **7**. Unterdessen sind wir bereits auf 230 Höhenmeter hinabgestiegen. Wir überqueren die Brücke und folgen dem Pfad, der nach wenigen Metern auf einen *Feldweg* trifft. Wir folgen dem Feldweg rechts hangaufwärts in Ostrichtung. Wir

Die Wanderung 15 führt im mittleren Abschnitt über diese schöne alte Marmorbrücke

passieren einen kleinen *Bauernhof* mit Ziegengatter und der Feldweg führt danach wieder hangabwärts.

Nach ziemlich genau 500 m auf diesem Feldweg verlassen wir ihn in einer Rechtskurve **8** nach links den Hang hinunter in Richtung des Flusstals. Erneut über einen breiten *Feldweg* wandern wir in mehreren Serpentinen auf das Flussbett zu, welches von links den Hang hinunter kommt. Wir überqueren das Flussbett auf einer *betonierten Brücke* **9**. Der Feldweg führt nun leicht hangaufwärts, dann wieder abwärts und durch ein Ziegengatter hindurch. Direkt hinter dem Gatter knickt der Feldweg nach rechts hangabwärts ab. Hier verlassen wir den Feldweg nach links in den *Wanderpfad*, dessen Beginn durch *Steinstufen* zu erkennen ist und durch zwei rote Punkte am Boden auf Steinen markiert wurde **10**.

Der Pfad führt über Steinstufen und Geröll hangaufwärts zwischen einer Mauer und einem Zaun durch einen Olivenhain. Der Blick zurück fällt hier auf einen Teil von Kóronos oben im Berghang. Der Pfad steigt weiter stark an und passiert ein weiteres *Ziegengatter*. Nun geht es über Steinstufen heftig bergauf – der Pfad ist in diesem Abschnitt der Sonne völlig schattenlos ausgesetzt. Der steile Anstieg endet an einer *markanten Felspforte* (**11**, 252 Höhenmeter), hinter der sich der Blick auf die Küste öffnet: Die Insel rechts ist Donoússa. Ab der Pforte geht es nun wieder hangabwärts. In der Folge ist der Pfad mit dornigem Gestrüpp teilweise überwachsen, bleibt aber gut erkennbar.

Der Pfad schlängelt sich an der Bergflanke entlang hangabwärts, vorbei an *Ziegenpferchen* und *Olivenhainen*. Bald passieren wir erneut ein Gatter und der Pfad verläuft über Steinplatten bergab. Unmittelbar nach dem Steinplattenabschnitt rückt die Kirche Panagía Avdeliótissa als weißer Fleck am Berghang ins Blickfeld. Wenige Minuten später mündet der Wanderpfad an einer Kurve in eine Betonstraße **12**. Wir folgen dem *Feldweg* nach rechts hangabwärts, und nur wenige Meter nach der Kurve endet der Beton. Etwa 300 m weiter bleibt eine Abzweigung links liegen.

Rund 200 m nach dieser Abzweigung zweigt ein schmaler Pfad nach rechts vom Feldweg ab (**13**, 146 Höhenmeter). Ein verwittertes *Holzschild* zeigt den Weg zur *Kirche Panagía Avdeliótissa*. Durch ein Gatter und dann über den schmalen Pfad nach rechts erreichen wir in 1 Min. die Kirche mit einer kleinen Anlage und einem Wirtschaftsgebäude **14**. Das Einraumkirchlein mit seiner betonierten Ikonostase ist zugänglich, aber nicht sonderlich spektakulär.

Zur Fortsetzung der Tour wandern wir wieder *zurück auf den Feldweg* und folgen ihm nun nach rechts hangabwärts in Ostrichtung. Am gegenüberliegenden Hang ist die asphaltierte Zufahrtsstraße nach Liónas zu erkennen. Der Feldweg führt hangabwärts an Olivenbäumen vorbei und beschreibt eine S-Kurve an einem kleinen Ziegenpferch. Wenige Meter weiter öffnet sich an einer Linksbiegung der Blick auf die wunderschöne Bucht von Liónas mit ihrem klaren, blaugrün schimmernden Wasser und den Häusern am östlichen Hang.

Nun beschreibt der Feldweg eine 90°-Kurve nach rechts. Rund 35 m nach dem *Scheitel dieser Rechtskurve* zweigt unser *Wanderpfad* nach links im *spitzen Winkel* den Hang hinunter vom Feldweg ab **15**. Der schmale Eselspfad verläuft ostwärts den Hang hinunter, geradewegs mit Blickrichtung auf die Bucht von Liónas. Nach 50 m bleibt ein runder *Dreschplatz* auf einem kleinen Plateau rechts des Pfads liegen. Der steinige Pfad schlängelt sich durch die Phrygana, ein *Hirtenhaus* (dessen Betondach auf Höhe des Pfads liegt) bleibt rechts liegen und wir steigen links einer Ziegenmauer mit Blick auf Liónas hinab.

Der Pfad verläuft weiter entlang der Mauer und trifft an einem *Natursteinhaus* auf den Ortsrand von Liónas bzw. den Ortsteil am Osthang der Bucht. Über betonierte Stufen führt der Weg nun direkt hinab auf den Strand von Liónas zu. Unsere Wanderung endet an der kleinen, mit Steinbänken eingefassten *Platía unter drei Tamarisken*, am Westende des Strandes von Liónas **16**.

Wandern mit Stélla

Wer lieber mit professioneller Führung auf Tour geht, kann mit Stélla durch die Hügel und Täler ihrer Heimat wandern. Stélla spricht perfekt Deutsch und erklärt bei der Wanderung alle am Wegesrand wachsenden Pflanzen mit ihren heilkundlichen Wirkungen und Anwendungen sowie allerlei Wissenswertes zu Natur, Kultur und familiären Traditionen der Insel. In der ihr eigenen liebenswerten Art vermittelt sie, wie das Leben auf Náxos für die Einheimischen ist und wie es sich im Laufe der Jahre verändert hat. Stéllas Wanderungen dauern inklusive Pausen etwa 5 Stunden, mit vielen Zwischenstopps und gemeinsamem Abschlussessen in einer Taverne. Information unter ☎ 697-3846432, www.naxoshiking.com.

Etwas Griechisch

Keine Panik: Neugriechisch ist zwar nicht die leichteste Sprache, lassen Sie sich jedoch nicht von der fremdartig wirkenden Schrift abschrecken – oft erhalten Sie Informationen auf Wegweisern, Schildern, Speisekarten usw. auch in lateinischer Schrift, zum anderen wollen Sie ja erstmal verstehen und sprechen, aber nicht lesen und schreiben lernen. Dazu hilft Ihnen unser „kleiner Sprachführer", den wir für Sie nach dem Baukastenprinzip konstruiert haben: Jedes der folgenden Kapitel bietet Ihnen Bausteine, die Sie einfach aneinanderreihen können, sodass einfache Sätze entstehen. So finden Sie sich im Handumdrehen in den wichtigsten Alltagssituationen zurecht, entwickeln ein praktisches Sprachgefühl und können sich so nach Lust und Notwendigkeit Ihren eigenen Minimalwortschatz aufbauen und erweitern.

Wichtiger als die richtige Aussprache ist übrigens die Betonung! Ein falsch betontes Wort versteht ein Grieche schwerer als ein falsch oder undeutlich ausgesprochenes. Deshalb finden Sie im Folgenden jedes Wort in Lautschrift und (außer den einsilbigen) mit Betonungszeichen. Viel Spaß beim Ausprobieren und Lernen!

© Michael Müller Verlag GmbH. Vielen Dank für die Hilfe an Dimitrios Maniatoglou!

Das griechische Alphabet

Buchstabe		Name	Lautzeichen	Aussprache
groß	klein			
A	α	Alpha	a	kurzes a wie in Anna
B	β	Witta	w	w wie warten
Γ	γ	Gámma	g	g wie Garten (j vor Vokalen e und i)
Δ	δ	Delta	d	stimmhaft wie das englische „th" in the
E	ε	Epsilon	e	kurzes e wie in Elle
Z	ζ	Síta	s	stimmhaftes s wie in reisen
H	η	Ita	i	i wie in Termin
Θ	θ	Thíta	th	stimmloses wie englisches „th" in think
I	ι	Jóta	j	j wie jagen
K	κ	Kápa	k	k wie kann
Λ	λ	Lámbda	l	l wie Lamm
M	μ	Mi	m	m wie Mund
N	ν	Ni	n	n wie Natur
Ξ	ξ	Xi	x	x wie Xaver
O	ο	Omikron	o	o wie offen
Π	π	Pi	p	p wie Papier
P	ρ	Ro	r	gerolltes r
Σ	ς/σ	Sígma	ss	stimmloses s wie lassen
T	τ	Taf	t	t wie Tag
Y	υ	Ipsilon	j	j wie jeder
Φ	φ	Fi	f	f wie Fach
X	χ	Chi	ch	ch wie ich
Ψ	ψ	Psi	ps	ps wie Psalm
Ω	ω	Omega	o	o wie Ohr

Elementares

Grüße

Guten Morgen/ guten Tag (bis Siesta)	kaliméra
Guten Abend/ guten Tag (ab Siesta)	kalispéra
Gute Nacht	kaliníchta
Hallo!	jassoú!
Grüß' Sie! (förmlich)	jássas!
Tschüss	adío
Guten Tag und auf Wiedersehen	chérete
Alles Gute	stó kaló
Gute Reise	kalo taxídi

Minimalwortschatz

Ja	nä
Nein	óchi
Ja, bitte? (hier, bitte!)	oríste?/!
Nicht	dén
Ich verstehe (nicht)	(dén) katalawéno
Ich weiß nicht	dén xéro
In Ordnung (o.k.)	endáxi
Danke (vielen Dank)	efcharistó (polí)
Bitte (!)	parakaló(!)
Entschuldigung	signómi
groß/klein	megálo/mikró
gut/schlecht	kaló/kakó
viel/wenig	polí/lígo
heiß/kalt	sässtó/krío
oben/unten	epáno/káto
ich	egó
du	essí
er/sie/es	aftós/aftí/aftó
das (da)	aftó
(ein) anderes	állo
links	aristerá
rechts	dexiá
geradeaus	ísja
die nächste Straße	o prótos drómos
die 2. Straße	o défteros drómos
hier/dort	edó/ekí

Fragen und Antworten

Wie geht es Ihnen?	ti kánete?
Wie gehts Dir?	ti kánis?
(Sehr) gut	(polí) kalá
So lala	étsi ki étsi
Und Dir?	ke essí?
Wie heißt Du?	pos se léne?
Ich heiße ...	to ónoma mou íne ...
Woher kommst du?	apo pu ísse?
Gibt es (hier) ...?	ipárchi (edó) ...?
Wissen Sie ...?	xérete ...?
Wo?	Pu?
Wo ist ...?	pu íne ...?
... der Hafen ...	... to limáni
... die Haltestelle	... i stási
Wohin ...?	jia pu ...?
nach /zum ...	tin/stin ...
Ich möchte (nach) ...	thélo (stin) ...
... nach Athen	... stin Athína
Von wo ...?	ápo pu?
... von Iraklion	... ápo to Iráklio
Wann?	Póte?
Wann fährt (fliegt) ...?	pote féwgi ...?
Wie viel(e) ...?	pósso (póssa) ...?
Um wie viel Uhr?	ti óra?
Wann kommt ... an?	póte ftáni ...?
stündlich	aná óra
um 4 Uhr	tésseris óra
Wie viel Kilometer sind es?	pósa kiliómetra íne?
Wie viel kostet es?	póso káni?
Welche(r), welches?	tí?
Ich komme aus ...	íme apo ...
... Deutschland	... jermanía
... Österreich	afstría
... Schweiz	... elwetía
Sprechen Sie Englisch (Deutsch)?	mílate angliká (jermaniká)?
Ich spreche nicht Griechisch	den miló eliniká
Wie heißt das auf Griechisch?	pos légete aftó sta eliniká?
Haben Sie ...?	échete ...?

Unterwegs

Abfahrt	anachórisis	*Diesel*	petréleo
Ankunft	áfixis	*1 Liter*	éna lítro
Gepäck-aufbewahrung	apotíki aposkewón	*20 Liter*	íkosi lítra
Information	pliroforíes	*Auto*	aftokínito
Kilometer	kiliómetra	*Motorrad*	motossikléta
Straße	drómos	*Moped*	motopodílato
Fußweg	monopáti	*Anlasser*	mísa
Telefon	tiléfono	*Auspuff*	exátmissi
Ticket	isitírio	*Batterie*	bataría
Reservierung	fílaxi	*Bremse*	fréno
		Ersatzteil	andalaktikón
		Keilriemen	imándas

Flugzeug/Schiff

Deck	katástroma	*Kühler*	psijíon
Fährschiff	férri-bot	*Kupplung*	simbléktis
Flughafen	aerodrómio	*Licht*	fos
das (nächste) Flugzeug	to (epómene) aeropláno	*Motor*	motér
		Öl	ládi
Hafen	limáni	*Reifen*	lásticho
Schiff	karáwi	*Reparatur*	episkewí
Schiffsagentur	praktorío karawiú	*Stoßdämpfer*	amortisér
		Wasser (destilliertes)	to (apestagméno) neró

Auto/Zweirad

Ich möchte …	thélo …	*Werkstatt*	sinergíon
Wo ist die nächste Tankstelle?	pu íne to plisiésteron wensinádiko?		

Bus/Eisenbahn

Bitte prüfen Sie …	parakaló exetásete …	*Bahnhof*	stathmós
Ich möchte mieten (für 1 Tag)	thélo na nikiásso (jiá mia méra)	*(der nächste) Bus*	(to epómene) leoforío
(Die Bremse) ist kaputt	(to fréno) íne chalasméno	*Eisenbahn*	ssidiródromos
		Haltestelle	stásis
Wie viel kostet es (am Tag)?	póso káni (jia mía méra)?	*Schlafwagen*	wagóni ípnu
		U-Bahn	ilektríkós
Benzin (super/ normal/bleifrei)	wensíni (súper/ apli/amóliwdi)	*Waggon*	wagóni
		Zug	tréno

Bank/Post/Telefon

Post und Telefon sind in Griechenland nicht am selben Ort! Telefonieren kann man in kleineren Orten auch an manchen Kiosken und Geschäften.

Wo ist?	pu íne?	*Ich möchte …*	thélo …
… eine Bank	… mia trápesa	*… ein Tel.-Gespräch*	… éna tilefónima
… das Postamt	… to tachidromío	*… (Geld) wechseln*	… na chalásso (ta chrímata)
… das Telefonamt	to O. T. E.		

Wie viel kostet es (das)?	póso káni (aftó)?
Bank	trápesa
Brief/-kasten	grámma/-tokiwótio
Briefmarke	grammatósima
eingeschrieben	sistiméno
Euro-/Reisescheck	ewrokárta
Geld	ta leftá, ta chrímata
Karte	kárta

Luftpost	aeroporikós
Päckchen/Paket	paketáki/déma
postlagernd	post restánd
Telefongespräch (anmelden) (nach)	(na anangílo) éna tilefónima (jia)
Telefon	tiléfono
Telegramm	tilegráfima
Schweizer Franken	elwetiká fránka

Übernachten

Zimmer	domátio
Bett	krewáti
ein Doppelzimmer	éna dipló domátio
Einzelzimmer	domátio me éna krewáti
mit ... Dusche/Bad	me ... dous/bánjo
Frühstück	proinó
Haben Sie?	échete?
Gibt es ...?	ipárchi ...?
Wo ist?	pu íne?
Wie viel kostet es (das Zimmer)?	póso káni (to domátio)?

Ich möchte mieten (...) für 5 Tage	thélo na nikiásso (...) jia pénde méres
Kann ich sehen ...?	boró na do ...?
Kann ich haben ...?	boró na écho ...?
Ein (billiges/gutes) Hotel/Pension	éna (ftinó/kaló) xenodochío/pansión
Haus	spíti
Küche	kusína
Toilette	tualétta
Reservierung	krátissi
Wasser (heiß/kalt)	neró (sesstó/krío)

Essen & Trinken

Haben Sie?	échete?
Ich möchte ...	thélo ...
Wie viel kostet es?	póso káni?
Ich möchte zahlen	thélo na pliróso
Die Rechnung (bitte)	to logariasmó (parakaló)
Speisekarte	katálogos

... sehr süß	... varí glikó
... mittel	... métrio
... rein (ohne Zucker)	skéto
Tee	tsái
Milch	gála

Getränke

Glas/Flasche	potíri/boukáli
ein Bier	mía bíra
(ein) Mineralwasser	(mia) sóda
Wasser	neró
(ein) Rotwein	(éna) kókkino krassí
(ein) Weißwein	(éna) áspro krassí
... süß/herb	glikós/imíglikos
(eine) Limonade (Zitrone)	(mia) lemonáda
(eine) Limonade (Orange)	(mia) portokaláda
(ein) Kaffee	(éna) néskafe
(ein) Mokka	(éna) kafedáki

Griech. Spezialitäten

Fischsuppe	psaróssupa
Suppe	ssúpa
Garnelen	garídes
Kalamari („Tintenfischchen")	kalamarákia
Fleischklößchen	keftédes
Hackfleischauflauf mit Gemüse	musakás
Mandelkuchen mit Honig	baklawás
Gefüllter Blätterteig	buréki
Gefüllte Weinblätter (mit Reis & Fleisch)	dolmádes
Nudelauflauf mit Hackfleisch	pastítsio
Fleischspießchen	suwlákia

Sonstiges

Hähnchen	kotópulo
Kartoffeln	patátes
Gemüse	lachaniká

Spaghetti (mit Hackfleisch)	makarónia (me kimá)
Hammelfleisch	kimás
Kotelett	brisóla
Bohnen	fasólia

Einkaufen

Haben Sie?	échete?	*Käse/Schafskäse*	tirí/féta
Kann ich haben?	bóro na écho?	*Klopapier*	hartí igías
Geben Sie mir	dóste mou	*Kuchen*	glikó
klein/groß	mikró/megálo	*Marmelade*	marmeláda
1 Pfund	misó kiló	*Milch*	gála
1 Kilo/Liter	éna kiló/lítro	*Öl*	ládi
100 Gramm	ekató gramárja	*Orange*	portokáli
Apfel	mílo	*Pfeffer*	pipéri
Brot	psomí	*Salz*	aláti
Butter	wútiro	*Seife*	sapúni
Ei(er)	awgó (awgá)	*Shampoo*	sambuán
Essig	xídi	*Sonnenöl*	ládi jia ton íljon
Gurke	angúri	*Streichhölzer*	spírta
Honig	méli	*Tomaten*	domátes
Joghurt	jaoúrti	*Wurst*	salámi

Sehenswertes

Wo ist der/die/das?	pu íne to/i/o?	*Dorf*	chorió
Wie viel Kilometer sind es nach …?	póssa chiliómetra íne os to …?	*Eingang*	ísodos
		Fluss	potamós
rechts	dexiá	*Kirche*	eklissiá
links	aristerá	*Tempel*	naós
dort	ekí	*Platz*	platía
hier	edó	*Stadt*	póli
Ausgang	éxodos	*Strand*	plas
Berg	wounó	*Höhle*	spilíon, spiliá
Burg	kástro (pírgos)	*Schlüssel*	klidí

Hilfe & Krankheit

Gibt es (hier) …?	ipárchi (edó) …?	*Ich habe verloren …*	échassa …
Wo ist (die Apotheke)?	pu íne (to farmakío)?	*Deutsche Botschaft*	presvía jermanikí
		Krankenhaus	nossokomío
Arzt	jatrós	*Polizei*	astinomía
Ich habe Schmerzen (hier)	écho póno (edó)	*Touristinformation*	turistikés *plioforíes*
		Unfall	atíchima
Helfen Sie mir bitte!/Hilfe!	woithíste me parakaló!/woíthia!	*Zahnarzt*	odontíatros

Ich bin allergisch gegen ...	egó íme allergikós jia ...	Ich möchte ein Medikament gegen ...	thélo éna jiatrikó jia ...
Ich möchte (ein) ...	thélo (éna) ...	Durchfall	diária
Abführmittel	kathársio	Fieber	piretós
Aspirin	aspiríni	Grippe	gríppi
die „Pille"	to chápi	Halsschmerzen	ponólemos
Kondome	profilaktiká	Kopfschmerzen	ponokéfalos
Penicillin	penikelíni	Magenschmerzen	stomachóponos
Salbe	alifí	Schnupfen	sináchi
Tabletten	hapía	Sonnenbrand	égawma
Watte	wamwáki	Verstopfung	diskiljótita
Ich habe ...	écho ...	Zahnschmerzen	ponódontos

Zahlen

½	misó	9	ennéa	60	exínda
1	éna	10	déka	70	efdomínda
2	dío	11	éndeka	80	ogdónda
3	tría	12	dódeka	90	enenínda
4	téssera	13	dekatría	100	ekató
5	pénde	20	íkosi	200	diakósia
6	éxi	30	triánda	300	trakósia
7	eftá	40	sarránda	1000	chília
8	ochtó	50	penínda	2000	dio chiliádes

Zeit

Wann?	póte?	Woche	ewdomáda
Stunde	óra	Monat	mínas
Um wie viel Uhr?	piá óra (ti óra)?	Jahr	chrónos
Wie viel Uhr (ist es)?	tí óra (íne)?	Stündlich	aná óra
Es ist 3 Uhr (dreißig)	íne trís (ke triánda)		

Achtung: nicht éna, tría, téssera óra (1, 3, 4 Uhr), sondern: mía, trís, tésseris óra!! Sonst normal wie oben unter „Zahlen".

Wochentage

Morgen(s)	proí
Mittag(s)	messiméri
Nachmittag(s)	apógewma
Abend(s)	wrádi
heute	ssímera
morgen	áwrio
übermorgen	méthawrio
gestern	chtés
vorgestern	próchtes
Tag	méra
jeden Tag	káthe méra

Sonntag	kiriakí
Montag	deftéra
Dienstag	tríti
Mittwoch	tetárti
Donnerstag	pémpti
Freitag	paraskewí
Samstag	sáwato

Monate

Ganz einfach: fast wie im Deutschen + Endung „-ios"! (z.B. April = Aprílios). Ianuários, Fewruários, Mártios, Aprílios, Máios, Iúnios, Iúlios, 'Awgustos, Septémwrios, Októwrios, Noémwrios, Dekémwrios.

Abruzzen • Ägypten • Algarve • Allgäu • Allgäuer Alpen • Altmühltal & Fränk. Seenland • Amsterdam • Andalusien • Andalusien • Apulien • Australien – der Osten • Auvergne & Limousin • Azoren • Bali & Lombok • Barcelona • Bayerischer Wald • Bayerischer Wald • Berlin • Bodensee • Bornholm • Bretagne • Brüssel • Budapest • Chalkidiki • Chiemgauer Alpen • Chios • Cilento • Comer See • Cornwall & Devon • Costa Brava • Costa de la Luz • Côte d'Azur • Cuba • Dolomiten – Südtirol Ost • Dominikanische Republik • Dresden • Dublin • Ecuador • Eifel • Elba • Elsass • Elsass • England • Fehmarn • Föhr & Amrum • Franken • Fränkische Schweiz • Fränkische Schweiz • Friaul-Julisch Venetien • Gardasee • Gardasee • Genferseeregion • Golf von Neapel • Gomera • Gran Canaria • Graubünden • Hamburg • Harz • Haute-Provence • Ibiza • Irland • Island • Istanbul • Istrien • Italien • Span. Jakobsweg • Kalabrien & Basilikata • Kanada – Atlantische Provinzen • Karpathos • Kärnten • Katalonien • Kefalonia & Ithaka • Köln • Kopenhagen • Korfu • Korsika • Korsika Fernwanderwege • Korsika • Kos • Krakau • Kreta • Kreta • Kroatische Inseln & Küstenstädte • Kykladen • Lago Maggiore • La Palma • La Palma • Languedoc-Roussillon • Lanzarote • Lesbos • Ligurien – Italienische Riviera, Genua, Cinque Terre • Ligurien & Cinque Terre • Limnos • Liparische Inseln • Lissabon & Umgebung • Lissabon • London • Lübeck • Madeira • Madeira • Madrid • Mainfranken • Mainz • Mallorca • Mallorca • Malta, Gozo, Comino • Marken • Mecklenburgische Seenplatte • Mecklenburg-Vorpommern • Menorca • Rund um Meran • Midi-Pyrénées • Mittel- und Süddalmatien • Montenegro • Moskau • München • Münchner Ausflugsberge • Naxos • Neuseeland • New York • Niederlande • Norddalmatien • Norderney • Nord- u. Mittelengland • Nord- u. Mittelgriechenland • Nordkroatien – Zagreb & Kvarner Bucht • Nördliche Sporaden – Skiathos, Skopelos, Alonnísos, Skyros • Nordportugal • Nordspanien • Normandie • Norwegen • Nürnberg, Fürth, Erlangen • Oberbayerische Seen • Oberitalien • Oberitalienische Seen • Odenwald mit Bergstraße, Darmstadt, Heidelberg • Ostfriesland & Ostfriesische Inseln • Ostseeküste – Mecklenburg-Vorpommern • Ostseeküste – von Lübeck bis Kiel • Östliche Allgäuer Alpen • Paris • Peloponnes • Pfalz • Pfälzer Wald • Piemont & Aostatal • Piemont • Polnische Ostseeküste • Portugal • Prag • Provence & Côte d'Azur • Provence • Rhodos • Rom • Rügen, Stralsund, Hiddensee • Rumänien • Sächsische Schweiz • Salzburg & Salzkammergut • Samos • Santorini • Sardinien • Sardinien • Schottland • Schwarzwald Mitte/Nord • Schwarzwald Süd • Shanghai • Sinai & Rotes Meer • Sizilien • Sizilien • Slowakei • Slowenien • Spanien • St. Petersburg • Steiermark • Südböhmen • Südengland • Südfrankreich • Südmarokko • Südnorwegen • Südschwarzwald • Südschweden • Südtirol • Südtoscana • Südwestfrankreich • Sylt • Teneriffa • Teneriffa • Tessin • Thassos & Samothraki • Toscana • Toscana • Tschechien • Türkei • Türkei – Lykische Küste • Türkei – Mittelmeerküste • Türkei – Südägäis • Türkische Riviera – Kappadokien • Umbrien • Usedom • Venedig • Venetien • Wachau, Wald- u. Weinviertel • Wales • Warschau • Westböhmen & Bäderdreieck • Westliche Allgäuer Alpen und Kleinwalsertal • Wien • Zakynthos • Zentrale Allgäuer Alpen • Zypern

Reisehandbuch   **MM-City**   MM-Wandern

MM-Wandern
informativ und punktgenau durch GPS

PIEMONT — Wanderführer – mit 50 Touren

MADEIRA — Wanderführer – mit 35 Touren

GARDASEE — Wanderführer mit 35 Touren

Michael Müller Verlag
MM-Wandern

KRETA — Wanderführer mit 35 Touren

- für Familien, Einsteiger und Fortgeschrittene
- ausklappbare Übersichtskarte für die Anfahrt
- genaue Weg-Zeit-Höhen-Diagramme
- GPS-kartierte Touren (inkl. Download-Option für GPS-Tracks)
- Ausschnittswanderkarten mit Wegpunkten
- Konkretes zu Wetter, Ausrüstung und Einkehr

> **Übrigens:**
> Unsere Wanderführer gibt es auch als App für iPhone™, WindowsPhone™ und Android™

- Allgäuer Alpen
- Andalusien
- Bayerischer Wald
- Chiemgauer Alpen
- Eifel
- Elsass
- Fränkische Schweiz
- Gardasee
- Gomera
- Korsika
- Korsika Fernwanderwege

- Kreta
- La Palma
- Ligurien
- Madeira
- Mallorca
- Münchner Ausflugsberge
- Östliche Allgäuer Alpen
- Pfälzerwald
- Piemont
- Provence
- Rund um Meran

- Sächsische Schweiz
- Sardinien
- Schwarzwald Mitte/Nord
- Schwarzwald Süd
- Sizilien
- Spanischer Jakobsweg
- Teneriffa
- Toscana
- Westliche Allgäuer Alpen
- Zentrale Allgäuer Alpen

In der Altstadt von Náxos-Stadt am Kástro-Hügel

Register

myclimate
Protect our planet

Der Michael Müller Verlag verweist in seinen Reiseführern auf Betriebe, die regionale und nachhaltig erzeugte Produkte bevorzugen. Ab Januar 2015 gehen wir noch einen großen Schritt weiter und produzieren unsere Bücher klimaneutral. Dies bedeutet: Alle Treibhausgasemissionen, die bei der Produktion der Bücher entstehen, werden durch die Ausgleichszahlung an ein Klimaprojekt von myclimate kompensiert.

Der Michael Müller Verlag unterstützt das Projekt »Kommunales Wiederaufforsten in Nicaragua«. Bis Ende 2016 wird der Verlag in einem 7 ha großen Gebiet (entspricht

Plan Vivo
Carbon management and rural livelihoods

ca. 10 Fußballfeldern) die Wiederaufforstung ermöglichen. Dadurch werden nicht nur dauerhaft über 2.000 t CO_2 gebunden. Vielmehr werden auch die Lebensbedingungen der lokalen Bevölkerung deutlich verbessert.

In diesem Projekt arbeiten kleinbäuerliche Familien zusammen und forsten ungenutzte Teile ihres Landes wieder auf. Eine vergrößerte Waldfläche wird Wasser durch die trockene Jahreszeit speichern und Überschwemmungen in der Regenzeit minimieren. Bodenerosion wird vorgebeugt, die Erde bleibt fruchtbarer. Mehr über das Projekt unter **www.myclimate.org**

myclimate ist einer der weltweit führenden Anbieter im Bereich der freiwilligen CO_2-Kompensation. myclimate Klimaschutzprojekte erfüllen höchste Qualitätsstandards und vermeiden Treibhausgase, indem fossile Treibstoffe durch alternative Energiequellen ersetzt werden. Das Projekt »Kommunales Wiederaufforsten in Nicaragua« ist zertifiziert von Plan Vivo, einer gemeinnützigen Stiftung, die schon seit über 20 Jahren im Bereich Walderhalt und Wiederaufforstung tätig ist und für höchste Qualitätsstandards sorgt.

www.michael-mueller-verlag.de/klima